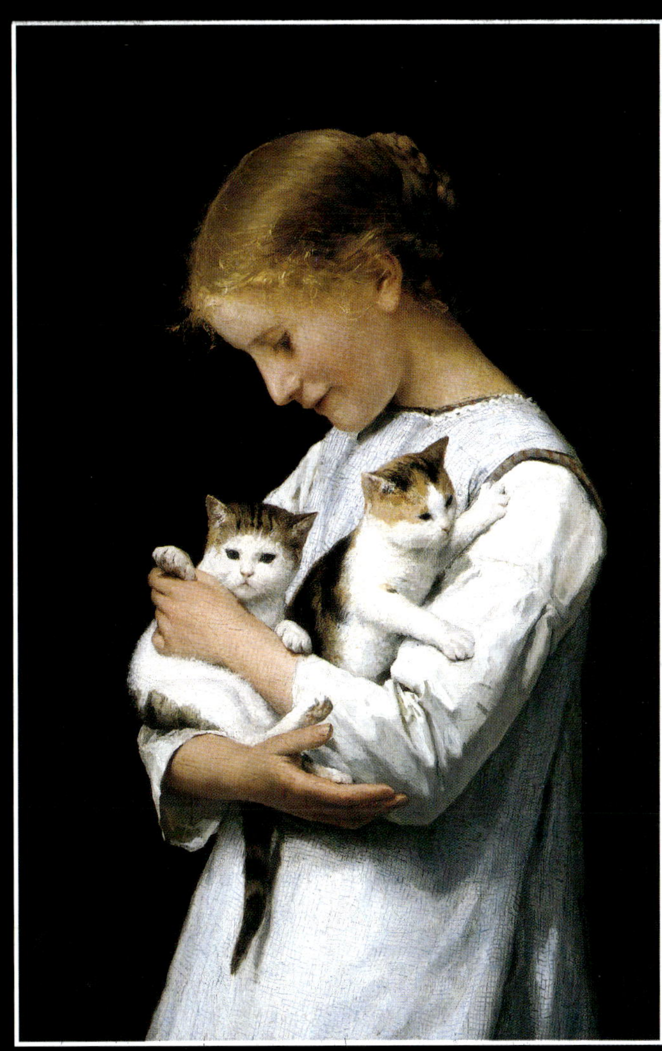

Anker

Fondation Pierre Gianadda
Martigny Suisse

19 décembre 2003 – 23 mai 2004
Tous les jours de 10 h à 18 h

Avec le soutien d'UBS

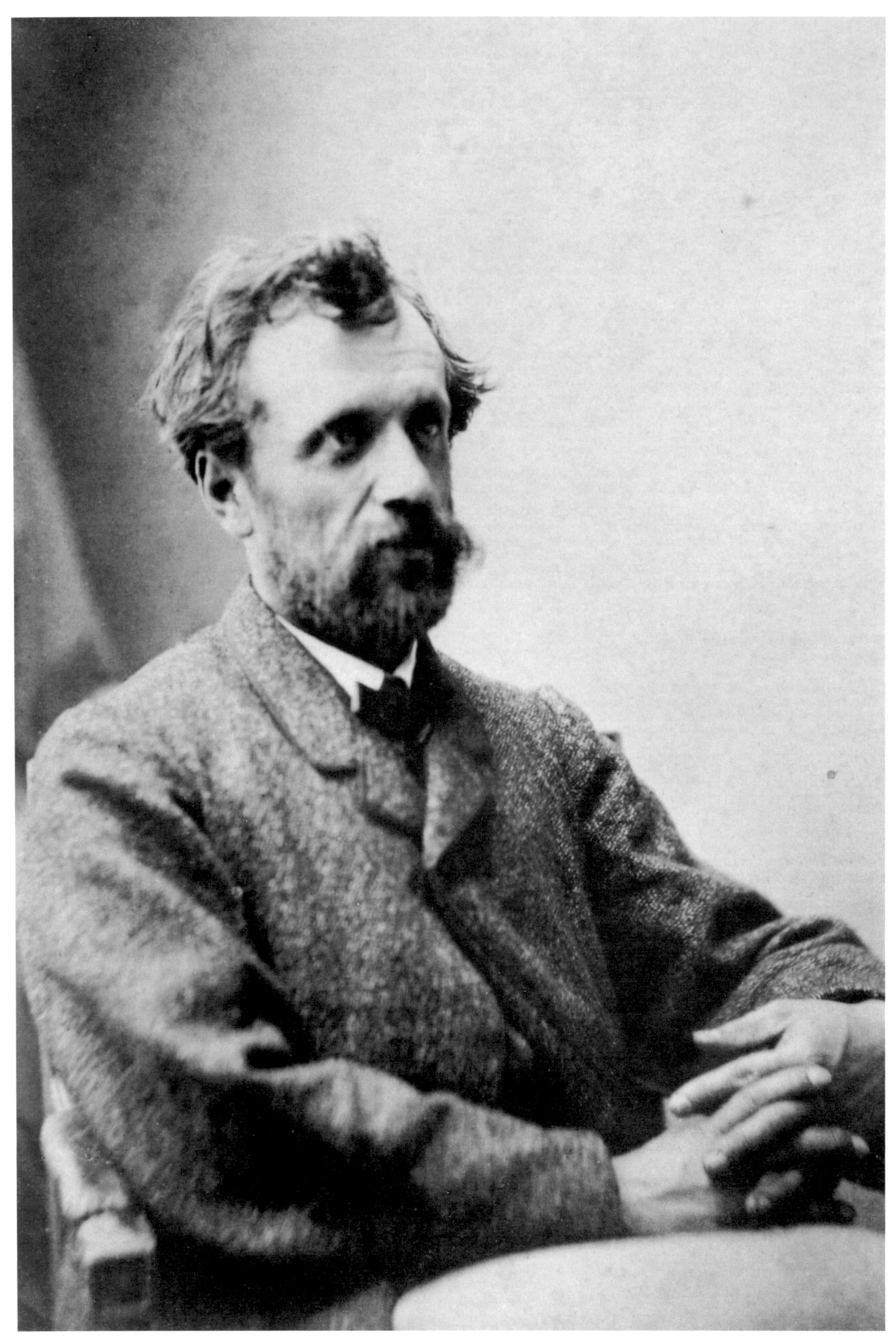

Albert Anker à Paris,
vers 1865
Photo Fondation
Maison Albert Anker, Anet

Fondation Pierre Gianadda
Martigny Suisse

Anker

Commissaire de l'exposition:
Therese Bhattacharya-Stettler

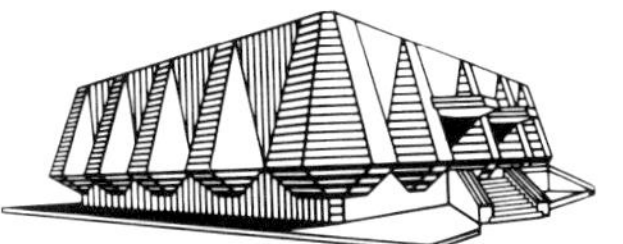

19 décembre 2003 au 23 mai 2004
Tous les jours de 10 h à 18 h

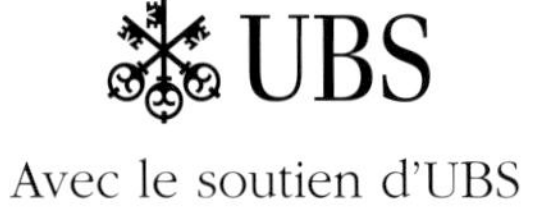

Avec le soutien d'UBS

Pour Annette

En 1978 était inaugurée la Fondation Pierre Gianadda, que j'ai créée pour perpétuer le souvenir de mon frère Pierre, décédé tragiquement en voulant porter secours à ses camarades.

Léonard Gianadda

C'était il y a vingt-cinq ans.

Pour la première fois en Suisse romande…

Depuis toujours, je rêvais d'une exposition Albert Anker. Sont-ce les réminiscences d'illustrations de livres d'école, voire de calendriers de mon enfance? Peut-être. Mais plus certainement le fait qu'à ce jour aucune exposition Anker n'a été présentée en Suisse romande.

* * *

En 1991, à l'occasion du 700e anniversaire de la Confédération suisse, nous avions mis sur pied une exposition *Hodler, peintre de l'histoire suisse.* Un vrai défi, un pari difficile, un gouffre financier, mais que je n'hésiterais pas à reconduire aujourd'hui. Pour ce jubilé, c'était ma façon de témoigner ma reconnaissance à ce pays qui a accueilli ma famille voici trois générations seulement. Dans la continuité, cette exposition Anker devrait permettre de *déposer* une pierre dans le Röstigraben, de lancer une passerelle – je suis aussi ingénieur – entre la Suisse allemande et la Suisse française, ces régions dont la richesse et la complémentarité ne sont pas suffisamment perçues, cultivées, appréciées.

* * *

Pour l'organisation de cette exposition, je me suis tout naturellement adressé à Mme Thérèse Bhattacharya-Stettler, coauteure du catalogue raisonné de l'artiste, mais également conservatrice au Musée des Beaux-Arts de Berne. Ce projet faillit cependant ne jamais voir le jour, car Berne avait également programmé une exposition Anker à la même époque. Je me souviens de cette première rencontre à Zurich avec M. Matthias Frehner, fraîchement nommé directeur du Kunstmuseum de Berne, mais qui n'était pas encore pleinement entré en fonctions. Méfiant, M. Frehner devait considérer que je venais contrecarrer ses projets…

Mais pourquoi ne pas trouver une solution satisfaisante pour chacun, une entente entre nos deux institutions? Et c'est ainsi que Berne présenta au printemps de cette année une remarquable exposition, ciblée, sur un thème précis: *Albert Anker et Paris.* En ce qui concerne la Fondation, une rétrospective de l'artiste est proposée aujourd'hui, panorama de son parcours. Depuis, une collaboration heureuse s'est instaurée entre Berne et Martigny, des liens d'amitié se sont tissés par-dessus la Sarine. Mieux encore: une exposition commune sera bientôt présentée, à Berne d'abord, à Martigny ensuite: *Félix Vallotton. Les couchers de soleil.*

* * *

Lors de la préparation de cette exposition, mon épouse Annette et moi avons eu le privilège de partager avec les descendants directs d'Albert Anker un délicieux repas bernois traditionnel dans la maison où l'artiste est né, a vécu, a peint, est mort. Nos hôtes, Matthias et Rosette Brefin, nous donnèrent de vivre des heures inoubliables, attirant notamment notre attention sur des objets précis: des meubles, un fauteuil, des vases, une théière, que l'on retrouve dans les tableaux de l'artiste. La visite de l'atelier sous la charpente fut particulièrement émouvante, conférant une dimension et une intimité toutes particulières à ce pèlerinage. Que Matthias et Rosette soient remerciés du fond du cœur pour ces instants de bonheur.

* * *

Aujourd'hui, j'entends dire ma vive reconnaissance à Matthias Frehner et à Thérèse Bhattacharya-Stettler pour l'aide, la compétence, l'efficacité dont ils ont fait preuve, et surtout pour l'amitié qu'ils nous ont témoignée. Mes remerciements s'adressent évidemment à tous les prêteurs privés et aux institutions publiques, de Suisse et

d'ailleurs, qui nous ont largement ouvert leurs collections, considérant souvent comme un devoir de permettre aux visiteurs de la Fondation d'admirer ou de découvrir Albert Anker. J'ai rencontré, tout particulièrement auprès des collectionneurs de Suisse allemande, un enthousiasme chaleureux, essentiel à mes yeux. Aussi mes remerciements vont-ils également aux auteurs des textes de ce catalogue, bilingue, ce qui était normal dans l'esprit de cette entreprise.

Cette rétrospective marque donc d'une pierre blanche – et avec bonheur – la dernière exposition organisée à la Fondation Pierre Gianadda dans le cadre de son vingt-cinquième anniversaire.
Ainsi va la vie…

Léonard Gianadda
Président de la
Fondation Pierre Gianadda
Membre de l'Institut

Remerciements

La Fondation Pierre Gianadda et les organisateurs de l'exposition tiennent à exprimer leur vive reconnaissance aux musées, institutions, fondations, galeries et collectionneurs privés qui, par leur générosité, en ont permis la réalisation. Leur gratitude s'adresse également aux auteurs des textes de ce catalogue et à toutes les personnes qui ont apporté leur soutien.

France

Guebwiller

Musée du Florival
M. Julien Schweizer, Conservateur

Laon (Aisne)

Musée d'art et d'archéologie
Mme Caroline Jorrand, Conservateur

Lille

Palais des Beaux-Arts de Lille
M. Alain Tapié, Directeur

Paris

Musée d'Orsay
M. Serge Lemoine, Directeur
M. Philippe Thiébaut, Conservateur

Suisse

Anet

Fondation Maison Albert Anker, Anet
M. et Mme Matthias et Rosette Brefin

Bâle

Université de Bâle
Professeur Rolf Zeller

Öffentliche Kunstsammlung Basel
M. Bernhard Mendes Bürgi, Directeur
M. Christian Müller, Conservateur

Berne

Musée des Beaux-Arts de Berne
M. Matthias Frehner, Directeur

Bulle

Musée gruérien
M. Denis Buchs, Directeur

La Chaux-de-Fonds

Musée des Beaux-Arts
M. Edmond Charrière, Conservateur

Lausanne

Musée cantonal des Beaux-Arts
M. Yves Aupetitallot, Directeur
Mme Catherine Lepdor, Conservatrice

Neuchâtel

Musée d'art et d'histoire
M. Walter Tschopp, Directeur

Soleure

Kunstmuseum Solothurn
M. Christoph Vögele, Directeur
M. Christian Müller, Registrar

Winterthur

Stiftung für Kunst, Kultur und Geschichte
M. Bruno Stefanini
Mme Dora Bösiger

Zofingue

Stadtbibliothek Zofingen
M. Leo Andereggen, Directeur

Zurich

Kunsthaus Zürich
M. Christoph Becker, Directeur

ainsi qu'à tous les collectionneurs qui ont souhaité garder l'anonymat.

Nos remerciements s'adressent également à:

Mme Irène Aeberli
Mme Claude Allemand-Cosneau
M. François Boisivon
M. Christoph Blocher
M. Arnauld Brejon
Mme Catherine Christen
M. Norbert Cymbalista
Mme Petra ten-Doesschate Chu
Mme Judith Durrer
M. Marc Fehlmann
M. Daniel Hartmann
M. William Hauptman
Mme Nelly Hofmann
M. Adriano Kestenholz
M. Urs Lanter
Mme Marie-Josée Lecour
Mme Margareta Leuthardt
Mme Isabelle Lhoir
Mme Marie-Madeleine Massé
Mme Isabelle Messerli
M. Alain Michet
Mme Hanna Pacek
Mme Marie-Françoise Robert
Mme Nicole Schweizer
Mme Nadja Scribante
M. Thomas Seydoux
Mme Elisabeth Senn
M. Karl Straub
M. Pierre Vaisse
M. Roger Veluzat
Mme Yasmin Welti
Mme Anne Wilhelm

Avant-propos

par Therese Bhattacharya-Stettler, commissaire de l'exposition, et Matthias Frehner, directeur du Musée des Beaux-Arts de Berne

Albert Anker (1831-1910) compte, avec Arnold Böcklin (1827-1901), Frank Buchser (1828-1890) et Ferdinand Hodler (1853-1918), parmi les peintres suisses les plus importants du XIXe siècle. Hodler, le plus jeune d'entre eux et annonciateur de renouveau, jouit aujourd'hui d'un succès qui, comme par le passé, dépasse largement nos frontières. Des expositions à Genève et à Zurich témoignent de la fascination que suscitent ses paysages. Quant à Albert Anker, sa renommée continue de se limiter principalement à la Suisse alémanique, alors qu'elle était internationale à son époque: il exposait régulièrement au Salon de Paris dès 1859 et fut maintes fois récompensé par des distinctions officielles. Ici, son œuvre est connue de tous. Ses tableaux *L'Ecole en promenade* (cat. n° 18) et *La Mariette aux fraises* (cat. n° 27) ornent un nombre incalculable de cartes postales, de calendriers, de couvercles de crème à café et d'objets divers. Leur fortune équivaut à celle des *Tournesols* de Van Gogh ou du *David* de Michel-Ange. On peut se convaincre de l'impact populaire de son travail, de son vivant déjà, grâce à une lettre adressée le 13 mars 1904 à son ami François Ehrmann: «[...] Je vois que mon art se démocratise, autrefois je vendais à des aristocrates à Neuchâtel, maintenant ma clientèle est devenue plus modeste, un coiffeur, un aubergiste, un zingueur, un armurier (tous des Bernois) m'achètent mes aquarelles; je ne me plains pas, car cette catégorie est plus nombreuse que celle qui descend de la cuisse de Jupiter et je ne me sens pas humilié d'être descendu d'un cran.»

Même Napoléon III a acheté du Anker et d'éminents marchands d'art, Goupil à Paris et Wallis à Londres, représentaient le peintre dans toute l'Europe et aux Etats-Unis. Ses œuvres sont pour la plupart rassemblées dans des musées suisses et des collections particulières du pays. L'impact d'Anker a considérablement diminué et nombre de ses travaux ont été «rapatriés». Depuis ses propres ventes, aucune de ses œuvres n'a rejoint des collections de musées étrangers. Une heureuse exception est le Musée d'Orsay, qui a récemment acquis une faïence (cat. n° 107) pour son fonds. L'artiste n'a pas non plus figuré, sinon rarement, dans des expositions

Vorwort

von Therese Bhattacharya-Stettler, Ausstellungskuratorin, und Matthias Frehner, Kunstmuseum Bern, Direktor

Albert Anker (1831-1910) zählt mit Arnold Böcklin (1827-1901), Frank Buchser (1828-1890) und Ferdinand Hodler (1853-1918) zu den bedeutendsten Schweizer Malern des 19. Jahrhunderts. Der Letztgenannte war der jüngste von ihnen und kündigte bereits Neues an – er feiert gegenwärtig, wie so oft zuvor, sowohl in Genf wie in Zürich mit seinen faszinierenden Landschaften beachtlichen, weit über die Landesgrenzen hinausreichenden Erfolg. Das Renommee Albert Ankers, der zu seiner Zeit zwar eine internationale Grösse gewesen war, der ab 1859 regelmässig am Pariser Salon ausgestellt und dort wiederholt mit Medaillen bedacht wurde, beschränkt sich hingegen nach wie vor mehrheitlich auf die deutschsprachige Schweiz. Hierzulande ist sein Werk jedem Menschen vertraut. Sein Schulspaziergang *(Kat. Nr. 18) und sein* Erdbeerimareili *(Kat. Nr. 27) schmücken unzählige Postkarten und Kalenderblätter, Kaffeerahmdeckel und sonstige Gegenstände, sie erfahren ein Schicksal, das van Goghs* Sonnenblumen *oder Michelangelos* David *kaum nachsteht. Dass Anker schon zu Lebzeiten die Demokratisierung seiner Kunst wahrnahm, zeigt ein Brief, den er am 13. März 1904 an seinen Freund François Ehrmann schrieb: «[...] Ich sehe, dass sich meine Kunst demokratisiert, einst verkaufte ich an die Aristokratie in Neuenburg, nun ist meine Kundschaft bescheidener geworden, ein Friseur, ein Wirt, ein Verzinker, ein Waffenhändler (alles Berner) kaufen meine Aquarelle; ich beklage mich nicht, denn diese Kategorie ist grösser als jene, die vom Schoss Jupiters herabgestiegen ist und ich fühle mich nicht erniedrigt, eine Stufe heruntergekommen zu sein.»*

Ankers Gemälde hat einst gar Napoleon III. erworben und renommierte Kunsthändler wie der Pariser Goupil und der Londoner Wallis platzierten sie in ganz Europa und den USA; nun aber stauen sie sich vorwiegend in den Schweizer Museen und hiesigen Privatsammlungen. Ankers Wirkungskreis ist sehr eingeschränkt worden, die meisten Bilder wurden in die Schweiz «repatriiert». Auch gelangte seit seinen eigenen Verkäufen nie mehr eines seiner Werke in die Sammlung eines nichtschweizerischen Museums. Erfreuliche Ausnahme ist das Musée d'Orsay, das unlängst eine Fayence (Kat. Nr. 107) in seine Bestände aufnahm. Aber auch in Ausstellungen im Ausland figurierte der

à l'étranger depuis ses propres envois. Il convient toutefois de relever que, de son vivant, Anker s'est toujours radicalement opposé à toute exposition personnelle. On peut s'étonner qu'une rétrospective Albert Anker ait été organisée en Suisse romande en 2003 seulement, depuis la première présentation de l'œuvre de cet artiste à Neuchâtel, en 1910, peu après sa mort, par les bons soins de son ami Philippe Godet. Dès cet instant, Berne et Anet, sa commune d'origine, ont été les lieux privilégiés d'expositions en son honneur et à sa mémoire, lors d'anniversaires tels que centenaire ou fêtes décennales.
Les publications en français sur Anker ne sont pas non plus légion. On peut citer, hormis la correspondance publiée par sa fille Marie Quinche, en 1924, l'ouvrage, épuisé, de Sandor Kuthy et Hans A. Lüthy, *Zwei Autoren über einen Maler / Deux portraits d'un artiste*, paru en français et en allemand en 1980. Mis à part le catalogue de la dernière exposition à Anet (*Wege zum Werk / Le chemin de la création*, 2000), il n'existe en français que l'édition de la correspondance d'Anker, publiée par Robert Meister (d'abord en allemand en 1981, rééditée en 2000). Il va de soi qu'Anker n'a jamais été absent des rétrospectives de peinture suisse, et la Suisse romande ne fut pas en reste, puisque la dernière exposition de ce type eut lieu en 1998 grâce au travail de recherche de Christian Klemm, *Von Anker bis Zünd. Die Kunst im jungen Bundesstaat 1848-1900*, le catalogue de l'exposition au Kunsthaus de Zurich, avant celle du Musée Rath de Genève, intitulée *La peinture suisse entre réalisme et idéal*. Les deux expositions furent une analyse conceptuelle historique de la contribution d'Anker à la peinture d'histoire, au portrait, à la peinture de genre sous leurs aspects politiques, sociologiques et théoriques. Lorsque Sandor Kuthy présente en 1981, pour la première fois, Anker à son époque (*Anker in seiner Zeit*), au Musée des Beaux-Arts de Berne et au Kunstmuseum de Winterthur, il montre bien comment l'artiste savait «utiliser» son talent et adapter ses sujets aux besoins de ses acheteurs, issus des milieux les plus divers. Même si Anker découvre très tôt son style et que, dès 1868, il prétende ne pas posséder un grand potentiel de développement, comme il l'écrit à son ami Ehrmann, il a toujours su ouvrir de nouvelles perspectives, si l'on prend la peine d'aborder les diverses facettes de son art.

C'est presque à la même époque, tandis que nous commencions les préparatifs pour une grande exposition Anker en 2003, avec l'intention de le montrer à la lumière de ses contemporains français, que Léonard Gianadda s'est adressé à nous, nous demandant si nous souhaitions être à ses côtés pour une rétrospective Anker, étant donné que le Musée des Beaux-Arts de

Künstler seit seinen eigenen Einsendungen kaum je wieder. Zu Lebzeiten hatte er sich selbst hartnäckig gegen eine Einzelausstellung gesträubt. Und es mag erstaunen, dass dies nun im Jahr 2003 die erste Retrospektive Albert Ankers in der Westschweiz ist seit einer ersten Übersichtsausstellung in Neuenburg 1910 – initiiert von seinem Freund Philippe Godet gleich nach des Künstlers Tod. Seither war es vorwiegend Bern und Ankers Heimatdorf Ins, wo er jeweils an Dezennarien oder Zentennarien gefeiert und ins Bewusstsein gerufen wurde.
Auch an Publikationen über Anker fehlt es in französischer Sprache. Vergriffen ist nebst dem frühen Briefband, herausgegeben von Ankers Tochter Marie Quinche (1924), auch die von Sandor Kuthy und Hans A. Lüthy 1980 verfasste Anker-Publikation, Zwei Autoren über einen Maler / Deux portraits d'un artiste, *die damals gleichzeitig auf Deutsch und Französisch erschienen ist. Erhältlich ist neben dem letzten Inser Ausstellungskatalog (*Wege zum Werk / Le chemin de la création, *2000) lediglich die im Jahr 2000 publizierte Brief-Edition, die 1981 erstmals von Robert Meister auf Deutsch veröffentlicht worden ist. Natürlich fehlte Anker nie als wichtiger Baustein in Überblickspräsentationen zur Schweizer Malerei – auch nicht in der Westschweiz; zuletzt 1998 in der unter Christian Klemm initiierten Forschungsarbeit* Von Anker bis Zünd. Die Kunst im jungen Bundesstaat 1848-1900, *dem Katalog zur gleichnamigen Ausstellung, die nach dem Zürcher Kunsthaus auch im Genfer Musée Rath gezeigt worden ist (Titel:* La peinture suisse entre réalisme et idéal*). Unter den historischen Gattungsbegriffen wurden dort Ankers Beiträge zur Historienmalerei, zum Porträt, zur Genremalerei unter politischen, soziologischen und kunsttheoretischen Fragestellungen analysiert. Dabei zeigte sich, dass, worauf 1981 erstmals Sandor Kuthy in seiner Schau* Anker in seiner Zeit *(Kunstmuseum Bern und Kunstmuseum Winterthur) verwiesen hatte, Anker sein Talent strategisch einzusetzen wusste und seine Themen den Bedürfnissen seiner unterschiedlichen Käuferschaften anpasste. Ankers Kunst kann, obwohl der Künstler früh seinen Stil gefunden hatte und sich selber – wie er in einem Brief an den Freund Ehrmann schrieb – schon ab 1868 kein grosses Entwicklungspotential mehr zutraute, dennoch immer wieder neue Tore öffnen, sobald man ihn unterschiedlichen Prämissen aussetzt.*

Fast zur selben Zeit, als wir am Kunstmuseum Bern mit den Vorbereitungen zu einer grossen Anker-Ausstellung für 2003 begannen, in der Absicht, Anker im Lichte seiner französischen Zeitgenossen zu positionieren, gelangte Léonard Gianadda an uns, ob wir ihm für eine von ihm geplante Anker-Retrospektive vermittelnd zur Seite stehen würden, zumal am Kunstmuseum Bern die Werkkataloge zu diesem Künstler erarbeitet worden waren, und somit zahlreiches Archivmaterial vorhanden ist.

Berne possédait des archives importantes et qu'il avait édité le catalogue raisonné de son œuvre.
Cela explique la proximité des dates entre les deux grandes expositions de cet artiste. Deux expositions Anker en une année? N'y a-t-il pas saturation? Nous aimerions préciser qu'il s'agit de deux projets entièrement différents, qui visent une appréciation nouvelle d'Anker. Alors que l'une des expositions se concentre sur un thème, limité à la peinture d'Anker dans le contexte du travail d'autres artistes du Paris de son époque, celle de la Fondation Pierre Gianadda est une rétrospective, depuis longtemps attendue, de cet artiste né à la frontière linguistique. Elle a pour objet d'éclairer l'œuvre dans son ensemble et de montrer que l'intérêt de l'artiste n'a pas uniquement porté sur la peinture à l'huile, mais aussi sur le dessin, l'aquarelle et la faïence. Certains travaux sont présentés pour la première fois (cat. n°s 17, 42, 43, 56), d'autres n'ont pas été montrés au public depuis des années, voire des décennies (cat. n°s 16, 29, 33). A de rares exceptions près, le choix des œuvres n'interfère pas entre les deux expositions. Quelques œuvres-clés de l'exposition bernoise, à savoir *Dans les bois* (cat. n° 34), du Palais des Beaux-Arts de Lille, ou *La Sortie d'église* (cat. n° 6), n'auraient pas pu être présentées sans l'aide, l'intercession et les contacts extraordinaires de Léonard Gianadda! C'est pourquoi nous ne voulions pas priver le public suisse romand de ces peintures. Elles figurent donc également dans l'exposition.
Les textes des publications accompagnant les deux expositions se recoupent parfois très légèrement. Les essais rédigés pour le catalogue de l'exposition *Albert Anker und Paris* n'en donnent pas moins à la rétrospective toute la densité voulue. Hormis l'essai en introduction, deux autres articles ont été repris, sous une forme raccourcie: celui du spécialiste de Gleyre, le professeur William Hauptman, et l'autre du professeur Petra ten-Doesschate Chu, experte du réalisme, à qui nous exprimons notre reconnaissance. Nous remercions également les auteurs qui se sont fondés sur les dernières recherches en la matière, apportant de nouvelles perspectives importantes. S'inspirant d'un précieux matériel, le professeur Pierre Vaisse a abordé l'exceptionnelle et durable amitié qui lia Albert Anker et le peintre alsacien François Ehrmann. Marie-Madeleine Massé, conservatrice au Musée d'Orsay à Paris, a mis en lumière, après une première incursion dans ce thème par Sandor Kuthy en 1985, les faïences réalisées en collaboration avec Théodore Deck, dont on peut voir après bien longtemps quelques exemplaires. Par ailleurs, Marc Fehlmann s'est livré à une étude approfondie des travaux d'Anker sur papier, une entreprise attendue de longue date, dont la seule publication sur le sujet, en 1989, par Hans A. Lüthy et

Dies erklärt die zeitliche Nähe der beiden Grossveranstaltungen zu diesem Künstler. Zwei Anker-Ausstellungen im selben Jahr? Kommt dies zu einer Übersättigung? Doch es handelt sich um zwei gänzlich verschiedene Projekte. Beide haben zwar zum Ziel, Anker einer Neubeurteilung zu unterziehen. Während das eine nach einer thematischen Einkreisung strebte und ausschliesslich die Gemälde Ankers in den Kontext von Werken anderer Künstler im Paris jener Zeit stellte, ist die Ausstellung in der Fondation Pierre Gianadda eine längst fällige Retrospektive des beidseits der Sprachgrenze Aufgewachsenen. Sie wird sein ganzes breit gefächertes Wirken beleuchten und deutlich werden lassen, dass er sich nicht nur der Ölmalerei widmete, sondern auch Zeichnungen, Aquarelle und Fayencen geschaffen hat. Zum Teil konnten Arbeiten erstmals für eine Ausstellung gewonnen werden (Kat. Nrn. 17, 42, 43, 56), einige wiederum wurden seit Jahren bzw. Jahrzehnten nicht mehr öffentlich gezeigt (Kat. Nrn. 16, 29, 33). Bis auf ein paar wenige Ausnahmen überschneidet sich die Werkauswahl der zwei Ausstellungen kaum. Einige Schlüsselwerke für die Berner Ausstellung – beispielsweise das Schlafende Mädchen im Wald *(Kat. Nr. 34) aus dem Museum von Lille oder* Nach dem Gottesdienst *(Kat. Nr. 6) – wären ohne die Hilfe, Fürsprache und ausserordentliche Kontakte von Léonard Gianadda nicht möglich gewesen! Wir wollten deshalb diese Gemälde den Besuchern in der Westschweiz nicht vorenthalten, weshalb sie nun zwangsläufig ebenfalls in der Ausstellungsliste figurieren.*
Auch die Begleitpublikationen der beiden Ausstellungen haben zwar gewisse Überschneidungen, die jedoch nur geringfügig sind. Es gibt Essays, die für den Ausstellungskatalog Albert Anker und Paris *verfasst wurden, doch wegen ihres substantiellen Gehalts auch für die Retrospektive äusserst erhellend sind. Neben dem Einleitungsessay durften in stark gekürzter Form zwei weitere Beiträge übernommen werden; dem Gleyre-Spezialisten Prof. William Hauptman und der Realismus-Expertin, Prof. Petra ten-Doesschate Chu, sei dafür ganz herzlich gedankt. Grosser Dank gebührt aber auch den andern Autorinnen und Autoren, die speziell für diese Publikation sich in neue Forschungen stürzten und wesentliche Erkenntnisse einbrachten. Prof. Pierre Vaisse hat sich anhand von Quellenmaterial eingehend in die aussergewöhnliche lebenslängliche Freundschaft zwischen Albert Anker und dem Elsässer Maler François Ehrmann vertieft. Marie-Madeleine Massé, Konservatorin am Musée d'Orsay in Paris, hat – als Erste nach Sandor Kuthys Untersuchungen von 1985 – die in Zusammenarbeit mit Théodore Deck entstandenen Fayencen beleuchtet, von denen nun nach langem ebenfalls wieder einmal Exemplare in einer Ausstellung gezeigt werden. Im Weiteren hat Marc Fehlmann Ankers Arbeiten auf Papier einer näheren Betrachtung unterzogen, ein längst fälliges Unterfangen, zumal die einzige Publikation*

Paul E. Müller, est épuisée depuis longtemps. Une contribution non encore publiée est également celle d'Isabelle Messerli, qui a récemment dressé l'inventaire des nombreux objets et accessoires de la Maison Albert Anker à Anet, nous donnant ainsi accès à la vie de l'artiste dans son atelier.

Nous remercions très sincèrement toutes les personnes qui nous ont prêté leurs œuvres en Suisse et en France et qui se sont déclarées prêtes à s'en séparer pendant une aussi longue période.
Notre reconnaissance s'adresse également à la Fondation Maison Albert Anker à Anet, en particulier à M. et Mme Matthias et Rosette Brefin, qui nous ont accueillis si souvent en nous apportant toute l'aide que nous souhaitions. Nous remercions aussi toutes les personnes du Musée des Beaux-Arts de Berne ainsi que l'Institut suisse de l'étude de l'art (ISEA) de Zurich de leur concours.

Un merci tout spécial s'adresse à M. Léonard Gianadda pour l'immense confiance, la collaboration et la disponibilité sans faille accordées à la commissaire de l'exposition. Nous remercions également son équipe de son amabilité et de sa coopération, en particulier Gaëlle Olini, ainsi que les collaborateurs des Imprimeries Réunies Lausanne s.a. (IRL), notamment Roger Veluzat, Nelly Hofmann et Alain Michet, qui ont permis la réalisation de ce catalogue.

T. B.-S. et M. F.

Traduction de l'allemand: Anne Wilhelm

zu diesem Thema – von Hans A. Lüthy und Paul E. Müller 1989 erschienen – längst vergriffen ist. Bisher unpubliziert ist schliesslich auch Isabelle Messerlis Beitrag; sie hat unlängst die vielfältigen Gegenstände und Requisiten im Albert Anker-Haus in Ins inventarisiert und kann uns Einblick in des Künstlers Ateliergepflogenheiten geben.

Zu herzlichem Dank verpflichtet sind wir all den Leihgeberinnen und Leihgebern in der Schweiz und in Frankreich, die gewillt waren, sich für so lange Zeit von ihren Werken zu trennen.
Danken möchten wir zudem der Stiftung Albert Anker-Haus, Ins, insbesondere Herrn und Frau Matthias und Rosette Brefin, die uns wiederum ihre Türen öffneten und wertvolle Hilfe geleistet haben. Dank gebührt auch allen Beteiligten im Kunstmuseum Bern sowie dem Schweizerischen Institut für Kunstwissenschaft in Zürich für zahlreiche Hilfeleistungen.

Ein besonderer Dank gilt schliesslich Herrn Léonard Gianadda für sein immenses Vertrauen, die gute Zusammenarbeit und die grosszügige Bereitschaft, der Ausstellungskuratorin freie Hand zu lassen. Zudem sei seinem aufgeschlossenen und so kooperativen Team gedankt, speziell Gaëlle Olini, sowie der ganzen IRL-Belegschaft, insbesondere Roger Veluzat, Nelly Hofmann und Alain Michet, die die Drucklegung des Katalogs ermöglichte.

T. B.-S. und M. F.

La «bonne» réalité
Albert Anker entre idéalisme et réalisme*

par Matthias Frehner

Anet-Paris: une synthèse vécue

Albert Anker passa sa jeunesse de part et d'autre de la frontière linguistique, à Anet, Neuchâtel et Berne. Bilingue, il parlait français en famille et rédigeait la majeure partie de son courrier dans cette langue. Mais c'est en qualité de Suisse allemand qu'il exerça à plusieurs reprises diverses fonctions officielles en Suisse: il fut ainsi inspecteur des écoles à Anet, membre du Grand Conseil du canton de Berne et, enfin, membre de la Commission fédérale des Beaux-Arts et de la Fondation Gottfried-Keller, créée en 1891. En France, où il fit régulièrement de longs séjours de 1860 à 1890, l'opinion publique le prenait pour un peintre français. L'artiste à succès vivait en effet, avec sa famille, sur les bords de la Seine de l'automne au printemps. A l'instar des Parisiens, il ne passait pas les mois d'été dans la capitale mais, au lieu de prendre comme eux le chemin de Honfleur ou de la Côte d'Azur, il rejoignait Anet et sa ferme au toit de chaume. En France, il se comportait en vrai Français au milieu des Français et, avec le même naturel, il était Suisse allemand à Anet et Romand à Neuchâtel.

Son aptitude à passer sans la moindre difficulté d'un mode de vie à l'autre constituait un avantage indéniable, surtout à une époque où, après la défaite des Français face aux Allemands lors de la guerre de 1870-1871, des tensions subsistaient entre les deux nations. A la différence de nombreux artistes suisses dont les œuvres ne trouvaient preneurs que dans leur patrie d'origine, Anker fut toujours en mesure de placer les siennes sur le marché parisien. L'extrait suivant d'un courrier de l'automne 1871, rédigé à un moment où les artistes français se plaignaient de la dépression consécutive à la guerre, montre que pour Anker, installé à Anet, les choses suivaient un cours plus heureux: «Je vois avec peine les jours décroître, j'ai de l'ouvrage en train, vends, vends à peu près tout ce qui est

* Ce texte est une version abrégée de la contribution de l'auteur au catalogue (en allemand) de l'exposition *Albert Anker und Paris*, au Musée des Beaux-Arts de Berne, en 2003.

Die gute Wirklichkeit
*Albert Anker zwischen Idealismus und Realismus**

von Matthias Frehner

Ins-Paris: gelebte Synthese

Albert Anker verbrachte seine Jugend dies- und jenseits der deutsch-französischen Sprachgrenze, in Ins, Neuchâtel und Bern. Er war «bilingue», sprach mit seiner Familie französisch, schrieb auch mehrheitlich in dieser Sprache. Die öffentlichen Ämter, die er in der Schweiz immer wieder bekleidete – er war Schulinspektor in Ins, Grossrat des Kantons Bern, Mitglied der Eidgenössischen Kunstkommission wie auch der 1891 gegründeten Gottfried Keller-Stiftung –, übte er als Deutschschweizer aus. In Frankreich, wo er von 1860 bis 1890 regelmässig längere Zeit lebte, galt er im öffentlichen Bewusstsein als französischer Maler. Von Herbst bis Frühling hielt sich der erfolgreiche Künstler mit seiner Familie jeweils in Paris auf. Die Sommermonate verbrachte er wie die Pariser Bürger nicht in der Stadt. Im Unterschied zu ihnen wechselte er nicht nach Honfleur oder an die Riviera, sondern in sein strohgedecktes Inser Bauernhaus. In Frankreich bewegte sich Albert Anker als Franzose unter Franzosen, in Ins war er ebenso selbstverständlich ein Deutschschweizer wie in Neuchâtel ein Romand.

Seine Fähigkeit, problemlos von einer Lebensweise in die andere zu wechseln, war vor allem nach dem von den Franzosen verlorenen Deutsch-Französischen Krieg (1870/71), der Spannungen zwischen den beiden Nationen zurückliess, von enormem Vorteil. Im Unterschied zu vielen Schweizer Künstlern in Paris, deren Werke nur in der Heimat absetzbar waren, konnte Anker die seinen stets auch auf dem französischen Markt platzieren. Aufschlussreich ist eine Briefstelle vom Herbst 1871, als die französischen Künstler in der auf den Krieg folgenden Wirtschaftsdepression darbten – ganz anders Anker in Ins: «Mit Sorge sehe ich, wie die Tage kürzer werden, dabei bin ich mitten in der Arbeit, verkaufe beinahe alles, was ich mache und selbst das, was ich eben erst begonnen habe. Bevor ich auf den Winter hin wieder

* *Es handelt sich hier um eine stark gekürzte Version des Essays von Matthias Frehner im Ausstellungskatalog* Albert Anker und Paris, *Kunstmuseum Bern, Bern 2003.*

même commencé et voudrais encore terminer maint article avant d'aller à Paris pour l'hiver.»[1]
Dès l'âge de 35 ans, Anker vendait suffisamment pour mener avec sa famille un train de vie élevé qu'il affichait moins chez lui à Anet qu'à Paris.

De la théologie à la peinture

L'art d'Anker est dépourvu de toute tragédie, de toute catastrophe; jamais il ne laisse entendre un cri ni entrevoir une situation brutale. Cette retenue s'explique vraisemblablement par une conception de la vie fortement influencée par la théologie évangélique. Cet artiste a toujours mené une vie bourgeoise bien rangée. Il occupa des postes officiels et s'imposa même de travailler selon des horaires réguliers. Le mode de vie à la bohémienne lui était complètement étranger. Sans doute faut-il voir dans cette conception faite de mesure et d'équilibre la clé de sa réticence à illustrer les œuvres de Jeremias Gotthelf.[2] Anker avait à l'évidence mieux compris Gotthelf que ceux-là mêmes qui, habités par la nostalgie, lui demandaient de l'illustrer. Gotthelf adopte en effet une dramaturgie inspirée de l'Ancien Testament qui met en scène la fatalité: rien de tel chez Anker. Les personnages de Gotthelf commettent des fautes et, en retour, les dieux déclenchent des catastrophes naturelles effrayantes, des incendies terribles, des inondations, des maladies, des épidémies, pour leur faire prendre intimement conscience de leur culpabilité. Anker récusait résolument ces arrêts du destin qu'il jugeait excessifs. Dans ses œuvres, elles aussi profondément didactiques, il préférait prendre fait et cause pour les progrès de la civilisation. Les hommes, éclairés grâce à la scolarité obligatoire, trouvent leur place avec pertinence dans un ordonnancement social qui, lui-même, se montre attentif aux plus défavorisés. On ne voit point de révoltés ni de désespérés dans les tableaux d'Anker, tout juste quelques bénéficiaires de la soupe populaire qui, dans leur humilité, ne rendent personne responsable de leur sort.
Le jeune Anker, doté dès l'enfance d'un phénoménal don pour le dessin qui fut d'ailleurs reconnu et encouragé au cours de sa scolarité à Neuchâtel, était un fils soumis et obéissant: «Je n'ai jamais été un casse-cou», confiait-il à son ami François Ehrmann en février 1868.[3]

---

[1] Lettre à François Ehrmann, automne 1871, *in*: Meister 2000 II, p. 80.
[2] C'est vraisemblablement en 1889 que Frédéric Zahn, éditeur et libraire à Neuchâtel, a demandé à Albert Anker et à d'autres artistes d'illustrer l'édition de luxe. Anker commença par refuser, puis céda à la pression. En proie au remords, il dit à son collègue Albert de Meuron qu'il n'est pas illustrateur et combien il a en horreur le travail qu'il doit livrer au libraire. Voir Meister 1981, p. 106.
[3] Lettre à François Ehrmann, février 1868, *in*: Meister 1981, p. 59.

nach Paris verreise, möchte ich noch manches Bild beenden.»[1] Die Verkäufe erlaubten ihm und seiner Familie spätestens seit seinem 35. Lebensjahr einen gehobenen Lebensstil, den er zu Hause in Ins weniger zeigte als in Paris.

Von der Theologie zur Malerei

Ein Schlüssel zur Ausgewogenheit von Ankers Kunst, in der es nie zu einer Tragödie, einer Katastrophe, einem Schrei, ja nicht einmal zu einer brüsken Situation kommt, ist seine durch die evangelische Theologie beeinflusste Lebenseinstellung. Dieser Künstler führte ein wohlgeordnetes bürgerliches Leben. Er bekleidete öffentliche Ämter und hielt sich als Maler an regelmässige Arbeitszeiten. Die Lebensweise eines Bohemiens war ihm fremd. In seiner gemässigten, ausgeglichenen Lebenseinstellung liegt wohl letztlich auch der Schlüssel seines Widerwillens, die Werke Jeremias Gotthelfs illustrieren zu müssen.[2] Anker hat Gotthelf dabei wohl besser verstanden als seine nostalgietriefenden Auftraggeber. Die Verschiedenheit zwischen ihm und Gotthelf liegt an dessen geradezu alttestamentlicher Dramatik, Schicksal in Szene zu setzen. Gotthelfs Figuren begehen Fehler. Dämonische Naturkatastrophen, Feuersbrünste, Überschwemmungen, Krankheiten und Seuchen machen ihnen ihre Schuld eindringlich bewusst. Solche verhängnisvolle Exzesse lehnte Anker entschieden ab. Er setzte in seinen durchaus auch didaktisch gemeinten Bildern vielmehr auf die zivilisatorischen Fortschritte seiner Zeit: Die durch das allgemeine Schulsystem Aufgeklärten integrieren sich einsichtsvoll in die gesellschaftliche Ordnung, die auch den sozial Benachteiligten Verständnis entgegenbringt. In Ankers Bildwelten gibt es keine Rebellen und Verzweifelten, sondern lediglich demutsvolle Empfänger der Armensuppe, die niemanden für ihr Schicksal verantwortlich machen.
Der junge Anker, der von Kind an über eine phänomenale Begabung als Zeichner verfügte, die während seiner Neuenburger Schulzeit auch gefördert wurde, war ein folgsamer Sohn – «ein Waghals bin ich nie gewesen»[3]. Mit der vom Vater getroffenen Berufswahl identifizierte er sich anfänglich vollkommen. 1851 nahm er das Theologiestudium an der Universität Bern auf. Obgleich er sich auf seiner ersten Parisreise 1851 brennend für Malerei zu

---

[1] *Brief an François Ehrmann, Herbst 1871,* in: *Meister 1981, S. 64.*
[2] *Es dürfte um das Jahr 1889 gewesen sein, als der Neuenburger Buchhändler und Verleger Frédéric Zahn Albert Anker und weitere Künstler für die Illustrierung der Prachtausgabe anfragte. Anker lehnte zunächst ab, doch nach inständigem Drängen sagte er schliesslich zu. Voller Reue teilte er später seinem Künstlerfreund Albert de Meuron mit, dass er doch kein Illustrator sei und ihm die Arbeit für den Buchhändler zum Schrecken geworden sei. Vgl. Meister 1981, S. 106.*
[3] *Brief an François Ehrmann, Februar 1868,* in: *Meister 1981, S. 59.*

Il commença par s'identifier complètement au choix professionnel que son père avait fait pour lui. En 1851, il entreprend des études de théologie à l'Université de Berne et, bien qu'il ait connu ses premiers émois pour la peinture lors de son séjour initial à Paris la même année, il poursuivit ses études de l'automne 1852 au printemps 1854 à l'Université de Halle. Mais, bientôt, les choses se gâtent au point de le faire souffrir. La rébellion n'étant pas son genre – la mort prématurée de sa mère, de son frère et de sa sœur lui avait fait très tôt comprendre le caractère inéluctable des coups du destin –, il fuit les conflits ou, plus exactement, recherche des solutions de compromis. N'a-t-il pas d'une certaine façon remercié son père d'avoir finalement accédé, au terme de plusieurs années de refus, à son désir de changer de profession en adoptant un mode de vie bourgeois exemplaire et en s'engageant tout entier dans son art? Ses tableaux les plus ambitieux et dans lesquels il s'investit complètement doivent se lire en effet comme d'authentiques sermons protestants éclairés. Ce n'est que peu de temps avant la fin de ses études qu'Anker osa parler à son père, dans une longue lettre qu'il lui adressa le 25 décembre 1853, du déchirement intérieur qui, au début de ses études, l'avait fait balancer entre la profession qu'il lui fallait apprendre et sa vocation artistique: «[…] Mais comment le pourrais-je si, chaque nuit, mes rêves me transportent dans des ateliers où je suis heureux d'être installé à mon travail et si je m'étonne de me réveiller chaque matin en constatant que je suis théologien? […] Certes, je ne me berce pas d'illusions; je connais aussi le revers de la médaille et je sais aussi qu'on peut avoir souvent l'atelier rempli de beaux tableaux et, faute d'acheteur, ne pas avoir de quoi acheter son pain. Mais je n'ai pas de grands besoins; Dieu soit loué, j'ai été élevé dans la simplicité à laquelle j'attache d'ailleurs un grand prix […].»[4]

Lorsque son père commença par s'opposer à ce changement de profession, Anker ne voulut pas en faire un motif de rupture. Mais la question de l'art le taraude de plus en plus, ainsi que l'attestent la lettre qu'il adresse à son ami Otto von Greyerz et celle qu'il envoie à sa tante Charlotte pour lui demander d'intercéder en sa faveur auprès de son père: «[…] Il y a 8 jours je sortis d'un rêve fort agréable; je me trouvais à Berne dans la salle des Antiques debout devant un immense chevalet: je copiais le Laocoon grandeur nature et je décidai de faire de même, dès que je serai rentré à la maison, avec la Venus Medici; c'est étonnant quand je vois quelque chose de beau, je me mets à maugréer, lorsque cela n'éclate pas extérieurement, ça gronde

[4] Lettre d'Iéna, 25 décembre 1853, *in*: Meister 2000 II, pp. 31-32 [lettre originale en allemand, corrections de la traduction par DH].

interessieren begann, setzte er das Theologiestudium vom Herbst 1852 bis Frühling 1854 an der Universität Halle fort. Aber er fing an zu leiden. Rebellion war indes nicht seine Sache, hatte ihn doch der frühe Tod der Mutter und Geschwister zur Einsicht gebracht, Schicksalsschläge als unabdingbar zu begreifen. Konflikten wich er aus, oder aber er suchte nach ausgeglichenen Lösungen. Dass er seinen Vater nach jahrelangem Warten zur Einwilligung für seinen Berufswechsel gewinnen konnte, hat er ihm später nicht nur durch einen vorbildlichen bürgerlichen Lebenswandel vergolten, sondern auch durch seine Kunst – gerade seine aufwändigsten und ehrgeizigsten Bilder lesen sich wie aufgeklärte protestantische Predigten. Den sich kurz nach Studienbeginn anbahnenden Konflikt zwischen dem zu erlernenden Beruf und der künstlerischen Berufung hat Anker seinem Vater erst knapp vor Ende des Studiums in einem langen Brief am 25. Dezember 1853 darzulegen gewagt: «[…] Aber vermag ich da etwas, wenn mich dann des nachts die Träume beständig in Ateliers führen, wo ich glücklich an der Arbeit sitze, und ich mich am Morgen verwundern muss, dass ich Theologe bin? […] Gewiss wiege ich mich nicht in Träumereien, ich kenne die Kehrseite der Medaille. Man kann ein Atelier voller schöner Bilder haben, aber die Käufer fehlen, und es ist kein Brot da. Doch meine Bedürfnisse sind nicht gross, und ich bin gottlob in der Einfachheit erzogen worden, die mir teuer ist […].»[4]

Als der Vater vorerst nicht auf den Berufswechsel eintrat, liess es Anker nicht auf einen Bruch ankommen. Die Kunst nimmt aber – so im Brief an seine Tante, die ihm bei der Umstimmung des Vaters helfen sollte – einen immer wichtigeren Part in seinem Denken ein: «[…] Vor etwa 8 Tagen erwachte ich in dem süssesten der Träume, es war mir, als wäre ich in Bern im Antikensaale vor einer immensen Staffelei und als copierte ich den Laocoon in seiner wahren Grösse, und da nahm ich mir vor, sobald ich nach Haus käme, die medicäische Venus so zu machen. Es ist merkwürdig, wenn ich etwas Schönes sehe, so muss ich fluchen, wenn es nicht äusserlich ausbricht, so donnert es innerlich, und wenn man mich fragt, was mir gefällt, so kann ich es nicht sagen. Aber ich denke, dies Fluchen bedeute ohngefähr doch so viel, wie was Correggio brüllte, wo er zum ersten Male in seinem Leben ein schönes Gemälde sah: ‹Anch'io sono pittore!› Früher war er Kellner oder Handlanger oder Apotheker oder sonst etwas.»[5] Trotz dieser selbstbewussten Äusserungen wollte Anker letztlich nicht gegen den Willen des Vaters handeln: «Sollte ich erkennen, dass es für meinen Vater das allergrösste Unglück ist, wenn ich zu diesen Studien übergehe, so liesse ich meine Pläne liegen und wäre nur noch in

[4] *Brief aus Jena, 25. Dezember 1853,* in: *Meister 1981, S. 28-29.*
[5] *Brief an den Jugendfreund Otto von Greyerz, 17. Februar 1854,* in: *Meister 1981, S. 30-31.*

intérieurement et quand on me demande ce que j'aime, je ne sais pas quoi répondre. Mais je pense que cette colère intérieure est la même chose que ce qui advint au Corregio qui se mit à vociférer ‹Anch'io sono pittore!› quand il vit pour la première fois de sa vie un beau tableau. Auparavant il était serveur, manœuvre, pharmacien ou n'importe quoi d'autre.»[5]

En dépit de ces déclarations qui montrent la confiance qu'il avait en lui, Anker ne voulut rien entreprendre contre la volonté paternelle: «Si je voyais que ce fût le plus grand malheur pour mon père de me voir entreprendre ces études, je laisserais là mes projets et ne serais artiste que dans mon cœur; j'aime encore mieux la paix que la peinture.»[6]

Au printemps 1854, il retourne à Berne pour y poursuivre ses études de théologie. Au cours de l'été, son père lui donne la permission tant attendue de devenir peintre. Il participe alors aussitôt à l'exposition tournante organisée à Berne par la Société des Beaux-Arts et, à l'automne, part pour Paris où il loue une chambre au 53 de la rue Notre-Dame-des-Champs. Son père lui a donné la somme de 250 francs – par la suite, il ne l'aidera qu'avec parcimonie. Anker, dans l'obligation de trouver un revenu d'appoint, réalise des copies à la commande et donne des cours de dessin. Gagner sa vie avec son art représentait pour lui un moyen essentiel pour se justifier aux yeux de son père. Il notera d'ailleurs scrupuleusement jusqu'à sa mort, en 1910, sur son *Livre de vente*, toutes les rentrées d'argent que son art lui procurera, y compris la modeste somme de 250 francs allouée par son père à ses débuts.[7]

Anker a représenté de façon symbolique le tournant de son évolution, moment crucial s'il en est, dans le tableau réalisé en 1861 et intitulé *Luther au couvent d'Erfurt* (ill. 1), œuvre qui peut se lire comme un véritable «autoportrait spirituel» projectif de l'artiste.[8] Anker y fait un parallèle entre son différend avec son père et la crise mystique de Luther née de l'incompatibilité constatée entre la règle monastique et la lecture de la Bible. Le jeune Luther, qui chez Anker ne ressemble guère aux portraits que l'on connaît de lui, porte une barbichette tout comme l'artiste à l'époque de la réalisation de ce tableau. Lorsqu'il présenta l'œuvre à Paris au Salon de 1861, le souci d'Anker fut de faire accepter Luther par un public essentiellement catholique.

[5] Lettre à Otto von Greyerz, 17 février 1854, *in*: Meister 1981, pp. 30-31 [lettre originale en allemand, traduction DH].
[6] Lettre à sa tante Charlotte Anker, Halle, 24 février 1854, *in*: Meister 2000 II, p. 41.
[7] Au sujet de son *Livre de vente*, voir Kuthy/Bhattacharya 1995, p. 48.
[8] Voir le chapitre «Autoportrait spirituel d'Anker» *in*: Kuthy 1991, pp. 107-111.

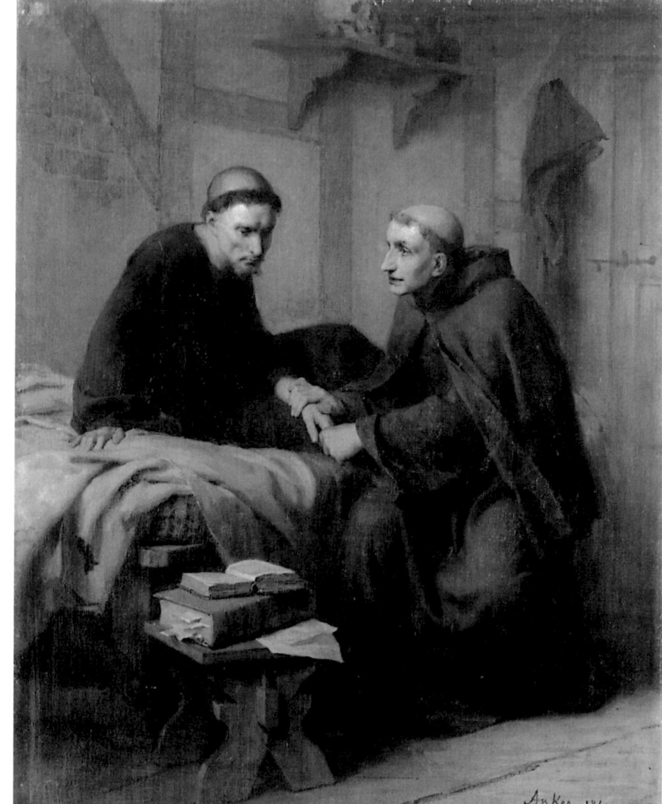

Ill. 1: Albert Anker, **Luther au couvent d'Erfurt** / ***Luther im Kloster von Erfurt***, 1861, huile sur toile, 81×65 cm, Musée des Beaux-Arts de Berne, Burgergemeinde Bern

meinem Herzen den Künsten gewidmet; noch immer ziehe ich der Kunst den Frieden vor.»[6]
Im Frühling 1854 kehrte er nach Bern zurück und setzte hier die theologischen Studien fort. Die Einwilligung, Maler zu werden, erteilte ihm sein Vater im Sommer. Er beteiligte sich sogleich an der Turnus-Ausstellung des Schweizerischen Kunstvereins in Bern. Im Herbst zog er nach Paris und mietete ein Zimmer an der Rue Notre-Dame-des-Champs 53. Sein Vater gab ihm 250 Franken mit und unterstützte ihn auch in den kommenden Jahren lediglich mit bescheidenen Mitteln; Anker blieb so auf einen Zustupf angewiesen und malte deshalb Bilder auf Bestellung und erteilte Zeichenstunden. Dass er mit seiner Kunst Geld verdienen konnte, war ihm eine wesentliche Legitimation gegenüber den Wertvorstellungen des Vaters. Vom Moment an, als ihm sein Vater die bescheidene finanzielle Unterstützung mit auf den Weg nach Paris gab, bis zu seinem Tod im Jahr 1910, führte Anker sein

[6] *Brief an seine Tante Charlotte Anker, Halle, 24. Februar 1854, zitiert* in: *Greyerz 1932 und Meister 1981, S. 30.*

Ill. 2
Albert Anker
L'Enterrement d'un enfant
Kinderbegräbnis
1863
Huile sur toile
111,5×171 cm
Aargauischer Staat,
Kunsthaus Aarau

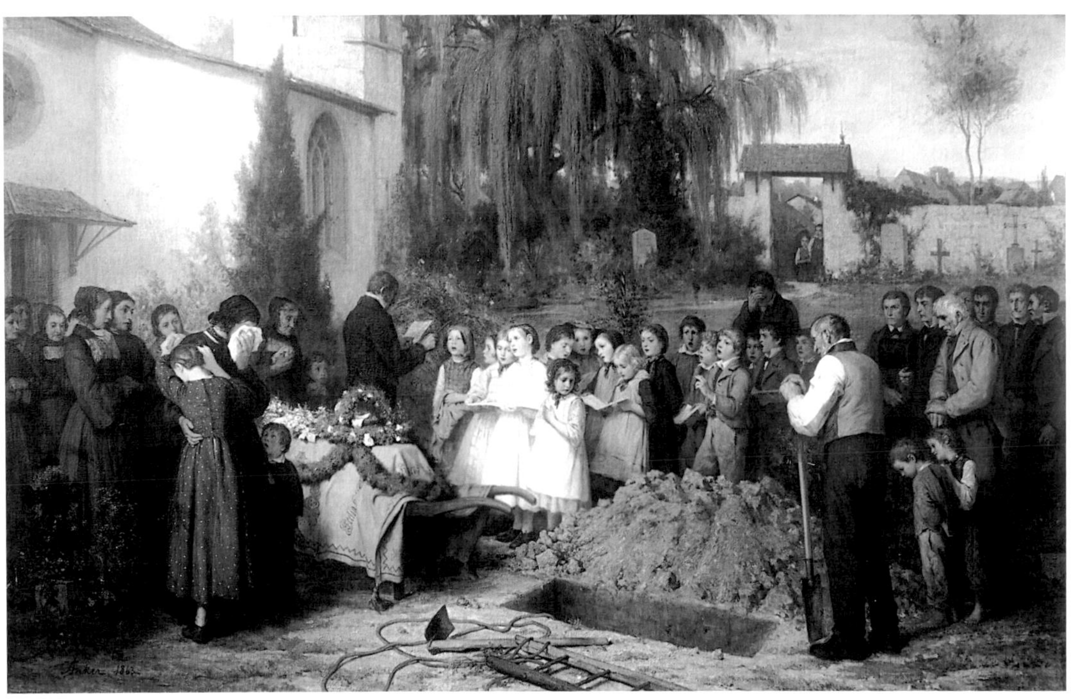

Pour ce faire, il insista sur la dimension profondément humaine du drame vécu par le sujet représenté: «[...] Il fut longtemps malade et tourmenté de doutes. Le supérieur, Jean de Staupitz, le visitait et lui donnait des consolations.»[9] Anker s'employa dans son programme artistique, non seulement à représenter scrupuleusement l'individu, comme l'exigent les lois du naturalisme, mais encore à dépasser ce stade pour accéder à une autre dimension et atteindre l'humain en général. Comme le portrait de Luther, *L'Enterrement d'un enfant* (ill. 2) fait également référence à cette évolution d'Anker qui, on le sait, au lieu de devenir pasteur, se fit peintre. Les scènes d'enterrement d'enfants ont toujours fait vibrer la corde sensible du public du Salon. La communauté de fidèles en deuil suscite par sa retenue la pitié, et la petite tombe béante glace le spectateur qui reste sans voix. L'absence de pasteur surprend mais, ce qui n'est pas moins étonnant, c'est que l'assistance ne semble pas la regretter. Si Anker avait suivi le vœu de son père, c'est à lui qu'il serait revenu d'assurer ce rôle. Peut-être est-ce là précisément la raison qui le poussa à ne pas représenter le ministre du culte. Anker montre de cette façon que la peinture peut exercer la double fonction de consoler et de produire du sens.

[9] Cité d'après Kuthy 1991, p. 110.

Livre de vente[7], *in das er alle Einnahmen aus seiner Kunst minuziös auflistete.*

Diese alles entscheidende Schlüsselstelle seiner menschlichen Entwicklung hat Anker 1861 im projektiven Selbstbildnis Luther im Kloster von Erfurt *(Abb. 1) symbolisch zur Darstellung gebracht.*[8] *Anker setzte seinen Konflikt mit dem Vater in diesem «geistigen Selbstbildnis» mit Luthers Gewissenskampf gleich, der aus der Unvereinbarkeit von Klosterregel und Bibellektüre resultierte. Der junge Luther, der bei Anker nur wenig Ähnlichkeit mit erhaltenen Porträts aufweist, hat ein Bärtchen wie der Maler selbst zur Zeit, als er das Bild schuf. Als es 1861 am Pariser Salon gezeigt wurde, versuchte Anker dem vorwiegend katholischen Publikum Luther durch den stark aufs Allgemeinmenschliche tendierenden Hinweis näher zu bringen: «[...] Il fut longtemps malade et tourmenté de doutes. Le supérieur, Jean de Staupitz, le visitait et lui donnait des consolations.»*[9] *Dass die naturalistisch akribische Schilderung eines Individuums über dieses hinaus auf allgemein menschliche Verhaltensweisen zielt, wurde in Ankers Kunst zum Programm. Ebenso wie das Luther-Bild verweist wohl auch das* Kinderbegräbnis *(Abb. 2) von 1863*

[7] *Zu seinem Verkaufsbüchlein* (Livre de vente) *vgl. Kuthy/Bhattacharya 1995, S. 48.*
[8] *Vgl. das Kapitel «Ankers geistiges Selbstbildnis» in: Kuthy 1991, S. 107-111.*
[9] *Zitiert nach Kuthy 1991, S. 110.*

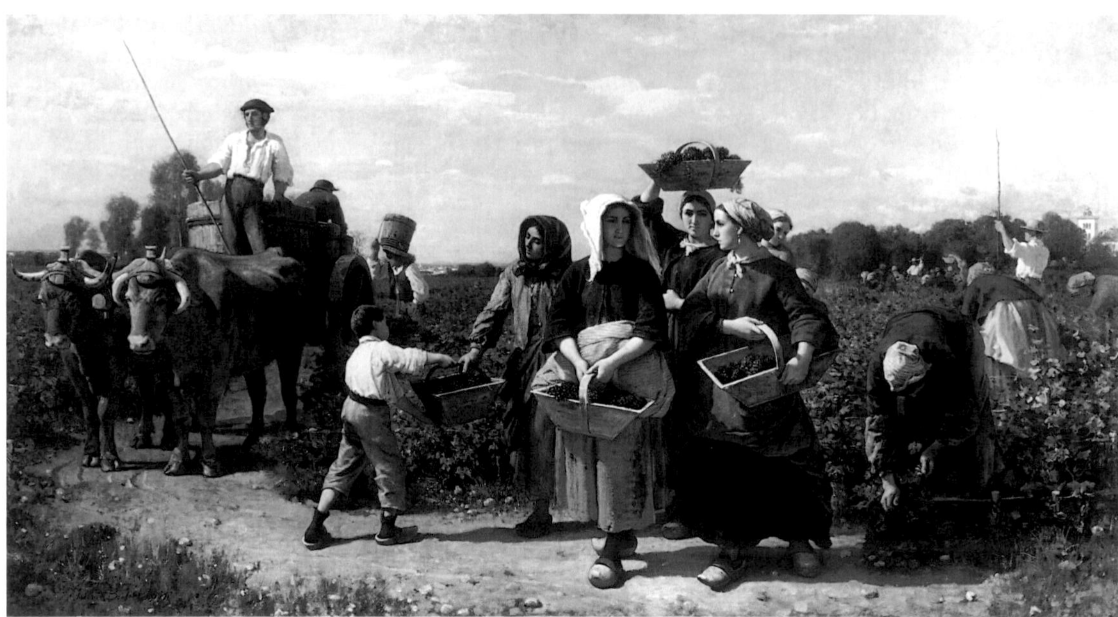

Ill. 3
Jules Breton
Les Vendanges à Château-Lagrange
1864
Huile sur toile
90,8×168 cm
Joslyn Art Museum, Omaha, NE

plus assidûment vers l'aquarelle, technique qui demande moins de force physique, Anker avait pratiqué l'ensemble des genres: scènes historiques, scènes de genre, natures mortes, portraits, et l'on note que, chaque fois, il puisait son sujet dans son univers personnel ou dans son propre projet de vie. Il partageait avec les représentants réalistes des scènes populaires et paysannes, comme Jean-François Millet (1814-1877), Gustave Courbet (1819-1877), Jules Breton (1827-1906) (ill. 3), Pierre Edouard Frère (1819-1866) ou Léon-Augustin Lhermitte (1844-1925), l'art de poser sur les êtres un regard dépourvu de sentimentalité et l'aptitude à représenter des destins crédibles. C'est pourquoi Vincent Van Gogh (1853-1890) l'appréciait. Il demanda d'ailleurs de ses nouvelles, un jour de l'année 1883, à son frère Théo qui travaillait alors à Paris à la Galerie Goupil: «Est-ce qu'Anker est toujours de ce monde? Je pense souvent à ses travaux, je les trouve particulièrement sérieux, appliqués et subtils. Il est encore de la vieille école.»[17] Anker était un enfant de son siècle.

Les êtres qui figurent sur ses tableaux – enfants et adolescents avant leur entrée dans la vie active ou personnes plus âgées ayant derrière elles une vie de labeur – sont représentés avec une authenticité non transposée, heureux ou épuisés par leur travail, mais contents de leur sort. A voir ainsi la naissance et la mort vécues sur un mode positif, on comprend que le message délivré par le monde pictural d'Anker est fait de confiance

[17] Gogh 1965, p. 239.

der Landarbeiter auf den französischen Grossbesitzungen[15] stark von den Zuständen der Bauern in Ins unterschied, spielte keine Rolle, hat Anker doch (abgesehen von einigen problemlosen Studien[16]) nicht die Arbeit der Werktätigen dargestellt, sondern das besinnliche Leben der Grosseltern und Kinder zu Hause. Bis zu seinem Schlaganfall 1901, der ihn zum Umstieg auf die kräftemässig leichter zu bewältigende Aquarellmalerei zwang, war seine Produktion in Bezug auf die Gattungen stets gemischt. Er malte Historie, Genre, Stillleben, Porträts, wobei er immer von seiner eigenen Lebenswelt und seinem eigenen Lebensentwurf ausging. Mit den Vertretern realistischer Bauern- und Volksszenen wie Jean-François Millet (1814-1877), Gustave Courbet (1819-1877), Jules Breton (1827-1906) (Abb. 3), Pierre Edouard Frère (1819-1866) oder Léon-Augustin Lhermitte (1844-1925) teilt er den unsentimentalen Blick und das Aufspüren glaubwürdiger Lebensschicksale. Deshalb schätzte ihn auch Vincent van Gogh (1853-1890), der 1883 seinen in der Pariser Kunsthandlung Goupil arbeitenden Bruder Theo fragte: «Lebt Anker noch? Ich denke oft an seine Arbeiten, ich finde sie so tüchtig und fein empfunden. Er ist noch ganz vom alten Schlag.»[17] Anker war ganz Kind seiner Zeit.

Die Menschen, die in seinen Bildwelten vorkommen, die Kinder und Jugendlichen vor dem Eintritt ins Erwerbsleben sowie die Alten, die dessen Mühen hinter sich haben,

[15] *Vgl. Paris 1994.*
[16] *Kuthy/Bhattacharya 1995, Nrn. 140 und 345* (Der Schuhmacher), *637* (Bauer beim Dengeln).
[17] *Gogh 1965, S. 239.*

Ill. 4
Albert Anker
Les Vendanges
Das Winzerfest
1865
Huile sur toile
108×182 cm
Collection particulière

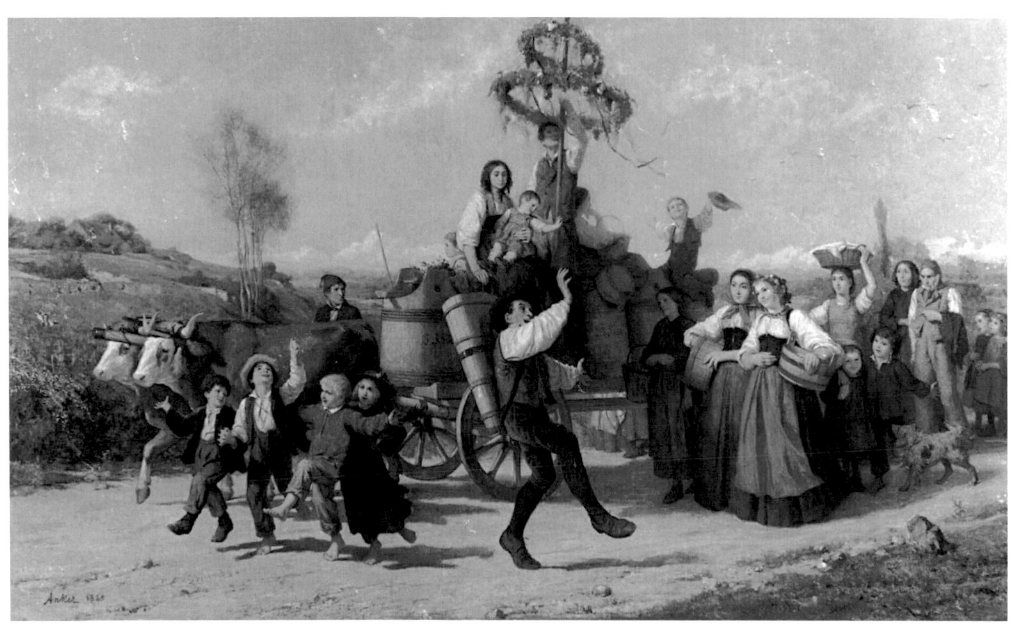

et d'accents protestants: chacun est en mesure de faire face à sa destinée et de fournir l'effort nécessaire pour y parvenir. En artiste résolument engagé au sein du mouvement réaliste, il ne peint, comme Courbet, que ce qu'il voit – à quelques exceptions près (*Génie funéraire*, ill. 5). Mais, à la différence de ce dernier, il ne représente que des personnages qui ne remettent pas le système en question. Nulle revendication, nulle tendance à vouloir changer la société dans les œuvres d'Anker. Si Gauguin a découvert le paradis perdu dans le Pacifique, Van Gogh en Provence, Segantini en Engadine, Anker le trouve dans l'intimité de sa patrie.

Scène de genre et «allégorie réelle»

Les différents courants réalistes partagent l'idée qu'il ne faut peindre que ce que l'on voit. Fondamentalement, le réalisme a pour sujet l'actualité: ce qui, pourrait-on dire, en fait un précurseur de la photographie de reportage d'aujourd'hui. Dès lors sont exclus les thèmes du passé, qu'ils soient sacrés ou profanes, tout comme les «visions intérieures» ou les pures productions de l'esprit. Ce rapport étroit à la vie réelle permit à un vaste public bourgeois d'accéder plus facilement à l'art, de visiter une exposition devenant un moment de loisir fort plaisant. Se concentrer strictement sur sa propre réalité revenait pour l'artiste à ne peindre que ce qu'un photographe pouvait, lui aussi, fixer sur la pellicule. Pour le public, la photographie devint pour cette raison un important moyen de comparaison. L'artiste qui met en place, ordonne et

*sind unverstellt echt und lebensfroh oder von der vollbrachten Lebensarbeit zwar erschöpft, aber mit ihrem Los zufrieden. Wenn Anfang und Ende bejahend erfahren werden, so die vertrauensvolle, protestantische Botschaft von Ankers Bildwelt, liegt es im Vermögen des Einzelnen, auch den zu leistenden Einsatz zuversichtlich zu bewältigen. Als grundsätzlich «realistisch» eingestellter Künstler malt er, abgesehen von ein paar allegorischen Flügelschlägen (*Der Genius des Todes*, Abb. 5), wie Courbet nur das, was er auch sehen kann, im Unterschied zu diesem zeigt er jedoch nur Protagonisten, die das System nicht in Frage stellen. Es gibt auf Ankers Bildern keine Aufforderungen zu gesellschaftlichen Veränderungen. Das verlorene Paradies, das Gauguin in der Südsee, van Gogh in der Provence, Segantini im Engadin suchen sollten, findet er in der Vertrautheit seiner Heimat.*

Sittenbild und «Allégorie réelle»

Den realistischen Strömungen gemeinsam ist das Credo, nur das zu malen, was man sehen kann. Das eigentliche Thema des Realismus ist deshalb das zeitgenössische Genre, das man als Vorläufer des heutigen Reportagebildes bezeichnen könnte. Themen der Vergangenheit, ob religiös oder weltlich, fallen damit ebenso aus dem Repertoire wie «innere» Visionen und Phantasien. Diese enge Beziehung zur Lebenswirklichkeit ebnete dem breiten bürgerlichen Publikum, für das der Ausstellungsbesuch zum Freizeitvergnügen gehörte, den Zugang zur Kunst. Die enge Fixierung auf die eigene Wirklichkeit kam

évalue la réalité doit pouvoir surpasser le miroir photographique. Courbet, qui a forgé le concept d'«allégorie réelle», rejeta catégoriquement l'emploi d'êtres ailés, d'allégories personnifiées ou des symboles habituels. Seuls des êtres et des choses de la réalité visible pouvaient produire du sens. Du fait que les allégories du réalisme renvoient toujours à la réalité vécue de l'artiste, elles sont hautement subjectives. L'«allégorie réelle» va toujours dans le sens de l'adoption par le peintre d'une mythologie personnelle. Les scènes de genre suisses, qui sont le propre de l'art d'Anker, ont pour décor Anet. Elles doivent leur grand succès, tant à Paris qu'en Suisse, au fait qu'elles coïncident parfaitement avec les besoins du public: les motifs d'Anker ne déconcertent pas plus qu'ils ne bouleversent. Son art s'est toujours inspiré de ce qui avait déjà été accepté au Salon. Grâce à sa représentation des êtres, faite avec une grande perspicacité psychologique, et à celle des milieux sociaux, proche de l'«exactitude» photographique, Anker réussit à donner une grande force probante aux thèmes bien connus. Ses allégories réelles visent des rapports sociaux tels qu'on en voit peu dans la réalité, mais qui n'en demeurent pas moins le but poursuivi par chacun.

Si l'on compare les œuvres d'Anker avec celles de ses contemporains français, on comprend aisément que ses inventions picturales font tout naturellement partie intégrante du système artistique officiel du Salon parisien, et sa spécificité s'impose avec la même évidence. Il a magistralement repris les thèmes en vogue, mais les a toujours enrichis de ses propres inventions. Leur composition, leur mise en forme picturale, tout comme leur contenu qui emprunte des voies personnelles, sont parfaitement réussis. Anker réalise la synthèse des camps en présence. Il reprend les thèmes qui touchent le public et qui ont tant de succès au Salon: scènes d'enfants ou de vieillards. Ainsi en est-il de l'enfant qui s'en va pieds nus chercher du bois dans la forêt, de la scène idyl-

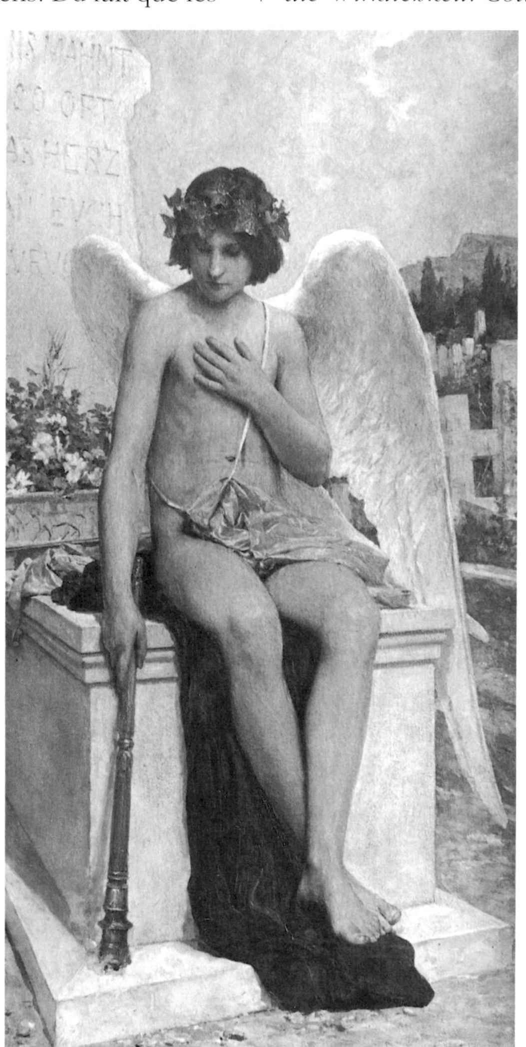

Ill. 5: Albert Anker, **Génie funéraire** / ***Der Genius des Todes***, 1890, huile sur toile, 83×45,5 cm, collection particulière

für den Künstler der Einschränkung gleich, nur das zu malen, was auch ein Fotograf festzuhalten vermöchte. Die Fotografie ist deshalb für das Publikum eine wichtige Vergleichsgrösse. Der Künstler, der mehr können muss als der fotografische Spiegel, ordnet und wertet gestaltend die Wirklichkeit. Courbet, der den Begriff der «Allégorie réelle» prägte, lehnte die Verwendung von geflügelten Wesen, allegorischen Personifikationen und herkömmlichen Symbolen zur Erreichung dieses Ziels strikte ab. Interpretierende Deutung liess sich für ihn nur durch Personen und Dinge der sichtbaren Wirklichkeit ausdrücken. Da die Allegorien des Realismus jedoch stets auf die äussere Erfahrungswirklichkeit des Künstlers bezogen bleiben, sind sie in hohem Masse subjektiv. Die «Allégorie réelle» bewegt sich immer in Richtung einer individuellen Mythologisierung durch den Künstler. Ankers spezifisch schweizerische Genreszenen «spielen» in Ins. Ihr grosser Erfolg am Pariser Salon und in der Schweiz beruht auf der Übereinstimmung mit den Bedürfnissen des Publikums, dem Ankers Motive weder fremd noch drastisch erschienen. Er ging in seiner Kunst immer von dem aus, was am Salon bereits akzeptiert war. Den verbreiteten Themen vermochte er durch seine psychologisch eindringliche Menschenschilderung wie auch durch seine «fotografisch» exakten Milieuschilderungen Überzeugungskraft zu verleihen. Seine realen Allegorien zielten auf Zustände eines sozialen Zusammenhangs, die in der Wirklichkeit höchst selten vorkamen, jedoch von allen als erstrebenswert erachtet wurden.

Die Vergleiche von Werken Ankers mit solchen seiner französischen Zeitgenossen zeigen, dass seine Bildfindungen ganz selbstverständlich Teil des offiziellen Kunstsystems des Pariser Salons waren. Ebenso klar wird jedoch seine schöpferische Eigenständigkeit. Er hat allgemein verbreitete Themen souverän aufgenommen, sie jedoch stets eigenschöpferisch weitergeführt. Seine Formulierungen sind letztlich in der Komposition und der malerischen Ausführung ebenso souverän, wie sie inhaltlich

lique où des gosses jouent au salon, ou bien encore de la petite troupe d'enfants qui entourent leur camarade morte. On trouve également des élèves avides d'apprendre ou une grande sœur qui tricote ou file la laine en surveillant ses frères et sœurs. Arrivés au terme de leur vie, les vieillards sont représentés par un grand-père lisant la Bible ou racontant des histoires à ses petits-enfants, ou encore par une grand-mère donnant du grain aux poules en présence de jeunes enfants ou épluchant les légumes... Entre ces deux pôles de l'existence, marqués chacun d'une connotation positive et négative, la vie se déroule: elle nous est montrée par des travailleurs d'âge mûr, tels un cordonnier, le secrétaire du village, l'usurier, ou encore par des scènes de vie collective, en classe, dans la cour de récréation où l'on pratique la gymnastique (cat. n° 21), dans des scènes d'enterrement, de baptême (cat. n° 7), de mariage civil (ill. p. 194), de vendanges (ill. 4). Anker nous présente aussi le jour du paiement de l'intérêt (cat. n° 53), la crèche (cat. n° 19), la soupe des pauvres ou le jour de la «vente aux enchères». Tous ces thèmes ne sont pas «courageux» au sens où peut l'être le réalisme d'un Courbet qui dénonce les injustices sociales. Jamais Anker n'a été rejeté à cause de son réalisme. De la même façon, il évita de s'attaquer aux tabous comme le faisait Manet, dont il a pourtant parfois adopté avec maestria la technique picturale audacieuse.

Du fait précisément de leur relative sobriété, les représentations qu'Anker nous donne des milieux de son époque expriment les vues démocratiques qui animent le jeune Etat fédéral. Les scènes d'intimité familiale propagent l'utopie d'une vraie vie, calme et authentique, loin des problèmes de société, tandis que les scènes publiques font clairement référence aux acquis sociaux de l'époque. Dans des compositions à plusieurs personnages, nous voyons à l'œuvre les citoyens et citoyennes de la nouvelle Suisse. Mais il ne s'agit pas de ceux qui sont, positivement ou négativement, concernés par les transformations radicales engendrées par l'industrialisation récente: on y chercherait en vain des traces du luxe moderne ou du prolétariat. Anker présente les paysans et les villageois d'Anet dans l'exercice de leurs droits et devoirs civiques – matière en laquelle la Suisse passait alors pour pionnière. Il réunit dans ce genre moderne à la fois les vertus traditionnelles et les idéaux de son temps.

Qu'il se soit concentré sur la réalité spécifiquement suisse et qu'il ait constamment vérifié dans la réalité propre d'Anet les influences venues de l'extérieur fait que ses tableaux paraissent à la fois contemporains et intemporels. Le propos pictural d'Anker est finalement – même si cela peut paraître polémique – plus proche de l'impressionnisme que des représentations paysannes qui reproduisent fidèlement la réalité, comme

persönliche Wege gehen. Die Position, die Anker gegenüber verschiedenen Lagern einnimmt, ist die einer Synthese. Er nimmt die publikumswirksamen Themen des am Salon erfolgreichen Kindergenres auf, die Rührstückthemen des im Wald Holz suchenden Kindes ohne Schuhe, die Idylle der in der guten Stube spielenden Kinder, der um ihre tote Freundin trauernden Kinderschar, der lernbegierigen Schüler, der strickenden, spinnenden, ihre Geschwister hütenden grösseren Schwester, oder dann, am Ende des Lebenswegs, den Grossvater mit seinen Enkeln beim Bibellesen oder Geschichtenerzählen, die Grossmutter mit den Kleinen im Hühnerhof oder beim Gemüserüsten... Das Leben zwischen Kindheit und Lebensabend repräsentieren mit der jeweiligen positiven und negativen Konnotation ältere Werktätige, der Schuhmacher, der Dorfschreiber, der Wucherer, sowie Szenen sozialen Zusammenseins in der Schulstube, auf dem Pausenhof beim Turnen (Kat. Nr. 21), beim Begräbnis, bei der Taufe *(Kat. Nr. 7), der* Ziviltrauung *(Abb. S. 194), beim* Winzerfest *(Abb. 4), beim* Zinstag *(Kat. Nr. 53), in der* Kinderkrippe *(Kat. Nr. 19), bei der* Armensuppe *oder beim* Geltstag. *All diese Themen sind nicht «mutig» wie der provozierende, Missstände anprangernde Realismus Courbets. Nie wurde Anker wegen seines Realismus ausgeschlossen. Ebenso mied er die Tabuverstösse Manets, auch wenn er dessen kühne Malweise in der Darstellung zuweilen verblüffend adaptierte.*

Ankers zeitgenössische Milieuschilderungen sind gerade ihrer relativen Nüchternheit wegen Ausdruck demokratischer Gesinnung im jungen Bundesstaat. Propagiert er in den Bildern familiären Zusammenseins die Utopie eines stillen, wahren Lebens ausserhalb der sozialen Probleme, so stellt er sich in den öffentlichen Szenen den positiven Errungenschaften seiner Zeit. In mehrfigurigen Kompositionen agieren Bürgerinnen und Bürger der neuen Schweiz. Jedoch nicht solche, die von den radikalen Umwälzungen der Industrialisierung positiv oder negativ betroffen sind, kein moderner Luxus wird sichtbar, kein Proletariat.

Anker zeigt die Bauern und Dorfbewohner von Ins in der Ausübung ihrer bürgerlichen Rechte und Pflichten, worin die Schweiz in der damaligen Zeit als vorbildlich galt. Er verbindet in seinem modernen Genre traditionelle Tugenden mit zeitgenössischen Idealen.

Seine Fixierung auf die spezifisch schweizerische Wirklichkeit, seine permanente Verifizierung der von aussen aufgenommenen Einflüsse in der eigenen Lebensrealität in Ins, führen dazu, dass seine Bilder zugleich zeitgenössisch und eigenständig sind. Ankers künstlerisches Anliegen steht letztlich – so kontrovers das auch tönen mag – dem Impressionismus näher als die die Realität direkt spiegelnden Bauerndarstellungen eines Courbet oder Wilhelm Leibl. Mit den Impressionisten, den rebellischen Gleyre-Schülern, teilt Anker den selektiven Blick,

celles de Courbet ou de Wilhelm Leibl. Anker partage avec les impressionnistes, les élèves révoltés de Gleyre, le regard sélectif, la prédilection pour les scènes campagnardes – l'on songe ici aux villages de Camille Pissarro –, ainsi qu'une vision positive de la vie. Les impressionnistes s'intéressaient aux jeux de lumière, qui peuvent rendre «belle» une simple usine. Anker, quant à lui, s'est concentré sur les «beaux» aspects de la vie villageoise.

Son réalisme détecte des formes de vie intactes dans un monde transformé par l'industrialisation. Mais le salut à ses yeux n'est pas seulement dans le passé. Anker apporte tout son soin à des œuvres qui présentent les acquis démocratiques du nouvel Etat fédéral, comme le mariage civil, la scolarité obligatoire pour tous, l'activité caritative des diaconesses de Berne, ou encore la construction du chemin de fer (voir son tableau *L'Ingénieur* [Le Géomètre], 1885, ill. 6). Lorsqu'il traite de sujets particulièrement appréciés au Salon, par exemple celui de l'enfance, il n'est jamais question pour lui de faire étalage de sentiments. Les enfants d'Anker sont totalement concentrés sur ce qu'ils font, écoutant avec attention leur interlocuteur ou bien encore en train de dormir: chaque fois, ils sont complètement soustraits au monde du spectateur. La spécificité de l'art pictural d'Anker réside dans l'harmonie implicite qui habite ses représentations. Son monde se situe toujours, dans son intégralité, ici-bas. Il n'est point question, comme chez Millet, de sublimations religieuses; point question non plus de renvoyer à un monde meilleur, accessible en recourant au combat politique.

M. F.

Traduction de l'allemand: Daniel Hartmann

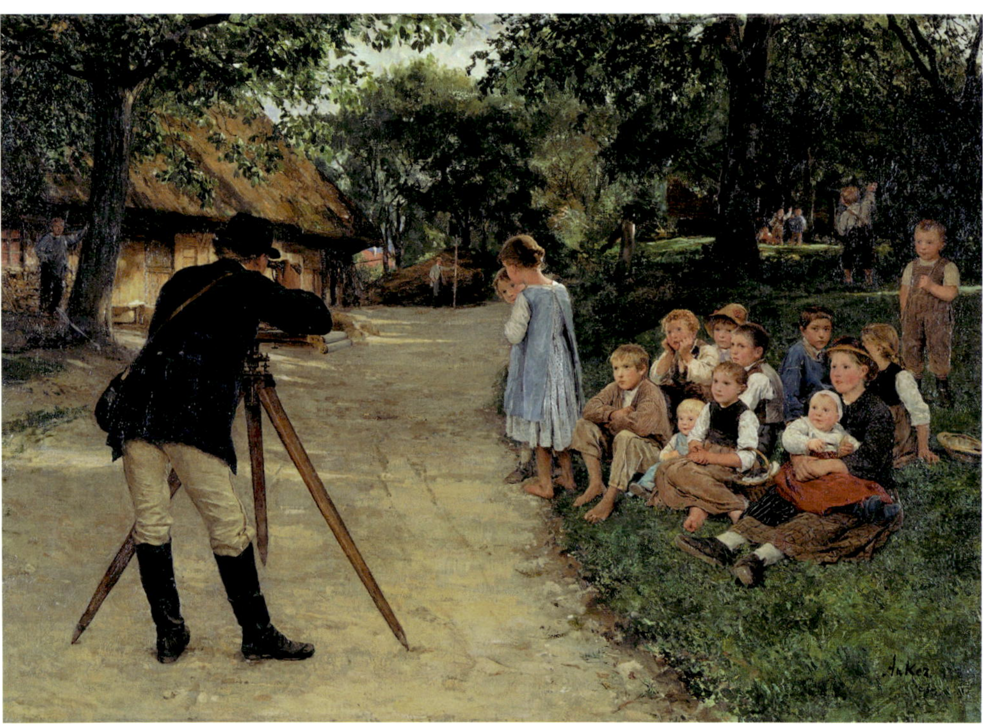

Ill. 6: Albert Anker, **L'Ingénieur** (Le Géomètre) / ***Der Geometer***, 1885, huile sur toile, 67,5×97 cm, collection particulière

die Vorliebe für ländliche Szenerien – Camille Pissarros Dörfer – sowie die positive Grundeinstellung. Die Impressionisten interessierten sich für sensualistische Lichtreize, die auch eine Fabrikanlage «schön» erscheinen lassen, Anker konzentrierte sich auf die «schönen» Seiten dörflichen Lebens.

*Sein Realismus spürt in der durch Industrialisierung veränderten Welt intakte Lebensformen auf. Doch das Heil liegt für ihn nicht ausschliesslich in der Vergangenheit. Den demokratischen Errungenschaften des jungen Bundesstaates wie der Ziviltrauung, der allgemeinen Schulpflicht, der karitativen Tätigkeit der Berner Diakonissinnen, indirekt sogar dem Bahnbau (*Der Geometer*, 1885, Abb. 6) widmet er seine aufwändigsten Bilder. Wenn er die im Salon so beliebten Kinderthemen aufgreift, dann geht es ihm nie um sentimentale Zurschaustellung. Ankers Kinder sind vollkommen in eine Tätigkeit vertieft, sie sind aufs Zuhören konzentriert oder sie schlafen und sind dabei ganz bei sich, der Welt des Betrachters vollkommen entrückt. In dieser innerbildlichen Harmonie liegt Ankers Eigenständigkeit. Seine Welt ist immer ganz diesseitig. Religiöse Überhöhungen wie bei Millet fehlen ebenso wie der Verweis auf eine bessere, im politischen Kampf zu erreichende Zukunft.*

M. F.

Anker et l'atelier de Gleyre*

par William Hauptman

Lorsque à l'automne 1854 Albert Anker décide de suivre une formation de peintre professionnel, il n'a guère d'autre éducation artistique que celle qu'il a reçue dans l'ambiance provinciale de Neuchâtel. Ce qui reste de ses premiers travaux témoigne d'un talent indéniable mais encore fruste, qui peine à trouver son expression naturelle. Il sait donc que pour affirmer sa vocation de peintre, après avoir suivi des études de théologie, il lui faudra suivre un enseignement plus poussé dans un centre artistique hors de Suisse. A l'époque, on allait se former soit en Allemagne, à l'académie de Düsseldorf ou de Munich, soit à Paris. En choisissant la capitale française, Anker optait pour des méthodes pédagogiques qui jouissaient d'une réputation établie et offraient, dans le même temps, une remarquable liberté.[1] A 23 ans, il était plus âgé que la plupart des néophytes; il endossa tout de même le costume bohème du rapin parisien, faisant ainsi ses premiers pas sur une scène artistique entrevue lors d'un bref séjour en 1851.[2]

Des grands noms qui ont marqué le début du siècle et ouvert leur propre voie, Jacques Louis David (1748-1825) et Théodore Géricault (1791-1824) sont morts quelque vingt-cinq ans plus tôt – leur manière a fait des émules, mais elle s'est abâtardie. Ingres et Delacroix sont toujours actifs, mais leur influence n'a plus rien de commun avec ce qu'elle fut. Ingres produit encore d'élégants portraits et des peintures de style «troubadour»; il continue d'enseigner à l'Ecole des Beaux-Arts jusqu'en 1851, mais il n'expose plus depuis longtemps, son étoile pâlit et il n'est plus guère en phase avec les idéaux du milieu du siècle. Delacroix, quant à lui, longtemps occupé aux grandes décorations murales du palais du Luxembourg et de la galerie

* Ce texte est une version abrégée de la contribution de l'auteur au catalogue (en allemand) de l'exposition *Albert Anker und Paris*, au Musée des Beaux-Arts de Berne, en 2003.

1 Sur le contexte de l'enseignement des arts depuis Vasari, voir Goldstein 1995.

2 Meister 2000 II, pp. 24-25. Cette édition est une traduction française de Meister 1981. C'est l'édition française qui sert ici de référence.

*Anker und Gleyres Atelier**

von William Hauptman

Bevor sich Albert Anker im Herbst 1854 entschied, eine professionelle Künstlerlaufbahn einzuschlagen, war seine künstlerische Ausbildung auf das provinzielle Angebot Neuenburgs beschränkt gewesen. Obgleich seine erhaltenen Frühwerke ein viel versprechendes Talent zeigen, wird deutlich, dass sich dies unter der rudimentären Anleitung lokaler Kräfte kaum entwickeln konnte. Deshalb wusste Anker, dass er nach seinem Theologiestudium mit der Entscheidung, Maler zu werden, einen anspruchsvollen Unterricht in einem der damaligen Kunstzentren ausserhalb der Schweiz absolvieren musste. Die zu jener Zeit von Schweizer Künstlern am häufigsten aufgesuchten Ausbildungsstätten waren wegen der dortigen Akademien entweder Düsseldorf und München – oder Paris. Mit seiner Entscheidung für die französische Metropole wählte Anker ein System der künstlerischen Ausbildung, das einerseits bewährte Spielregeln befolgte und zugleich bemerkenswerte Freiheiten zuliess.[1] Er war damals 23 Jahre alt, älter als die meisten seiner Studienkollegen, doch nahm er nichtsdestotrotz mit Leichtigkeit die Physiognomie eines Pariser «Rapin» an und fügte sich so in jenes künstlerische Milieu ein, das er bislang lediglich während eines kurzen Parisaufenthalts im Jahre 1851 kennen gelernt hatte.[2]

Von jenen Malern, welche die künstlerische Entwicklung der ersten Jahrhunderthälfte prägten, waren Jacques Louis David (1748-1825) und Théodore Géricault (1791-1824) seit einem Vierteljahrhundert tot. Ihre Nachfolger setzten den eingeschlagenen Kurs in zum Teil verwässerten Formen fort, während Jean Dominique Ingres und Eugène Delacroix als dominierende Kräfte noch immer aktiv waren, aber ihren Zenit bereits vor Jahren überschritten hatten. Obschon Ingres nach wie vor elegante Gesellschaftsporträts und Troubadourszenen produzierte, als er 1851 an der Ecole des Beaux-Arts lehrte, hatte er doch seit 1834

** Dies ist die stark gekürzte Version eines Aufsatzes, den der Autor für den Katalog* Albert Anker und Paris, *Kunstmuseum Bern 2003, verfasst hat.*

1 Über den Unterricht in Kunstgeschichte seit Vasari siehe Goldstein 1995.

2 Meister 2000 II, S. 24-25. Dies ist die französische Ausgabe von Meister 1981. Alle Verweise beziehen sich auf die französische Edition.

les élèves les plus doués, et une série d'examens éliminatoires en conditionnait l'entrée. Chaque «aspirant» devait passer le «concours d'admission», étape préliminaire destinée à évaluer ses talents bruts de dessinateur; pour s'y présenter, une recommandation écrite d'un «professeur connu», confirmant les capacités artistiques du candidat, était nécessaire. Si l'aspirant était reçu, il pouvait envisager la seconde étape, le «concours de place», qui permettait d'allouer aux meilleurs éléments une place dans les ateliers fort encombrés de l'Ecole. C'était une épreuve difficile où la plupart des candidats échouaient à la première tentative. Hippolyte Flandrin note qu'en 1829, 300 candidats se disputèrent seulement 50 places disponibles.[11] Il y avait deux sessions par an, en mai et en juin. L'examen consistait en un dessin, le plus précis possible, sur le modèle, qui pouvait être fini en plusieurs séances. Les dessins étaient évalués par le professeur responsable et classés. Dans les années 1850, les 60 premiers pouvaient raisonnablement espérer être admis; les autres étaient libres de tenter leur chance à la session suivante. Anker parvint à surmonter tous ces obstacles et fut admis à l'Ecole le 11 octobre 1855, presque un an après son arrivée.

Une fois reçu officiellement à l'Ecole des Beaux-Arts, Anker y suivit le programme habituel, exclusivement construit sur la primauté du dessin. Les études proprement dites commençaient avec des exercices de copies d'antiques sur des moulages en plâtre, destinés à renforcer la coordination de l'œil et de la main. Lorsqu'on y réussissait, on était autorisé à travailler directement sur le modèle vivant, mais ce passage pouvait prendre des mois, selon l'appréciation du professeur et le talent de l'étudiant. L'enseignement était confié à douze professeurs – sept peintres et cinq sculpteurs –, qui tournaient chaque mois. Les cours d'anatomie, de perspective et d'histoire ancienne étaient assurés par des professeurs auxiliaires.[12] Si ces études avaient effectivement pour but d'inculquer à l'élève les bases techniques du dessin, de la distribution des ombres et du modelé, leur véritable fonction était de le préparer aux divers concours ouverts tout au long de l'année, à l'aune desquels étaient mesurés ses progrès. Anker, malheureusement, ne pouvait se présenter à la plus prisée de ces compétitions, le Prix de Rome, réservé aux seuls citoyens français.[13]

[11] Les lettres de Flandrin décrivant ses premières années à Paris sont citées *in*: Delaborde 1865.

[12] Pour un aperçu des problèmes posés par l'enseignement à l'Ecole, voir Grunchec 1983, pp. 87-105.

[13] L'étude fondamentale reste Boime 1971, pp. 7 s.; voir aussi Grunchec 1983. L'obsession du Prix de Rome était tellement intégrée aux pratiques d'atelier qu'elle conditionnait toute l'éducation artistique.

Schulung sehr.[10] Die Zulassung zu dieser beeindruckenden Institution an der Rue Bonaparte, die diesen Namen erst 1852 erhalten hatte, war von grundlegender Bedeutung für die weitere Karriere und allgemeine Anerkennung. Sollte man jedoch nicht in den Genuss einer gewissen Ausbildung an der Ecole des Beaux-Arts gelangt sein, so konnte das später zur Folge haben, dass viele Tore verschlossen blieben. Selbst hoch begabte Schüler erhielten die Zulassung nicht automatisch, und sie mussten eine Reihe strenger Prüfungen absolvieren, bevor sie mit ihrem Studium an der Ecole des Beaux-Arts beginnen konnten. Jeder Bewerber musste zunächst einen «concours d'admission» bestehen, eine Prüfung, welche die gröbsten zeichnerischen Fähigkeiten testen sollte. Um aber die Zulassung zu diesem ersten Examen überhaupt zu erlangen, musste man eine schriftliche Empfehlung eines bekannten Meisters – «d'un professeur connu» – vorweisen können, welche bestätigte, dass man über genügend Talent und grundlegende künstlerische Fähigkeiten verfüge, welche mit den Ansprüchen der Ecole kompatibel waren. Für den Fall, dass der Aspirant bestanden haben sollte, durfte er am «concours de place» teilnehmen. Diese Prüfung sollte nur den begabtesten Bewerbern einen Platz innerhalb des räumlich limitierten Ateliers der Ecole sichern. Es herrschte in der Tat ein harter Kampf um diese wenigen Plätze, und die meisten Bewerber bestanden diese Prüfungen nicht auf Anhieb. So notierte 1829 Hippolyte Flandrin (1809-1864), dass sich 300 Kandidaten um 50 Plätze bewarben.[11] In den Zulassungsprüfungen, welche nur im Mai und im September durchgeführt wurden, musste in mehreren Sitzungen nach dem lebenden Modell von jedem Bewerber eine detaillierte Zeichnung angefertigt werden. Die Ergebnisse wurden von den zuständigen Professoren nach deren Gutdünken bewertet und nummeriert, wobei in den 1850er Jahren die besten 60 Kandidaten in der Regel zugelassen wurden; die, die nicht bestanden, konnten beim nächsten Prüfungstermin ihr Glück ein zweites Mal versuchen. Anker bestand alle diese Hürden und wurde am 11. Oktober 1855, fast ein Jahr nach seiner Ankunft in Paris, an die Ecole des Beaux-Arts zugelassen.

Nach seiner Aufnahme in die Ecole folgte Anker dem üblichen Ausbildungsprogramm, das um das Primat der Zeichnung aufgebaut war. Das Curriculum begann damit, die Koordination von Auge und Handführung zu schulen, indem Gipsabgüsse nach antiken Statuen kopiert werden mussten. Die nächste Stufe befasste sich mit Zeichnen nach

[10] Zudem wurden zahlreiche Dokumente verlangt, die vorgelegt werden mussten. Die Immatrikulation war auf Männer unter 30 Jahren beschränkt, sodass Kandidaten ihre Geburtsscheine vorlegen mussten, um ihr Alter zu beweisen. Weil Anker nicht Franzose war, musste er zudem einen Attest von den Schweizer Behörden vorlegen, der sein natürliches Domizil belegte.

[11] Flandrins Briefe, die seine ersten Jahre in Paris beschreiben, sind in*: Delaborde 1865.*

Le système fondé sur la suprématie du dessin resta en vigueur jusqu'aux réformes radicales lancées en 1863 par le comte de Nieuwerkerke, directeur général des Musées.[14] Jusqu'alors, l'essentiel de l'apprentissage était assuré par l'étude individuelle auprès d'un peintre en dehors de la structure de l'Ecole. Du fait de cette situation, de nombreux peintres reconnus avaient établi leur propre «école particulière», où le maître conservait un atelier destiné à son enseignement. L'atelier était dirigé par un ancien étudiant, le «massier», qui en assurait le fonctionnement quotidien, encaissait les honoraires, engageait le modèle, et remplaçait le maître lorsqu'il était absent. Ce dernier ne venait que deux fois la semaine, pour prodiguer quelques conseils, souvent superficiels, juger et corriger les travaux en cours, s'adressant le plus souvent à la classe «en masse». Dans la hiérarchie du monde de l'art parisien, cette forme d'entreprise privée avait son avantage; elle constituait pour les peintres, grâce aux honoraires payés par les étudiants, une source supplémentaire de revenus.

Dans le Paris du milieu du siècle, les ateliers privés les plus réputés étaient ceux de François Edouard Picot, de Thomas Couture et de Charles Gleyre, chacun d'eux ayant sa propre conception de l'enseignement. Des trois, Picot, ancien Prix de Rome, qui avait ouvert son atelier en 1838 et étudié avec David, était le plus ardent défenseur des valeurs académiques traditionnelles.[15] Comblé d'honneurs et de commandes d'Etat, membre respecté des milieux de l'art, Picot était bien placé pour fournir une assistance efficace dans le cadre de l'enseignement classique traditionnel, et il pouvait aussi aider, par son prestige et son influence, la carrière de ses meilleurs élèves. Les vues de Picot étaient cependant assez limitées et ses élèves – ils étaient 150 dans son atelier en 1845 – encouragés surtout à développer leurs talents pour le dessin, au-delà même de la copie d'antique et du travail sur le modèle[16], ce qui constituerait le fondement qui leur permettrait d'être reçus en bonne place aux examens d'entrée de l'Ecole. Effectivement, c'était souvent le cas. On imagine toutefois qu'il y avait peu de place, dans ce système, pour la contradiction ou l'innovation; et beaucoup d'étudiants, à l'époque d'Anker, trouvaient ces pratiques dépassées autant qu'inutiles. En 1852, le peintre américain Elihu Vedder exprime son mécontentement pour «le temps

[14] Sur les réformes et leurs conséquences, voir Albert Boime, «The Teaching Reforms of 1863 and the Origins of Modernism in France» *in: Art Quarterly*, I, 1977, pp. 1-39. Les premiers professeurs de peinture étaient Isidore Pils, Alexandre Cabanel et Jean-Léon Gérôme.

[15] Sur Picot, voir Isidore Pils, «Notice sur M. Picot» *in: Académie des Beaux-Arts: Séances publiques*, XV, 24 juillet 1869.

[16] Pour une description de l'atelier de Picot en 1852, voir Henry Stacey Marks, *Pen and Pencil Sketches*, Londres, 1893, I, pp. 37-44.

dem lebenden Modell, doch konnte sich das Ganze je nach Talent und Fortschritt des einzelnen Studierenden sowie gemäss dem Urteil des verantwortlichen Professors um Monate hinziehen. Zwölf Lehrkräfte unterrichteten in monatlichem Wechsel – sieben Maler und fünf Bildhauer – mit ergänzenden Kursen von weiteren Professoren in Anatomie, Perspektive und alter Geschichte.[12] Obgleich das primäre Ziel darin bestand, den Studenten Zeichnen, Schattieren und Modellieren beizubringen, war die eigentliche Absicht, sie auf die verschiedenen Wettbewerbe – die «concours» – vorzubereiten, die innerhalb eines Jahres die Fortschritte der Auszubildenden auf Konkurrenzbasis sicht- und messbar machten. Der prestigeträchtigste dieser Wettbewerbe war der Prix de Rome, an dem Anker nicht teilnehmen konnte, weil nur französische Staatsangehörige zugelassen wurden.[13]

Der von Anker absolvierte, auf dem Zeichenunterricht aufbauende Lehrplan der Ecole wurde bis 1863 beibehalten, als Comte de Nieuwerkerke, der Generaldirektor der französischen Museen, drastische Reformen einführte.[14] Denn bis zu diesem Zeitpunkt eröffneten viele anerkannte Künstler ihre individuellen «écoles particulières», in denen der lehrende Maler eigens für diesen Zweck ein Atelier unterhielt. Dieses wurde von einem fortgeschrittenen Schüler geleitet, dem so genannten «massier», der alle täglichen Aufgaben vom Einziehen der Studiengebühren bis zum Anheuern von Modellen organisierte und zuweilen auch den Meister vertrat. Der kam in der Regel zweimal die Woche, um nebenbei und oft auch bloss oberflächlich seine Pflicht zu tun, mal diese oder jene Schülerarbeit zu korrigieren, die Resultate zu bewerten und generell einige Ratschläge «en masse» zu erteilen. Diese Form des privaten Unternehmens hatte in der Hierarchie der Pariser Kunstszene ihre Vorteile, denn es ermöglichte dem Künstler, zusätzliche Einkommen durch Studiengebühren zu generieren.

Um die Mitte des 19. Jahrhunderts gab es in Paris drei führende Privatateliers: dasjenige von François Edouard Picot, jenes von Thomas Couture und das von Charles Gleyre, wobei sie sich alle in der Gestaltung des gebotenen Unterrichts unterschieden. Das konservativste von den dreien war das Atelier von Picot, der ein Schüler von Jacques Louis David gewesen war und 1813 den Prix de Rome gewonnen hatte. Picot hatte sein Studio bereits 1838 eröffnet und folgte am meisten konventionellen,

[12] Eine prägnante Beschreibung des Unterrichts an der Ecole findet man in: Grunchec 1983, S. 87-105.

[13] Die grundlegenden Untersuchungen zu diesem Thema sind noch immer Boime 1971, S. 7f., und Grunchec 1983. Die zentrale Fixierung auf den Prix de Rome war derart grundlegend für den Atelierbetrieb, dass das Ziel zur Quelle jeglicher Kunstproduktion wurde.

[14] Zu den Reformen und ihren Folgen siehe Boime 1977. Die ersten Professoren für Malerei waren Isidore Pils, Alexandre Cabanel und Jean-Léon Gérôme.

perdu à copier [...] de stupides moulages»; il n'était pas plus satisfait des traditionnelles visites bihebdomadaires du maître, qui se contentait d'un commentaire laconique, «Pas mal! Pas mal!», avant de repartir.[17]
L'atelier de Couture, ouvert en 1847, affichait d'autres buts. Tout en dotant ses étudiants d'une solide formation aux techniques du dessin, pour laquelle il demandait 125 francs par an, Couture proposait une réflexion théorique de fond, axée non seulement sur les idées de la Grèce ancienne et de la Renaissance vénitienne, mais aussi, d'une façon plus surprenante, sur l'école flamande; un programme qui pouvait passer pour plus attrayant et plus libéral. L'étudiant se voyait dirigé dans une voie qui s'éloignait du néoclassicisme déjà moribond prôné par Picot, mais qui s'élevait également contre les excès du romantisme, suivant le «juste milieu», sans direction véritable, incapable au fond de rassembler les énergies.

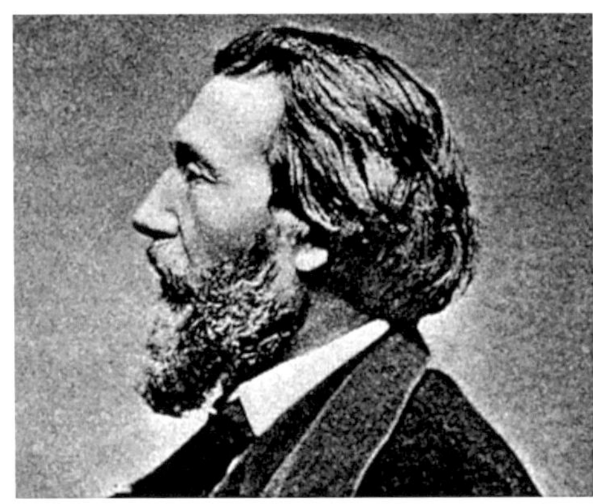
Ill. 1:
Charles Gleyre

L'atelier de Gleyre

L'atelier dirigé par Gleyre (ill. 1) constituait sans doute l'option la plus intéressante pour Anker lorsqu'il commença ses études parisiennes.[18] Après avoir triomphé au Salon avec *Le Soir* (également connu sous le nom des *Illusions perdues*, ill. 2), Gleyre reprend, en 1843, le cours de Paul Delaroche. Tout comme Anker, il est Suisse et, surtout, d'un tempérament indépendant, il dirige son atelier dans un esprit plutôt libéral, où l'initiative et l'invention l'emportent sur l'affectation et l'imitation.

[17] La première citation provient de Regina Soria, *Elihu Vedder, American Visionary Artist in Rome*, Rutherford, NJ, 1970, p. 24; la seconde d'Elihu Vedder, *The Digression of V*, Boston/New York, 1910, p. 129. Vedder raconte qu'à l'instar de la plupart des élèves, il apprenait plus de choses auprès des membres les plus anciens de l'atelier qu'auprès du maître lui-même.

[18] Concernant l'atelier de Gleyre et son enseignement, voir Hauptman 1996, I, pp. 327-350.

akademischen Prinzipien.[15] *Als Gewinner zahlreicher Auszeichnungen und offizieller Staatsaufträge sowie als geachtetes, einflussreiches Mitglied des Kunstestablishments konnte Picot zahlreiche Hilfestellungen anbieten in Bezug auf eine solide, traditionelle Ausbildung und die zukünftige Karriere seiner besten Schüler.*
Doch seine Optik war beschränkt, sodass seine Schüler – 1845 unterrichtete er in seinem Atelier deren 150 – meist bloss nach Gipsen und lebenden Modellen zeichnen durften[16]*, um damit in den Aufnahmeprüfungen der Ecole hervorragende Resultate zu erzielen, was sie auch oft taten. Es gab jedoch nur wenig Platz für Abweichungen von traditionellen Regeln und für Innovation, und viele Schüler fanden zu Ankers Zeit diese Unterrichtsart überholt und überflüssig. So drückte 1852 der Amerikaner Elihu Vedder (1832-1923) seine Unzufriedenheit darüber aus, wie er seine Zeit damit vergeudete, «silly plastercasts» zu kopieren, und wie Picot zweimal die Woche vorbeikam und lediglich «Pas mal! Pas mal!» in die Runde warf, um dann rasch wieder zu verschwinden.*[17]
Coutures Atelier, das 1847 eröffnet worden war, hatte andere Ziele, die in der Ankündigung dieser neuen Lehranstalt klar formuliert wurden. Zum einen lehrte Couture seine Schüler ein solides Grundwissen in den verschiedenen Zeichnungstechniken, wofür er 125 Francs pro Jahr verlangte, zum anderen vermittelte er aber auch eine gewisse Allgemeinbildung über das antike Griechenland, die venezianische Renaissance und überraschenderweise auch die flämische Malerei, womit er ein Lehrprogramm anbot, das man im Vergleich mit herkömmlichen Unterrichtsformen als expansiver und liberaler deuten kann.
Die Richtung, die er seinen Schülern angab, führte weg von Picots todgeweihtem Klassizismus und gleichzeitig gegen die Exzesse der Romantik, womit er die ausgeglichene Linie des «juste milieu» anpeilte, welche keiner der beiden Richtungen folgte und damit ein breiteres Kundensegment ansprach.

Das Atelier von Gleyre

Für Anker war von den drei genannten Ateliers dasjenige von Charles Gleyre (Abb. 1) vermutlich das attraktivste, um in Paris eine Ausbildung zum Kunstmaler zu beginnen.[18] *Gleyre hatte das Lehratelier von Paul Delaroche (1797-1856), der damals trotz seines ungeduldigen Charakters*

[15] *Über Picot siehe Pils 1869.*

[16] *Für eine Beschreibung von Picots Atelier im Jahre 1852 siehe Marks 1893, Bd. I, S. 37-44.*

[17] *Das erste Zitat stammt aus Regina Soria,* Elihu Vedder, American Visionary Artist in Rome, *Rutherford, NJ, 1970, S. 24; das zweite von Elihu Vedder,* The Digression of V, *Boston/New York, 1910, S. 129. Vedder bemerkte, dass er wie die meisten von Picots Schülern mehr von seinen älteren Kommilitonen lernte als vom Meister selbst.*

[18] *Die grundlegenden Informationen zu Gleyres Unterricht sind in: Hauptman 1996, Bd. I, S. 327-350.*

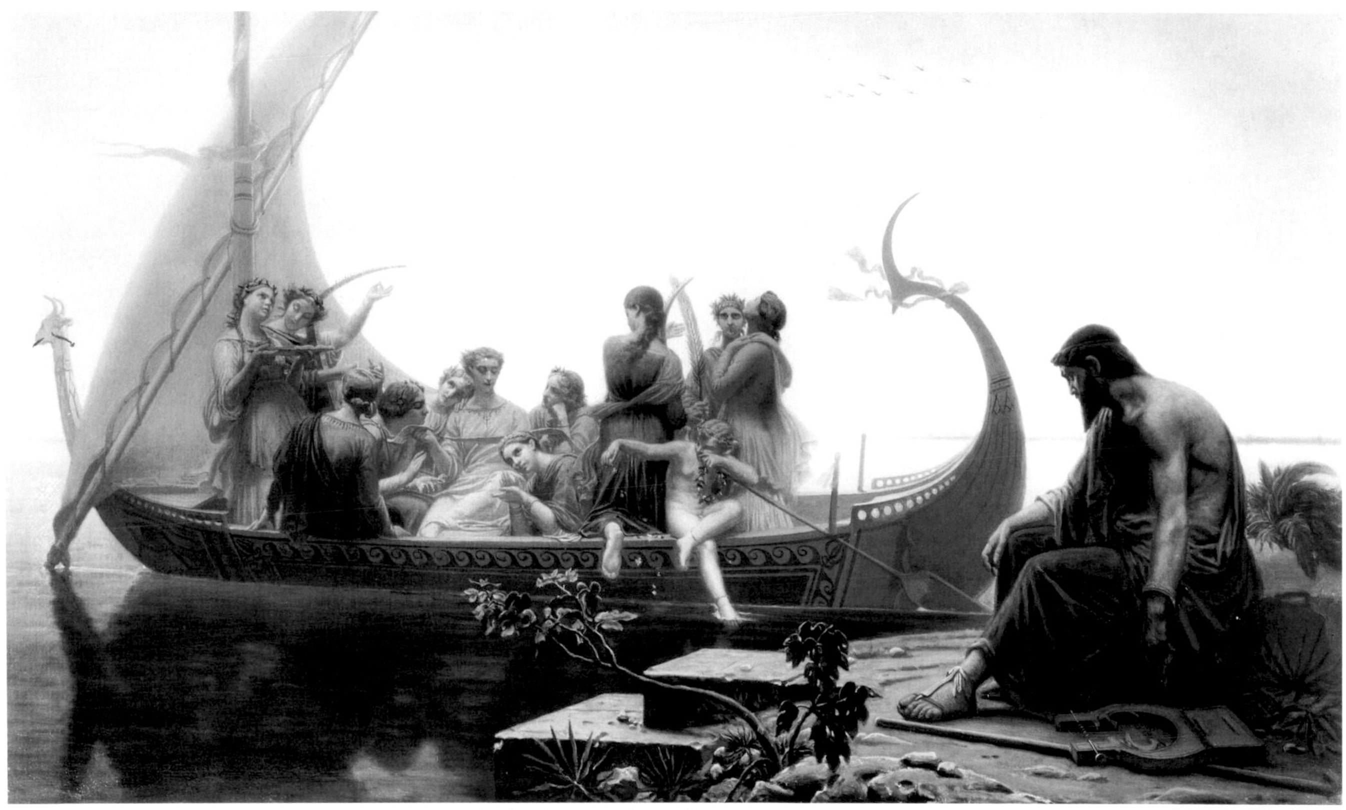

Ill. 2: Charles Gleyre, **Les Illusions perdues**, 1843, huile sur toile, 156×238 cm, Musée du Louvre, Paris

S'il est vrai que d'autres professeurs, comme Couture, ont pu séduire, parmi leurs étudiants, des individualités fortes, l'enseignement de Gleyre les réclamait ouvertement, raison pour laquelle de nombreux critiques reconnaissaient à ses élèves, qui n'étaient pas totalement fondus dans le moule de leur maître, une certaine originalité. Gleyre recommandait à ses étudiants la plus grande ouverture d'esprit possible, les encourageait à étudier et à admirer les vieux maîtres, mais sans les imiter, à faire appel à leurs propres ressources, sans tomber dans des modèles stylistiques qui les eussent empêchés de développer leurs propres idées.[19] Il adaptait le plus souvent ses conseils à la personnalité des élèves, sans préjuger de leur intention ou de leurs acquis. Ainsi pouvait-il, sans problème, recevoir des peintres classiques ou d'avant-garde. Cette liberté idéologique, sur laquelle Gleyre ne cessait d'insister auprès des étudiants en résidence, devint la marque de l'atelier. Lorsque surgissaient, dans les exercices hebdomadaires, des résultats nou-

[19] Clément 1878, p. 373.

als einer der besten Lehrer galt, unmittelbar nach seinem ersten Salonerfolg mit Le Soir *(auch bekannt als* Les Illusions perdues, *Abb. 2) übernommen. Neben der Tatsache, dass Gleyre ebenfalls Schweizer war, war seine unabhängige Persönlichkeit für Anker auch deshalb interessant, weil er in Gleyres Atelier liberale Grundsätze und eine Umgebung erwarten konnte, welche Eigeninitiative und Erfindungsgeist über Heuchelei und Epigonentum stellten. Während andere Lehrer wie zum Beispiel Couture die Individualität ihrer Schüler nur gelegentlich förderten, war Gleyres Atelier geradezu auf diesem Prinzip aufgebaut, sodass viele Kritiker urteilen konnten, die Werke seiner Schüler seien jenen des Meisters nicht besonders ähnlich. Gleyre riet seinen Schützlingen, dass sie so offen wie möglich sein sollten, alte Meister studieren und kopieren, nicht aber nachäffen sollten, dass sie aus ihren eigenen Quellen schöpfen und nicht den stilistischen Mustern von anderen verfallen und dabei ihre eigenen Ideen unterdrücken sollten.*[19] *Sein Rat war oft auf die persönlichen Fähigkeiten eines Studenten ausgerichtet – ungeachtet*

[19] Clément 1878, S. 373.

veaux ou particulièrement originaux, Gleyre affichait les dessins aux murs de la classe en guise de leçon pour les autres. Ce fut le cas notamment pour Frédéric Bazille.[20]

Ainsi l'atelier de Gleyre s'accordait-il parfaitement aux préoccupations artistiques du jeune Anker, quand bien même celles-ci auraient été relativement floues en 1854. Dans une lettre du 9 juin 1849 à son ami Auguste Bachelin, il expose déjà ses idées quant à la façon dont un peintre doit considérer son art.[21] Au début de la lettre, il écrit: «L'art [...] ne consiste pas à imiter»; tout au contraire, il doit se concentrer sur deux tâches fondamentales: l'élaboration d'un idéal, qui relève de l'imagination, ensuite, la réalisation de celui-ci en fonction des possibilités artistiques du peintre.

En intégrant l'atelier, Anker rejoint un milieu qui, par certaines pratiques, diffère considérablement des autres écoles. Contrairement à la plupart de ses collègues, Gleyre ne fait pas payer ses services. C'est parce qu'il est lui-même marqué par le souvenir d'une misère noire, lorsqu'il était élève d'Hersent, et qu'il devait prélever l'argent des cours sur la maigre somme allouée tant bien que mal par ses parents, qu'il a décidé d'ouvrir un atelier gratuit.[22] Pour toute contribution, Gleyre ne demande à ses étudiants – souvent 20 ou 30 en même temps, voire le double en période d'examens à l'Ecole – qu'une quote-part, équitablement calculée, sur le loyer annuel; de temps à autre, ils participent aussi à la rétribution du modèle. Les finances sont entièrement gérées par le massier, qui a toute sa confiance. Du temps d'Anker, c'est Louis Schuller, un Hongrois, qui tient ce rôle. Les deux hommes établiront une relation d'amitié, qui se maintiendra pendant des années.[23]

L'atelier de Gleyre – autre trait sympathique – n'était en aucun cas conçu comme le domaine privé du maître, dans lequel il aurait fait la pluie et le beau temps, régnant en monarque absolu sur ses étudiants, comme c'était souvent le cas chez ses collègues. On y respirait une atmosphère républicaine et chaque étudiant, néophyte ou confirmé, avait son mot à dire quant à la façon dont était conduit l'enseignement.

[20] Marandel 1978, p. 153.

[21] Dans une lettre à sa tante Charlotte, Anker écrit que son loyer annuel, à Paris, se monte à 50 francs; dans un autre atelier, cette somme n'aurait suffi qu'à payer un mois et demi de cours. La lettre est reproduite *in*: Meister 2000 II, pp. 19-22.

[22] Quinche 1924, p. 46, et Meister 2000 II, p. 52.

[23] Voir Bachelin 1889, p. 547, et Godet 1893, p. 31. Schuller, qu'il ne faut pas confondre avec Jules-Théophile Schuller, un Alsacien, également élève de Gleyre, était aussi l'ami de Bachelin, qui dessina son portrait, reproduit dans Godet 1893, p. 31. Jusqu'en 1890, Anker salue Bachelin de sa part dans ses lettres, ce que confirme une missive du 27 juin 1890 de Bachelin à Anker *in*: Meister 2000 II, p. 134. Voir aussi la lettre du 1er mai 1893 écrite par Anker à Ludwig Hürner *in*: Meister 2000 II, p. 165.

dessen, welche künstlerische Vorbildung und Herkunft er mit sich gebracht hatte. Das ist mit ein Grund, weshalb Gleyre leicht traditionelle und fortschrittliche Künstler gleichzeitig unterrichten konnte und weshalb Dekorationsmaler und Industriedesigner sein Atelier ebenso häufig aufsuchten wie angehende Kunstmaler. Diese freie Ideologie wurde in Gleyres Atelier zu einem Grundprinzip, das der Meister auch seinen Gaststudenten immer wieder einhämmerte. Und wenn einmal während der wöchentlichen Übungen neue und innovative Resultate geschaffen werden sollten, so stellte Gleyre diese Zeichnungen vor der ganzen Klasse als Vorbild aus, wie zum Beispiel im Falle von Frédéric Bazille.[20]

Folglich entsprach der Unterricht in Gleyres Atelier besonders Ankers frühen eigenen Interessen, auch wenn sie 1854 möglicherweise noch nicht voll ausgeprägt waren. Schon in einem Brief vom 9. Juni 1849 an seinen Freund Auguste Bachelin (1830-1890) umschrieb Anker seine eigenen Vorstellungen darüber, wie ein Künstler sein Werk unterscheiden könne.[21] *Zu Beginn bemerkte Anker, dass «l'art [...] ne consiste pas à imiter», sondern dass Kunst eher auf zwei Grundsätzen aufgebaut sei: der Entwicklung eines Ideals innerhalb der eigenen Phantasie und dann dessen Umsetzung innerhalb der künstlerischen Fähigkeiten eines Individuums.*

Als Anker in Gleyres Atelier eintrat, fand er ein Umfeld, in dem gewisse Praktiken stark von anderen Lehranstalten abwichen. Im Gegensatz zu den meisten seiner Konkurrenten verlangte Gleyre keine Unterrichtsgebühr, erinnerte er sich doch an seine eigene Studienzeit bei Louis Hersent, als er in bitterster Armut erfahren musste, wie rasch Studiengebühren die bescheidene finanzielle Unterstützung von zurückhaltenden Eltern erschöpfen konnten.[22] *Die einzigen Abgaben, die Gleyre von seinen Schülern verlangte, war die Deckung der jährlichen Miete des Ateliers und der Modelle, welche in der Regel auf ungefähr 20 bis 30 – vor den Examen bis zu 60 – Studenten proportional geteilt wurde. Die Finanzen wurden einzig und alleine durch den «massier» betreut, der in dieser Hinsicht das absolute Vertrauen des Meisters genoss. Während Ankers Studienjahren war der Ungar Louis Schuller (1826-1906) Gleyres «massier», mit dem er über Jahre eine enge Verbindung unterhielt.*[23]

[20] Marandel 1978, S. 153.

[21] In einem Brief an seine Tante Charlotte bemerkte Anker, dass seine jährliche Miete 50 Francs betrug, womit er andernorts lediglich die Gebühr für eineinhalb Monate Unterricht hätte bezahlen können. Dieser Brief in*: Meister 2000 II, S. 19-22.*

[22] Quinche 1924, S. 46, und Meister 2000 II, S. 52.

[23] Schuller, der nicht mit Jules-Théophile Schuller, dem Elsässer Schüler von Gleyre, zu verwechseln ist, war auch ein guter Freund von Bachelin und zeichnete dessen Porträt; es ist abgebildet in*: Godet 1893, S. 31. Vgl. auch Bachelin 1889, S. 547. Bis 1890 sandte Anker Bachelin Schullers Grüsse, wie im Brief vom 27. Juni 1890* in*: Meister 2000 II, S. 134. Siehe auch den Brief vom 1. Mai 1893, den Anker an Ludwig Hürner schrieb,* in*: Meister 2000 II, S. 165.*

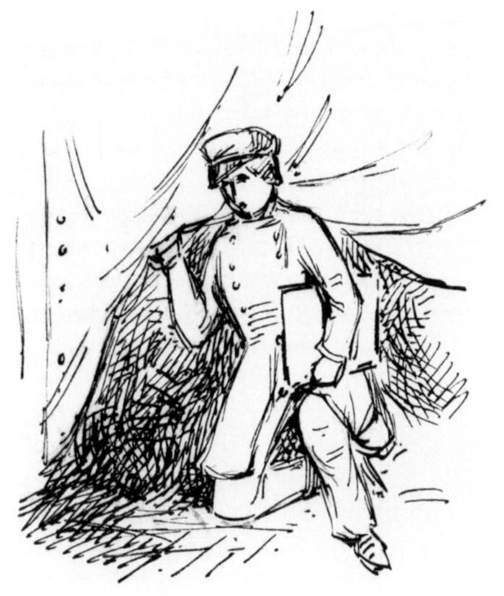

Ill. 3
Auguste Bachelin
Autoportrait
Selbstbildnis
(avant d'entrer dans l'atelier de Gleyre / *vor Eintritt in Gleyres Atelier*)
5 mai 1850
Bibliothèque de la Ville, Neuchâtel

Si Gleyre se considérait lui-même comme un parmi ses pairs, on ne l'appelait jamais autrement que «le patron», avec grand respect. Il venait à l'atelier le lundi et le jeudi, faisait tranquillement son entrée et, pratique peu courante, prenait la peine d'examiner le travail de chacun durant la leçon, plutôt que de s'adresser à la classe «en masse», comme certains professeurs avaient l'habitude de le faire. Il prodiguait des conseils d'ordre pratique, allant bien souvent directement au cœur du problème.

Bien qu'Anker ait peu écrit au sujet de ses expériences dans l'atelier de Gleyre, on peut avoir une idée de l'ambiance qui y régnait grâce au témoignage d'Auguste Bachelin, son vieil ami de Neuchâtel, entré en mai 1850 dans le second atelier tenu par le maître, au n° 36 de la rue de l'Ouest.[24] Sis, comme tous ceux de l'immeuble, au rez-de-chaussée, il offrait un large espace d'un seul tenant.[25] L'entrée en était masquée par un grand rideau qu'on relevait pour libérer l'accès par la porte principale, dont Bachelin donne une illustration dans une lettre à son ami Edouard Perrochet[26] (ill. 3). Une grande fenêtre, à plus de quatre mètres du sol, souvent obscurcie par la saleté, constituait la principale source de lumière. Le travail sur le modèle s'effectuait près du rideau de l'entrée; là, un poêle était maintenu allumé en permanence, sauf en

[24] Bachelin 1889, pp. 543-544. L'article de Bachelin fait référence à l'entrée de Simon dans l'atelier de Gleyre, le 7 mai 1850. La rue de l'Ouest devint plus tard une prolongation de la rue d'Assas.
[25] On trouve une bonne étude sur l'atelier et son ambiance *in*: Milner 1988.
[26] La lettre est à Neuchâtel, Archives de l'Etat, Fonds Bachelin, ms. 1747.

Ein anderer positiver Aspekt an Gleyres Studio war die Tatsache, dass es nie als privates Heiligtum des Meisters angesehen wurde, in dem dieser wie ein absoluter Monarch über seine Schüler herrschen sollte wie in vielen anderen

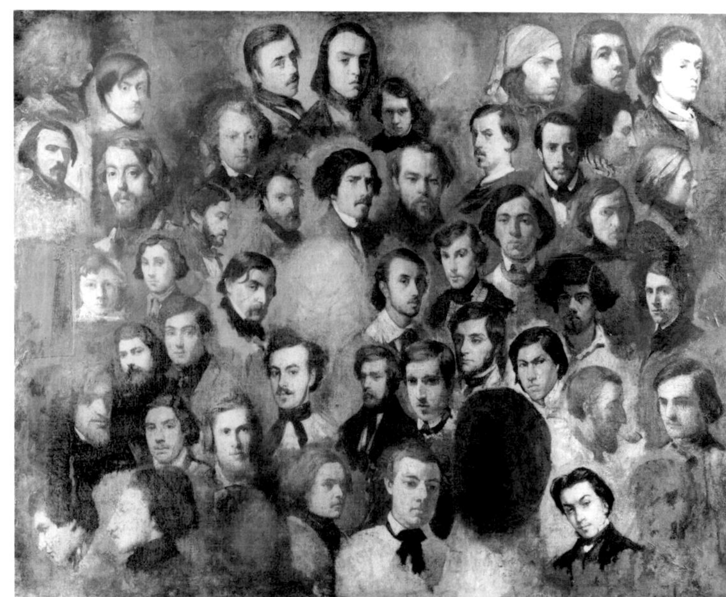

Ill. 4: Artistes divers / *Diverse Künstler,* **45 portraits d'élèves dans l'atelier de Delaroche** / ***45 Porträts von Schülern in Delaroches Atelier***, avant 1843, huile sur toile, 117×145 cm, Musée du Petit Palais, Paris

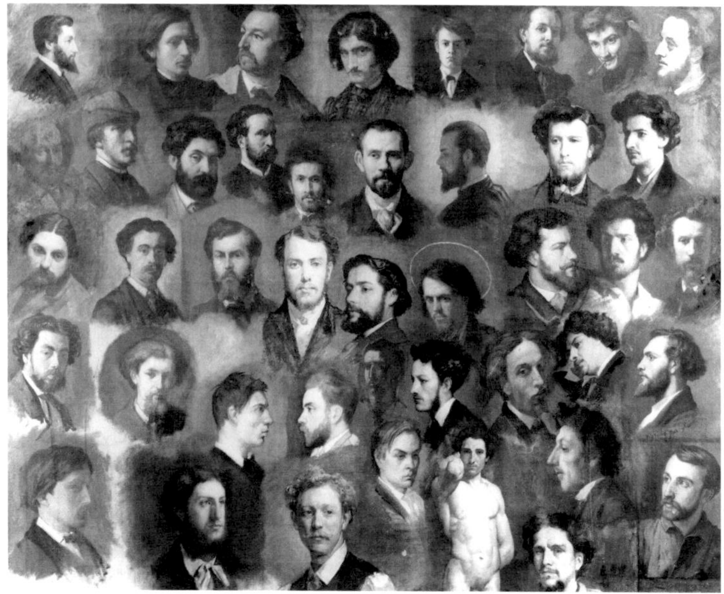

Ill. 5: Artistes divers / *Diverse Künstler,* **42 portraits d'élèves dans l'atelier de Gleyre** / ***42 Porträts von Schülern in Gleyres Atelier***, vers 1862-1863, huile sur toile, 117×145 cm, Musée du Petit Palais, Paris

été. Durant les séances de pose, les étudiants s'installaient, pour dessiner, sur des tabourets de toutes tailles; les plus anciens avaient droit aux meilleures places. Des moulages et tout un attirail d'atelier étaient accrochés au mur, sur un fond de traces de pinceaux, de graffitis et d'une multitude de caricatures. Le mur opposé à la fenêtre s'ornait de deux grandes toiles où étaient portraiturés les étudiants présents et passés, peints par leurs camarades d'atelier, sorte d'inventaire, sans cesse remanié à mesure des nouvelles arrivées, des participants les plus en vue[27] (ill. 4 et 5).
Le travail commençait généralement tôt le matin, quand la lumière était la meilleure – vers sept heures, les mois d'été –, et se poursuivait jusqu'à midi environ. La plupart des étudiants se consacraient soit aux études sur le modèle, masculin ou féminin, soit aux travaux donnés par le professeur. Peu d'études exécutées dans l'atelier nous sont parvenues, mais un dessin de 1845, réalisé par Johann Friedrich Walthard, l'un des premiers élèves de Gleyre, où les conseils du maître ont été reportés, donne un bon exemple de sa méthode (ill. 6). Les après-midi étaient libres; les élèves qui le désiraient pouvaient rester à l'atelier pour travailler, ou bien aller au Louvre pour copier les anciens, ou encore

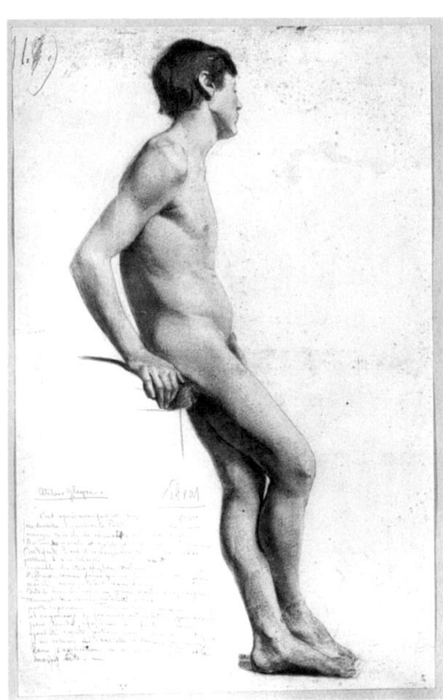

Ill. 6
Johann Friedrich Walthard
Nu dans l'atelier de Charles Gleyre
Akt im Atelier von Charles Gleyre
1845
Crayon, 58,3×37,9 cm
Collection particulière, Berne

[27] Ces toiles d'élèves ont été étudiées et les protagonistes identifiés par William Hauptman, voir Hauptman 1985, pp. 79-119. Les deux toiles sont aujourd'hui à Paris, au Musée du Petit Palais. Celle de l'atelier de Delaroche, retravaillée ensuite par les élèves de Gleyre, comprend 54 portraits, avec des emplacements laissés en blanc pour les futurs élèves; celle consacrée aux seuls élèves de Gleyre comprend 34 portraits.

Ateliers, sondern dass das soziale Gefüge informellen republikanischen Werten folgte, welche jedem Studenten – ob Anfänger oder Fortgeschrittener – gleich viele Rechte bei der Unterrichtsgestaltung einräumten.
Obschon sich Gleyre unter seinesgleichen fühlte, wurde er immer respektvoll «le patron» genannt. Er kam montags und donnerstags ins Atelier, trat gemächlich ein und inspizierte jedes einzelne Werk im Gegensatz zu dem bei anderen Meistern üblichen Frontalunterricht. Er gab in jedem einzelnen Fall praktische Ratschläge und benannte auch immer gleich das Kernproblem der einzelnen Arbeiten.
Obgleich Anker in den bislang publizierten Briefen nur wenig über seine Erfahrungen bei Gleyre berichtete, können wir von Auguste Bachelins Aufzeichnungen einen guten Eindruck von der allgemeinen Situation gewinnen. Bachelin war Ankers engster Freund aus Neuenburg, der in Gleyres Atelier an der Rue de l'Ouest 36 im Mai 1850 eintrat.[24] Dieses Studio befand sich im Erdgeschoss und hatte wie die anderen Ateliers in diesem Gebäude einen grossen, freien Innenraum.[25] Der Eingang wurde von einem grossen Vorhang verdeckt, den man aufheben musste, um den Zugang durch die Haupttür zu erhalten, wie Bachelin in einem Brief an seinen Freund Edouard Perrochet[26] gezeichnet hatte (Abb. 3). Ein grosses Fenster in fünf Meter Höhe war die Hauptlichtquelle, während sich der Platz für die Modelle in der Nähe des Eingangsbereichs befand, wo auch ein Ofen war, der ausser im Sommer das ganze Jahr hindurch geheizt war. Kleine Hocker wurden um das Modell herum angeordnet, wobei die Plätze für die älteren Semester näher beim Modell waren als jene der Anfänger. Gipsabgüsse und andere Malutensilien hingen an der Wand neben einem Mosaik von Farbresten, Sgraffiti und Karikaturen, welche die Schüler in regelmässigen Abständen ergänzten. An der Wand gegenüber dem Fenster hingen zwei grosse Leinwände mit Porträts von Gleyres Schülern, welche ihre Studienkollegen und ältere Mitglieder des Ateliers patchworkmässig gemalt hatten. Es war wie ein ins Bild gesetztes Inventar von Gleyres Schülern, das regelmässig überarbeitet und ergänzt wurde, sobald neue Gesichter seinem Unterricht folgten[27] (Abb. 4 und 5).
Die Arbeit begann in der Regel frühmorgens, wenn das

[24] Bachelin 1889, S. 543-544. Bachelins Artikel bezieht sich auf Simons Eintritt in Gleyres Atelier am 7. Mai 1850. Die Rue de l'Ouest wurde später die Verlängerung der Rue d'Assas.
[25] Eine gute Studie zum Atelierbetrieb ist Milner 1988.
[26] Dieser Brief befindet sich in Neuenburg, Archives de l'Etat, Fonds Bachelin, Ms. 1747.
[27] Diese beiden Leinwände und die darauf abgebildeten Porträts von Gleyres Schülern wurden untersucht und identifiziert von William Hauptman in: Hauptman 1985, S. 79-119. Beide Leinwände befinden sich nun im Musée du Petit Palais, Paris. Jene aus Delaroches Atelier, später von Gleyres Schülern überarbeitet, trägt 54 Porträts mit schwarzen Leerstellen für die ehemaligen ausgeschlossenen Schüler, jene mit Gleyres Studenten enthält 34 Porträts.

à l'Ecole pour dessiner, ce que beaucoup faisaient. Certains travaillaient chez eux, ce qui, au dire de Gleyre, aiguisait le talent. Jusqu'en 1863, l'atelier ouvrait ses portes six jours par semaine; plus tard, lorsque la santé de Gleyre déclina et que l'atelier connut des ennuis d'argent, il ne fut plus ouvert que du lundi au jeudi.[28]

Gleyre, qui avait le cœur républicain, entretenait fréquemment avec ses étudiants des relations d'amitié, en dehors même de l'atelier. Un ami d'Anker, François Ehrmann, écrit à sa mère, dans une lettre datée du 21 mars 1862, que le vieux professeur, après avoir dévoré une douzaine de journaux au café, a engagé avec lui une discussion sur les problèmes politiques de l'heure, puis l'a emmené pour «une petite promenade, bras dessus, bras dessous, que je mentionne pour te faire voir la gentillesse de l'homme»[29]. Gleyre invitait souvent ses étudiants ou ses anciens élèves dans son propre atelier, rue du Bac, pour leur montrer son travail, les encourageant à donner franchement leur opinion et même à exprimer leurs critiques.[30] Dans certains cas, lorsqu'il appréciait vraiment le travail d'un étudiant et croyait en ses progrès, il suivait attentivement l'œuvre en cours, allant jusque dans l'atelier de son protégé, comme il le fit avec Albert de Meuron en 1846, pour lui prodiguer ses conseils.[31]

Il n'est pas étonnant qu'Anker ait eu, durant ses années d'apprentissage et même au-delà, le plus grand respect pour les compétences de son maître et pour la simplicité qu'il mettait dans ses manières et dans son enseignement. Dans une lettre à Clément, à l'époque où il préparait sa biographie, Anker livre quelques-uns de ses souvenirs d'atelier. Gleyre, dit-il, était un professeur très consciencieux, et s'adressait toujours courtoisement à ses étudiants, ce qui constituait encore une exception dans les années 1850.[32] Il enseignait les bases du métier, encourageant ses étudiants à travailler directement sur le sujet avant de se lancer dans une interprétation. Lorsqu'un élève était prêt à aborder la peinture, ce qui pouvait prendre des mois, Gleyre lui montrait comment préparer les couleurs, l'incitant à penser ses tons à l'avance, de façon à résoudre ensuite plus facilement la difficile question du choix de la couleur, tout en restant concentré sur son sujet. Il est probable

[28] Voir une lettre d'Edmond de Pury, Neuchâtel, Archives de l'Etat, Fonds de Pury, 6, doss. 11, 9-14 décembre 1863.

[29] Dans une lettre inédite de la collection de M. Albert Ehrmann, aimablement transmise à l'auteur.

[30] Lettre d'Ehrmann à sa mère du 13 décembre 1862, collection de M. Albert Ehrmann.

[31] De Meuron relate quelle fut la sollicitude de Gleyre pour son *David* dans une série de lettres, Neuchâtel, Archives de l'Etat, Fonds de Meuron, doss. 441, 681 et 7211.

[32] Clément 1878, pp. 174-177.

Licht am besten war – im Sommer um 7.00 Uhr –, und dauerte bis am Mittag. Die meisten Schüler verbrachten ihre Zeit damit, perfekte Figurenstudien nach männlichen oder weiblichen Modellen zu zeichnen, oder arbeiteten an einer Aufgabe, die ihnen Gleyre gestellt hatte. Obgleich nur wenige Aktzeichnungen aus Gleyres Atelier erhalten sind, zeigt ein Blatt von Johann Friedrich Walthard (1818-1870), einem der ersten Schweizer im Atelier des Meisters, sehr schön den Arbeitsprozess mit den auf Gleyres Rat ausgeführten Korrekturen links (Abb. 6). Die Nachmittage waren frei, sodass die Studenten im Atelier an ihren Arbeiten weitermalen, im Louvre kopieren oder in der Ecole des Beaux-Arts weiterzeichnen konnten, was die meisten von ihnen auch taten. Einige arbeiteten auch zuhause aus dem Gedächtnis, wie Gleyre immer wieder riet, um ihre Fähigkeiten weiter zu trainieren, andere belegten zusätzliche Kurse in Anatomie an der Ecole de Médecine, wo besondere Kurse für Kunststudenten angeboten wurden. Bis 1863 war Gleyres Atelier sechs Tage in der Woche geöffnet, danach, als sich die Gesundheit des Meisters verschlechterte und sich das Atelier in finanziellen Schwierigkeiten befand, war es nur noch von Montag bis Donnerstag geöffnet.[28]

Als Konsequenz seiner republikanischen Gesinnung unterhielt Gleyre mit zahlreichen seiner Schüler enge freundschaftliche Verbindungen ausserhalb des Ateliers. So auch mit Ankers Freund François Ehrmann, der in einem Brief berichtete, wie der Meister, nachdem er am Morgen ein halbes Dutzend Zeitungen verschlungen hatte, ihn aufgefordert hatte, mit ihm über die neusten politischen Ereignisse zu diskutieren und ihn zu einem kleinen Spaziergang nahm «bras dessus, bras dessous, [ce] que je mentionne pour te faire voir la gentillesse de l'homme»[29]*. Gleyre lud auch immer wieder ehemalige und aktuelle Schüler zu sich in sein Privatatelier an der Rue du Bac ein, um seine neusten Werke zu begutachten; er forderte sie auf, ehrlich ihren ersten Eindruck kundzutun, seine Werke ehrlich zu kommentieren und auch negative Kritik zu äussern.*[30] *In gewissen Fällen, in denen Gleyre besonders zuversichtlich bezüglich des Könnens und der Fortschritte eines Schülers war, bot er sogar an, wie 1846 im Falle von Albert de Meuron (1823-1897), die einzelnen Schritte bei der Entstehung eines Werks im Atelier des Schülers zu begleiten.*[31]

[28] *Siehe den Brief von Edmond de Pury, Neuenburg, Archives de l'Etat, Fonds de Pury, 6, Doss. 11, 9.-14. Dezember 1863.*

[29] *In einem unpublizierten Brief in der Sammlung von Albert Ehrmann, der diesen dem Autoren freundlicherweise zur Verfügung gestellt hat.*

[30] *In einem Brief Ehrmanns an seine Mutter vom 13. Dezember 1862, in der Sammlung von Albert Ehrmann.*

[31] *Albert de Meuron beschrieb Gleyres Initiative bezüglich seines Gemäldes* David *in einigen Briefen, Neuenburg, Archives de l'Etat, Fonds de Meuron, Doss. 441, 681 und 7211.*

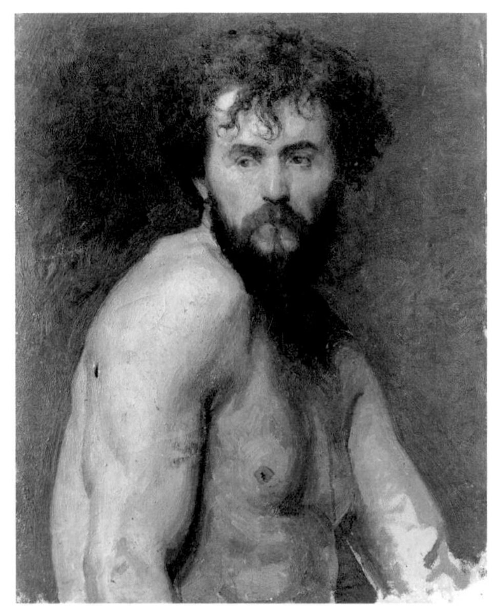

Ill. 7
Albert Anker
Etude de nu
Aktstudie
1856
Huile sur toile
72,5×58 cm
Stiftung
Albert Anker-Haus, Ins

qu'Anker a suivi ces recommandations pour son académie peinte de 1856 (ill. 7), qui reste dans la ligne de la majorité des travaux issus de l'atelier. La palette y est réduite, sans doute parce que Gleyre était partisan de limiter le nombre et l'intensité des couleurs; comme il le disait à ses étudiants: «Cette satanée couleur va vous tourner la tête.» C'est dans ce sens qu'il faut le comprendre lorsqu'il affirme encore que le noir d'ivoire est la base de tout chromatisme, une forme de l'harmonie universelle de la couleur. Whistler, qui fréquenta une année l'atelier de Gleyre en compagnie d'Anker, retiendra la leçon, qu'il appliquera tout au long de sa carrière.[33] Plus tard, Anker fera remarquer à son ami Ehrmann cet autre précepte de Gleyre, que le fond «doit être un lit sur lequel repose la figure»[34], ce qui, chez Anker, n'est pas toujours flagrant. Il ajoute que, pour son maître, la nature du sujet importait peu, celui-ci pouvant être aussi banal qu'un paysage, une nature morte ou une scène animalière. Cette conviction que «tout est matière à tableau» se traduisait pour les élèves de Gleyre par une grande indépendance; Renoir, Sisley et Monet, qui fréquentèrent son atelier dans les années 1862-1863, ont su en tirer parti.

A Bachelin, qui prépare en 1888 son article sur Frédéric Simon, où il évoque les méthodes de Gleyre et la vie dans son atelier, Anker fait les mêmes remarques[35], réaffirmant son admiration pour la sincérité et

[33] Whistler entre à l'atelier de Gleyre en juin 1856.
[34] Les citations proviennent d'une lettre inédite datant sans doute de 1902, collection de M. Albert Ehrmann.
[35] Meister 2000 II, pp. 131-132.

Es überrascht deshalb nicht, dass Anker während seiner Lehrzeit und danach höchsten Respekt vor Gleyres Können und dessen unprätenziöser, bescheidener Art hatte. In einem Brief an Charles Clément (1821-1887), der damals Gleyres Biografie vorbereitete, überlieferte Anker einige Erinnerungen an seine Studienzeit. Gleyre, so berichtete er, sei sehr feinfühlig gewesen und habe jeden Schüler mit höchstem Respekt behandelt, was in Paris in der Mitte des 19. Jahrhunderts noch immer eine seltene Ausnahme war.[32] Gleyre gab seinen Schülern wichtige Anleitungen, riet ihnen, direkt vor der Vorlage zu arbeiten, bevor sie sich anschickten, diese zu interpretieren. Wenn einer von ihnen ein grösseres Gemälde schaffen wollte, was mehrere Monate dauern konnte, so zeigte ihm Gleyre zunächst, wie man eine Leinwand und die Farben vorbereiten musste, wie und wo man am besten die tonalen Untermalungen anzulegen hatte, um gleich die Frage nach den später zu verwendenden Farben zu klären, damit sich der Student, von technischen Fragen befreit, voll auf die Komposition konzentrieren konnte. Es ist möglich, dass Anker dieser Anleitung folgte, als er den Akt von 1856 malte (Abb. 7), der durchaus im Rahmen der meisten Studienarbeiten seiner Kommilitonen liegt. Dass das Gemälde in seiner Farbgebung zurückhaltend wirkt, liegt sicher daran, dass Gleyre seinen Schülern immer wieder riet, sich auf wenige Pigmente zu beschränken, denn, so meinte er, «cette satanée couleur va vous tourner la tête». In diesem Zusammenhang lehrte Gleyre, dass Elfenbeinschwarz die wichtigste Grundlage aller Farbabstufungen sei, und er förderte damit eine universale Farbharmonie, wie sie James McNeill Whistler (1834-1903), der Anker um nur ein Jahr in Gleyres Atelier folgte, sein ganzes Leben hindurch anwenden sollte.[33] Anker bemerkte später gegenüber seinem Freund Ehrmann, dass Gleyre über den Hintergrund eines Bildes immer sagte, «le fond doit être un lit sur lequel repose la figure»[34], was für Anker nicht immer sichtbar war. Er bemerkte auch, dass für Gleyre der Bildgegenstand von sekundärer Bedeutung war und so banal wie eine Landschaft, ein Stillleben oder eine Tierszene sein konnte. Seine Überzeugung, wonach «tout est matière à tableau», ist ein Hinweis dafür, wie gross die Freiheiten waren, die Gleyre seinen Schülern gewährte und die seine Schüler Auguste Renoir, Alfred Sisley und Claude Monet nützten, als sie 1862 bis 1863 gleichzeitig Gleyres Unterricht folgten.

Anker machte 1888 gegenüber Bachelin eine ähnliche Beobachtung, als dieser seinen Artikel über Frédéric Simon vorbereitete, der einige Aspekte von Gleyres Lehrmethoden beschrieb.[35] Anker betonte Gleyres Ernsthaftigkeit und

[32] Clément 1878, S. 174-177.
[33] Whistler trat im Juni 1856 in Gleyres Atelier ein.
[34] Das Zitat stammt aus einem unpublizierten Brief von ca. 1902, in der Sammlung von Albert Ehrmann.
[35] Meister 2000 II, S. 131-132.

l'honnêteté de son ancien maître: «[Son] austérité, sa haine du flafla et de la blague, sa rectitude quand tant de gens se courbaient étaient d'un bel exemple. La tête planait et il tenait pour misérable ce qui est misérable en ce monde, et le disait souvent assez crûment.»

S'il appréciait l'homme, Anker n'en a pas moins exprimé, parfois, certaines réserves quant à ses expériences d'atelier, notamment quant à l'attitude de Gleyre vis-à-vis de la couleur. Il aurait souhaité une plus grande liberté dans l'usage de la couleur, confiant à Bachelin qu'il regrettait de ne pas avoir étudié auprès d'un paysagiste, qui aurait été plus réceptif aux possibilités de celle-ci. Une «tonalité grise», disait-il, semblait se dégager des travaux montrés par les élèves de Gleyre.

Il ne fait cependant aucun doute qu'Anker a été influencé par certains travaux de Gleyre. Ses *Vendanges* de 1865 (ill. p. 23), par exemple, dans la manière des bœufs et des enfants qui dansent, sont bien plus qu'un simple écho visuel des *Romains passant sous le joug* de Gleyre (ill. 8). Et tout au long de sa carrière, d'autres œuvres porteront la marque des idées de Gleyre, ne serait-ce que dans l'emprunt de certaines figures, l'utilisation de la couleur et la composition. Mais, au-delà de l'influence exercée par l'enseignement et par l'art de celui qui fut son professeur, Anker maintint aussi avec lui et avec ses élèves des relations amicales, s'enquérant maintes fois du «père

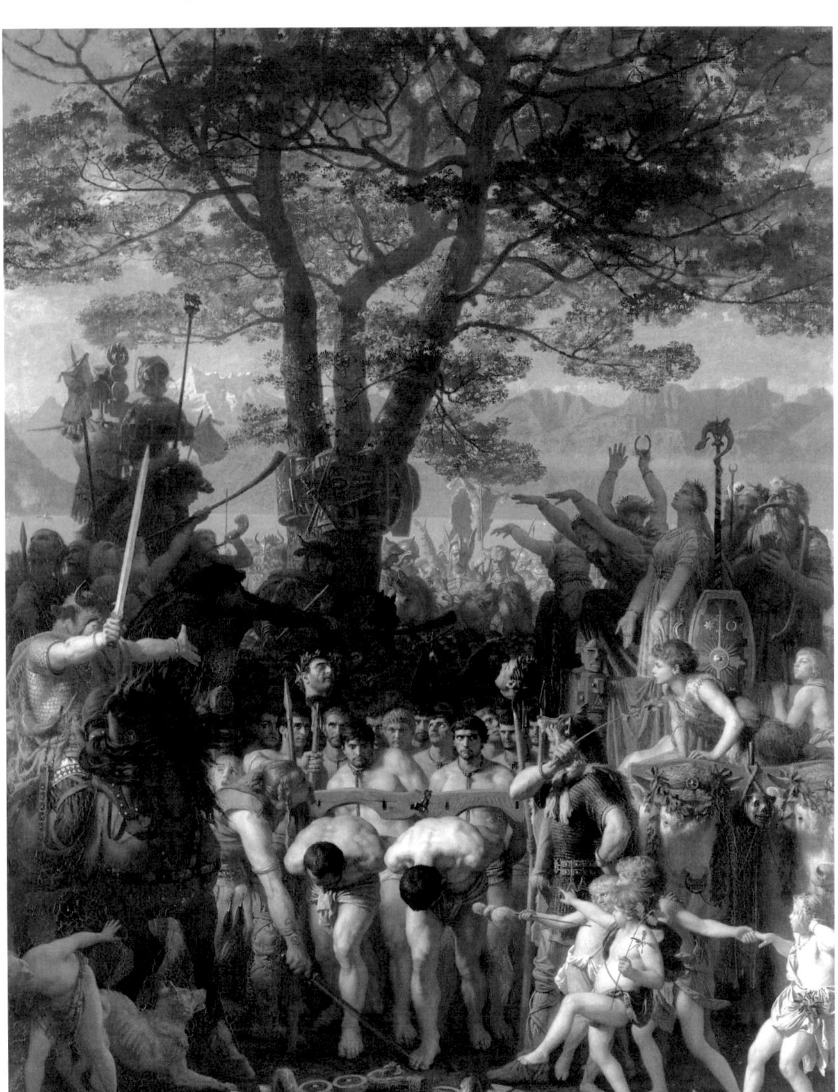

Ill. 8: Charles Gleyre, ***Les Romains passant sous le joug***, 1858, huile sur toile, 240×192 cm, Musée cantonal des Beaux-Arts, Lausanne

Offenheit und schilderte seine «austérité, sa haine du flafla et de la blague, sa rectitude quand tant de gens se courbaient étaient d'un bel exemple. La tête planait et il tenait pour misérable ce qui est misérable en ce monde, et le disait souvent assez crûment.»

Obgleich Anker seinen Lehrer bewunderte, drückte er einiges Bedauern über seine Ateliererfahrungen aus, insbesondere bezüglich Gleyres Einstellung zur Farbe, denn er hätte sich in dieser Hinsicht mehr Freiheit gewünscht. So schrieb er Bachelin, wie sehr er bedauert habe, nicht von einem Landschaftsmaler ausgebildet worden zu sein, der bezüglich der Farbgebung und ihrer vielseitigen Möglichkeiten offener gewesen wäre. Anker bemerkte über die ausgestellten Werke von Gleyres Schülern, dass über allen «une tonalité grise» stünde.

Es ist offensichtlich, dass das Studium bei Gleyre sich in Ankers Werken reflektiert. Bei seinem Winzerfest *von 1865 (Abb. S. 23) ist die Abstammung von Gleyres* Romains passant sous le joug *(Abb. 8) besonders deutlich, insbesondere in Bezug auf die Darstellung der Ochsen und der tanzenden Kinder. Andere Werke in Ankers Œuvre zeigen ebenfalls Spuren von Gleyres Unterricht, sei dies in der reduzierten Farbgebung, Komposition oder dem Auftauchen einzelner Figuren. Anker blieb aber nicht nur von Gleyres Einfluss geprägt, er unterhielt auch sein Leben lang regen Kontakt mit anderen Schülern des Meisters und versuchte immer wieder, Neuigkeiten über «le père Gleyre» zu*

Gleyre»[36]. C'est peut-être après sa mort, en mai 1874, qu'il exprime le mieux toute l'estime qu'il avait pour lui, dans une lettre à Ehrmann, où il évoque cette soudaine «mort du patron», encore «dans la force de son talent, estimé de tous et regretté de nous tous qui voisinions un peu avec lui»[37]. Anker, qui séjournait alors à Anet, voulait assister à l'enterrement, qui eut lieu à Chevilly, le 17 mai; mal renseigné sur la date de la cérémonie, il n'y parvint, écrit-il, que quelques jours plus tard. Il prit une poignée de terre sur la tombe, pour l'envoyer à Ehrmann[38], et fit de cette simple sépulture un bouleversant dessin (ill. 9).

W. H.

Traduction de l'anglais: François Boisivon

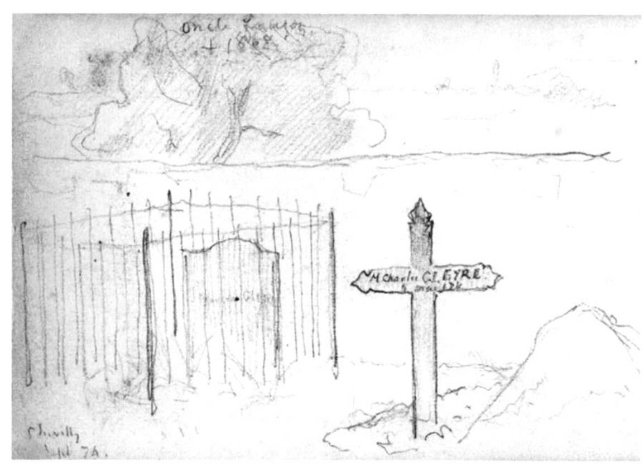

Ill. 9: Albert Anker, **La Tombe de Charles Gleyre à Chevilly** / ***Grab von Charles Gleyre in Chevilly***, 1874, crayon

erhalten.[36] Das möglicherweise aufschlussreichste Zeugnis seiner Wertschätzung für den Lehrer kam nach Gleyres Tod im Mai 1874, als er Ehrmann vom plötzlichen Tod des «patron» berichtete und ihn beschrieb als «dans la force de son talent, estimé de tous et regretté de nous tous qui voisinions un peu avec lui»[37]. Anker fügte an, dass er am 17. Mai Gleyres Beerdigung in Chevilly beiwohnen wollte – zu dem Zeitpunkt befand er sich in Ins –, dass er aber falsche Angaben bezüglich des Datums erhalten und deshalb die Feierlichkeiten verpasst habe. Er erreichte Chevilly mehrere Tage danach, nahm eine Hand voll Erde von der letzten Ruhestätte des Meisters, um sie Ehrmann zu schicken[38], und zeichnete das bescheidene Grab von Gleyre (Abb. 9).

W. H.

Übersetzung aus dem Englischen: Marc Fehlmann

[36] Voir, par exemple, une lettre à Ehrmann de 1862: «Le père Gleyre dit que les environs de Toulon ressemblent à la Syrie» *in*: Quinche 1924, p. 73; ou cette autre lettre, citée p. 80: «Le jeudi, nous dînons toujours en commun avec quelques élèves de M. Gleyre»; ou encore, en mai 1867, cité p. 92: «Le père Gleyre est venu l'autre soir en allant chez Hirsch.»

[37] Quinche 1924, p. 106.

[38] Quinche 1924, p. 108.

[36] Siehe z. B. den Brief von 1862 an Ehrmann, in dem er schrieb: «Le père Gleyre dit que les environs de Toulon ressemblent à la Syrie» in*: Quinche 1924, S. 73; oder einen anderen Brief* in*: Quinche 1924, S. 80: «Le jeudi, nous dînons toujours en commun avec quelques élèves de M. Gleyre»; und nochmals im Mai 1867* in*: Quinche 1924, S. 92: «Le père Gleyre est venu l'autre soir en allant chez Hirsch.»*

[37] Quinche 1924, S. 106.

[38] Quinche 1924, S. 108.

Une icône nationale dans un contexte international*

par Petra ten-Doesschate Chu

Albert Anker peut être considéré comme le peintre national suisse. Ses toiles et ses aquarelles incarnent la Suisse. Comme l'écrit l'historien de l'art Hans A. Lüthy: «Anker, plus qu'aucun autre, incarne, pour un vaste public, l'art du pays.»[1] Son œuvre y jouit d'une immense popularité. «Ses peintures, rappelle Hans Christoph von Tavel, ornent les intérieurs et s'accrochent dans les galeries et les musées, tant en Suisse romande qu'alémanique.»[2] Non seulement l'histoire d'amour des Suisses avec l'artiste traverse les frontières sociales, mais elle transcende aussi la division culturelle entre Suisse germanophone et Suisse francophone.

A regarder Anker depuis la Suisse, on en oublierait le contexte international dans lequel son travail s'est développé. S'il représente l'artiste national par excellence, il n'en est pas moins pris dans un vaste mouvement international de l'art au XIXe siècle, qui privilégie la peinture de genre, laquelle s'attache à figurer la vie des gens ordinaires, de préférence à la campagne, et trouve dans la terre natale, plutôt que dans les contrées lointaines et exotiques, la matière de son inspiration. Ce courant est intimement lié au sentiment d'inquiétude créé par la disparition rapide des traditions populaires ou folkloriques face à l'industrialisation et à la modernisation.

La prise en compte du contexte international permet donc de situer Anker dans un groupe beaucoup plus large d'artistes du XIXe siècle, attachés à des représentations nostalgiques de la vie campagnarde locale, aimés chez eux autant qu'admirés à l'étranger, parce qu'ils ont contribué à construire l'image des identités nationales.

* Ce texte est une version abrégée de la contribution de l'auteur au catalogue (en allemand) de l'exposition *Albert Anker und Paris*, au Musée des Beaux-Arts de Berne, en 2003.

[1] Kuthy/Lüthy 1980, p. 11.

[2] Kuthy/Lüthy 1980, p. 9.

*Eine nationale Ikone im internationalen Kontext**

von Petra ten-Doesschate Chu

Albert Anker gilt als Schweizer Nationalkünstler; seine Gemälde und Aquarelle sind geradezu der Inbegriff des Schweizerischen. So stellt der Kunsthistoriker Hans A. Lüthy fest: «Wie kein anderer schweizerischer Maler verkörpert Anker für ein grosses Publikum einheimische Kunst.»[1] Ankers Schaffen geniesst in der Schweiz grosse Beliebtheit. «Seine Bilder», so Hans Christoph von Tavel, «schmücken Bauernstuben und hängen in auserlesenen Sammlungen und Museen, sowohl in der deutschen wie in der französischen Schweiz.»[2] Die landesweite Begeisterung für die Werke des Künstlers überwindet somit nicht nur soziale Barrieren, sondern auch den kulturellen Graben zwischen der deutschsprachigen Schweiz und der Romandie.

Betrachtet man Anker aus der rein schweizerischen Perspektive, vergisst man leicht den internationalen Kontext, in dem sein Schaffen entstand. Dieser Nationalkünstler par excellence kann auch als Maler gesehen werden, der Teil einer breiten internationalen Strömung innerhalb der Kunst des 19. Jahrhunderts war. Diese setzte auf die Genremalerei, richtete die Aufmerksamkeit auf das Leben gewöhnlicher Leute, möglichst der Landbevölkerung, und zog die Heimat als künstlerische Inspirationsquelle fremden und exotischen Ländern vor. Sie war eng verknüpft mit einer allgemeinen Besorgnis um das durch die Industrialisierung und Modernisierung bedingte rasche Verschwinden von «volkstümlichen» Traditionen.

Dieser Essay beleuchtet den internationalen Kontext von Ankers Schaffen. Es wird aufgezeigt, dass Anker nicht einzigartig war, sondern zu einer grossen internationalen Schar von Künstlern des 19. Jahrhunderts gehörte, die durch ihre nostalgischen Darstellungen des ländlichen Alltags eines Landes oder einer Region in ihrer Heimat beliebt und im Ausland bewundert waren, da sie die Bilder für eine nationale Identität lieferten.

** Dieser Essay ist eine verkürzte Fassung eines Beitrags, den die Autorin für den Katalog der Ausstellung* Albert Anker und Paris, *Kunstmuseum Bern 2003, verfasst hat.*

[1] Kuthy/Lüthy 1980, S. 11.

[2] Kuthy/Lüthy 1980, S. 9.

Anker et la tradition romantique de la peinture de genre

Anker est avant tout un peintre de genre. Son travail prend place dans une tradition occidentale née dans les Flandres du XVIe siècle et parvenue à maturité dans la Hollande du XVIIe. Les Provinces-Unies voient alors apparaître un marché de l'art, dominé par la bourgeoisie aisée, remplaçant la tutelle de l'aristocratie et de l'Eglise. La peinture de genre y trouve une clientèle naturelle, qui ne demande pas mieux que d'acheter des toiles représentant la vie et les mœurs de son époque.[3] Les historiens de l'art ont longtemps distingué deux grandes catégories dans la peinture de genre hollandaise: le «petit» et le «grand» genre. Le premier s'attache à la vie des basses classes, dans les campagnes, principalement. Fêtes de village, travaux des champs et de la ferme, joyeuses compagnies des auberges et des tavernes sont autant de sujets de prédilection pour les peintres dits du «petit genre», tels Adriaen Brouwer (vers 1605-1638), Adriaen Van Ostade (1610-1685) ou Cornelis Dusart (1660-1704). Les peintures du «grand genre», se préoccupant pour leur part de la vie quotidienne dans la maison bourgeoise, mettent tout particulièrement l'accent sur les activités féminines. Les loisirs, la musique, la lecture, la vie amoureuse y tiennent une grande place, ainsi que la toilette, le soin des enfants et les travaux domestiques. Gerard Ter Borch (1617-1681), Pieter De Hooch (1629-1684) et Johannes Vermeer (1632-1675) en sont les auteurs les plus marquants.

Produites en grandes quantités et vendues, à partir du XVIIe siècle, aux collectionneurs de toute l'Europe, les peintures de genre hollandaises servirent de modèles à tous les peintres ultérieurs de scènes de la vie quotidienne. Ce qui ne veut pas dire que la peinture de genre n'ait pas changé. Elle fut affectée, dans une plus ou moins large mesure, par les grands mouvements stylistiques des XVIIIe et XIXe siècles: rococo, néoclassicisme, romantisme et réalisme. Plus précisément, selon les époques et les lieux, l'évolution de la peinture de genre reflète les sensibilités changeantes et les inquiétudes des cultures où elle s'exprime. Pour autant, il serait beaucoup trop simpliste d'affirmer que les peintures de genre, comme on l'entend souvent, ne sont que des images objectives de la vie quotidienne dans une société donnée. Elles sont plutôt, sans exception, des constructions soigneusement élaborées, exprimant des préoccupations morales, sociales ou politiques. Ce qui fait de la peinture de genre, comme Peter Sutton l'a très justement remarqué, la «moins comprise» des catégories de la peinture occidentale.[4]

[3] Sur le marché de la peinture de genre hollandaise, voir Sutton 1984, pp. XV-XVIII.

[4] Sutton 1984, p. XIII.

Anker und die europäische Genretradition

Anker war in erster Linie ein Genremaler. Sein Schaffen reiht sich ein in eine abendländische Maltradition, die im 16. Jahrhundert in Flandern ihren Anfang nahm und im 17. Jahrhundert in den Niederlanden ihre Hochblüte erlebte. In der Niederländischen Republik trat ein von einem wohlhabenden Bürgertum beherrschter Kunstmarkt an die Stelle des Mäzenatentums von Adel und Kirche. Hier fanden Genremalereien bereitwillige Käufer, die begierig waren, Bilder zu erwerben, die die Lebensweisen und Anliegen der damaligen Zeit widerspiegelten.[3] *Kunstgeschichtlich wurde die niederländische Genremalerei lange in die zwei Hauptkategorien «niedrig» und «hoch» unterteilt. Erstere bildete das Leben der unteren Schichten und vor allem der Landbevölkerung ab. Dorffeste, die Tätigkeiten im und um das Bauernhaus und fröhliche Szenen in Herbergen und Wirtshäusern waren Motive, denen sich die «niedrigen» Genremaler widmeten – Künstler wie Adriaen Brouwer (ca. 1605-1638), Adriaen van Ostade (1610-1685) oder Cornelis Dusart (1660-1704). «Hohe» Genremalereien zeigten den Alltag im bürgerlichen Heim, wobei natürlich die Tätigkeiten von Frauen im Vordergrund standen. Betätigungen in Mussestunden wie Musizieren, Lesen und Tändeln waren ebenso beliebte Motive wie häusliche Verrichtungen und Kinderpflege. Beispiele solcher Szenen finden sich u. a. bei Gerard ter Borch (1617-1681), Pieter de Hooch (1629-1684) und Johannes Vermeer (1632-1675).*

Die in beträchtlichen Mengen angefertigten und ab dem 17. Jahrhundert an Sammler in ganz Europa verkauften niederländischen Genremalereien waren modellhaft für alle Maler, die sich in späteren Jahren der Darstellung von alltäglichen Szenen widmeten. Dies bedeutet nicht, dass die Genremalerei keinen Wandel erfuhr. Sie war von allen wichtigen Stilrichtungen des 18. und 19. Jahrhunderts – Rokoko, Neoklassizismus, Romantik und Realismus – mehr oder weniger stark beeinflusst. Was noch wichtiger ist: Die Genremalerei passte sich im Laufe der Jahrhunderte an unterschiedlichen Orten immer wieder den wechselnden Befindlichkeiten und Interessen des jeweiligen kulturellen Umfelds an. Die häufige Annahme, Genremalereien seien einfach objektive Spiegelbilder des Alltagslebens in einer bestimmten Gesellschaft, zeugt von einer allzu simplen Betrachtungsweise. Sie sind nämlich ausnahmslos sorgfältig abgestimmte Konstrukte, die moralische, gesellschaftliche und politische Interessen zum Ausdruck bringen. Daher ist die Genremalerei, wie Peter Sutton richtig bemerkt, die «am wenigsten verstandene» Kategorie der abendländischen Malerei.[4]

[3] *Vgl. zum Markt für holländische Genrebilder Sutton 1984, S. XV-XVIII.*

[4] *Sutton 1984, S. XIII.*

Si notre propos n'est pas de débattre de l'histoire de la peinture de genre après le XVIIe siècle[5], il s'agit pourtant de situer Anker à l'intérieur de cette histoire. Il s'enracine très clairement, en tant qu'artiste, dans la tradition de cette peinture liée au dernier romantisme, marquée par deux caractéristiques majeures. La première est ce que nous pourrions appeler le «sentiment moral»[6]. Les peintures de genre romantiques, tout comme les romans contemporains, célèbrent les valeurs morales de la bourgeoisie: respectabilité de la famille, vertus du travail, innocence de l'enfance. Le terme de «scènes de mœurs» – *Sittenbilder* en allemand –, couramment employé à l'époque pour désigner les peintures de genre, suggère leur fonction duelle, dépeignant manières et coutumes et dessinant également un portrait moral du temps. Bien qu'elles ne soient pas nécessairement anecdotiques, elles relèvent de ce que Pierre Bourdieu a pu nommer la «lisibilité», c'est-à-dire qu'elles invitent le spectateur à inventer, sinon une histoire, du moins un scénario verbal qui leur corresponde.[7]

L'autre grande caractéristique de la peinture de genre romantique est sa tendance au «pittoresque». Le mot désigne au XVIIe siècle ce qui, dans la nature, fait image, est digne d'être peint. Son sens évolue graduellement pour se rapporter à ce qui est original, désuet, charmant. A la fin du XVIIIe siècle, le pittoresque est devenu une catégorie esthétique importante, abondamment utilisée comme alternative au «beau» et au «sublime».[8]

Si le terme «pittoresque», en histoire de l'art, est généralement utilisé dans la description des peintures de paysage, il a aussi été appliqué, avec profit, à la peinture de genre.[9] La tendance au pittoresque conduit les peintres de genre romantiques à rechercher la matière de leur sujet, non pas dans les cités modernes, où la révolution industrielle a bouleversé la vie quotidienne

[5] Cette histoire, pour intéressante qu'elle soit, reste à écrire. Pour un bref essai, voir Petra ten-Doesschate Chu, «From Bruegel to Bonvin: Three Hundred Years of European Genre Painting» *in*: Weisberg 1995, pp. 13-31.

[6] Cela, bien sûr, est non seulement vrai pour la peinture de genre romantique, mais pour tout l'art romantique. Voir la définition du romantisme par Baudelaire: «Le romantisme n'est précisément ni dans le choix des sujets ni dans la vérité exacte, mais dans la manière de sentir» *in*: Charles Baudelaire, *Œuvres complètes*, Paris, 1963, p. 879.

[7] Dans son essai «L'Institutionnalisation de l'anomie» *in*: Bourdieu 1987, pp. 6-19.

[8] Pour une excellente mise en perspective du terme «pittoresque», voir l'article de John Dixon Hunt *in*: *The Grove Dictionary of Art Online*, Ed. L. Macy (accès le 10 mars 2003, www.groveart.com).

[9] Voir Denise Delouche, «Entre pittoresque et réalisme: le paysan des provinces françaises vu par les peintres, 1800-1863» *in*: Burmeister 1999, pp. 72-93.

Hier soll nicht die Geschichte der Genremalerei ab dem 17. Jahrhundert erörtert werden[5], sondern es geht darum, Anker in diese Geschichte einzuordnen. Ankers künstlerische Wurzeln sind fest in der spätromantischen Genretradition verankert, die von zwei Hauptmerkmalen geprägt war. Das eine könnte als «moralisches Gefühl» bezeichnet werden.[6] Romantische Genrebilder hielten ebenso wie zeitgenössische Romane bürgerliche Moralwerte hoch – die Heiligkeit der Familie, die Tugend der Arbeit, die Unschuld der Kindheit. Der französische Begriff «scènes de mœurs» und das deutsche Wort «Sittenbilder», damals beides häufig verwendete Bezeichnungen für Genremalereien, lassen ihre Doppelfunktion als Bilder erkennen, die sowohl die Sitten und Gebräuche als auch die Moralvorstellungen der damaligen Zeit darstellten. Auch wenn sie nicht notwendigerweise anekdotischen Charakter haben, sind romantische Genrebilder «lesbar», wie Pierre Bourdieu es nennt – d. h., sie laden den Betrachter ein, eine Geschichte oder zumindest ein Szenario zum Bild zu erfinden.[7]

Ein weiteres bedeutendes Merkmal der romantischen Genremalerei war ihre Tendenz zum «Pittoresken». Dieser Begriff wurde im 18. Jahrhundert geprägt, um Naturszenen zu beschreiben, die an Bilder erinnerten. Er wurde allmählich spezifischer und wurde schliesslich mit «eigenartig», «idyllisch» und «bezaubernd» gleichgesetzt. Ende des 18. Jahrhunderts war das Pittoreske zu einer wichtigen ästhetischen Kategorie geworden, die als nützliche Alternative zum «Schönen» und «Erhabenen» diente.[8]

Obschon der Begriff des Pittoresken im kunstgeschichtlichen Zusammenhang im Allgemeinen zur Beschreibung von Landschaftsbildern gebraucht wird, wird er auch häufig auf Genremalereien angewendet.[9] Wegen ihrer Neigung zum Pittoresken suchten die romantischen Genremaler ihre Motive nicht in den modernen Städten, wo die industrielle Revolution den Alltag der Bürger einschneidend verändert hatte, sondern in ländlichen Gefilden. Dort, so dachte man, hatte das Leben einen idyllischen Reiz

[5] *Diese interessante Geschichte muss erst noch geschrieben werden. Ein kurzer Versuch dazu findet sich bei Petra ten-Doesschate Chu, «From Bruegel to Bonvin: Three Hundred Years of European Genre Painting»* in: *Weisberg 1995, S. 13-31.*

[6] *Dies gilt natürlich nicht nur für die romantische Genremalerei, sondern für die gesamte romantische Kunst. Vgl. dazu Baudelaires Definition der Romantik: «Die Romantik liegt eigentlich weder in der Wahl des Gegenstandes noch in der Genauigkeit der Wiedergabe, sondern in der Art des Empfindens.» Charles Baudelaire,* Sämtliche Werke/Briefe, *Bd. 1, Darmstadt, Wissenschaftliche Buchgesellschaft, 1977, S. 199.*

[7] *In seinem Essay: Bourdieu 1987.*

[8] *Vgl. für eine hervorragende Erörterung des Begriffs «pittoresk» John Dixon Hunts Artikel* in: The Grove Dictionary of Art Online, *Hrsg. L. Macy (abgerufen am 10. März 2003, www.groveart.com).*

[9] *Vgl. Denise Delouche, «Entre pittoresque et réalisme: le paysan des provinces françaises vu par les peintres, 1800-1863»* in: *Burmeister 1999, S. 72-93.*

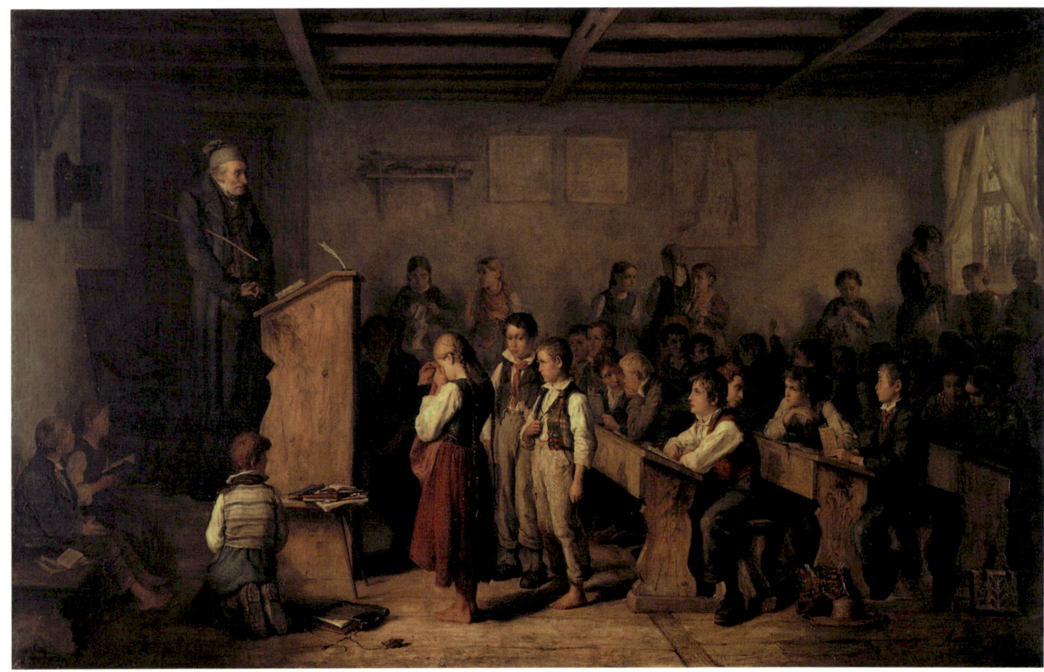

Ill. 1
Albert Anker
Une école de village dans la Forêt-Noire
Dorfschule im Schwarzwald
1858
Huile sur toile, 105×171 cm
Gottfried Keller-Stiftung, Musée des Beaux-Arts de Berne (1929)

des habitants, mais à la campagne, dont les charmes vieillots s'opposent à la laideur des mégapoles. Le pittoresque s'inscrit en effet dans la nostalgie romantique du «temps jadis», où l'on menait, semble-t-il, une vie plus simple, plus naturelle et authentique.[10]

La première toile d'Anker admise au Salon de Paris (1859), *Une école de village dans la Forêt-Noire* (ill. 1), relève bien des caractéristiques mentionnées plus haut. La scène est prise dans une région particulièrement appréciée du tourisme romantique, ayant la réputation d'être demeurée intacte et pure.[11] Son «authenticité» est garantie par le costume typique des enfants en *Schwarzwälder Tracht*. Le maître d'école, adressant un regard sévère à deux garçons qui, apparemment, ont fait pleurer une fille, invite tout naturellement à la «lecture» de la toile. On a pu relier la peinture d'Anker à l'œuvre du peintre réaliste français François Bonvin (1817-1887), qui avait exposé une très populaire *Ecole des orphelines* au Salon de 1851 (ill. 2).[12] Mais la similitude apparaît superficielle à l'examen attentif. Commandée par Charles Blanc, directeur des Beaux-Arts sous la IIe République (1848-1852), la peinture de Bonvin représente des orphelines à qui une sœur apprend à lire. La scène respire l'ordre, la propreté, l'équilibre. Dans cette louange du programme gouvernemental en

[10] Sur la notion d'«authenticité», voir, notamment, Bendix 1997.
[11] Voir Claudon 1986, p. 36.
[12] Kuthy/Lüthy 1980, p. 16.

bewahrt, der sich der Hässlichkeit der modernen Stadt entgegensetzte. Die Neigung zum Pittoresken war Teil der romantischen Sehnsucht nach der «guten alten Zeit», als das Leben scheinbar noch einfacher, natürlicher und echter war.[10]

Das erste Gemälde, mit dem Anker zum Pariser Salon zugelassen wurde (1859), Dorfschule im Schwarzwald *(Abb. 1), besitzt viele der erwähnten Merkmale. Die Szene ist in einer Gegend angesiedelt, die bei romantischen Reisenden wegen ihrer Reinheit und Unberührtheit beliebt war.*[11] *Ihre «Echtheit» kommt in den Schwarzwälder Trachten der Kinder zum Ausdruck. Das Gemälde lädt bereitwillig zur «Lesung» ein, denn es zeigt einen Lehrer, der mit strengem Blick zwei Knaben mustert, die offenbar ein Mädchen zum Weinen gebracht haben. Ankers Gemälde wurde mit dem heute im Musée de Langres aufbewahrten Bild* L'Ecole des orphelines *(Abb. 2) des französischen realistischen Malers François Bonvin (1817-1887) verglichen, das sich am Salon von 1851 grosser Beliebtheit erfreute.*[12] *Bei näherer Betrachtung erweist sich die Ähnlichkeit jedoch als rein oberflächlich. Bonvins Bild, ein Auftragswerk für Charles Blanc, den Minister für Kunst der Zweiten Republik (1848-1852), zeigt eine Schule für Waisenmädchen, denen eine Nonne das Lesen beibringt. Die Szene strahlt Ordnung, Sauberkeit*

[10] Vgl. zum Begriff der «Echtheit»: Bendix 1997.
[11] Vgl. Claudon 1986, S. 36.
[12] Kuthy/Lüthy 1980, S. 16.

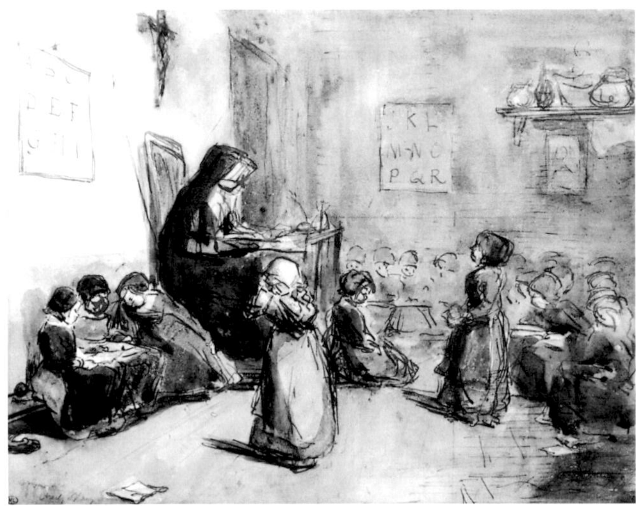

Ill. 2: François Bonvin, **L'Ecole des orphelines**, vers 1851, plume et aquarelle, 23,6×30,5 cm, Musée du Louvre, Paris, Cabinet des dessins

faveur de l'éducation des enfants, même abandonnés par leur famille, on touche à la propagande.[13] L'*Ecole de village dans la Forêt-Noire* d'Anker montre, quant à elle, un vieux maître, poli par les ans, prêt à faire usage de son fouet contre ceux qui ont dérangé le calme de la classe. Ce sens de l'anecdote, à peu près absent dans la peinture de Bonvin, rappelle des toiles plus anciennes, notamment le célèbre *Maître d'école*, d'Adriaen Van Ostade, conservé au Louvre (ill. 3).

S'il faut rapprocher les premiers travaux d'Anker de ceux de ses contemporains, c'est sans doute avec le peintre allemand Ludwig Knaus (1829-1910) qu'il a le plus d'affinités. Diplômé de la Kunstakademie de Düsseldorf en 1845[14], Knaus a rencontré à Paris, dans les années qui ont immédiatement suivi l'arrivée d'Anker, en 1854, un «succès fou». En 1853, il gagne au Salon une médaille de deuxième classe, puis, en 1855, à l'occasion de l'Exposition internationale, une médaille de première classe et, aux Salons de 1857 et 1859, deux rappels de médaille de première classe; il reçoit, en 1859, la croix de la Légion d'honneur. A la fin des années 1850, il est l'un des peintres les plus populaires exposant au Salon.[15] Le critique Eugène de

[13] Pour une analyse de l'œuvre de Bonvin, voir Weisberg 1980, pp. 107-108.

[14] Bien que Knaus ait étudié avec Carl Ferdinand Sohn, peintre d'histoire et portraitiste, il rencontra, à Düsseldorf, certains des peintres de genre allemands les plus importants de l'époque, dont Johann Peter Hasenclever (1810-1853) et Rudolf Jordan.

[15] Sur Knaus, voir l'excellent catalogue de l'exposition *Ludwig Knaus* (Schmidt 1979).

und Stabilität aus. Das Gemälde grenzt an Propaganda, denn es preist das Programm der neuen Regierung zur Förderung der Schulbildung für alle Kinder, d. h. auch für diejenigen, die von ihren Familien verlassen wurden.[13] Ankers Bild zeigt dagegen eine Dorfschule mit einem alten, ausgebrannten Lehrer, der bereit scheint, die Störenfriede im Klassenzimmer mit dem Rohrstock zu traktieren. Das Gemälde hat einen anekdotischen Charakter, der in Bonvins Bild fast vollständig fehlt, und erinnert an ältere Genremalereien, vor allem an Adriaen van Ostades berühmtes Bild Der Schulmeister *im Louvre (Abb. 3).*

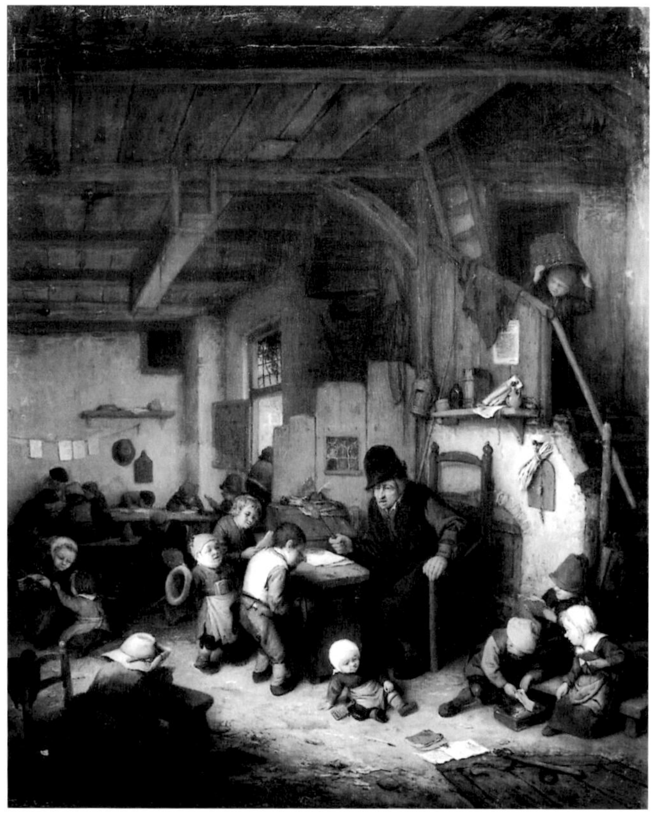

Ill. 3: Adriaen Van Ostade, **Le Maître d'école** / ***Der Schulmeister***, 1662, huile sur bois, 40×32,5 cm, Musée du Louvre, Paris

Was das Schaffen seiner Zeitgenossen angeht, so sind Ankers Frühwerke wohl am ehesten mit den Arbeiten des deutschen Malers Ludwig Knaus (1829-1910) zu vergleichen. Dieser Genremaler, ausgebildet 1845 an der renommierten Kunstakademie in Düsseldorf[14], erlebte in

[13] Vgl. zu Bonvins Werk: Weisberg 1980, S. 107-108, und Bonvin 1998.

[14] Knaus hatte beim Historien- und Porträtmaler Carl Ferdinand Sohn studiert, in Düsseldorf aber auch einige der führenden deutschen Genremaler der damaligen Zeit kennen gelernt, so z.B. Johann Peter Hasenclever (1810-1853) und Rudolf Jordan.

Buchère de Lépinois rapporte que, le jour de l'ouverture, il n'est pas un Parisien qui ne coure voir «son Knaus» au Salon, et qui, après avoir pu jeter un regard sur la composition de l'artiste allemand, n'arpente les parquets avec un air satisfait, demandant à tout un chacun: «Avez-vous vu le Knaus?»[16] Ce sont ses scènes de la vie campagnarde allemande, soigneusement finies, dans tous les détails des physionomies et des costumes, qui ont fait le succès de Knaus à Paris. Avant de se rendre dans la capitale française, il avait fait de nombreux voyages d'étude en Hesse et dans la Forêt-Noire. Il en avait ramené, non seulement quantité de dessins et d'esquisses, mais aussi une valise pleine de costumes régionaux dans lesquels il faisait poser ses modèles parisiens.[17] Ce travail préparatoire l'aida à polir le détail de ses toiles, à leur donner un cachet de vérité et d'authenticité.
Bien qu'on ne connaisse que très mal les relations qui ont pu s'établir entre Knaus et Anker, on peut imaginer l'affinité immédiate ressentie par ce dernier pour l'œuvre de l'artiste allemand, à peine plus vieux que lui. A l'instar de Knaus, Anker avait séjourné quelque temps dans la Forêt-Noire, en 1850, où il avait, lui aussi, réalisé de nombreuses esquisses de la vie locale. Ses premières peintures de genre ressemblent à celles de Knaus: elles mettent en scène les figures sur des fonds sombres (rappelant en cela ses prédécesseurs hollandais, notamment Adriaen Van Ostade), avec une grande attention portée au détail, subsumé par le caractère sentimental ou anecdotique (ill. 4).

Anker, peintre du pays natal

Assistant au triomphe de Knaus à Paris, le jeune Anker a très bien pu en conclure que le peintre allemand devait au choix de ses sujets et à leur apparente vraisemblance une bonne part de son succès. Cette «authenticité» impressionna les critiques contemporains, admirateurs de la «germanité» des toiles de Knaus. Son *Cinquantième Anniversaire* (localisation inconnue), exposé au Salon de 1859, évoquait, pour le critique Zacharie Astruc, l'œuvre de Goethe (car le personnage féminin central lui rappelait la Marguerite de *Faust*); Lépinois, plus prosaïquement, y voyait les rives du Rhin, la bière et la choucroute.[18]

[16] Voir Lépinois 1859, p. 142.

[17] Au sujet de sa première toile admise au Salon, *Der Morgen nach dem Fest* («Le Matin, après la fête», Musée Pouchkine, Moscou), il écrivit à ses parents: «J'ai enfin reçu la malle, hier, avec mes costumes en bon état, et je vais maintenant pouvoir me remettre à ma peinture. Ça doit être prêt dans deux ou trois mois, car alors se tient la grande exposition annuelle.» Voir Schmidt 1979, p. 90.

[18] Voir Petra ten-Doesschate Chu, «The Paris Salon as International Arena for Creative Competition» *in*: Gaehtgens 1994, p. 233.

Ill. 4: Ludwig Knaus, **Cortège funèbre dans la forêt** / ***Leichenzug im Walde***, 1856, huile sur toile, 136,8×190,7 cm, Arnot Art Museum, Elmira, NY (seconde version du tableau de 1852, collection particulière)

den Jahren nach Ankers Ankunft in Paris einen «succès fou». Knaus erhielt im Salon von 1853 eine Medaille 2. Klasse, an der Weltausstellung von 1855 in Paris eine Medaille 1. Klasse, in den Salons von 1857 und 1859 zwei «rappels» 1. Klasse und 1859 das französische Kreuz der Ehrenlegion. Ende der 1850er Jahre gehörte er zu den beliebtesten Malern, die im Salon ausstellten.[15] Laut dem Kunstkritiker Eugène de Buchère de Lépinois machte sich am Eröffnungstag des Salons jeder Pariser unverzüglich auf die Suche nach «seinem Knaus», und wenn es ihm gelungen war, einen Blick auf den Ausstellungsbeitrag des deutschen Künstlers zu erhaschen, spazierte er mit einem zufriedenen Lächeln herum und fragte jedermann: «Avez-vous vu le Knaus?»[16] Knaus' Erfolg in Paris beruhte auf seinen Szenen aus dem deutschen Landleben, die durch ihre sorgfältige Ausführung und die detailreiche Darstellung von Physiognomie und Kleidung bestachen. Ehe er nach Paris kam, hatte Knaus Studienreisen in den Schwarzwald und nach Hessen unternommen. Er war nicht nur mit einer Fülle von Zeichnungen und Skizzen zurückgekehrt, sondern auch mit einem Koffer voller regionaler Trachten, mit denen er seine Pariser Modelle ausstaffierte.[17] All dies half ihm, die Details seiner Bilder über das Landleben zu vervollkommnen und ihnen ein

[15] *Vgl. zu Knaus den ausgezeichneten Ausstellungskatalog* Ludwig Knaus *(Schmidt 1979).*

[16] *Vgl. Lépinois 1859, S. 142.*

[17] *Im Zusammenhang mit seinem ersten Salon-Beitrag,* Der Morgen nach dem Fest *(Puschkin-Museum, Moskau), schrieb er an seine Eltern: «Endlich habe ich gestern den langersehnten Koffer mit den Kostümen erhalten und werde nun gleich an mein Bild gehen, denn es muss in 2-3 Monaten fertig sein, weil alsdann die grosse jährliche Ausstellung stattfindet.» Vgl. Schmidt 1979, S. 90.*

L'intérêt manifesté par Knaus pour le pays natal n'est pas un phénomène nouveau. Avant lui, de nombreux artistes ont acquis leur réputation en se spécialisant dans les sujets régionaux ou nationaux. En Allemagne, le peintre de Düsseldorf Rudolf Jordan (1810-1887) s'est fait un nom en représentant des scènes de la vie locale de l'île de Helgoland, dans la mer du Nord, qui lui ont même valu, de son vivant, une réputation internationale.[19] Sa *Demande en mariage à Helgoland* montre un épisode de la vie traditionnelle sur l'île, avec tous les détails du rituel et du costume. Plus tôt encore, le peintre suisse Léopold Robert (1794-1835) a connu la célébrité en Europe pour ses tableaux de la paysannerie italienne. Ses toiles les plus importantes, comme *Le Retour du pèlerinage à la Madone de l'Arc* (1827) ou *L'Arrivée des moissonneurs dans les marais Pontins* (1830, ill. 5), toutes deux conservées au Louvre, rivalisent avec celles de Jordan dans l'attention portée aux coutumes et aux costumes

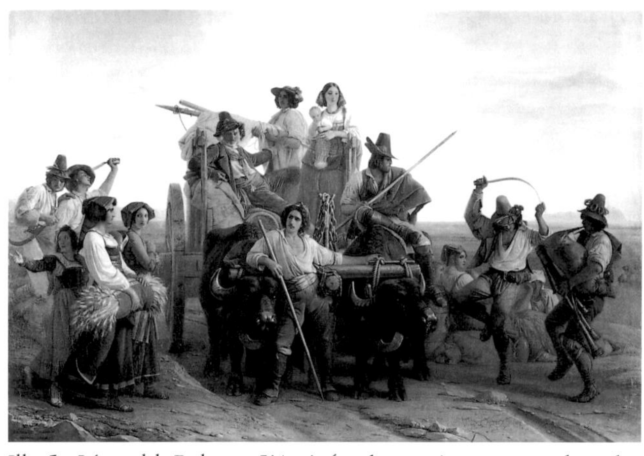

Ill. 5: Léopold Robert, **L'Arrivée des moissonneurs dans les marais Pontins**, 1830, huile sur toile, 141,2×212 cm, Musée du Louvre, Paris

locaux. Malgré son suicide dans la fleur de l'âge (ou peut-être à cause de lui), sa peinture eut une grande influence et éveilla un large intérêt pour la représentation du «folklore», avec son cortège de traditions et de costumes.[20]

[19] Jordan a peut-être été inspiré par les peintres de genre anglais, par des artistes comme David Wilkie (1785-1841) et Charles Robert Leslie (1794-1850), eux-mêmes influencés par la peinture de genre hollandaise du XVIIe siècle. Voir Hütt 1984, p. 91.

[20] Voir Gabriel Weisberg, «Jules Breton, Léopold Robert, and the Poetic Vision of Rural Life» *in*: Omaha 1987, pp. 42-52. Voir aussi Matthias Frehner *in*: Bern 2003, p. 11.

Gefühl von Wirklichkeit und Authentizität zu verleihen. Zwar ist über die Beziehung zwischen Knaus und Anker kaum etwas bekannt, doch Anker muss eine unmittelbare Affinität zum Schaffen des nur wenig älteren deutschen Kollegen verspürt haben. Genau wie Knaus hatte Anker einige Zeit im Schwarzwald verbracht (1850), wo er ebenfalls unzählige Skizzen über das ländliche Leben angefertigt hatte. Ankers frühe Genremalereien haben grosse Ähnlichkeiten mit jenen von Knaus: Zu erwähnen sind etwa die Anordnung von Figurengruppen vor einem dunklen Hintergrund (in Anlehnung an die Werke niederländischer Genremaler wie Adriaen van Ostade), die sorgfältig ausgeführten Details und die sentimentale, anekdotische Darstellung (Abb. 4).

Anker als «Heimatkünstler»

Als der junge Anker Knaus' triumphalen Erfolg in Paris miterlebte, kam er vermutlich zum Schluss, dass dieser zu einem grossen Teil auf die Sujets aus dem deutschen Landleben und deren scheinbar wirklichkeitsgetreue Darstellung zurückzuführen war. Die mutmassliche Authentizität von Knaus' Bildern beeindruckte auch die damaligen Kunstkritiker, die deren «Deutschheit» bewunderten. Knaus' Gemälde Die goldene Hochzeit *(Verbleib unbekannt), das im Salon von 1859 gezeigt wurde, gemahnte den Kritiker Zacharie Astruc an die Werke Johann Wolfgang von Goethes (da ihn die zentrale weibliche Gestalt an Gretchen erinnerte). Der prosaischer gestimmte E. de B. Lépinois dachte dabei an Bier, Sauerkraut und den Rhein.*[18] *Knaus' nationaler Schwerpunkt war nicht neu. Schon vor ihm hatten sich viele Künstler durch die Spezialisierung auf nationale oder regionale Themen einen Namen gemacht. In Deutschland hatte der Düsseldorfer Maler Rudolf Jordan (1810-1887) dies erreicht, indem er Szenen aus dem Leben auf der Nordseeinsel Helgoland abbildete, die noch zu seinen Lebzeiten internationale Bekanntheit erlangten.*[19] *Sein* Heiratsantrag auf Helgoland *zeigt einen traditionellen Brauch auf der Insel mit allen typischen Details von Ritual und Kleidung. Noch früher war der Schweizer Maler Léopold Robert (1794-1835) durch seine Szenen aus dem Leben italienischer Bauern in ganz Europa berühmt geworden. Seine bedeutendsten Gemälde,* Le Retour du pèlerinage à la Madone de l'Arc *(1827) und* L'Arrivée des moissonneurs dans les marais Pontins *(1830, Abb. 5), kommen durch die Aufmerksamkeit, die den lokalen Bräuchen und Trachten geschenkt wird, Jordans Werken gleich. Obwohl (oder vielleicht weil) der Künstler*

[18] Vgl. Petra ten-Doesschate Chu, «The Paris Salon as International Arena for Creative Competition» in: *Gaehtgens 1994, S. 233.*

[19] Jordan inspirierte sich vielleicht an britischen Genrebildern von Künstlern wie David Wilkie (1785-1841) und Charles Robert Leslie (1794-1850), die ihrerseits von der niederländischen Landschaftsmalerei des 17. Jahrhunderts beeinflusst waren. Vgl. Hütt 1984, S. 91.

En France, la peinture régionaliste fut le domaine de plusieurs artistes de la fin du romantisme, parmi lesquels les plus importants sont les frères Leleux, Adolphe (1812-1891) et Armand (1818/20-1885), dont le sujet de prédilection était la Bretagne, et qui exposèrent au Salon dès la fin des années 1830. Ils y remportèrent tous deux de nombreuses médailles et furent nommés à la Légion d'honneur.[21] Bien qu'une proportion relativement faible de leurs travaux ait été conservée, ils n'en furent pas moins très populaires en leur temps et leurs œuvres firent l'objet d'abondantes reproductions.

L'omniprésence de thèmes nationalistes ou régionalistes dans les toiles de Jordan, de Robert, des frères Leleux et de nombreux autres peintres de genre est une conséquence directe du nationalisme romantique, qui balaya l'Europe dans les dernières décennies du XVIIIe siècle et les premières du XIXe. Ses causes sont politiques autant que culturelles. La Révolution française remplace la loyauté due au roi par la fraternité, c'est-à-dire la loyauté envers la nation. Dans le même temps, écrivains et philosophes, plus particulièrement dans le monde germanophone, commencent à promouvoir l'idée d'un *ethos* national distinct, qui domine – beaucoup pensent «devrait» dominer – la culture des nations.[22] Ce nouvel esprit nationaliste, combiné à un besoin de simplicité et de spontanéité, notamment chez les écrivains du *Sturm und Drang* («Tempête et Elan»)[23], sert de fil conducteur au renouvellement de l'intérêt pour les chansons, les légendes et les contes populaires.

Les guerres napoléoniennes et l'occupation par les armées françaises d'une bonne partie de l'Europe ne font qu'aviver ce nouveau sens du nationalisme. Dans les pays occupés, telles l'Allemagne et l'Italie, la haine des Français attise les flammes du nationalisme, lequel se manifeste non seulement politiquement, à travers les différents mouvements d'unification, mais aussi culturellement, dans des entreprises aussi gigantesques que la collecte des contes et légendes germa-

[21] Adolphe reçut une médaille de troisième classe en 1842 et 1843, une médaille de deuxième classe en 1848 et la croix de la Légion d'honneur en 1855. Armand remporta une médaille de troisième classe en 1844, une médaille de deuxième classe en 1847 et 1848, une médaille de première classe en 1859 et fut décoré de la croix de la Légion d'honneur en 1850.

[22] Honour 1979, p. 218.

[23] Dans sa célèbre définition de la poésie, publiée dans le premier numéro de l'éphémère revue *Athenäum* (1798), Friedrich Schlegel affirme que «la poésie romantique [...] embrasse tout, ce qui n'est que poétique, depuis le système de l'art le plus vaste, contenant en lui-même une pluralité de systèmes, jusqu'au soupir, au baiser que l'enfant faisant des vers exhale dans sa chanson sans art».

sich schon früh das Leben nahm, war Roberts Schaffen sehr prägend und weckte breites Interesse daran, Szenen aus dem «Volksleben» zu malen, womit auch die entsprechende Aufmerksamkeit für Traditionen und Trachten einherging.[20]

In Frankreich war die regionale Malerei die Domäne verschiedener Künstler der Spätromantik, zu denen insbesondere die Brüder Adolphe (1812-1891) und Armand Leleux (1818/20-1885) zählten, die sich auf Szenen aus der Bretagne spezialisierten, die sie ab den späten 1830er Jahren im Salon ausstellten. Beide Brüder erhielten zahlreiche Salon-Medaillen und wurden in die Ehrenlegion aufgenommen.[21] *Ihre Bilder, von denen sich relativ wenige erhalten haben, waren zur damaligen Zeit äusserst populär und wurden häufig reproduziert.*

Der nationale oder regionale Schwerpunkt in den Werken Jordans, Roberts, der Brüder Leleux und zahlreicher anderer romantischer Genremaler in ganz Europa war eine direkte Folge des romantischen Nationalismus, ein Phänomen, das sich in den letzten Dekaden des 18. und den ersten Dekaden des 19. Jahrhunderts in ganz Europa ausgebreitet hatte. Seine Ursachen waren sowohl politischer als auch kultureller Natur. Ende des 18. Jahrhunderts hatte die Französische Revolution die Treue zum König durch die Treue zur Nation (fraternité) *ersetzt. Gleichzeitig hatten vor allem im deutschsprachigen Raum Dichter und Philosophen begonnen, die Idee einer unverwechselbaren nationalen Gesinnung oder eines Volksgeists zu verbreiten, der die Kultur einer Nation kontrollierte oder nach Meinung vieler kontrollieren sollte.*[22] *Dieser neue nationalistische Geist, der (vor allem bei den Schriftstellern der so genannten Sturm-und-Drang-Bewegung) mit dem Streben nach Einfachheit und Spontaneität einherging*[23]*, weckte das Interesse an Volksliedern, Sagen und Märchen.*

Die Napoleonischen Kriege, in deren Folge weite Teile Europas durch französische Truppen besetzt waren, verstärkten diese neue nationalistische Gesinnung noch. In besetzten Ländern wie Deutschland und Italien heizte der Hass auf die Franzosen den Nationalismus an, der sich nicht nur politisch manifestierte (in den Vereinigungs-

[20] *Vgl. Gabriel Weisberg, «Jules Breton, Léopold Robert, and the Poetic Vision of Rural Life»* in: *Omaha 1987, S. 42-52. Vgl. auch den Aufsatz von Matthias Frehner* in: *Bern 2003, S. 11.*

[21] *Adolphe erhielt 1842 und 1843 eine Medaille 3. Klasse, 1848 eine Medaille 2. Klasse und 1855 das Kreuz der Ehrenlegion. Armand erhielt 1844 eine Medaille 3. Klasse, 1847 und 1848 eine Medaille 2. Klasse, 1859 eine Medaille 1. Klasse und 1850 das Kreuz der Ehrenlegion.*

[22] *Honour 1979, S. 218.*

[23] *In seiner berühmten Definition der romantischen Poesie, abgedruckt in der Eröffnungsnummer der nur kurze Zeit erscheinenden Zeitschrift* Athenäum *(1798), erklärt Friedrich Schlegel: «Die romantische Poesie [...] umfasst alles, was nur poetisch ist, vom grössten wieder mehrere Systeme in sich enthaltenden System der Kunst bis zu dem Seufzer, dem Kuss, den das dichtende Kind aushaucht in kunstlosem Gesang.»*

niques par les frères Jacob et Wilhelm Grimm.[24] Et l'on voit naître, dans les pays non occupés, en Angleterre comme en France, du fait de l'impossibilité de voyager à l'étranger, de se rendre en Italie, par exemple, principale destination touristique du XVIIIe siècle, un désir de découverte de la terre natale. Ce type d'exploration à l'intérieur des frontières est encore encouragé et exploité par un nouveau genre de littérature illustrée, qui insiste sur les qualités pittoresques des destinations les plus courues. Les célèbres *Voyages pittoresques et romantiques dans l'ancienne France* paraissent en fascicules de 1820 à 1878; publiés par le baron Isidore Taylor et rédigés par Charles Nodier et Alphonse de Cailleux, ils dressent, numéro après numéro, le panorama des monuments, des coutumes et des folklores régionaux. Leurs belles planches lithographiées, quoique essentiellement consacrées aux trésors de l'architecture, n'en accordent pas moins une place importante aux costumes et à la couleur locale. Comme Jean Adhémar l'a montré, Taylor enrôla une armée d'artistes pour illustrer ses publications (ils furent près d'une centaine à contribuer au seul premier volume sur la Normandie).[25] Il arrivait souvent qu'une même planche fût réalisée par deux artistes différents, l'un dessinant les monuments, l'autre ajoutant les figures, mettant le même soin à sa tâche, témoignant du même souci de la véracité que le premier, croquant ses personnages en costume et sur le vif, avec une grande attention pour les détails.

Les artistes étrangers qui tentaient de faire carrière à Paris, tels Knaus, Anker et de nombreux autres peintres venus de toute l'Europe, devaient être parfaitement conscients du potentiel de succès des scènes de la vie folklorique au pays natal. En soumettant leurs œuvres aux comités nationaux qui les sélectionnaient pour l'Exposition internationale, ou en présentant – eux-mêmes – l'œuvre qui serait exposée au Salon de Paris, nul doute qu'ils n'aient choisi des toiles capables d'asseoir leur réputation. Cela est particulièrement vrai pour les peintres de genre. Nombre d'entre eux ont continué à peindre des sujets nationaux lors de leur séjour dans la capitale française. Comme Knaus, ils amenaient dans leurs bagages des collections de costumes folkloriques, dans lesquels ils faisaient poser leurs modèles parisiens.

Bien qu'Anker ne semble pas avoir adopté cette pratique (il passait l'hiver à Paris et l'été en Suisse), il s'est sans aucun doute concentré assez vite, dans les toiles qu'il a présentées en France, sur la peinture de genre de la vie régionale suisse, pour se consacrer ensuite, plus précisément, à la description de sa région

[24] *Contes d'enfants et du foyer*, publiés entre 1812 et 1822.
[25] Voir Adhémar 1976.

bestrebungen), sondern auch in kulturellen Leistungen wie dem gewaltigen Unterfangen, eine Sammlung deutscher Märchen zu erstellen, das die Brüder Jacob und Wilhelm Grimm in Angriff nahmen.[24] In nicht besetzten Ländern wie England und Frankreich weckte die Tatsache, dass es unmöglich war, ins Ausland und insbesondere nach Italien zu reisen, dem beliebtesten Reiseland für westeuropäische Touristen im 18. Jahrhundert, den Wunsch, die Heimat zu erkunden. Dies wurde von einer neuen Art der illustrierten Reiseliteratur, welche die pittoresken Seiten der beliebtesten Reiseziele hervorhob, gefördert und auch ausgenutzt. Besonders bemerkenswert ist in dieser Hinsicht das französische Werk Voyages pittoresques et romantiques dans l'ancienne France, *das von 1820 bis 1878 in mehreren Bänden erschien. Die von Baron Isidore Taylor herausgegebene und von Charles Nodier und Alphonse de Cailleux verfasste Publikation erkundete verschiedene Regionen Frankreichs und vermittelte einen Überblick über lokale Bauwerke, Sitten und Gebräuche. Bei den schönen lithografierten Bildtafeln stehen zwar hauptsächlich architektonische Kostbarkeiten im Mittelpunkt, doch sie zeugen auch von einem Interesse an regionalen Trachten und Gebräuchen. Wie Jean Adhémar schildert, setzte Taylor zur Illustration seiner Publikation ein ganzes Heer von Künstlern ein (fast hundert waren allein am ersten Band über die Normandie beteiligt).[25] Häufig arbeiteten zwei verschiedene Künstler an einer Bildtafel: Der eine zeichnete das Bauwerk, der andere fügte die Figuren hinzu. Die Künstler, die mit der zweiten Aufgabe betraut waren, strebten bei ihrer Ausführung eine ebenso wirklichkeitsgetreue Darstellung an wie diejenigen, die sich den Bauwerken widmeten; sie skizzierten die Menschen und ihre Trachten nach der Natur und mit besonderer Sorgfalt für das Detail.*

Ausländische Maler, die sich wie Knaus, Anker und zahlreiche andere Künstler aus ganz Europa in Paris einen Namen zu machen versuchten, waren sich wohl besonders bewusst, dass Szenen aus dem Volksleben ihres Heimatlandes ein grosses Erfolgspotenzial bargen. Wenn sie ihre Bilder den nationalen Komitees unterbreiteten, die die Werke für die Weltausstellungen auswählten, oder wenn sie in den Pariser Salons ausstellten (für die sie selbst die Bildauswahl trafen), entschieden sie sich zielbewusst für diese Art von Werken. Dies galt ganz besonders für die Genremaler. Viele von ihnen malten heimatliche Motive, auch wenn sie in Paris lebten. Dazu brachten sie wie Knaus aus ihren Ländern eine Auswahl an Volkstrachten mit, mit denen sie ihre Pariser Modelle ausstaffierten.

Auch wenn sich Anker vermutlich nicht dieser Methode bediente (er verbrachte jeweils den Winter in Paris und den Sommer in der Schweiz), steht fest, dass bei seinen Beiträgen

[24] Kinder- und Hausmärchen, *erschienen zwischen 1812 und 1822.*
[25] *Vgl. Adhémar 1976.*

natale, dans le canton de Berne. En 1859, il installe un atelier dans le grenier de la maison familiale, à Anet. En 1861, il expose à la Galerie Louis Martinet, alors très fréquentée, ses *Tricoteuses* (collection particulière), montrant, dans un intérieur campagnard suisse, une vieille femme apprenant le tricot à un groupe de jeunes filles. Son *Enterrement d'un enfant* (ill. p. 19), exposé au Salon de 1864, remporte une mention honorable et l'encourage certainement à poursuivre dans la même voie. *Le Baptême* (cat. nº 7), exposé la même année, est encore une scène reconstruite de la Suisse du passé. Mais, dans *Le Conseil de commune II*, montré au Salon de 1865 (aujourd'hui conservée au Musée d'Art et d'Histoire de Genève, cette peinture reprend une œuvre ancienne, de 1857, exposée au Musée des Beaux-Arts de Berne), il retourne à la vie rurale contemporaine de la Suisse. C'est également vrai pour *Les Vendanges* (ill. p. 23), exposées à Marseille en 1866, qu'Anker, dans une lettre à Jules Jacot-Guillarmod, dit avoir peintes d'«après nature».[26] On ne peut pourtant s'empêcher de penser que le choix du thème et même la composition sont d'une façon ou d'une autre inspirés par le travail de Léopold Robert, notamment de *L'Arrivée des moissonneurs dans les marais Pontins* (ill. 5). Peut-être Anker a-t-il voulu «refaire», dans un environnement suisse, la scène italienne de Robert.[27]

Au Salon de 1866, Anker reçoit la médaille d'or pour son tableau *Dans les bois* (cat. nº 34). La popularité récente de l'œuvre de Jeremias Gotthelf, l'un des nombreux écrivains romantiques ayant contribué à la vogue du régionalisme, n'est peut-être pas étrangère à son succès. Les récits de Gotthelf, tirés de la vie rurale dans le canton de Berne, ont été traduits en français par Max Buchon en 1854.[28] La toile a peut-être rappelé aux spectateurs contemporains la célèbre *Mariette aux fraises* de Gotthelf, tout comme elle pourra évoquer, à ceux qui la verront plus tard, l'héroïne d'une autre pastorale suisse, celle des *Heidi* de Johanna Spyri, dont le premier volume paraît en 1880.[29]

[26] Voir Kuthy/Bhattacharya 1995, p. 89. Voir aussi Matthias Frehner *in*: Bern 2003, pp. 32 s.

[27] La peinture de Robert avait besoin d'être «refaite», car, comme Anker l'écrirait en 1887 à Eugène Michaud: «Cette peinture de Calame, de Léopold Robert est démodée aujourd'hui [...] Nous sommes dans une ère de réaction réaliste [...].» Cité *in*: Meister 2000 II, p. 127.

[28] Jeremias Gotthelf, *Nouvelles bernoises*. Traduites par Max Buchon, Paris, Grassart, 1854.

[29] Une variante de *Dans les bois* sert d'illustration à *La Mariette aux fraises* dans l'édition de luxe des *Œuvres choisies* de Gotthelf, publiée par Zahn, La Chaux-de-Fonds, 1892-1900. Voir Kuthy/Bhattacharya 1995, p. 92.

für Ausstellungen in Frankreich die Genremalereien mit regionalen Inhalten klar im Vordergrund standen. Während sein erster Salon-Beitrag noch eine Szene im Schwarzwald darstellte, beschloss er bald, sich auf das Abbilden des Lebens in seiner bernischen Heimat zu konzentrieren, wo er 1859 auf dem Dachboden seines Elternhauses in Ins ein Atelier einrichtete. 1861 stellte er in der gut besuchten Galerie von Louis Martinet sein Gemälde Die Strickschule *(Privatbesitz) aus, ein ländliches Schweizer Interieur, das eine alte Frau zeigt, die einer Gruppe von Mädchen das Stricken beibringt. Sein im Salon von 1864 ausgestelltes* Kinderbegräbnis *(Abb. S. 19) stellte nach seinen eigenen Angaben die Beerdigung eines Kindes in Ins dar und war daher eine Art historisches Dokument. Das Bild erhielt eine ehrenvolle Erwähnung, was Anker ermuntert haben muss, im gleichen Stil fortzufahren.* Die Taufe *(Kat. Nr. 7), ausgestellt 1864, ist ebenfalls ein Versuch, eine Szene aus der schweizerischen Vergangenheit zu rekonstruieren. Aber mit der im Salon von 1865 gezeigten* Gemeindeversammlung II *(das Gemälde, das sich heute im Musée d'Art et d'Histoire in Genf befindet, war eine Replik eines 1857 entstandenen Bildes, heute Kunstmuseum Bern) kehrte er wieder zu einem zeitgenössischen Thema aus dem Schweizer Landleben zurück. Dasselbe gilt für* Das Winzerfest *(Abb. S. 23), das 1866 in Marseille gezeigt wurde. Laut einem Brief an Jules Jacot-Guillarmod malte Anker dieses Bild «d'après nature».[26] Aber der Gedanke drängt sich auf, dass die Wahl des Motivs und auch die Komposition sich in gewisser Weise am Schaffen Léopold Roberts inspirierten, und zwar insbesondere an seinem* L'Arrivée des moissonneurs dans les marais Pontins *(Abb. 5). Vielleicht war Ankers Bild ein Versuch, Roberts italienische Bauernszene auf Schweizer Art «neu zu gestalten».[27]*

Am Salon von 1866 wurde Anker für sein Schlafendes Mädchen im Wald *(Kat. Nr. 34) mit einer Goldmedaille ausgezeichnet. Der Erfolg des Bildes war möglicherweise darauf zurückzuführen, dass das literarische Werk von Jeremias Gotthelf, einem der zahlreichen Vertreter der Romantik, die zur Beliebtheit regionaler Themen beitrugen, in Frankreich gerade populär geworden war. Gotthelfs Erzählungen über das ländliche Leben im Kanton Bern waren von Max Buchon 1854 ins Französische übersetzt worden.[28] Die damaligen französischen Betrachter fühlten sich womöglich an Gotthelfs beliebte Novelle* Das Erdbeerimareili *erinnert, während man heute beim Betrachten*

[26] Vgl. Kuthy/Bhattacharya 1995, S. 89. Vgl. diesbez. auch den Aufsatz von Matthias Frehner in diesem Katalog, insbes. S. 32 f.

[27] Roberts Gemälde hatte eine «Neugestaltung» nötig, denn wie Anker 1887 schrieb: «[...] Die Malerei des Calame und Léopold Robert ist aus der Mode gekommen. Wir leben in einem Zeitalter einer realistischen Reaktion.» Zitiert in*: Meister 1981, S. 99.*

[28] Jeremias Gotthelf, Nouvelles bernoises*. Übersetzt von Max Buchon, Paris, Grassart, 1854.*

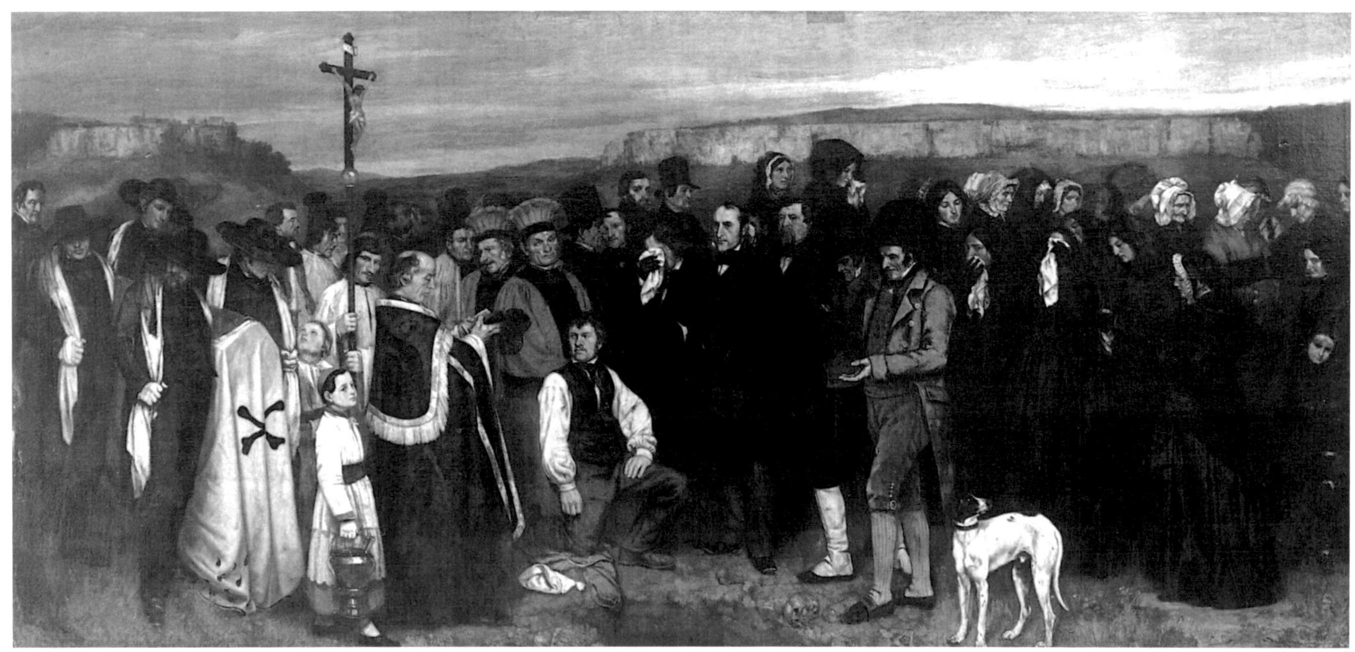

Ill. 6: Gustave Courbet, **L'Enterrement à Ornans**, 1850, huile sur toile, 314×665 cm, Musée d'Orsay, Paris

Si, les années qui suivirent, Anker a alterné, de plus en plus, les scènes rurales et celles de la vie bourgeoise (voir ci-après), il semble avoir toujours gardé à l'esprit l'importance, pour le maintien de sa réputation, du caractère proprement suisse de sa peinture.

Anker à Paris

Il suffit de comparer *L'Enterrement d'un enfant* d'Anker (ill. p. 19), montré au Salon de 1864, avec *L'Enterrement à Ornans* (ill. 6), exposé quatorze ans plus tôt par Gustave Courbet (1819-1877), pour comprendre à quel point le jeune peintre suisse, récemment arrivé à Paris, se tenait éloigné des tendances de l'avant-garde dans la capitale française. Son travail, en effet, est bien plus proche de la peinture de genre romantique pratiquée en France sous la Restauration et la monarchie de Juillet que de l'œuvre révolutionnaire de Courbet, dont il n'a ni la touche héroïque, ni ce réalisme immédiat, absolument moderne. Les bourgeois de province de Courbet ont depuis longtemps abandonné leurs costumes régionaux pour suivre la mode des villes. Plutôt que d'offrir aux spectateurs urbains une image nostalgique et rassurante du monde rural, Courbet affirme le nouveau statut des gens de la campagne, participant de plain-pied au processus politique en cours. Ce faisant, il casse la hiérarchie traditionnelle des genres. Si son *Enterrement* représente effectivement une scène de la vie quotidienne, on ne peut pas, pour autant, le

des kleinen Mädchens vielleicht an Johanna Spyris Heidis Lehr- und Wanderjahre *(1880) denkt, jene andere ländliche Idylle aus der Schweiz.*[29]

Obschon Anker in späteren Jahren neben seinen Szenen aus dem schweizerischen Landleben immer häufiger bürgerliche Genrebilder (siehe unten) malte, scheint er sich stets bewusst gewesen zu sein, wie sehr sein Erfolg auf dem schweizerischen Charakter seiner Bilder beruhte.

Anker in Paris

Vergleicht man Ankers im Salon von 1864 gezeigtes Kinderbegräbnis *(Abb. S. 19) mit dem Bild* L'Enterrement à Ornans *(Abb. 6), das vierzehn Jahre zuvor vom französischen Realisten Gustave Courbet (1819-1877) ausgestellt worden war, wird ersichtlich, wie weit der junge Schweizer Maler, ein Neuankömmling in Paris, von den avantgardistischen Strömungen in der französischen Hauptstadt entfernt war. Tatsächlich haben seine Arbeiten mehr mit der französischen romantischen Genremalerei der Restauration und der Julimonarchie gemein als mit Courbets revolutionärem Werk. Ankers Bild fehlt nicht nur das «heroische» Format von Courbets Begräbnis, sondern auch dessen unmittelbarer Realismus sowie seine*

[29] *Eine Variante des* Schlafenden Mädchens im Wald *diente als Beispiel für eine Illustration zur Geschichte* Das Erdbeerimareili *in der Luxusausgabe von Gotthelfs* Ausgewählten Werken, *erschienen bei Zahn, La Chaux-de-Fonds, 1892-1900. Vgl. Kuthy/Bhattacharya 1995, S. 92.*

Comme les artistes hollandais, allemands, scandinaves, russes et de tous les pays qui accouraient à Paris, Anker sut se maintenir au contact des tendances stylistiques suivies au Salon par les uns et les autres, mais s'intéressa peu à l'avant-garde. On chercherait en vain dans son œuvre une influence directe des réalistes ou des impressionnistes; en revanche, il semble qu'il ait été plus sensible aux naturalistes, au point qu'il utilisa la photographie pour la préparation de ses toiles.

Tout cela, bien sûr, ne signifie pas qu'Anker ou qu'aucun autre de ces peintres aient été exclusivement motivés par leur quête du succès, financier ou artistique. Ces artistes manifestèrent un réel intérêt pour les traditions populaires de leur pays et furent tout à fait conscients de leur rôle de témoin d'un passé qui disparaissait rapidement.

P. t-D. C.

Traduction de l'anglais: François Boisivon

oder zur Teilnahme an einer internationalen Ausstellung eingeladen zu werden, setzten viele dieser Künstler darauf, den «nationalen Charakter» ihrer Motive zu betonen. Diese Strategie konnte sowohl bei Historien- als auch bei Landschaftsmalern funktionieren[32]*, am erfolgreichsten erwies sie sich jedoch bei Genremalern, die sich durch die Konzentration auf die Darstellung des Landlebens ihrer Heimat die romantische Nostalgie nach einer idyllischen Vergangenheit zunutze machten.*

Wie viele andere Künstler, die aus den Niederlanden, Deutschland, Skandinavien, Russland und anderen Ländern nach Paris strömten, achtete Anker darauf, mit den stilistischen Tendenzen Schritt zu halten, die an den Salons aufeinander folgten, interessierte sich jedoch kaum für die Avantgarde. Man sucht in seinem Schaffen vergeblich nach direkten Einflüssen seitens des Realismus oder Impressionismus, aber für den Naturalismus scheint er sich in einem Masse interessiert zu haben, dass er bei der Vorbereitung seiner Gemälde – wenn auch nur selten – sogar Fotografien einsetzte.

All dies bedeutet natürlich nicht, dass Anker oder auch Knaus, Tidemand oder Artz allein vom Wunsch nach künstlerischem und finanziellem Erfolg angetrieben waren. Diese Künstler hegten echtes Interesse für die Volksbräuche ihrer Länder und waren sich ihrer Rolle als Dokumentatoren einer rasch entschwindenden Vergangenheit bewusst.

P. t-D. C.

Übersetzung aus dem Englischen: Irene Aeberli

[32] *Vgl. Petra ten-Doesschate Chu* in: *Gaehtgens 1994, S. 231-232.*

Anker-Ehrmann: une amitié

par Pierre Vaisse

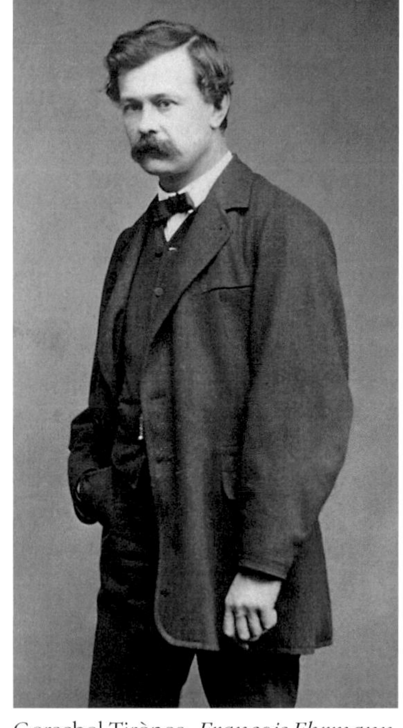
Gerschel Tirènes, *François Ehrmann*, collection particulière, France

«Il me semble que depuis sa mort, je n'ai plus rien à faire ici.»[1]
Souvent citée, cette phrase écrite par Albert Anker dans une lettre à sa petite-fille peu après la mort de François Ehrmann, en 1910, témoigne de la force d'une amitié qui remontait à leurs années d'études dans l'atelier de Charles Gleyre et qu'illustre une abondante correspondance.[2] Un épisode bien connu de leur existence passe pour avoir contribué à renforcer considérablement ce lien: à l'automne 1861, les deux amis partirent pour l'Italie où, après qu'ils eurent visité Milan, Venise, Parme et Bologne, Anker contracta le typhus à Florence et en serait peut-être mort sans les soins qu'Ehrmann lui prodigua. «Il est évident que, sans lui, je serais mort à Florence. [...] Pour moi, je souhaite avoir l'occasion de lui rendre un jour la pareille», écrivait-il pendant sa convalescence au père de son ami.[3]
Sans doute cet épisode n'est-il pas étranger à l'attachement réciproque qu'ils se manifestèrent leur vie durant, mais leur amitié devait être déjà très profonde pour qu'Ehrmann montrât un dévouement aussi extrême pendant la maladie d'Anker. Aussi convient-il d'en chercher ailleurs et plus tôt les raisons. C'est ce qu'avait fait Samuel Rocheblave dans une des très rares études consacrées à Ehrmann:
«L'intimité du travail [dans l'atelier de Gleyre], la fraternité des tempéraments, et aussi, sinon surtout, un fonds d'éducation pareillement sérieux, rapprochèrent pour toujours l'artiste bernois, transfuge de la théologie, et l'artiste strasbourgeois, transfuge de la banque. Leurs goûts, leurs lectures, leurs études, étaient semblables. Tous deux joignaient, à une forte culture française, la connaissance, alors rare, de la langue et de la littérature allemande. Tous deux étaient hantés par l'Italie, qu'ils ne connaissaient pas encore [...]»[4]
Il existait, de fait, entre les deux hommes de fortes affinités sur lesquelles nous reviendrons; mais ils diffèrent profondément comme peintres, par leur carrière et par l'orientation qu'ils donnèrent à leur art – différence qui s'est traduite par des destinées posthumes divergentes: tandis qu'Albert Anker jouit dans son pays d'une gloire qu'atteste l'abondance des publications et des expositions qui lui sont consacrées, François Ehrmann est tombé depuis longtemps, comme la plupart des peintres qu'on appelait, et qu'on appelle encore, pompiers, dans un oubli à peu près total.[5]
Au XIXe siècle, beaucoup d'amitiés entre peintres se forgèrent du temps de leur jeunesse, lorsqu'ils se côtoyaient dans un atelier; mais avoir étudié sous la direction d'un même maître ne suffisait pas pour créer des liens durables: encore y fallait-il des goûts et des intérêts communs, et ce *je ne sais quoi* d'où naissent les sympathies les plus profondes. S'agissant d'Anker et d'Ehrmann, l'origine alsacienne du second a pu favoriser le rapprochement. A Paris, Anker fréquenta également d'autres artistes alsaciens, tous liés entre eux: Hirsch, qui partagea un temps son atelier, Zuber, avec

[1] Lettre d'Albert Anker à sa petite-fille, datée du 10 avril 1910, Quinche 1924, p. 201.
[2] Cette correspondance est encore conservée par les descendants des deux artistes. Le Musée des Beaux-Arts de Berne en possède une copie qu'il m'a été loisible de consulter, ce dont je remercie Mme Bhattacharya-Stettler. Elle reste malheureusement en grande partie inédite. Meister 2000 I, trad. fr. Meister 2000 II (nous citons par la suite d'après cette édition française), a repris et parfois complété certaines lettres publiées par Marie Quinche-Anker dans l'ouvrage mentionné à la note précédente. Malheureusement, les différences que fait apparaître la comparaison des textes des mêmes lettres donnés dans les deux ouvrages laissent à penser que l'exactitude philologique n'a pas été le souci dominant des éditeurs.
[3] Lettre à M. François Ehrmann père, à Strasbourg, du 4 mars 1862, Quinche 1924, p. 75.
[4] Rocheblave 1925, pp. 253-254.
[5] Les deux études les plus récentes sur François Ehrmann sont celle de Pierre Vaisse (Vaisse 1976) et celle d'Arnaud Schultz (Schultz 1989).

la famille duquel il resta en étroit contact, et le grand faïencier Théodore Deck, avec lequel il collabora longtemps.[6] Deux traits communs les distinguaient: leur double culture, française et germanique, et l'appartenance à une même confession, très minoritaire à Paris. On ne saurait sous-estimer ce dernier point, même si Ehrmann, au contraire d'Anker, n'entreprit pas d'études de théologie, mais reçut une formation d'architecte avant de se convertir à la peinture. Rocheblave raconte que les deux amis étaient «à ce point inséparables» qu'en 1861, ils allaient ensemble écouter les sermons d'Athanase Coquerel fils, «dont l'éloquence était alors la fierté du protestantisme libéral».[7]

Une lettre d'Anker à sa tante Charlotte, datée du 13 avril 1861, nous apprend qu'Ehrmann lui proposa, le Vendredi-Saint, d'aller au culte, et qu'il n'écouta pas le sermon de Coquerel fils sans quelques moments de distraction.[8] Il n'empêche que le choix de l'orateur n'était pas indifférent. Fils d'un pasteur qui avait été l'un des chefs du protestantisme libéral en France, Athanase Coquerel s'engagea lui-même dans les luttes qui déchirèrent à l'époque, en France, la religion réformée, et en vint même à créer une Eglise libérale libre; auteur d'ouvrages sur les beaux-arts en Italie et sur Rembrandt, il consacra également un livre à *Jean Calas et sa famille* et publia des *Lettres inédites de Voltaire sur la tolérance*. Qu'Anker ait dans sa jeunesse fréquenté ses sermons ne doit-il pas être rapproché de l'admiration qu'il avouait dans sa vieillesse pour les écrits d'un ancien séminariste, devenu la bête noire du clergé conservateur, qu'Ehrmann appréciait tout autant que lui: Renan?[9]

Cette orientation religieuse s'accompagnait à l'époque d'un attachement à la République bien compréhensible chez un citoyen de la jeune Confédération helvétique tout comme chez le Français qu'était avant le Traité de Versailles et que choisit de rester après lui François Ehrmann: en France, le haut clergé catholique, ultramontain, qu'il détestait, n'avait-il pas constitué l'un des plus solides appuis du régime déchu, celui de Napoléon III, avant de soutenir les projets de restauration monarchique? En 1872, dans une lettre à son père, Ehrmann se réjouissait de ce que la République «ne se porte pas mal du tout malgré la droite et les curés».[10] Plusieurs dessins d'Ehrmann témoignent de ses convictions: la France y paraît coiffée du bonnet phrygien, emblème de la République, et qui plus est d'une République populaire, radicale, ce qui explique qu'il resta interdit pendant de longues années.[11] Quant à Anker, il ne cesse, jusqu'en 1876, d'exprimer selon la situation du moment son espoir d'un affermissement de la République ou sa crainte d'une réaction à la fois monarchique et ultramontaine. Au début de la IIIe République, alors qu'une restauration de la monarchie restait possible, pour ne pas dire probable, Anker manifeste son inquiétude.[12] En 1876, l'évolution politique le rassure et il fait part à Ehrmann de son soulagement:

«Tout le monde est charmé ici de la tournure que les choses ont prise en France cet hiver et chacun est plein de confiance. [...] Vous êtes à la veille d'un conflit avec les ultramontains; puissiez-vous être assez adroits pour les mâter suffisamment sans devenir odieux ou ridicules dans les moyens.»[13]

Comme pour Ehrmann, sa République est alors celle du bonnet phrygien, celle de Gambetta, dont il apprécie l'éloquence. «Comme il dit admirablement le mot de circonstance», écrit-il à Ehrmann dans une lettre non datée dans laquelle il le prie de lui faire parvenir le texte de son dernier discours. Il est vrai que, par la suite, les deux amis adoptèrent des opinions plus modérées, et qu'Anker en vint rapidement à détester les radicaux du canton de Berne, «des Clemenceaux», «radicaux de décadence» usés par le pouvoir, en raison de leur attitude dominatrice et de leur esprit partisan.[14] Mais les deux amis continuèrent à s'entretenir de l'actualité politique en même temps que de questions religieuses, jusque dans des domaines où on ne les attendrait pas: en 1900, Ehrmann ayant rédigé un manuscrit sur la religion chinoise, qu'il admirait, et l'ayant fait parvenir à Anker, ce dernier lui fit part de son approbation et, passant de la religion à la révolte des Boxers, s'emporta contre «cette manie des colonies» qui l'agaçait et qui lui semblait n'être qu'«une école d'injustice», pour vouer à l'enfer «ces vampires qui veulent se partager la Chine».[15]

Pour en revenir à la politique française et aux débuts de la IIIe République, un passage d'une lettre qu'Anker écrivit d'Anet à son ami à l'automne 1871, après la répression de la Commune, mérite qu'on s'y arrête:

«J'ai lu avec plaisir tous les détails que tu me donnes, j'ai été navré après coup de cette mauvaise chance de Glück.

[6] Sur les liens d'Anker avec l'Alsace, voir Meister 1985; sur la collaboration d'Anker avec Théodore Deck, Kuthy 1985, et le texte de Mme M.-M. Massé dans le présent catalogue.
[7] Rocheblave 1925, p. 254.
[8] Quinche 1924, p. 58.
[9] Voir sur Renan les lettres d'Anker publiées par Meister *in*: Meister 2000 II, pp. 195, 199, 201. Déjà en 1889, Ehrmann avait envoyé à Anker un article de Renan (lettre portant le cachet de la poste du 17 août 1889).
[10] Cité *in*: Vaisse 1976, p. 354, note 13.

[11] Maurice Agulhon, *Marianne au combat. L'imagerie et la symbolique républicaines de 1789 à 1880*, Paris, 1979, pp. 177-208.
[12] Voir en particulier sa lettre de Paris à sa femme, du 20 mai 1873, Quinche 1924, p. 104.
[13] Lettre envoyée d'Anet, datée de juin 1876, Quinche 1924, p. 111.
[14] Lettre à Ehrmann non datée, à propos d'un projet de révision de la Constitution bernoise.
[15] Lettre à Ehrmann du 28 juin 1900. Anker revient sur la question de la pensée chinoise dans une lettre du 27 juillet.

Heureusement qu'il n'est plus en danger et qu'il faïence tranquillement. Et Brouardel! J'espère que sa direction de l'Hôtel-Dieu ne lui attirera pas de désagréments. Je voudrais qu'il en fût de même pour Courbet, qu'il puisse s'évader et qu'il aille faire de bons tableaux en Amérique.»[16]

Nous savons par d'autres lettres qu'Anker ne nourrissait pas pour le personnage de Courbet une admiration sans borne et qu'il tenait le peintre pour inégal.[17] Il n'en reste pas moins qu'il regrette ici sa condamnation à six mois de prison par le Tribunal militaire de Versailles pour sa participation à la Commune, tout comme il se félicite que Brouardel et Glück aient échappé à la répression. Le premier, un de leurs anciens camarades de restaurant, qui devait par la suite faire une brillante carrière comme professeur et doyen de la Faculté de médecine de Paris, avait donc assuré pendant la Commune la direction de l'Hôtel-Dieu. Quant à Glück, un peintre d'origine alsacienne (il était natif d'Altkirch), un de leurs amis communs, collaborateur comme eux de Théodore Deck, il avait pendant la Commune appartenu à la Commission fédérale des artistes élue le 17 avril 1871 et avait assisté André Gill dans ses fonctions d'administrateur provisoire du Musée du Luxembourg.[18] Une dénonciation le fit envoyer en prison, d'où le peintre Ranvier parvint à le faire sortir, comme Ehrmann en informait Anker le 19 août 1871.[19]

Les quelques lignes de ce dernier citées plus haut posent la question de leur attitude face à la Commune. Question délicate dans la mesure où les socialistes, puis les communistes l'ont annexée à leur cause alors qu'en fait, les socialistes, comme Courbet, n'y formèrent jamais qu'une minorité et que la plupart de ses membres étaient des républicains radicaux hantés par le souvenir de 1792. S'il a manifesté à l'occasion de la sympathie pour Pierre Leroux, socialiste utopique mort en 1871[20], Anker lui-même n'avait qu'aversion pour Proudhon et sa célèbre formule: «La propriété, c'est le vol», contre laquelle il s'insurge dans une lettre à Ehrmann du 18 juin 1898 – aversion telle qu'elle le conduit trois ans plus tard, comme il le confie au même Ehrmann, à voter pour les conservateurs.[21] En ce qui concerne, par contre, la répression de la Commune, sans doute a-t-il avoué dans une lettre au peintre Durheim qu'avec toute la tristesse qu'elle lui inspirait, il y voyait un gain pour la France: l'affaiblissement de Paris, qui dirigeait tout et où tout se décidait[22]; mais la lettre à Ehrmann citée plus haut montre qu'il n'a que compassion pour ceux qui y avaient participé. Ehrmann, lui, avait vécu le siège de Strasbourg et ne revint à Paris qu'au début de juin 1871; une lettre à son ami nous renseigne sur ses sentiments. Il y confesse avoir écrit à une connaissance commune, Dardel (un Neuchâtelois qui possédait déjà plusieurs œuvres de lui), une lettre qui avait pu avoir «un parfum communard, ou communeux si tu aimes mieux», à un moment où «l'Internationale n'avait pas encore donné son numéro et où Versailles amoncelait les boulettes», et qu'il avait pu lui échapper «quelque mot malsonnant». S'il dénonce un peu plus loin «les monstruosités de la Commune» (c'est-à-dire les incendies allumés pendant la semaine sanglante), il voyait en elles «les traces de mains prussiennes, und zwar gouvernementales», qui auraient voulu créer un prétexte pour réoccuper le territoire – ce qui revenait à disculper de ces «monstruosités» les véritables communards.[23]

Il n'est pas indifférent, de ce point de vue, que les deux amis aient fréquenté l'atelier de Gleyre. Sans doute tous ses élèves ne partageaient-ils pas ses opinions politiques; mais tous ne lui conservèrent pas cette dévotion que, malgré quelques critiques, Anker manifeste à son égard dans ses lettres à Ehrmann. «Démocrate austère», Gleyre était, comme le soulignait méchamment le marquis de Chennevières-Pointel, «l'âme» d'un petit groupe de républicains.[24] D'autres parmi ses élèves les plus fidèles défendirent les mêmes convictions, comme le peintre Paul Milliet, membre d'une famille fouriériste, condamné par contumace à la déportation dans une enceinte fortifiée en raison de sa participation à la Commune, avant de peindre pour le Grand-Théâtre de Genève le merveilleux plafond du foyer, puis de permettre financièrement la publication par Adolphe Reinach du célèbre recueil de textes grecs et latins relatifs à l'histoire de la peinture ancienne, connu sous le nom de *Recueil Milliet*. Plus jeune qu'Anker et qu'Ehrmann, il ne les a pas connus dans l'atelier de Gleyre, mais, fidèle à l'exemple du maître, il s'engagea dans la même voie que lui, la grande peinture d'inspiration mythologique.

[16] Quinche 1924, p. 96, et Meister 2000 II, p. 80.

[17] Dans une lettre du 29 avril 1898 à Edouard Davinet, inspecteur du Musée des Beaux-Arts de Berne, il écrivait à propos d'un portrait laissé inachevé par Courbet: «Il était bien inégal, maître Courbet et, dans le temps où il était dans le Canton de Vaud, il donnait assez fort dans la bouteille, qui, du reste, lui a joué un mauvais tour.» Zbinden 1961, p. 55.

[18] Voir le *Dictionnaire biographique du mouvement ouvrier français* publié sous la direction de Jean Maitron, t. VI, Paris, 1969, p. 200.

[19] «Les efforts de Ranvier (il faut être juste) ont fini par faire sortir de prison ce malheureux Glück. C'était une dénonciation et non ses modestes fonctions de conservateur du Luxembourg qui lui avait valu ce surcroît de malchance.»

[20] Lettre d'avril 1874, Quinche 1924, p. 105.

[21] Lettre à Ehrmann de l'hiver 1901-1902: «L'année du reste est aux déficits, tous les cantons, toutes les Villes, toutes les municipalités, c'est partout les mêmes histoires, nous allons être obligés de prendre le sac et la cendre et de voter pour les conservateurs.»

[22] Zbinden 1961, p. 34, lettre du 23 mai 1871.

[23] Lettre à Anker du 23 juin 1871 (inédite).

[24] Marquis de Chennevières-Pointel, *Souvenirs d'un directeur des beaux-arts*, 2e partie, Paris, 1885, p. 10.

C'était aussi la voie suivie par Ehrmann, peintre au style aussi châtié qu'idéalisé de figures allégoriques ou mythologiques. Cette orientation devait le conduire tout naturellement à la grande décoration: peintures murales dans des édifices publics ou des immeubles privés, cartons de vitraux pour différentes églises et modèles de tapisseries, en particulier pour la Manufacture des Gobelins. Tout en soulignant quelques différences individuelles entre eux, Rocheblave le rapprochait de Baudry, de Lenepveu, d'Elie Delaunay.[25] Ce ne sont évidemment pas les noms de ces artistes qui se présentent à l'esprit devant les tableaux d'Anker, mais ceux des représentants de ce qu'on a pu appeler le réalisme académique – un art soucieux de minutieuse correction traitant de sujets empruntés à l'existence quotidienne, que ce soit celle des paysans et du petit peuple ou celle d'une bourgeoisie saisie dans son intimité. On pense ainsi aux paysans alsaciens de Brion, aux enfants autrichiens de Waldmüller, aux chasseurs bavarois ou tiroliens de Defregger, aux scènes de genre de Benjamin Vautier et d'autres peintres de Düsseldorf, à ces innombrables tableaux tels qu'on en peignit dans toute l'Europe au XIXe siècle, qui n'avaient d'autre point commun avec la grande peinture de tradition académique pratiquée par Ehrmann que le souci de la correction du dessin.

Anker avait toutefois commencé par nourrir des ambitions plus hautes dont témoigne son *Job et ses amis* (cat. nº 4), peint en 1856, un tableau d'histoire au sens académique de l'expression. Rappelons qu'on désignait ainsi tout tableau comportant une ou plusieurs figures (une seule, par exemple, dans le cas de Philoctète sur l'île de Lemnos) empruntées à l'Ecriture sainte, à la Fable (c'est-à-dire à la mythologie gréco-romaine), à l'histoire ou au répertoire des allégories, et que la peinture d'histoire ainsi comprise occupait, pour des raisons sur lesquelles il serait trop long de revenir ici, le sommet dans la hiérarchie académique des genres. C'est à la formation de peintres d'histoire que tendait l'enseignement de l'Ecole des Beaux-Arts de Paris. Il est compréhensible qu'Anker, qui y avait été admis à l'automne 1855, se soit essayé à ce genre. Le sujet choisi, l'histoire de Job, devait de plus posséder pour lui, pour l'ancien étudiant de théologie qu'il était, une signification particulière si l'on songe à l'importance qu'il accordait à ce livre de l'Ancien Testament à la fin de sa vie.[26] Il est d'autant plus surprenant qu'il n'ait pas continué dans cette voie, même s'il faut rapporter à ce tableau, comme on le fait d'ordinaire, les lignes qu'il adressait à sa tante Charlotte, en septembre 1856:

«Ma défaite [à Berne, où le tableau avait été exposé sans succès] ne m'a ni étonné, ni ému. Quand on fait un ouvrage pareil, on sait soi-même assez bien ce que cela vaut ou ne vaut pas. Au commencement on travaille avec enthousiasme, puis la réflexion vient et vous rend triste de ce que les mains ne font pas assez bien ce que le cœur avait senti.»[27]

Renonça-t-il alors à la peinture d'histoire parce qu'il avait senti son impuissance? Ou faut-il plutôt penser, comme le laissent supposer certaines remarques contenues dans sa correspondance, qu'il s'est alors tourné vers des «scènes de village» pour gagner de l'argent, avec l'espoir de revenir plus tard à la grande peinture?[28]

Par la suite, il sacrifia un temps à la mode néogrecque à laquelle ressortissent *Les Joueurs d'osselets* (cat. nº 3) de 1864 et *Le Saute-mouton* de 1866. Lancée par Gérôme avec son *Combat de coqs* au Salon de 1847, bientôt reprise par Jean-Louis Hamon, qui, à la suite du succès remporté en 1853 par son tableau *Ma sœur n'est pas là*, s'en fit une véritable spécialité, celle-ci consistait à transposer dans une antiquité de fantaisie d'idylliques scènes de genre. Avec *La Sortie d'église* (cat. nº 6) de 1863, c'est du goût d'un Leys ou d'un Tissot pour les évocations de la vie à la Renaissance qu'Anker se rapprochait; mais l'expression de ce goût resta par la suite confinée aux nombreux dessins destinés à la faïencerie de Théodore Deck – dessins qu'il semble avoir exécutés, d'après ce qu'il en a écrit, moins par passion que parce qu'ils lui assuraient un revenu non négligeable.[29] Même s'il s'inspire parfois de maîtres anciens comme Chardin dont les natures mortes lui ont manifestement servi de modèles, c'est pour l'essentiel de la réalité la plus proche et la plus commune qu'il nourrit son art, qu'il s'agisse (sans même parler des portraits) de figures isolées ou de scènes de la vie courante dans le coin de Suisse auquel il resta fidèle jusqu'à sa mort.

Son nom s'identifie tellement, dans l'esprit de la postérité, à la représentation attentive et bienveillante de la

[25] Rocheblave 1925, p. 271. Paul Baudry (1828-1886), Jules Eugène Lenepveu (1819-1898) et Elie Delaunay (1828-1891) furent tous les trois lauréats du Grand Prix de Rome et membres de l'Académie des Beaux-Arts. Tous les trois peintres d'histoire, ils ont collaboré à la décoration peinte d'édifices publics. Le premier est en particulier l'auteur des peintures qui décorent le grand foyer de l'Opéra de Paris, et l'on doit au deuxième le plafond de la salle, malheureusement remplacé par un plafond de Chagall qui rompt l'unité stylistique de l'ensemble, mais dont on peut voir l'esquisse au Musée d'Orsay.

[26] Meister 2000 II, p. 183 (lettre à Ludwig Hürner du 2 octobre 1900), p. 190 (lettre à Ed. Bühler du 5 octobre 1901), p. 201 (lettre à Ludwig Hürner du 4 mars 1903), p. 204 (lettre à Ehrmann du 7 septembre 1903, inédite).

[27] Lettre du 15 septembre, Quinche 1924, p. 41. Marie Quinche-Anker indique toutefois en note que le tableau en question serait un portrait de Calvin.

[28] Quinche 1924, p. 41 («Il faudrait maintenant gagner quelques sous, car l'argent est nécessaire pour mes grands projets»), et Meister 2000 II, p. 51, lettre à Otto von Greyerz du 12 novembre 1856.

[29] Lettre à sa femme d'avril 1874, de Paris (*op. cit.* [note 1], p. 104): «Malgré mon ardeur à la faïence, je commence à m'ennuyer, mais il faut être raisonnable et finir ces plats qui vont produire tant de petits sous.»

réalité qu'il avait sous les yeux qu'on imaginerait avec peine que ce choix artistique n'ait pas répondu à un goût profond, à une véritable nécessité intérieure, pour reprendre une expression mise à l'honneur par Kandinsky. Sa correspondance avec Ehrmann, pourtant, laisse planer là-dessus quelque doute. C'est ainsi qu'il lui confessait d'un ton désabusé dès 1868:

«Tu me fais l'effet ‹im Werden› et susceptible de faire des plans et d'avoir les espérances les plus brillantes. Tu n'as pas encore donné ce que tu peux faire, moi, j'ai déjà montré toutes mes faces, on s'attendrait en vain à de nouvelles surprises; je suis comme un vieux n'ayant plus qu'à battre monnaie. Aussi, je veux vivre avec sagesse, c'est la vertu des pères de famille. Je ne me fais pas d'illusion et ne me hasarderai plus trop haut. Et pourtant, je n'ai jamais été casse-cou!»[30]

Pour reprendre un terme fréquent sous la plume des peintres à la fin du XIXe siècle, il aurait pu dire qu'il avait trouvé sa *formule*, aussi bien en ce qui concerne le style que les sujets. Il ne lui restait donc plus qu'à se répéter pour gagner sa vie et nourrir sa famille. Moins souvent citées, les lignes qui précèdent le passage que nous venons de mentionner expriment de manière encore plus claire la désillusion qui l'avait saisi:

«Les toiles que je peins ces temps-ci n'ont pas ‹als Grundlage› une dose très forte de montage de cou et d'idéal, mais enfin je m'en console comme je peux, car souvent, je suis tout triste de ne pas avoir quelque chose de mieux en train. Je fais en ce moment un tableau microscopique: une vieille montrant des images à un petit garçon; c'est à prendre dans sa poche, comme le portrait de notre petite avec les dominos. Il me tarde de remettre en ouvrage quelque chose de plus grand.»[31]

Bien qu'il n'en fasse pas l'aveu, ces petits tableaux aux sujets plaisants méritent sans doute d'être qualifiés de simples travaux alimentaires. Ce à quoi il les opposait, ce sont, semble-t-il, des compositions à nombreux personnages sur des toiles plus vastes, comme il en avait déjà exécuté un certain nombre et comme il devait encore en peindre au cours des décennies suivantes, telles que *Le Conseil de commune I* de 1857 (repris en 1865), *Une école de village dans la Forêt-Noire* de 1858, *L'Examen* de 1862, *L'Enterrement d'un enfant* (ill. p. 19) de 1863, *Le Paiement de l'intérêt* (cat. no 53) de 1871, *Le Mège I* de 1879, *La Signature du contrat de mariage* (ill. p. 194) de 1887 ou *La Soupe des pauvres II* de 1893. On les rattache parfois aux scènes de genre des artistes hollandais du XVIIe siècle; en réalité, par leur format et leur dimension moralisante, c'est, comme toutes les productions analogues qui se multiplièrent au cours du XIXe siècle, de Greuze qu'elles procèdent, Greuze qui prétendit élever la peinture de genre à la dignité de la peinture d'histoire et qui dut, en 1769, subir l'affront de n'être admis à l'Académie royale de peinture et de sculpture que comme peintre de genre avec son tableau *Reproches de Sévère à son fils Caracalla*!

Par son ambition, Greuze annonçait les peintres réalistes du milieu du XIXe siècle, dont Courbet reste de loin le plus connu, mais non le seul. Les scènes de la vie quotidienne prennent parfois sous leur pinceau une portée qui les hausse au rang de la peinture d'histoire, telle du moins que certains essayaient de la redéfinir à une époque où les changements intervenus dans l'art de peindre entraînaient une remise en cause de la notion. Tel est aussi le cas des grands tableaux d'Anker, qui, loin de n'être que de simples documents, illustrent, comme l'a justement souligné Matthias Frehner, les valeurs sociales auxquelles était attaché l'artiste: la démocratie locale, l'enseignement, la justice sociale et l'entraide – cela dans un monde traditionnel que l'industrialisation n'avait pas encore touché.[32]

Au cours du siècle, le développement de la science historique et la multiplication concomitante des sujets empruntés par les artistes au passé, en particulier au passé national, entraînèrent par un glissement du sens une confusion entre peinture d'histoire et peinture à sujet historique. Anker lui-même a traité de tels sujets, mais rarement: si l'on excepte son *Luther au couvent d'Erfurt* de 1861 (ill. p. 18), sans doute aussi autobiographique que l'étaient *Les Illusions perdues* (ill. p. 33) de son maître Gleyre, on ne peut guère mentionner que *La Guerre de 1798* de 1876, la *Famille de réfugiés protestants* de 1886, *La Reine Berthe et les fileuses* de 1888 ou *Les Pèlerins de Gléresse* (cat. no 8) de 1889. Quoi qu'il en soit, de tels sujets, traités à sa manière, en raison du format des toiles et de la dimension anecdotique des épisodes représentés, relevaient encore dans une perspective traditionnelle de la peinture de genre, tout comme les compositions inspirées par la société de son temps, et tout comme les tableaux d'un Carl Hübner ou d'un Hasenclever à Düsseldorf.

Pour beaucoup d'esprits à l'époque, les temps modernes avec leurs drames, leur héroïsme, leurs passions valaient bien l'antiquité, ses figures de convention et ses fables mille fois ressassées. Telle aurait pu être aussi l'opinion d'Anker, compte tenu des sujets qu'il avait choisi de peindre et malgré l'exemple de son maître. Il n'en est pourtant rien, comme il apparaît à la lecture des lettres qu'il adressait à son ami Ehrmann. En 1888, il lui avouait reconnaître la supériorité de Gleyre dans ce domaine:

---

[30] Lettre de février 1868, Quinche 1924, p. 93.
[31] Quinche 1924, p. 92.

[32] Matthias Frehner, dans le catalogue *Albert Anker und Paris*, Berne, 2003, pp. 11-35, en particulier pp. 34-35. Voir aussi p. 15.

beaucoup plus: aux informations que lui transmettait Ehrmann, il répondait par des conseils et des commentaires comme s'il avait été directement concerné, comme s'il devait lui-même inventer la composition. Il ne se montre pas seulement passionné par l'histoire: il pense en peintre d'histoire. Dans la lettre mentionnée plus haut dans laquelle il remercie Ehrmann de lui avoir fait parvenir une photographie de la *Renaissance*, il critique le fait que certains personnages sont trop peu caractérisés pour être identifiés facilement. Plus tôt, en 1893, Ehrmann lui avait fait part des difficultés auxquelles il se heurtait dans le choix des personnages, toujours trop nombreux, et concluait ainsi:

«As-tu une idée générale autre? je te serais furieusement obligé de me la raconter, attendu que tous les lettrés à qui j'essaie d'en parler s'embarquent dans des considérations absolument étrangères à une composition de peinture.»[42]

Dans sa réponse, non datée, Anker lui proposa, s'il fallait des personnages, de choisir Cosme de Médicis, mais, auparavant, il avait développé des considérations générales – et qui n'étaient pas des considérations de littérateur – sur les compositions de ce genre:

«Tu me parles de ta Renaissance et voudrais avoir mon avis, tu n'as pas besoin d'avis, à mesure que tu travailleras, cela s'éclaircira et tu élimineras, car on commence par trop détailler. Tu as un écueil, c'est que si tu veux faire seulement la crème des hommes de la Renaissance, tu en auras la moitié de trop, et les juxtapositions de bonshommes portraits est [sic] *ennuyeux* [sic]. *Je me souviens du tableau de Kaulbach la Renaissance, comme c'est froid à côté des autres où il y a un sujet, une idée qui domine tout.*[43] *Ainsi un groupe en l'air comme tu le vois avec la Renaissance découvrant l'antiquité me semblerait plus à peindre qu'une série de portraits. Mais le plafond d'Homère est bien ennuyeux là où il y a tous les portraits, et le Poussin avec son air calme et son bras levé est assez rigolo.*[44] *La statue retrouvée dans les ruines me plairait aussi mieux que la série des portraits, mais peut-être qu'on y tient à tous ces bonshommes.»*

Il pourrait sembler paradoxal qu'Anker, peintre réaliste, place l'allégorie au-dessus des portraits. De fait, il prônait dans son commentaire une esthétique différente de celle de sa propre production. Le cas n'est pas unique à l'époque, mais il conduit à se demander si les conseils qu'il prodiguait à son ami, si son implication dans les problèmes que posait à celui-ci l'élaboration de vastes compositions allégoriques n'ont pas constitué pour lui une sorte de compensation au fait qu'il n'avait jamais eu lui-même à peindre de telles œuvres, au fait qu'il avait renoncé très jeune à la grande peinture, soit parce qu'il avait eu le sentiment que ses forces n'y suffiraient pas, ou en raison de la nécessité où il s'était très tôt trouvé de gagner sa vie, puis, aussi, celle de sa famille. Un passage d'une autre lettre, plus tardive, confirme cette hypothèse – une phrase qui sonne comme un aveu pathétique, et où l'on perçoit le regret de n'avoir jamais pratiqué, au contraire de son ami Ehrmann, qu'une peinture d'un genre inférieur:

«Mon Dieu, comme mes sujets, où je vois les modèles aller et venir, parler, boire, agir me semblent faciles à côté des sujets antiques, mais comme ces derniers méritent bien que les plus forts et les plus malins des artistes fassent tous leurs efforts vu la noblesse du but. Mes vieux, à côté, me semblent de la crotte, löthiger Dreck, disait mon gendre Oser.»[45]

Aux yeux de la postérité, qui a oublié Ehrmann comme elle a oublié d'autres grands décorateurs de son époque, il avait tort de qualifier de crotte puante des œuvres proposées aujourd'hui à notre admiration. Il n'est pourtant pas certain que la postérité ait raison, en ce sens qu'il n'est pas possible de démontrer que les principes esthétiques qui nous font aujourd'hui préférer les œuvres d'Anker à celles d'Ehrmann soient plus vrais que ceux au nom desquels Anker avait lui-même, à la fin de sa vie, le sentiment d'avoir rempli consciencieusement une tâche d'ordre inférieur.

Encore faut-il ajouter qu'il n'en tirait nulle amertume, mais plutôt la satisfaction du devoir accompli, et que c'est au contraire Ehrmann qui, malgré la satisfaction qu'aurait dû lui apporter son art, avouait à son ami que l'image «involontairement fidèle» que celui-ci lui donnait dans ses lettres de sa «jolie vie» le faisait «rêver à une vie qui ne pourra[it] jamais être la [sienne]».[46] Mais sans doute touchons-nous là un dernier trait commun aux deux amis, celui d'avoir placé la vie au-dessus de leur art.

P. V.

[42] Lettre du 14 octobre 1893, citée par Rocheblave 1925, p. 266.

[43] Il s'agit de *L'Ere de la Réforme*, une des peintures murales exécutées par Wilhelm von Kaulbach dans l'escalier du Neues Museum de Berlin (détruit pendant la Seconde Guerre mondiale). Elle avait été gravée, comme les autres peintures de l'escalier, par G. Eilers. Dans une lettre au peintre Albert de Meuron de juillet 1893, repr. par Meister 2000 II, p. 165, Anker revient sur la comparaison entre la composition d'Ehrmann et les peintures de Kaulbach dans l'escalier du Neues Museum: «Il a des commandes de dessins de vitraux, puis une immense machine pour les Gobelins représentant la Renaissance. Ce sera une juxtaposition de figures; c'est ennuyeux que ces nombreuses figures ne se relient pas à une idée unique, comme par exemple la *Bataille des Huns* et *Jérusalem* de Kaulbach; j'avoue que ces deux compositions m'ont toujours étonné et m'étonnent encore.»

[44] Il s'agit de *L'Apothéose d'Homère* d'Ingres.

[45] Lettre à Ehrmann du 19 août 1906 (inédite).

[46] Lettre d'Ehrmann à Anker du 24 juin 1888 (inédite).

Annexe

Anet 10 [?] févr. 1894

Mon cher Ehrmann,

Je viens de recevoir la photographie de La Renaissance qui me fait grand plaisir. C'est d'un arrangement charmant, et je vois qu'avec tes noirs et blancs l'effet en sera très-heureux: l'Ambroise Paré fera un très-bon repoussoir pour tout le fond. C'est dommage qu'à tout ce beau monde tu n'aies pas pu ajouter que brillante dame dans tout l'éclat des parures Henri II, Diane de Poitiers n'est pas assez digne et Marguerite de Navarre pas assez importante. L'idée de la statue grecque dévoilée par des génies est heureuse également, et c'est bien ce qui est l'essence, ou l'occasion de la Renaissance. Je n'ai pas reconnu tous les bonshommes: l'évêque assis à côté de François I n'est pourtant pas le cardinal d'Amboise? Et le vieux bonhomme assis, est-ce Léonard ou quelqu'imprimeur puisqu'il regarde un livre? Le Jean Goujon, car je pense que c'est lui, ne me semble pas assez un Monsieur, je me souviens d'un portrait de lui qui m'est resté dans la mémoire comme une figure très élégante. Je te prophétise une année heureuse passée à l'exécution de cet important tableau. Encore une fois, merci beaucoup de me l'avoir envoyé. Je vais envoyer la photographie à Mr Pury *zur Einsicht* (?), cela lui fera plaisir.

Au moment où cet envoi arrivait ici, j'étais à Berne où je suis allé livrer le tableau de la soupe, que j'ai emporté roulé, le cadre m'a été fait à Berne. Le soir du même jour il y avait un banquet de la Künstlergesellschaft, où il y a un peu de tout, 60 couverts. On a bavardé, chanté, discouru. C'était bien. J'ai tenu bon et me suis retiré avec les derniers à 3 h. du matin. En sortant, comme il y avait pas mal de welsches, l'un d'entre eux dit: «Allons encore voir le bal du club Romand, on danse au Musée.» Nous voilà montés à la galerie de la grande salle à considérer le bal. C'était charmant. Un public des plus choisis, des dames costumées en Louis XV en partie, d'autres avec le costume moderne: cela m'a fait une bonne impression de comme il faut. Mon plan était d'aller le lendemain faire une visite à un ami pasteur près de Berthoud. Le train partait à 6 h. Les deux plus persévérants m'accompagnèrent à la gare à 5 h. où nous avons pris du café et des œufs. A 6 h. je partis, allai au sermon chez mon ami sans dormir, je dînai chez lui, le quittai le soir et je fus très content de constater que je n'avais pas le moindre mal de tête, nulle fatigue et que j'aurais été capable de recommencer le soir même: à preuve que ce dimanche soir je soupai encore chez un ami. – Nous avons été contents de recevoir la lettre que Maurice a écrite à Charlie, elle est bien plus détaillée que les nôtres. La perspective de rester encore quelque temps sur mer ne l'effraie pas du tout. Nous allons lui envoyer à ce Bahia Blanca une série d'adresses de Suisses qui ont bien fait leur chemin là bas et que ma femme a su dénicher. Ce que tu disais de lui dans ta dernière lettre et des mesures que nous aurons à prendre c'est on ne peut plus sensé et je pense bien que c'est le programme que nous aurons à suivre. Mais il fera bien d'user encore de cette force exorbitante sur son navire, où il a une fameuse occasion de faire de la gymnastique; je suis persuadé qu'il se fait aimer de son entourage; il est doux et pas batailleur malgré son biceps. – Je lis mon histoire des Républiques italiennes de Sismondi qui est des plus intéressantes; je connais bien maintenant les Julien et Laurent de Médicis; celui-ci eut le mal italien, ainsi que Madame, mademoiselle de la Tour d'Auvergne Même Catherine de Médicis. A un moment donné le marquis de Pescara, mari de Vittoria Colonna aurait pu, avec de l'audace se faire roi de Naples et chasser tous les étrangers d'Italie. C'était un an après la bataille de Pavie. La horde impériale était toute disloquée.

Reçois avec toute ta famille mes salutations les plus affectueuses. Ton vieux Anker

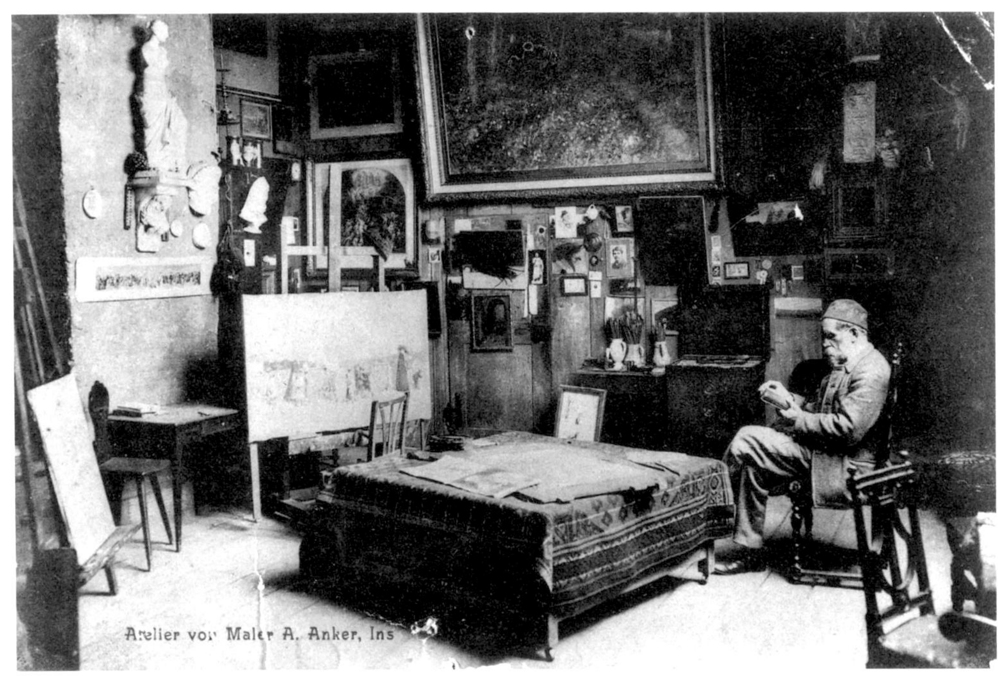

Fr. Wiederrecht, **Atelier du peintre A. Anker, Anet** /*Atelier von Maler A. Anker, Ins*, photo carte postale, 1899-1900, collection particulière

Albert Anker: son atelier - ses objets - ses modèles

par Isabelle Messerli

«[…] Le beau, qui doit guider l'artiste dans son travail et constituer le fondement de toute création artistique, consiste en la synthèse harmonieuse entre l'idéal poursuivi par l'artiste et les possibilités qui lui sont offertes de le représenter.» Avant même de venir se former à Paris, Anker avait déjà dit en 1849 au peintre Auguste Bachelin, qui avait été son camarade de classe avant de devenir son collègue, quelle conception il se faisait de l'artiste et combien il lui paraissait important de ne pas se contenter d'imiter la nature. Pour lui, l'art ne saurait être dissocié de l'artiste qui marque de l'empreinte de son idéal les représentations qu'il donne de la nature. Certes, il n'était pas question non plus d'ignorer le spectateur: Anker, qui allait par la suite vivre de commandes, le savait bien. «En second lieu il s'agit de rendre cet idéal accessible au spectateur en lui donnant une forme accessible à ses catégories.»[1]
Anker ne chercha jamais à choquer son public, à la différence de certains de ses contemporains, tels Edouard Manet (1832-1883) ou Gustave Courbet (1819-1877), qui ont pu le faire de temps à autre. Il ne sombra pas davantage dans l'originalité factice qui fait qu'aujourd'hui nous apprécions modérément la peinture de genre de cette époque. Point non plus chez lui de sentimentalité à bon marché ou de privautés érotiques comme celles qui firent le succès des scènes de genre d'un Adolphe William Bouguereau (1825-1905): ses jeunes filles aimablement suaves correspondaient parfaitement au goût des collectionneurs américains et français de l'époque qui se les arrachaient.[2] Anker préférait la retenue et le tact au comportement du bohémien ou à l'arrogance du prince de la peinture. Pour lui, au contraire, être artiste – tant sur le plan personnel que professionnel –, c'était avant tout faire preuve d'autodiscipline et de sens du devoir. Tout jeune homme, il écrivait à sa tante Charlotte: «Et d'abord étant peintre, je ne changerai pas le moins du monde mon

[1] Lettre du 9 juin 1849 à Auguste Bachelin *in*: Meister 2000 II, p. 22, resp. 20.
[2] Voir Matthias Frehner *in*: Bern 2003, pp. 24-30.

Albert Anker: sein Atelier - seine Requisiten - seine Modelle

von Isabelle Messerli

«[…] Das Schöne, welches einen Künstler leiten soll bei seinem Werk und die Grundlage jedes künstlerischen Schaffens darstellt, besteht in der Harmonie zwischen dem Ideal des Künstlers und allen äusseren Möglichkeiten, welche ihm zu dessen Darstellungen zur Verfügung stehen.» Bereits vor seiner Ausbildung in Paris formulierte Anker 1849 gegenüber dem ehemaligen Schulfreund und späteren Maler-Kollegen Auguste Bachelin seine Haltung als Künstler, und er betonte, ihm gehe es um mehr als um die blosse Nachahmung der Natur. Kunst war für Anker nicht loszulösen vom Künstler selbst, der die Darstellung von Natur gemäss seinen Vorstellungen – «dem Ideal» – prägt. Als zukünftiger Auftragsmaler war ihm bereits damals der Betrachter wichtig. «Zum zweiten muss man dies Ideal den Augen der Mitmenschen darstellen, ihm eine Gestalt schaffen, welche unserem Schauen und Hören zugänglich wird.»[1]
Anker suchte nie die provozierende Konfrontation mit dem Publikum, auf die es manche seiner Zeitgenossen, wie Edouard Manet (1832-1883) oder Gustave Courbet (1819-1877), ankommen liessen. Er verfiel aber auch nicht einer gekünstelten Originalität, welche die damalige Genremalerei heute oft ungeniessbar macht. Billige Sentimentalitäten waren ihm ebenso fremd wie die erotischen Heimlichkeiten, die beispielsweise den Genrebildern eines Adolphe William Bouguereau (1825-1905) anhaften, dessen lieblich-süsse Mädchendarstellungen damals bei französischen und amerikanischen Sammlern reissenden Absatz fanden.[2] *Zurückhaltung und taktvolles Benehmen zog Anker den Attitüden des Bohemiens oder Künstlerfürsten vor. Als Künstler zu leben und zu arbeiten, das bedeutete ihm in erster Linie Selbstdisziplin und Pflichtbewusstsein. Bereits als junger Mann schrieb er seiner Tante Charlotte: «[…] als Maler werde ich nicht im Geringsten meine Lebensführung umkrempeln. Immer wird es mein Bestreben sein, ein*

[1] *Brief an Auguste Bachelin, Bern, 9. Juni 1849,* in: *Meister 2000 I, S. 20.*
[2] *Vgl. Matthias Frehner* in: *Bern 2003, S. 24-30.*

plan de conduite et mon ambition sera toujours plutôt de devenir un brave homme qu'un peintre renommé.»[3] Fils de vétérinaire, Albert Anker grandit à la campagne dans la simplicité du monde paysan. A l'automne 1854, il se tourna vers la peinture et abandonna complètement ses études de théologie, conscient qu'il lui fallait recevoir une solide formation pour réussir une telle reconversion. Il partit donc pour Paris, métropole florissante des arts, et s'inscrivit à la fois à l'école de peinture fort réputée que dirigeait son compatriote, le peintre classicisant Charles Gleyre (1806-1874), et à l'Ecole Impériale et Spéciale des Beaux-Arts. Il apprit notamment à dessiner d'après des gravures, des lithographies, des bustes de plâtre et des modèles vivants.[4]

Anker à Paris

A ses débuts à Paris, Anker habita une modeste mansarde du passage d'Enfer avant de reprendre celle d'un collègue au 53 de la rue Notre-Dame-des-Champs, à Montparnasse.[5] Il y vécut modestement, gagnant pour la première fois sa vie grâce à son art, en donnant des cours de dessin et en réalisant des copies à la commande. Une huile de petit format, *La Mansarde de l'artiste à Paris*, datant du jour de son déménagement, le 19 janvier 1863, représente son atelier sous le toit.[6] Le poêle – motif récurrent dans les vues d'ateliers d'artistes – apparaît comme le lieu central de sa production: d'une part, il lui permettait l'hiver de travailler au chaud, d'autre part, sur le plan symbolique, il apparaît comme un lieu refuge, à l'intérieur d'un espace lui-même déjà fermé sur l'extérieur.[7] Anker appelait sa mansarde «sa cellule de moine»: il pouvait à loisir s'y retirer pour se concentrer sur son travail.[8] En janvier 1863, il emménage avec sa famille dans un appartement de la rue de la Grande-Chaumière; nous ignorons s'il y disposait également d'un atelier. De 1868 à 1873, il partagea un atelier avec son ami Alexandre Auguste Hirsch au 73 de la rue Notre-Dame-des-Champs, puis il travailla au 161 du boulevard Montparnasse jusqu'en 1886. Ce fut là son dernier atelier à

[3] Lettre à Charlotte Anker, Halle, 24 février 1854, *in*: Meister 2000 II, p. 41.

[4] En ce qui concerne la formation d'Anker, voir William Hauptman *in*: Bern 2003, pp. 39-40.

[5] Voir à ce sujet Kuthy/Bhattacharya 1995, pp. 31-32 et 85.

[6] Reproduite *in*: Kuthy/Bhattacharya 1995, cat. nº 77.

[7] Cité par Beatrice von Bismarck, «Künstlerräume und Künstlerbilder. Zur Intimität des ausgestellten Ateliers» *in*: *Innenleben. Die Kunst des Interieurs. Vermeer bis Kabakov*, Hatje, Ostfildern-Ruit, 1998, p. 190. Voir aussi pp. 312-321.

[8] «Je vous raconterais toutes sortes de choses intéressantes sur Paris si je ne vivais pas en ermite, n'arpentant que deux rues par jour et vivant comme dans une cellule.» Lettre à Charlotte Anker, 15 mars 1858, *in*: Quinche 1924, p. 47.

guter Mensch zu werden, mehr als ein berühmter Maler.»[3]
Als Sohn eines Tierarztes wuchs Anker in einfacher bäuerlicher Umgebung auf. Im Herbst 1854 gab er sein Theologie-Studium zugunsten der Malerei auf, denn er wusste, dass es für eine Erfolg versprechende Umsetzung seiner Ideale eine fundierte künstlerische Ausbildung brauchte. In der blühenden Weltstadt Paris nahm er Unterricht an der renommierten Malschule des Schweizer Klassizisten Charles Gleyre (1806-1874) und an der Ecole Impériale et Spéciale des Beaux-Arts. Zu seiner Ausbildung gehörten unter anderem das Zeichnen nach Stichen oder Lithografien, nach Gipsmodellen und schliesslich nach dem lebenden Modell.[4]

Atelier in Paris

Zu Beginn seiner Pariser Zeit lebte Anker in einem bescheidenen Mansardenzimmer an der Passage d'Enfer, dann übernahm er von einem wegziehenden Künstler eine Mansarde an der Rue Notre-Dame-des-Champs 53 im Künstlerquartier Montparnasse.[5] Hier lebte er bescheiden und verdiente sein erstes Geld als Maler mit Zeichenunterricht und mit dem Kopieren von Bildern auf Bestellung. Im kleinformatigen Ölgemälde Die Mansarde des Künstlers in Paris, *datiert vom Tag seines Wegzugs, dem 19. Januar 1863, stellte er sein Dachatelier dar.[6] Der abgebildete Ofen – ein beliebter Gegenstand auf Darstellungen von Künstlerateliers – war zentraler Ort seines Schaffens. Er ermöglichte es dem Künstler, auch in der kalten Jahreszeit zu arbeiten, gleichzeitig symbolisiert er einen «Rückzugsort innerhalb des schon in sich zur Aussenwelt hin abgeschlossenen Raums».[7] Anker bezeichnete seine Mansarde als «Mönchszelle», in die er sich zurückziehen und wo er sich auf seine Arbeit konzentrieren konnte.[8] Im Januar 1863 bezog er mit der Familie eine Wohnung an der Rue de la Grande-Chaumière; ob er sich hier auch ein Atelier eingerichtet hat, ist nicht mit Sicherheit festzustellen. 1868 bis 1873 hatte er ein gemeinsames Atelier mit seinem Freund Alexandre Auguste Hirsch an der Rue Notre-Dame-des-Champs 73, danach*

[3] Brief an Charlotte Anker, Halle, 24. Februar 1854, in: *Meister 2000 I, S. 30.*

[4] Zu Ankers Ausbildung siehe William Hauptman in: *Bern 2003, S. 39-40.*

[5] Siehe dazu Kuthy/Bhattacharya 1995, S. 31-32 und 85.

[6] Abgebildet in: *Kuthy/Bhattacharya 1995, Kat. Nr. 77.*

[7] Zitiert von Beatrice von Bismarck, «Künstlerräume und Künstlerbilder. Zur Intimität des ausgestellten Ateliers» in: Innenleben. Die Kunst des Interieurs. Vermeer bis Kabakov, *Hatje, Ostfildern-Ruit, 1998, S. 190. Siehe auch S. 312-321.*

[8] «Je vous raconterais toutes sortes de choses intéressantes sur Paris si je ne vivais pas en ermite, n'arpentant que deux rues par jour et vivant comme dans une cellule.» Brief an Charlotte Anker, 15. März 1858, in: *Quinche 1924, S. 47.*

Paris car, à partir de 1886 et jusqu'en 1890, date à laquelle il rendit son appartement, on ne lui connaît pas d'autre atelier sur les bords de la Seine.

Anker à Anet

Comme beaucoup d'artistes, Anker travaillait l'hiver en ville et l'été à la campagne. Dans la maison familiale d'Anet – une belle ferme cossue –, il installa au-dessus de la partie dévolue à l'habitation un atelier sous le toit qu'il dota d'une grande fenêtre orientée au nord: il pouvait ainsi disposer du matin au soir d'un espace clair à la luminosité uniforme. C'est là qu'Anker prépara ou réalisa la plupart de ses œuvres. En 1890, il agrandit vers l'est son atelier, lui donnant ainsi une surface totale d'environ 70 m², et y installa le chauffage: sans doute est-ce là le résultat de sa décision de quitter définitivement Paris pour venir s'établir avec sa famille à Anet (ill. 1).[9]

L'atelier d'Anker est resté depuis lors quasiment inchangé jusque dans son aménagement intérieur: son ambiance nous fait découvrir à la fois la personnalité de l'artiste et le goût qui prévalait à la fin du XIXe siècle. La Fondation Maison Albert Anker, créée en 1994, a pour mission de veiller à la bonne conservation et à l'entretien de cet atelier unique en son genre en Suisse.[10] La collection regroupe, outre bon nombre de souvenirs personnels de l'artiste, des photos d'ateliers prises à son époque ainsi qu'une volumineuse correspondance privée, autant d'éléments fort instructifs qui nous renseignent sur l'artiste et sur le commerce de l'art à son époque. Anker amassa en effet, au fil des années, une foule d'objets personnels dont il se servit souvent pour enrichir ou varier le décor de ses intérieurs, pour les disposer au sein de ses scènes de genre ou bien encore pour en constituer même ses natures mortes.

bis Ende Juni 1886 arbeitete er am Boulevard Montparnasse 161. Bis zur endgültigen Aufgabe seiner Pariser Wohnung 1890 hatte er fortan in der Seine-Stadt kein Atelier mehr.

Atelier in Ins

Wie so viele Künstler seiner Zeit pflegte Anker im Winter in der Stadt und im Sommer auf dem Land zu arbeiten. In seinem Elternhaus in Ins, einem stattlichen Berner Bauernhaus, richtete er sich über dem Wohntrakt ein Dachatelier mit grossem Fenster ein. Dieses war gegen Norden gerichtet, was ihm erlaubte, von frühmorgens bis abends bei hellem, ruhigem und gleichmässigem Licht zu arbeiten. Die meisten Werke Ankers wurden hier vorbereitet oder ausgeführt. Um 1890 liess er das Atelier ostwärts erweitern und machte es heizbar. Dieser Ausbau zu einem rund 70 m² grossen Arbeitsraum war wohl die Folge seiner Entscheidung, sich mit der Familie ganz in Ins niederzulassen und Atelier wie Wohnung in Paris aufzugeben (Abb. 1).[9]

In Ins ist Ankers Malatelier mitsamt einem grossen Teil der originalen Ausstattung fast unverändert erhalten geblieben. Der Arbeitsraum vermittelt viel vom Künstlergeist und vom Zeitgeschmack des ausgehenden 19. Jahrhunderts. Zur Erhaltung und Pflege des Anker-Hauses und dessen Ausstattung wurde 1994 die Stiftung Albert Anker-Haus, Ins gegründet, ist doch dieses Künstleratelier in der Schweiz einzigartig.[10] Die Sammlung umfasst nebst vielen Erinnerungsstücken auch Atelierfotos aus der Zeit sowie Konvolute persönlicher Korrespondenz. Sie gibt Aufschluss über den damaligen Malbetrieb, aber auch über den Künstler selbst. Denn Anker legte sich im Laufe der Jahre einen reichhaltigen Schatz an persönlichen Requisiten an, die er als Accessoires zum Anreichern und Variieren von Interieurdarstellungen hervorholte und in seine Genreszenen miteinbezog, oft verwendete er sie auch in seinen Stillleben.

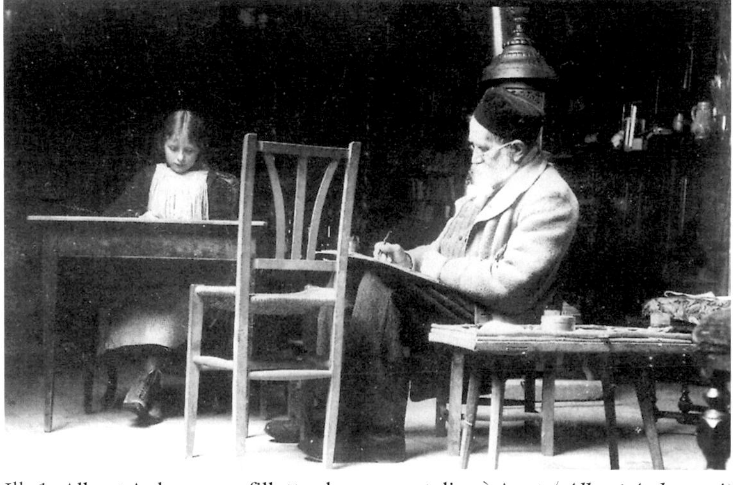

Ill. 1: **Albert Anker avec fillette dans son atelier à Anet** / ***Albert Anker mit Mädchen im Inser Atelier***, 1907, photographie, 8,7×14 cm, Foto Morgenthaler-Luz, Bern, Stiftung Albert Anker-Haus, Ins

[9] Sur les ateliers d'artistes du XIXe siècle en Suisse, avec des reproductions de l'atelier d'Anet, voir Köhler/Rucki 2002-2003.

[10] L'atelier du peintre à Anet se visite sur rendez-vous. Pour toute information et pour prendre rendez-vous, consulter le site www.albert-anker.ch

[9] Über die Künstlerateliers des 19. Jahrhunderts in der Schweiz mit Abbildungen des Inser Ateliers siehe Köhler/Rucki 2002-2003.

[10] Das Atelier des Malers in Ins kann auf Voranmeldung besichtigt werden. Informationen und Kontakt siehe unter www.albert-anker.ch

à la Manufacture Boch d'après le modèle de théières japonaises en fonte[15] (ill. 5). Depuis l'Exposition universelle de Paris en 1867, qui avait consacré un stand à l'artisanat japonais, l'influence stylistique du Japon sur l'art et l'artisanat occidentaux a été particulièrement sensible en France.[16]
Tout ce qui était japonais devint à la mode: l'enthousiasme commença par gagner les impressionnistes comme Claude Monet, Edouard Manet, Paul Gauguin et Vincent Van Gogh, avant que les nabis ne sacrifient véritablement au japonisme.[17]
Lorsqu'on met côte à côte l'objet réel et l'objet représenté pour les comparer, on prend conscience de la finesse et des nuances de la technique picturale d'Anker, qui lui permirent de reproduire de façon naturaliste des matériaux aussi différents que le grès dur ou la porcelaine la plus fine. Les natures mortes d'Anker attestent sa parfaite connaissance des objets représentés et reflètent aussi le goût de la bonne bourgeoisie de la seconde moitié du XIXe siècle.
Anker s'attachait à placer sur sa toile chaque objet avec un soin méticuleux et selon un ordonnancement particulièrement étudié. Se détachant sur un fond neutre, la théière noire est placée soigneusement sur le côté droit de la table; elle fait contraste avec la nappe blanche dont on voit nettement les plis (voir ill. 4). Une grande carafe élancée dont la panse est à moitié remplie de cognac lui répond; au centre, une coupe de fruits en verre contient des morceaux de sucre disposés en pyramide. Deux coupes blanches en porcelaine fine aux motifs de vrilles et d'astragales d'un blanc bleuté et deux verres en cristal inégalement remplis de cognac doré donnent vie au premier plan, avec la complicité d'un petit pot à lait. Anker joue sur la différence des arrondis qu'il répartit sur la toile de façon variée et harmonieuse. Pour assurer l'équilibre de sa composition, il rehausse le passe-thé de forme cylindrique de deux rainures de plus que l'original. Dans la seconde version, Anker ne travaille plus sur la hauteur de l'objet, mais sur sa disposition au sein de la composition: il le déplace du bord droit vers le centre. Grâce à sa manière de présenter les objets au spectateur, Anker crée une atmosphère de tête-à-tête bourgeois. Le spectateur est pris par le charme de ces objets précieux peints de façon naturaliste et éprouve pour ainsi dire l'envie de saisir l'anse tournée vers lui. La lumière du

[15] Voir Messerli 2001, Inv. n° II.G.2001.86.
[16] Suivant la mode du moment, Anker réalisa des portraits de Japonaises en faïences «japonaises» pour la faïencerie Deck. Illustrations *in*: Kuthy 1985, p. 18.
[17] Klaus Berger, *Japonismus in der westlichen Malerei 1860-1920*, Munich, 1980; Ursula Perucchi-Petri, *Die Nabis und Japan, das Frühwerk von Bonnard, Vuillard und Denis*, Munich, 1976.

mindestens dreissig Mal eine Kaffeekanne aus glasiertem Ton dar.
Auch Anker griff wiederholt zu denselben Requisiten. So befindet sich im Anker-Haus in Ins eine bemerkenswerte Teekanne aus schwarzem Steinzeug mit glänzender Transparentglasur, die sich in den beiden Versionen des Stillebens: Kaffee *von 1877 (Abb. 4) und 1882 wiederfindet. Das Original ist eine Teekanne aus dem 19. Jahrhundert – der Bildtitel ist also irreführend. Sie wurde in der Steingutfabrik Boch, in Septfontaines bei Luxembourg, nach dem Vorbild japanischer gusseiserner Teekannen hergestellt[15] (Abb. 5). Der Einfluss japanischer Stilelemente auf die europäische Kunst und das Kunsthandwerk machte sich in Frankreich besonders nach der Weltausstellung in Paris 1867, an der Japan an einem Stand mit Kunstobjekten vertreten war, bemerkbar.[16]*
Alles Japanische wurde Mode, die Begeisterung steckte zunächst Impressionisten wie Claude Monet, Edouard Manet, Paul Gauguin und Vincent van Gogh an und die Nabis sollten dem Japonismus besonders huldigen.[17]
Bei der Gegenüberstellung von realem und abgebildetem Objekt zeigt sich, von welch feiner und differenzierter Qualität Ankers Malweise ist, mit der er unterschiedliche Materialien – vom harten Steinzeug bis zum feinsten Porzellan – naturalistisch wiedergibt. Ankers Stillleben dokumentieren eine äusserst genaue Kenntnis der verwendeten Stücke, und sie spiegeln den Zeitgeschmack der gepflegten bürgerlichen Gesellschaft der zweiten Hälfte des 19. Jahrhunderts.
Anker pflegte jeden Gegenstand mit minuziöser Sorgfalt und gemäss einer durchdachten Bildkomposition zu platzieren. Auf dem weissen, von Bügelfalten durchzogenen Tischtuch des Stilllebens (vgl. Abb. 4) hebt sich vor neutralem Hintergrund die erlesene schwarze Teekanne auf der rechten Seite ab. Ihr gegenüber steht eine hohe, schlanke Karaffe, deren Bauch mit köstlich-gelbem Cognac gefüllt ist. Die Mitte betont eine gläserne Fussschale mit pyramidal getürmten Zuckerstücken. Den Vordergrund beleben zwei weisse Koppen aus feinstem Knochenporzellan mit blauweissem Ranken- und Stabdekor und zwei mit Cognac unterschiedlich hoch gefüllte Kristallgläser sowie ein Milchkrüglein. Anker spielt mit unterschiedlichen runden Formen, die er abwechslungsreich und harmonisch im Raum verteilt. Zugunsten einer ausgewogenen Balance erhöht er den zylinderförmigen Teeaufsatz gegenüber dem Original um zwei Rillen. In einer

[15] Vgl. Messerli 2001, Inv. Nr. II.G.2001.86.
[16] Dieser Modeströmung folgend, fertigte Anker für den Fayencefabrikanten Deck «japanische» Fayencen-Porträts von Japanerinnen an. Abbildungen in: *Kuthy 1985, S. 18.*
[17] Klaus Berger, Japonismus in der westlichen Malerei 1860-1920, *München, 1980; Ursula Perucchi-Petri,* Die Nabis und Japan, das Frühwerk von Bonnard, Vuillard und Denis, *München, 1976.*

nord de l'atelier d'Anet brille sur les objets et se combine avec les reflets de la fenêtre sur la carafe pour générer l'ambiance de la scène.[18] Anker, ce faisant, assume pleinement le lieu de création de la nature morte.
Mais ce qui ne manque pas de surprendre dans les natures mortes d'Anker, c'est le respect qu'il porte à ses accessoires, qu'il s'agisse d'objets précieux d'origine bourgeoise ou d'ustensiles venant du quotidien paysan.[19] Ces objets symbolisent les deux mondes dans lesquels Anker évolua tant à Paris qu'à Anet.

Les modèles

Anker a beau peindre avec le même respect les objets et les personnes et leur conférer à chacun la même dignité, il n'empêche que c'est bien la figure humaine qui est au centre de sa production. Il représente la plupart de ses modèles dans des intérieurs tout d'abord esquissés dans des études à l'huile de petit format; il en existe une cinquantaine. Dans ses peintures de genre, il reprend de temps à autre ses représentations de lieux et les anime de personnages travaillés dans les moindres détails. En bon peintre d'histoire, il a recours aux vêtements et aux costumes folkloriques, aux coiffes et aux habits d'enfant des XVIIIe et XIXe siècles, puisés dans son propre fonds, pour caractériser les lieux et les personnages qu'il veut présenter au spectateur.
Parmi les nombreux modèles qui posèrent pour les portraits commandés à l'artiste, Elisabeth Arni, qui fut au service des Anker à Anet et à Paris de 1879 à 1883, devait déclarer: «Je devais ranger tous les jours le grand atelier du maître dans le quartier Montparnasse. Anker m'avait strictement interdit de toucher aux nombreux tableaux qui s'y trouvaient. Mais je ne venais pas seulement pour faire le ménage: je devais aussi poser pour lui, car Albert Anker avait remarqué que j'avais de jolies oreilles. Ainsi, quand il devait faire un portrait féminin, il me faisait venir et ‹accrochait› mes oreilles au portrait de cette étrangère… Pour cela, il ne lui fallait pas plus d'une demi-heure.»[20]
Elisabeth Arni fut loin d'être la seule à fréquenter l'atelier d'Anker: le peintre avait coutume de relever le nom de ses visiteurs dans son *Livre de vente* ou dans ses nombreux carnets. Il nota ainsi à propos du tableau *Grand-mère tricotant avec sa petite-fille* de 1875: «de M. Wallis […] la vieille mère de Ruedi Raubi et enfant

[18] On peut également voir à l'Albert Anker-Haus cette carafe de cristal richement travaillé. Voir Messerli 2002, Inv. no II.V.2002.57.
[19] Des pots à lait et des tasses de Heimberg se trouvent également dans l'atelier d'Anet. On les voit représentés, notamment dans *Nature morte: café et pommes de terre* de 1902. Voir Messerli 2001, ill. 7-9.
[20] Extrait de *Berner Kunstmitteilungen*, n° 339, 2003, p. 7.

zweiten Bildversion belässt Anker die Höhe, rückt die Kanne jedoch vom rechten Bildrand hin zur Mitte.
Die Atmosphäre eines bürgerlichen Tête-à-tête wird durch die Art vermittelt, mit der Anker die Objekte dem Bildbetrachter darbietet. Dieser weidet sich an den naturalistisch gemalten Kostbarkeiten und ist geneigt, die auf ihn gerichteten Krughenkel zu ergreifen. Zur Stimmung trägt auch das auf den Objekten schimmernde Nordlicht des Inser Ateliers bei sowie die Spiegelung des Fensters auf der Karaffe.[18] Anker verleugnet somit den Entstehungsort des Stilllebens nicht.
Immer wieder ist an seinen Stillleben das Erstaunliche, mit welcher Wertschätzung Anker mit den eigenen Requisiten umgeht, seien es erlesene Kostbarkeiten bürgerlicher Provenienz oder Gegenstände aus dem bäuerlichen Alltag.[19] Die Objekte verkörpern jene zwei Welten, in denen sich Anker – zwischen Paris und Ins – bewegte.

Modelle

Auch wenn Albert Anker Gegenstände mit ebensoviel Würde und Ausstrahlung ins Bild setzt wie Personen, steht doch die menschliche Gestalt im Mittelpunkt seines Schaffens. Seine Modelle zeigt er mehrheitlich in Innenräumen, die er zunächst in kleinformatigen Ölstudien entwirft, über fünfzig gibt es davon. In seinen Genregemälden übernahm er zuweilen diese Raum-Darstellungen und bestückte sie mit den bis ins Detail ausgearbeiteten Figuren. Als Historien- und Genremaler benötigte er zur Charakterisierung von Schauplatz und Figuren auch Kostüme und Trachten, Hüte und Kinderkleider des 18. und 19. Jahrhunderts aus seinem Fundus.
Modell sitzen musste für verschiedene Auftragsarbeiten auch etwa Elisabeth Arni, die von 1879 bis 1883 Dienstmädchen bei der Familie Anker in Ins und Paris war. Sie erinnerte sich später: «Das grosse Atelier des Meisters im Montparnasse-Quartier musste ich täglich aufräumen. Die vielen Bilder durfte ich auf die strenge Weisung Albert Ankers nicht berühren. Aber nicht nur zum Reinemachen musste ich ins Atelier gehen, sondern auch als Modell. Albert Anker hatte bemerkt, dass ich schöne Ohren hatte. Deshalb musste ich ihm bei allen möglichen Gelegenheiten als Modell für Ohren sitzen. Hatte er ein Porträt zu malen, so hiess er mich manchmal kommen, um meine Ohren irgendeinem mir fremden Frauenbildnis ‹anzuhängen›… Für das Malen meiner Ohren benötigte mein Herr etwa eine halbe Stunde.»[20]

[18] *Auch die reich geschliffene Kristallkaraffe ist noch im Albert Anker-Haus in Ins vorhanden. Vgl. Messerli 2002, Inv. Nr. II.V.2002.57.*
[19] *Heimberger Milchkrüge und Tassen finden sich auch im Inser Atelier. Abgebildet sind diese beispielsweise in Ankers* Stilleben: Kaffee und Kartoffeln *von 1902. Siehe Messerli 2001, Abb. 7-9.*
[20] *Zitat aus* Berner Kunstmitteilungen, *Nr. 339, 2003, S. 7.*

Œuvres exposées
Ausgestellte Werke

Peintures
Gemälde

Traduction de l'allemand des textes de Therese Bhattacharya-Stettler par Anne Wilhelm

Toutes les peintures présentées dans ce catalogue sont décrites selon les normes suivantes:
- titre de l'œuvre
- année d'exécution
- technique
- dimensions: hauteur, largeur
- mention de la collection
- mention du catalogue raisonné *Albert Anker (1831-1910). Werkkatalog der Gemälde und Ölstudien / Catalogue raisonné des peintures et des études à l'huile*, établi par Sandor Kuthy et Therese Bhattacharya-Stettler (Musée des Beaux-Arts de Berne / Wiese Verlag Basel), Bâle, 1995: K/B + numéro

Après avoir vaincu toutes les réticences de son père et commencé ses études artistiques à Paris, Anker se met à copier avec enthousiasme les œuvres du Louvre, comme bon nombre de ses contemporains artistes. Plus tard, ses voyages en Italie lui donnent matière à copier les tableaux de nombreux maîtres. A de rares exceptions près, ces copies ne sauraient être considérées comme des œuvres dotées d'une identité propre, mais comme un matériel d'étude qui documente le cheminement d'Anker, des premiers essais à son œuvre définitif et autonome. Il n'a que très rarement signé ces travaux, les destinant au rôle de matériau de base pour ses études sur les formes et les couleurs.

L'un de ses premiers travaux, une tête d'après Rembrandt intitulée *Portrait d'un vieillard*, de 1633, qu'Anker découvre au Musée du Louvre, a sans doute été réalisé au cours de son tout premier voyage à Paris en 1851, donc avant d'avoir commencé véritablement sa carrière de peintre, juste avant ses études de théologie. Selon un rapport rédigé pour une revue d'étudiants, il est alors tout particulièrement attiré, lors de ce premier séjour parisien, par Poussin, mais aussi par Le Sueur et Rembrandt. De ce dernier, un visage de vieillard soucieux semble l'avoir fasciné. Dès cette époque, il s'intéresse au clair-obscur et surtout à la figure humaine. Plus tard, en 1857, il s'inspire de *L'Ange quittant Tobie*, de Rembrandt à nouveau, et du *Repas d'Emmaüs*.
Toutes les copies d'Anker reflètent ses goûts et ses préférences, surtout pour les peintres néerlandais, mais aussi pour Eugène Delacroix et, de manière récurrente, les peintres vénitiens, en particulier Titien et Véronèse, avec un attrait évident pour le pittoresque.

Nachdem Anker sich gegen alle Widerstände vonseiten des Vaters durchgesetzt und sein Künstlerstudium in Paris aufgenommen hatte, kopierte er, wie die meisten Zeitgenossen, ausgiebig im Louvre. Später nahm er sich auch auf seinen Italienreisen viele alte Meister zur Vorlage. Mit wenigen Ausnahmen sind all diese Kopien nicht als eigenständige Werke anzusehen, sondern als Studienmaterial, das Ankers Weg von den ersten Malversuchen hin zu seinem gültigen, autonomen Werkkomplex dokumentiert. Ganz selten nur hat er sie mit einer Unterschrift versehen; er verwendete sie als Quelle für eigene Farb- und Formstudien.

Dem sehr frühen Kopf nach Rembrandts Bildnis eines Greises *von 1633 begegnete Anker im Musée du Louvre vermutlich bei seiner allerersten kurzen Parisreise 1851, also noch bevor er mit seiner eigentlichen Malerkarriere überhaupt begonnen hatte – zunächst sollte er noch sein Theologiestudium in Angriff nehmen. Gemäss einem Bericht, den er für die Studentenzeitschrift verfasste, war er bei diesem ersten Aufenthalt in der französischen Metropole insbesondere von Poussin hingerissen, aber auch Le Sueur und Rembrandt zogen ihn an. Bei Rembrandt muss ihn das verhärmte Gesicht des alten Mannes fasziniert haben, schon damals interessierte ihn neben der Helldunkel-Tonigkeit vor allem die Physiognomie des Menschen. Im Louvre nahm er sich später – 1857 – von Rembrandt auch den* Engel verlässt Tobias *und das* Emmaus-Mahl *zur Vorlage.*
Alle Kopien spiegeln Ankers Vorlieben und Präferenzen wider, dies sind insbesondere die niederländischen Maler, aber auch Eugène Delacroix und immer wieder die Venezianer, insbesondere Tizian und Veronese, zog ihn doch offensichtlich vor allem das Malerische in seinen Bann.

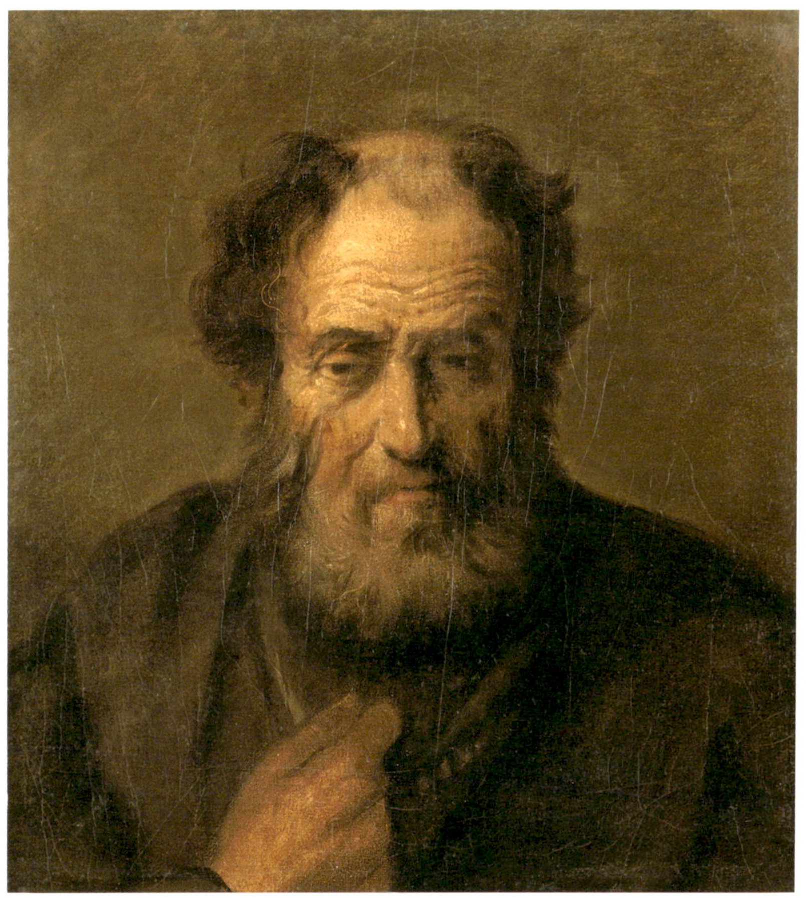

1
Portrait d'un vieillard, copie d'après Rembrandt
Bildnis eines Greises, *Kopie nach Rembrandt*
1851
Huile sur papier sur carton
Öl auf Papier auf Karton
25,4×23,1 cm
Collection Christoph Blocher
K/B 19

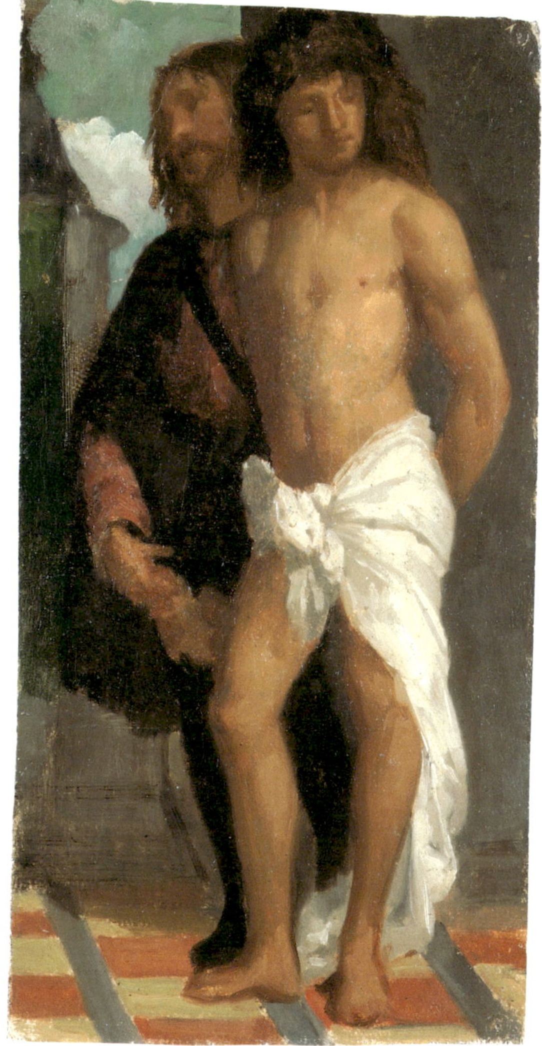

2
Saint Sébastien, copie d'après Titien
Heiliger Sebastian, *Kopie nach Tizian*
1861
Huile sur toile
Öl auf Leinwand
30,9×16 cm
Stiftung Albert Anker-Haus, Ins
K/B 50

3
Les Joueurs d'osselets
Das Knöchelspiel
1864
Huile sur toile
Öl auf Leinwand
80,5×65,5 cm
Musée gruérien, Bulle
K/B 82

Dès son arrivée à Paris en 1854, Anker fréquente l'Ecole des Beaux-Arts, mais aussi l'atelier du Suisse Charles Gleyre (1806-1874), qui donne dans la capitale, depuis 1843, des cours privés et est alors considéré, avec Thomas Couture (1815-1879), comme l'un des professeurs les plus en vue de la métropole. Selon Gleyre, la reproduction de la vie quotidienne n'était pas digne de figurer en peinture. Il ne reconnaissait pas non plus la simple peinture de paysage. La nature ne pouvait tout au plus servir qu'à animer des études d'inspiration antique.

Les Joueurs d'osselets sont un exemple typique du style «néogrec», inspiré des travaux de Gleyre. La tendance générale dans la peinture française du milieu du XIXe siècle est d'insérer des scènes de la vie quotidienne ou mythologiques dans un environnement grec antique. La composition et les couleurs utilisées montrent également de manière évidente l'influence de Gleyre sur Anker. Aimant néanmoins individualiser ses personnages, ce sont déjà des enfants d'Anet qu'il place dans son décor antique. Anker obtient un grand succès grâce à sa manière de montrer ses contemporains, si familiers et pourtant si proches de l'idéal intemporel inhérent au genre. Il vend *Les Joueurs d'osselets* à Goupil, son marchand d'art parisien, pour 1000 francs.

Anker besuchte nach seiner Ankunft in Paris 1854 nicht nur die Ecole des Beaux-Arts, sondern trat beim Schweizer Charles Gleyre (1806-1874) ins Atelier ein, der seit 1843 in Paris Privatunterricht erteilte und neben Thomas Couture (1815-1879) als angesehenster Lehrer der Metropole galt. Nach Gleyres Meinung war die Wiedergabe des alltäglichen Lebens nicht bildwürdig, und er anerkannte auch die reine Landschaftsmalerei nicht. Die Natur sollte höchstens als Studiengrundlage dienen, durch sie erhalte die Antike mehr Leben.

Das Knöchelspiel *ist ein typisches Beispiel für den «style néogrec» in der Nachfolge Gleyres. Es gab eine allgemeine Tendenz in der französischen Malerei der Mitte des 19. Jahrhunderts, Szenen des alltäglichen Lebens oder der Mythologie in ein antikes griechisches Umfeld zu stellen. Auch aufgrund der Komposition und Farbgebung ist Gleyres Einfluss in diesem Werk von Anker deutlich sichtbar. Doch Ankers spielende Kinder zeichnen sich durch individuelle Gesichtszüge aus, es sind bereits Inser Kinder, die er in dieses antike Ambiente setzt.*
Anker hatte mit seinem dem Alltag seiner Zeitgenossen so vertrauten und doch ideal zeitlosen Genre grossen Erfolg. Das Knöchelspiel *konnte er seinem Pariser Kunsthändler Goupil für 1000 Francs verkaufen.*

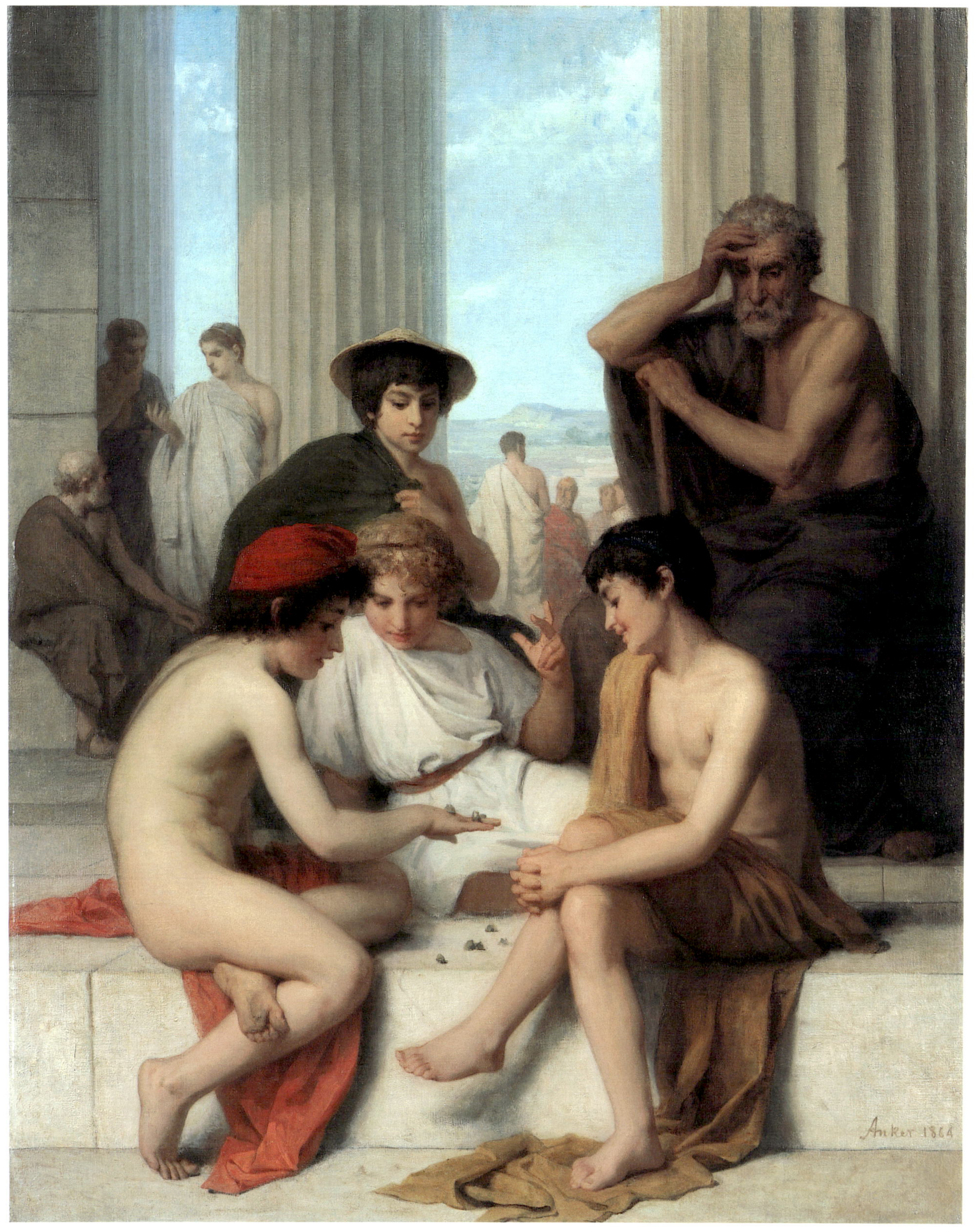
Anker 1864

Dans l'œuvre d'Anker, les thèmes religieux ne prennent qu'une part relativement modeste, même si, en fait, ils auraient pu lui être particulièrement familiers en raison de sa formation de théologien protestant. Cela dit, il s'est toujours intéressé de près à la lecture des textes sacrés et aux questions religieuses jusqu'à un âge avancé.
Tous ses travaux à connotation religieuse émanent de ses premières années à Paris. Ils sont en partie liés à des exercices réalisés à l'Ecole des Beaux-Arts, à l'instar, notamment, du premier d'entre eux montré dans une exposition: *Job et ses amis.*

Le thème biblique permet à Anker de donner forme à sa difficile condition. Il aurait, semble-t-il, assisté avec grand intérêt à une conférence à Halle sur le livre de Job. A sa mort, le 16 juillet 1910, à l'âge de 79 ans, une bible en hébreu était posée sur sa table de nuit, à Anet, ouverte sur le livre de Job. C'est pour cette raison qu'un verset de ce même livre fut choisi pour son épitaphe, que l'on peut lire aujourd'hui encore au cimetière d'Anet: «Tu entreras au sépulcre dans la vieillesse, comme on emporte une gerbe en son temps» (Job 5:26). Anker montre Job entouré des trois amis accourus pour le consoler, lui qui a perdu enfants, fortune et santé. L'épisode-clé du livre de Job traite de la question de savoir si la souffrance imméritée est compatible avec la bonté et la justice du Très-Haut.
Dans cette œuvre précoce, l'influence de son maître Charles Gleyre est encore très présente, à en juger par la composition pyramidale, les couleurs et les expressions des personnages. Le tableau ne remporte que peu de succès lorsqu'il est présenté la première fois. Il écrit de Paris à son ami d'études Otto von Greyerz: «[...] Le sujet m'a énormément plu par son origine théologique et j'ai cru qu'il plairait aussi au public. Certains détails sont mal rendus, mais l'essentiel est là, je crois, et je suis convaincu que ce n'est qu'exposé qu'il plaira. [...] Mais je veux traiter de petites histoires villageoises et autres, afin d'essayer de les vendre ici.»

Religiöse Motive nehmen in Ankers Œuvre einen verhältnismässig kleinen Stellenwert ein, obwohl sie dem ehemaligen protestantischen Theologen eigentlich besonders nahe gestanden haben könnten. Er hat sich indes bis ins hohe Alter mit theologischer Lektüre befasst und sich mit religiösen Problemen beschäftigt.
Alle Werke Ankers, die unmittelbar von religiösem Inhalt sind, entstanden aber in der Frühzeit in Paris. Teilweise ist ihr Zustandekommen mit Aufgaben verknüpft, die ihm an der Ecole des Beaux-Arts gestellt worden waren, so etwa auch das erste an einer Ausstellung gezeigte Gemälde: Hiob und seine Freunde.

Das biblische Thema erlaubte Anker, seiner eigenen Bedrängnis Ausdruck zu geben. Er soll in Halle eine Vorlesung zum Buch Hiob mit besonders grossem Interesse verfolgt haben. Und als er am 16. Juli 1910 im Alter von 79 Jahren starb, lag auf seinem Nachttisch in Ins seine hebräische Bibel, aufgeschlagen im Buch Hiob. Deshalb auch wurde für ihn als Grabinschrift ein Vers aus Hiob gewählt, der noch heute auf dem Friedhof in Ins zu lesen ist: «Im Alter wirst Du zu Grabe kommen wie die reifen Garben eingeführt werden zu ihrer Zeit» (Hiob 5:26). Anker zeigt Hiob umgeben von den drei Freunden, die gekommen sind, um ihn, der Kinder, Vermögen und Gesundheit verloren hat, zu trösten. Er stellt die Schlüsselszene aus dem Buch Hiob dar, das sich mit der Frage auseinander setzt, ob unverschuldetes Leid mit der Güte und Gerechtigkeit Gottes vereinbar ist.
Der Einfluss von seinem Lehrer Charles Gleyre ist in diesem Frühwerk an der pyramidalen Komposition, Farbigkeit und an den verwendeten Charakterköpfen noch deutlich zu erkennen. Das Bild hatte jedoch wenig Erfolg, als er es erstmals ausstellte. In einem Brief aus Paris schreibt er an seinen Studienfreund Otto von Greyerz: «[...] Der Gegenstand gefiel mir ausserordentlich schon aus der Theologie her, und ich glaubte, er gefiele den andern auch; einiges ist schlecht, aber der Kern davon, meine ich, ist ziemlich da, und ich bin fest überzeugt, dass es einzig hängend die Leute erfreuen würde. [...] Nun will ich kleine Dorfgeschichten usw. machen, und sie hier zu verkaufen suchen.»

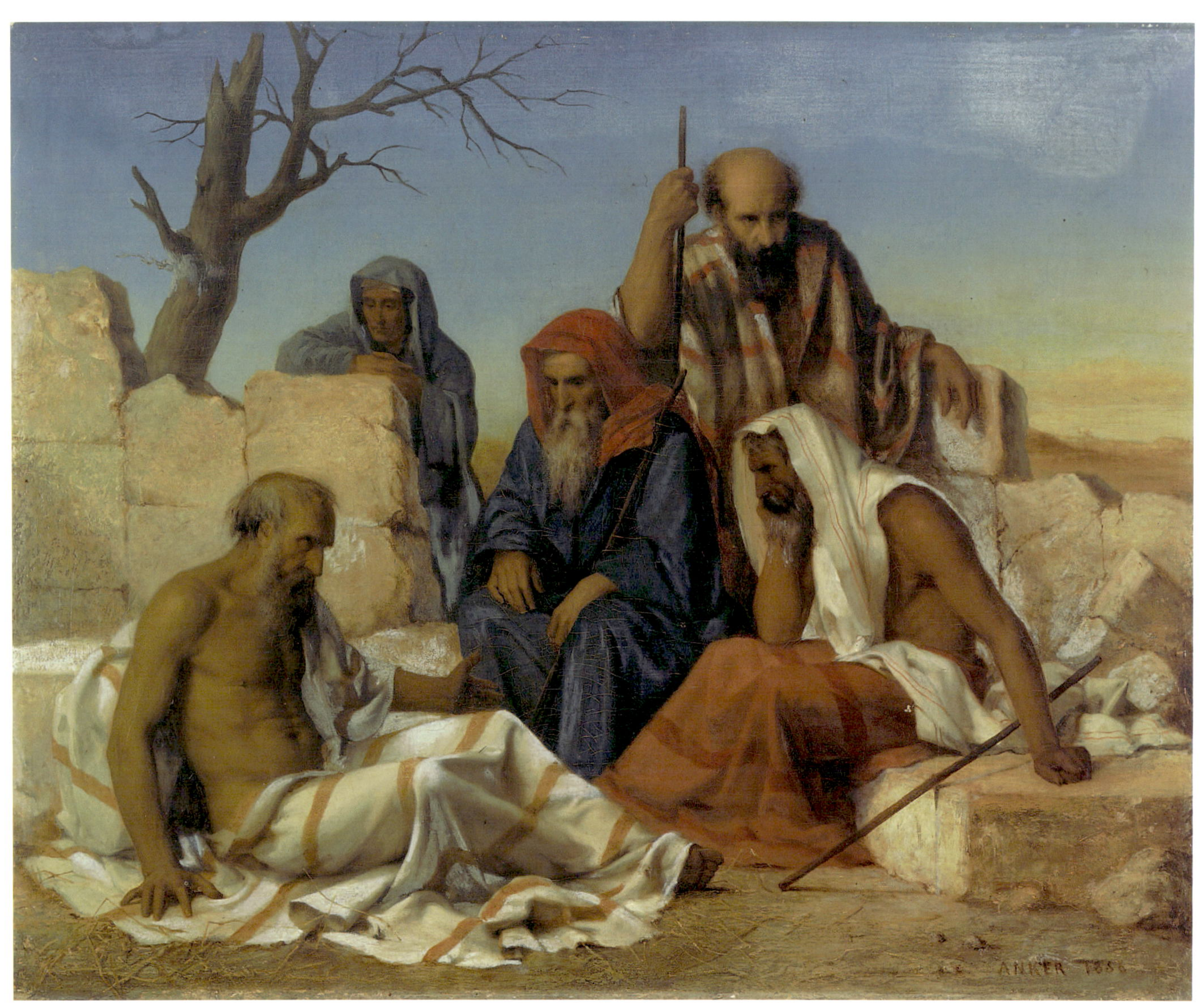

4
Job et ses amis
Hiob und seine Freunde
1856
Huile sur toile
Öl auf Leinwand
65,5×82 cm
Collection particulière
K/B 25

5
L'Enfant prodigue
Der verlorene Sohn
1858
Huile sur toile
Öl auf Leinwand
81×61 cm
Collection Christoph Blocher
K/B 32

L'Enfant prodigue tout comme *Luther au couvent d'Erfurt* (ill. p. 18) peuvent être tout à fait abordés sous l'aspect de la querelle qui l'opposait à son père concernant le choix de sa profession. Ces sujets lui permettent d'exprimer son désarroi et son expérience personnelle. La teneur religieuse prend dès lors une connotation d'actualité tout en conservant ses composantes allégoriques.

Der verlorene Sohn *wie auch das Bild* Luther im Kloster von Erfurt *(Abb. S. 18) können durchaus unter dem Aspekt der Auseinandersetzung Ankers mit seinem Vater bezüglich seiner Berufswahl gesehen werden. Die Themen erlaubten ihm, eigener Betroffenheit und persönlicher Leidenserfahrung Ausdruck zu geben. Der religiöse Gehalt erfuhr einen aktuellen Bezug und zugleich eine allegorische Komponente.*

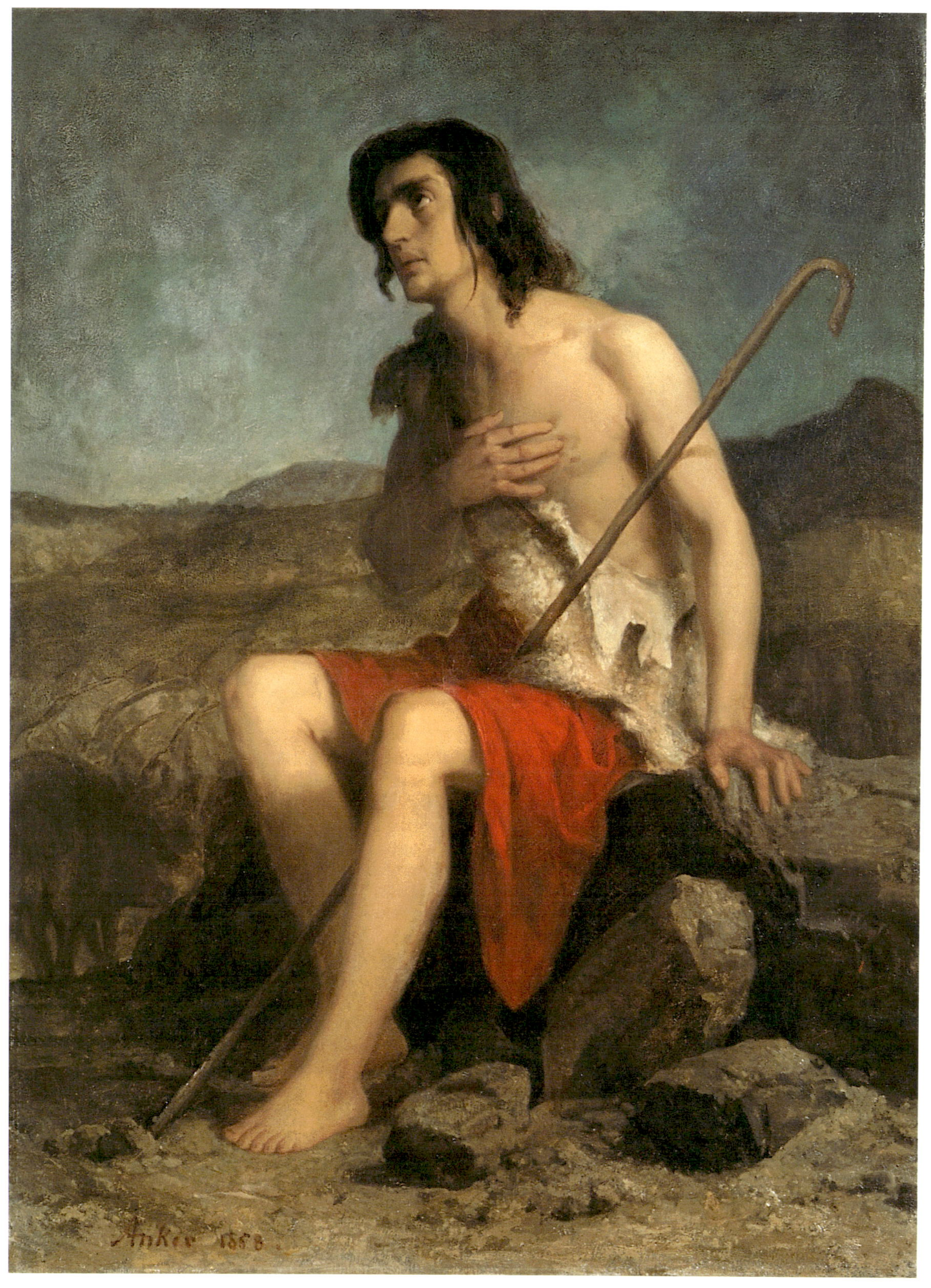
Anker 1858

Un cortège de pèlerins se rend sur un chemin caillouteux à l'église de Gléresse. Celle-ci, située sur la rive nord-est du lac de Bienne, était avant la Réforme un lieu de pèlerinage. Anker, là aussi, a fait des études au crayon et à l'aquarelle de rochers situés le long du chemin escarpé, qui sont reprises également dans des études à l'huile.

Le tableau historico-religieux intitulé *Les Pèlerins de Gléresse* tente de représenter la foi et l'espoir à l'aide de pèlerins. Son propos visait également la confrontation avec l'époque. «Je désire en effet me faire une image des costumes du temps des guerres de Bourgogne […]. Car j'aimerais peindre des pèlerins sur un fond de paysage de Gléresse, qui était un lieu de pèlerinage avant la Réforme.» Anker se penche donc sur un sujet plutôt sentimental et n'est pas vraiment satisfait de sa mise en scène et de la dramatisation. Il écrit à son ami Albert de Meuron, en automne 1889: «[…] J'ai un tableau que je destinerais à Neuchâtel, c'est les pèlerins dont je vous ai je pense parlé. Pour Paris c'est un peu vieux jeu, sentimental et trop peu nature, puis la chose se passe ou est censée se passer à Gléresse. […] Si je l'envoie à Neuchâtel, je ne le prendrai pas avec moi à Paris cet automne et ferai faire directement le cadre ici. Sinon, je le prends là-bas et, vogue la galère, je l'exposerai à Paris.» (Bibl. de Neuchâtel.)

Ein sich von rechts bewegender Pilgerzug steigt auf steinigem Weg zur Kirche von Ligerz auf. Diese, am nordöstlichen Bielerseeufer gelegen, war vor der Reformation ein Pilgerort. Wiederholt hat Anker hier aquarelliert und gezeichnet, die Felsformationen entlang dem steilen Weg tauchen wiederholt auch in Ölstudien auf.

Das historisch-religiöse Gemälde Pilgerzug bei Ligerz *ist der Versuch, Glaube und Hoffnung anhand von pilgernden Menschen darzustellen. Auch wollte Anker sich mit der Zeit auseinander setzen. «Ich möchte nämlich etwas sehen und erfahren über die Costumes von der Zeit ohngefähr des Burgunderkrieges […]. So nehme ich mir denn vor, Leute zu malen, wie sie vor der Reformation waren.» Anker mühte sich mit dem eher sentimentalen Thema ab, und war mit seiner Inszenierung und der dramatischen Lichtführung nicht restlos zufrieden. An seinen Freund Albert de Meuron schrieb er im Herbst 1889: «[…] Ich habe ein Bild, das ich für Neuenburg bestimmen werde, es handelt sich um die Pilger, von denen ich Ihnen, wie ich glaube, erzählt habe. Für Paris ist es etwas altmodisch, sentimental und weist zu wenig Natur auf, zudem spielt die Szene – oder soll sich spielen – in Ligerz. […] Wenn ich es nach Neuenburg sende, würde ich es im Herbst nicht mit nach Paris nehmen und würde den Rahmen gleich hier machen lassen. Anderseits nehme ich es mit dorthin und werde es auf gut Glück in Paris ausstellen.» (Bibl. Neuenburg.)*

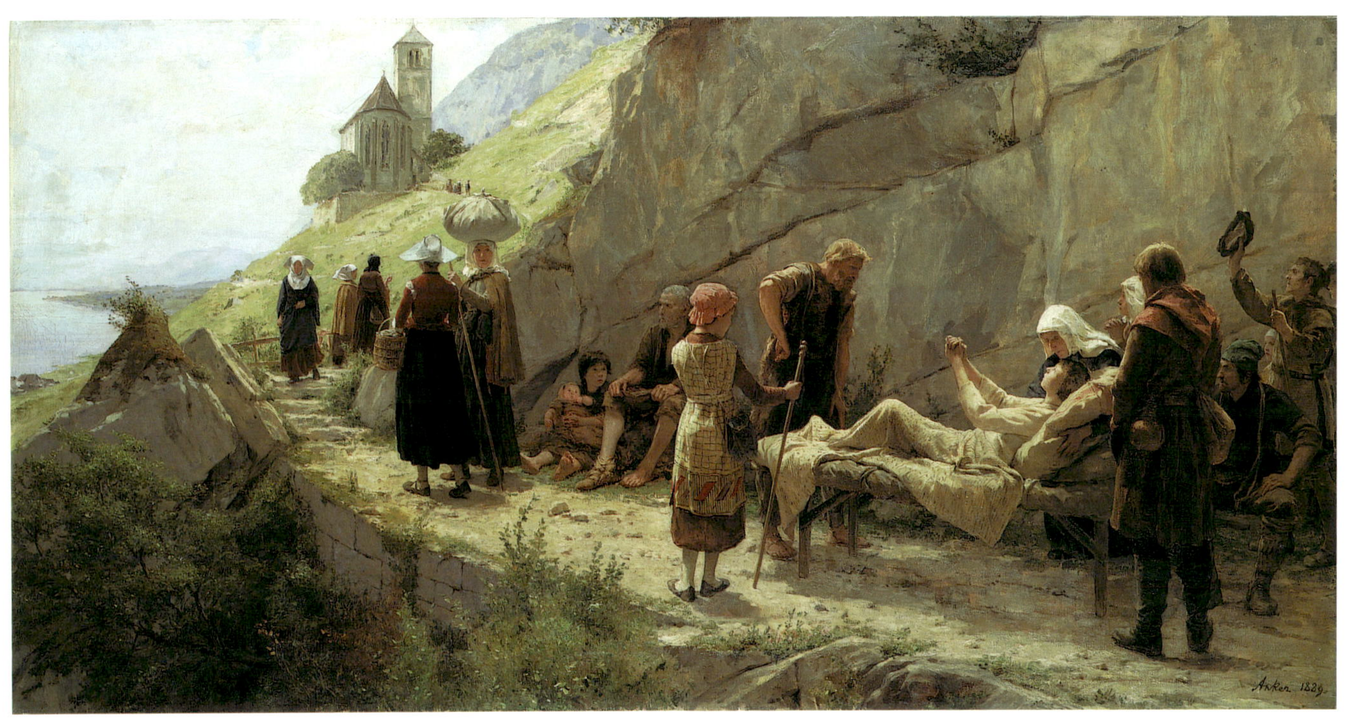

8
Les Pèlerins de Gléresse
Pilgerzug bei Ligerz
1889
Huile sur toile
Öl auf Leinwand
91 × 180 cm
Musée d'art et d'histoire, Neuchâtel
(Don James et Frédéric de Pury)
K/B 401

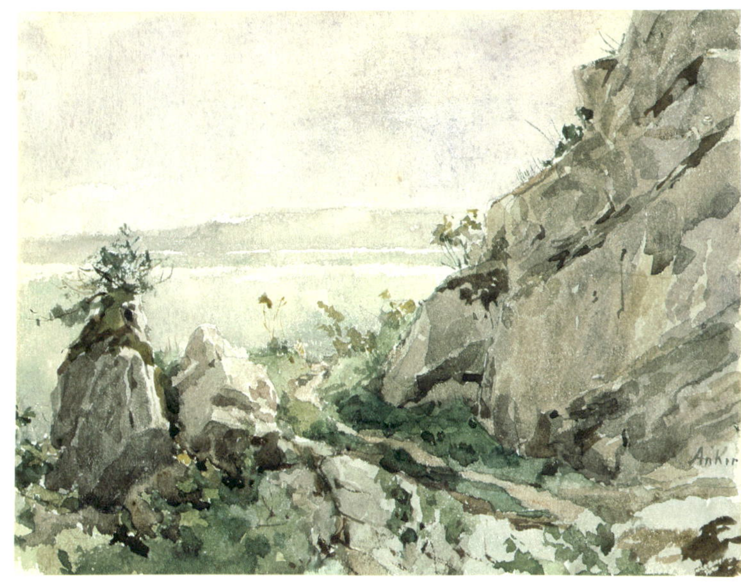

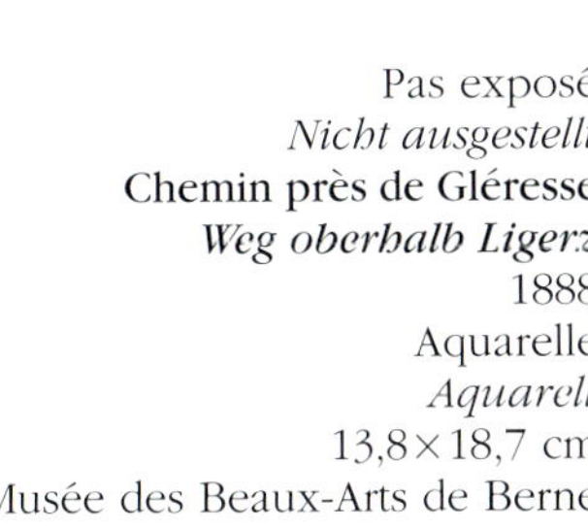
Pas exposé
Nicht ausgestellt
Chemin près de Gléresse
Weg oberhalb Ligerz
1888
Aquarelle
Aquarell
13,8 × 18,7 cm
Musée des Beaux-Arts de Berne

9
Dimanche après-midi
Sonntag nachmittag
1862
Huile sur toile
Öl auf Leinwand
82×65 cm
Musée d'art et d'histoire, Neuchâtel
K/B 63

Bien que les représentations strictement religieuses soient plutôt rares dans l'œuvre d'Anker, des éléments sacrés émaillent souvent ses travaux.
Le tableau intitulé *Dimanche après-midi*, exposé la première fois à Neuchâtel en 1862, en est un exemple. Une scène intimiste et pieuse tout à la fois est imprégnée d'une quiétude que rien du monde extérieur ne saurait troubler. Les quatre personnages sont représentés en triangle, sous une lumière claire concentrée au centre du tableau sur le visage d'un enfant dormant, appuyé sur le genou de son grand-père. Le petit groupe est entouré de détails propres à une nature morte, tels le linge blanc suspendu, les chaussures délacées et l'horloge qui semble vouloir arrêter le temps. Calme solennel d'un dimanche après-midi à la campagne! Une image idyllique que l'on a peine à se représenter alors que, la même année, Honoré Daumier montre, dans *Le Wagon de IIIe classe*, le poids de l'inquiétude couvant sous la léthargie du petit peuple!

So gering auch zahlenmässig rein religiöse Bilder in Ankers Œuvre vertreten sind, so schimmern dennoch religiöse Elemente auch in manch anderen seiner Werke durch, etwa in der 1862 erstmals in Neuenburg ausgestellten Szene Sonntag nachmittag, *die eine ländliche Idylle mit Gottesfürchtigkeit vereinigt und deren Ruhe durch nichts aus der Aussenwelt gestört wird. Die vier Figuren sind einer Dreiecksform eingefügt, verstärkt durch das helle Licht, das sich in der Bildmitte auf dem Antlitz des schlafenden Kindes konzentriert; es lehnt sich an das Knie des Grossvaters. Die kleine Gruppe ist umgeben von stilllebenhaften Details wie das weisse aufgehängte Tuch, die abgestreiften Schuhe oder die Uhr, die die Zeit zum Stillstand zu bringen scheint. Die feierliche Ruhe des Sonntagnachmittags auf dem Lande! Unvorstellbar, dass es eine Wirklichkeit geben konnte, in der – im selben Jahr – Honoré Daumier in seinem* Eisenbahnabteil III. Klasse *die Unrast und doch so brütende Dumpfheit des einfachen Volkes malen konnte!*

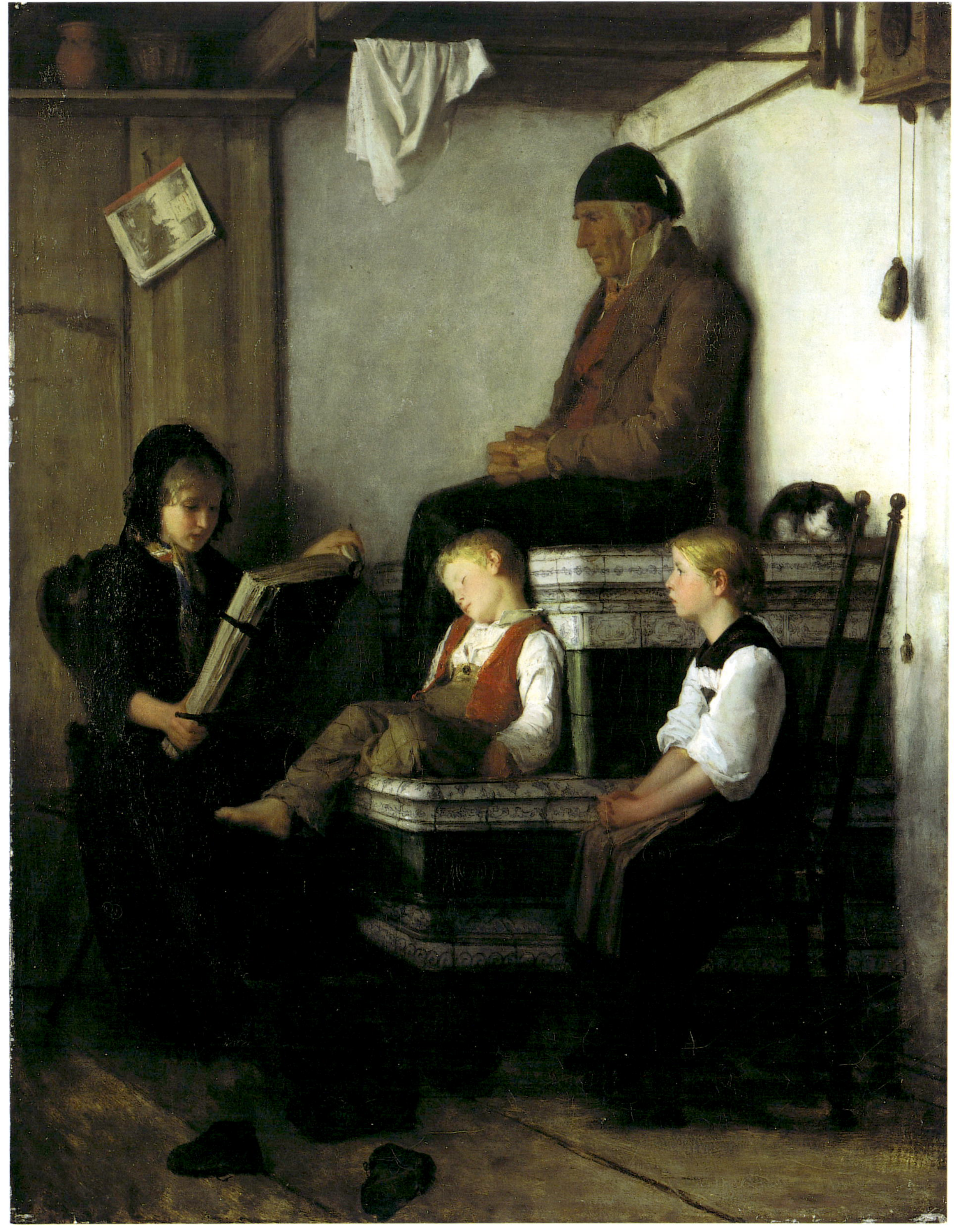

10
Les Polonais en exil
Die polnischen Verbannten
1868
Huile sur toile
Öl auf Leinwand
62×50 cm
Stiftung für Kunst,
Kultur und Geschichte, Winterthur
K/B 120

Il est difficile de s'imaginer ici qu'il s'agit d'une représentation des suites des journées de juillet 1830 à Paris, suivies peu après par l'entrée des troupes russes lors de l'écrasement de l'insurrection populaire de 1831 à Varsovie. A l'époque, des milliers de réfugiés émigrent en Allemagne, en Belgique et en France, traversant également la Suisse. Un large mouvement de solidarité se développe dans l'Europe entière. Comme souvent, Anker met en scène un événement historique, manifestant avec modestie son appartenance à la communauté humaine à la manière d'une scène de genre contemporaine.

Les Polonais en exil réunissent dans un même destin un grand-père écoutant jouer sa petite-fille au piano, l'air mélancolique, en compagnie de son petit-fils au regard tout aussi triste. Le tableau est acheté peu après sa réalisation par le marchand d'art Goupil et diffusé également en gravure. En raison de la forte demande, Anker a traité le même sujet plus tard, en 1874, lui donnant le titre de *Chant de la patrie*.
Chez Anker, les scènes à caractère historique montrent moins le bruit et la fureur des batailles que la passivité et le calme après la tempête.

Kaum kann man ahnen, dass es sich hier um die Thematisierung der Folgen des unter dem Eindruck der Pariser Juli-Revolution ausgebrochenen und bald danach von den einmarschierenden russischen Truppen niedergeschlagenen Warschauer Volksaufstands von 1831 handelt. Tausende polnischer Flüchtlinge zogen damals durch Deutschland, Belgien und Frankreich, auch die Schweiz durchquerten sie. In ganz Europa kam es zu einer grossen Solidaritätswelle. Wie so oft arrangiert und inszeniert Anker ein historisches Ereignis so, dass sich im Bild seine Sicht einer humanen unspektakulären Lebensgemeinschaft manifestiert, und gebt es also wie eine zeitgenössische Genreszene an.

Die polnischen Verbannten *vereinigen einen melancholisch dem Klavierspiel seiner Enkelin lauschenden Grossvater mit seinem ebenso traurigen kleinen Enkel zum Schicksalsbund der Opfer. Das Bild wurde gleich nach seiner Entstehung vom Pariser Kunsthändler Goupil angekauft und als Stich verbreitet. Der grossen Nachfrage wegen hat Anker dasselbe Motiv später, 1874, nochmals gestaltet, ihm aber den Titel* Das Lied der Heimat *gegeben.*
Ankers Historienbilder meiden alles Laute und Kämpferische, sie zeigen weder Aktion noch Dramatik, sondern Situationen passiver Dauer, das ruhige Dasein nach dem Sturm.

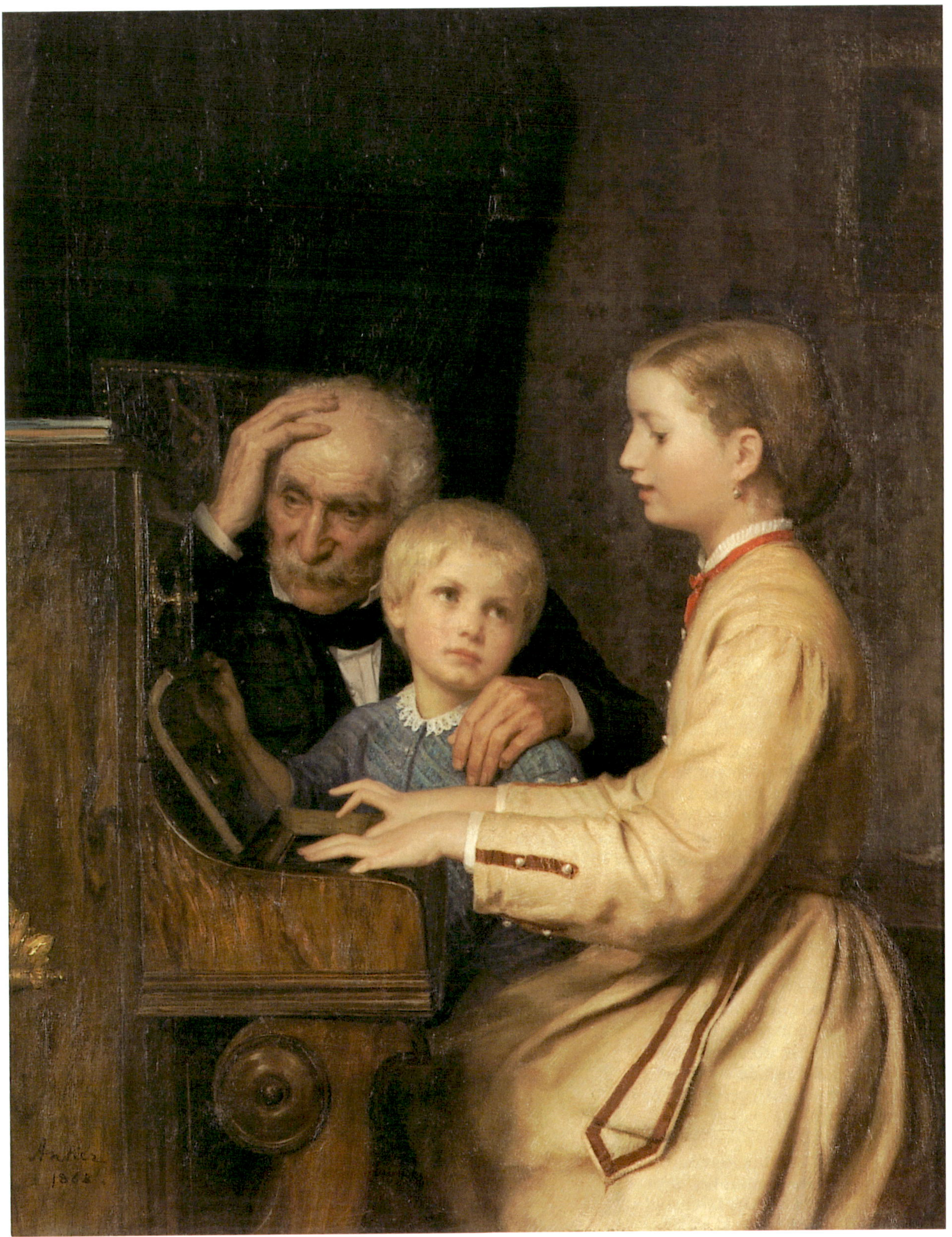

12
Pestalozzi et les orphelins de Stans
Heinrich Pestalozzi und die Waisenkinder in Stans
1870
Huile sur toile
Öl auf Leinwand
95×73 cm
Kunsthaus Zürich
K/B 139

La scène reproduit un événement de l'année 1798, à savoir l'invasion française en Suisse pour soumettre le canton de Nidwald. Le pédagogue Heinrich Pestalozzi est chargé par le nouveau gouvernement central de venir en aide aux orphelins en fondant un hospice à Stans.
Anker ressent durement la chute de l'ancienne Confédération, comme bon nombre de ses compatriotes. Le sujet est en fait semblable à celui d'une peinture réalisée plus tard, *La Guerre de 1798* (Musée d'art et d'histoire, Neuchâtel), dans laquelle Anker représente l'accueil des victimes de l'insurrection de Nidwald contre Napoléon par la population de Morat.

Pestalozzi quitte des ruines fumantes pour se replier dans un abri avec deux enfants. Il en tient un troisième dans les bras. Les tons bruns chauds dominent et la scène est animée d'un jeu alterné de contrastes en clair-obscur: les sentiments de danger et d'abandon sont mis en opposition avec ceux de sécurité et de protection. Pour la tête de Pestalozzi, Anker s'inspire d'un relief inconnu de Beat Bodenmüller (1795-1836). A l'instar du pédagogue, Anker pense que l'éducation des enfants doit suivre «la voie de la nature». Rétrospectivement, il écrit néanmoins à son ami artiste Paul Robert, en décembre 1909, qu'il est non seulement pas du tout satisfait de l'un des enfants du tableau, mais aussi plus encore de Pestalozzi: «[…] A présent vient la grande confession: Vous savez ou ne savez pas que j'ai fait dans le temps un Pestalozzi avec des enfants qui est maintenant au Musée de Zurich […]. Et je n'ai pas seulement cette figure sur l'estomac mais encore tout le tableau. J'ai vu depuis que Pestalozzi n'était pas un saint Vincent de Paul qui sauvait de petits enfants mais que c'était un homme de théorie qui avait trouvé un système qu'il voulait faire adopter […].» Anker ajoute: «Tout cela ne change rien à son bon cœur […].»

Die Szene geht inhaltlich auf das Jahr 1798 zurück, als die Franzosen in die Schweiz einmarschierten und den Kanton Nidwalden unterwarfen. Der Pädagoge Heinrich Pestalozzi wurde durch die neue Zentralregierung beauftragt, in Stans zur Betreuung der Waisenkinder eine Armenanstalt einzurichten.
Den Untergang der alten Eidgenossenschaft empfand Anker wie viele seine Schweizer Zeitgenossen als ein unglückliches Ereignis. Das Thema hier ist im Grunde dasselbe wie in dem etwas später entstandenen Gemälde Die Länderkinder *(Musée d'art et d'histoire, Neuchâtel), in dem Anker die Aufnahme der Opfer des Nidwaldner Widerstands gegen Napoleon durch die Murtener Bevölkerung schilderte.*

Pestalozzi wird von zwei Kindern aus rauchenden Trümmern in einen schützenden Raum gedrängt, ein weiteres Kind trägt er auf dem Arm. Warme Brauntöne dominieren, aber die Szene lebt auch von einem kontrastreichen Helldunkel-Spiel, das sich inhaltlich wiederholt: Gefahr und Ausgesetztsein werden gegen Geborgenheit und Schutz ausgespielt.
Als Vorlage für den Kopf diente Anker ein unbekanntes Reliefbildnis Pestalozzis von Beat Bodenmüller (1795-1836). Anker war wie Pestalozzi der Auffassung, dass bei der Kindererziehung «dem Gang der Natur des Kindes» zu folgen sei. Rückblickend aber schrieb Anker im Dezember 1909 an seinen Künstlerfreund Paul Robert, dass er nicht nur mit der Darstellung eines der Kinder in diesem Gemälde völlig unzufrieden sei, sondern nunmehr auch Mühe habe mit Pestalozzi. Es heisst dort: «[…] Nun kommt das grosse Geständnis: Sie wissen vielleicht, dass ich seinerzeit einen Pestalozzi mit Kindern gemacht habe, der sich heute im Museum in Zürich befindet […]. Und ich habe nicht nur diese Figur, die mir auf dem Magen liegt, sondern das ganze Bild. Ich habe seither gesehen, dass Pestalozzi kein heiliger Vinzenz gewesen ist, der Kinder gerettet hat, sondern ein Theoretiker war, der ein System erfunden hat, das er anwenden wollte […].» Anker fügte bei: «Doch dies ändert nichts an seinem guten Herzen […].»

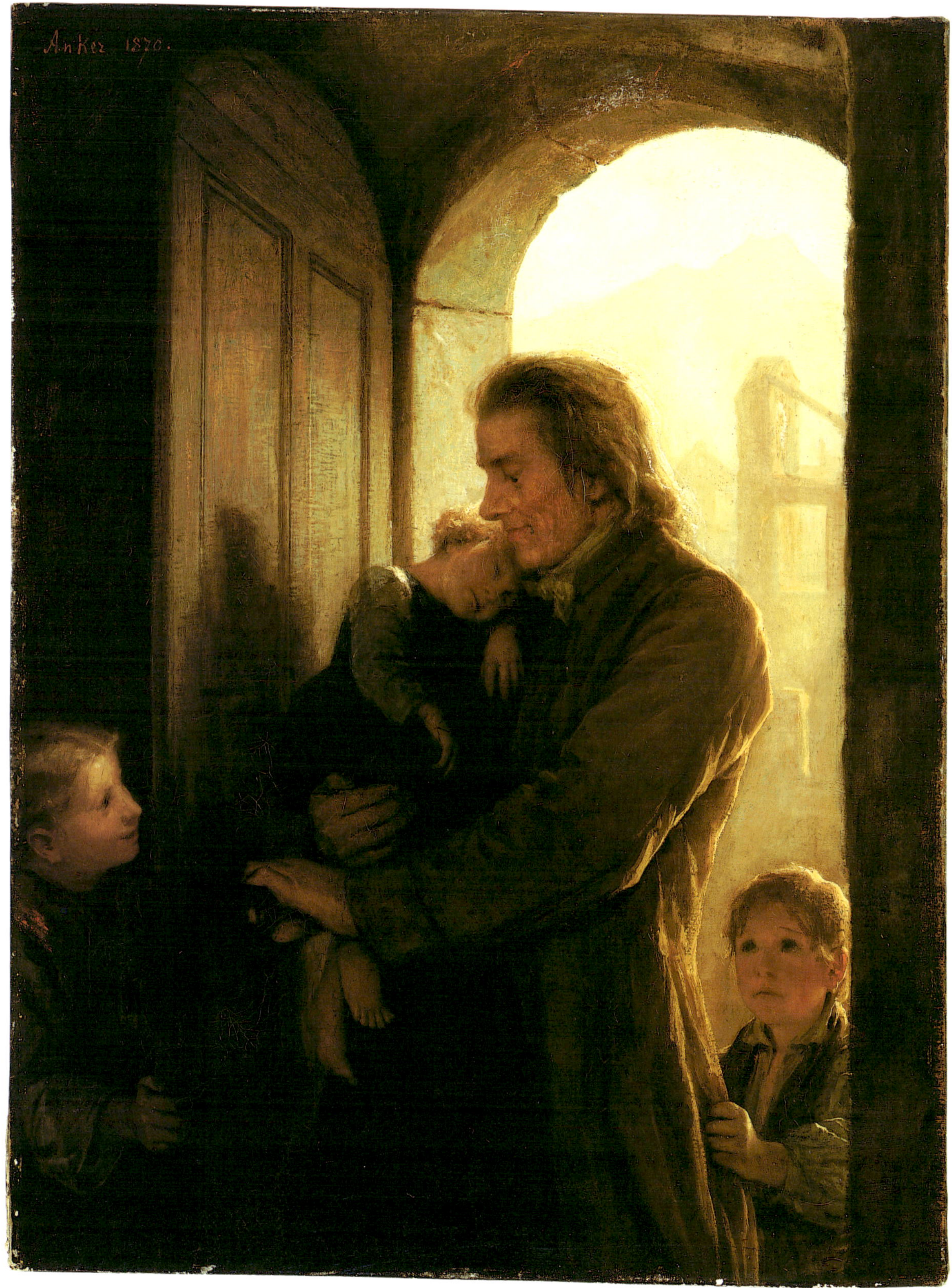
Anker 1870.

L'école et la formation sont des thèmes essentiels dans l'œuvre de l'artiste, qui a peint sa vie durant des enfants lisant et écrivant, sur le chemin de l'école, ou faisant leurs devoirs. Cette série de tableaux apparaît donc également comme une étude psychologique des activités scolaires. Anker représente des garçons, plus rarement des filles, avec leur attirail scolaire sous le bras, l'ardoise noire et ses griffonnages bien visibles, parfois avec leurs crayons et leurs cahiers usés. Ils se rendent à l'école pleins d'attente et d'espoir.

Les enfants lisant et écrivant sont toujours saisis dans leur individualité, comme s'ils ne se sentaient pas observés, plongés avec naturel dans leur lecture, leurs calculs et leur écriture.

Les enfants d'Anet ne devaient autrefois passer la journée entière à l'école qu'en hiver. L'été, ils ne s'y rendaient qu'à mi-temps. Il semble que les travaux d'aiguille pour les filles prenaient beaucoup d'importance. La scolarité s'étendait sur neuf ans, quatre heures par jour l'été et six l'hiver. Après la Constitution de 1874, la durée de l'école obligatoire en Suisse a passé à neuf ans. Toutes les tentatives de régler la scolarité au niveau fédéral ont néanmoins abouti à préférer une solution fédéraliste des programmes locaux. Anker, longtemps secrétaire de la commission scolaire d'Anet, était donc familier des problèmes de formation. C'est une des raisons, sans doute, qui l'ont souvent fait se pencher sur le thème de la formation, de la lecture et de l'écriture. Un grand nombre de lettres font également état de son intérêt permanent pour les problèmes scolaires de ses enfants et petits-enfants, qu'il a toujours soutenus par des actes et des conseils. Pour Anker, le «verbe» était le vecteur d'information du savoir, des lois et de la foi, fondements efficaces de l'ordre social.

Schule und Bildung gehören zu den wichtigsten Themen des Künstlers: Lesende und schreibende Kinder, Kinder auf dem Schulweg und bei den Hausaufgaben hat Anker während seiner ganzen Schaffenszeit gemalt, wobei sich die Bilderreihe gleichsam zu einer psychologischen Studie schulischer Tätigkeiten zusammenfügt.

Häufig hat Anker Knaben und, was seltener auftaucht, auch Mädchen mit ihren Schulutensilien unter dem Arm dargestellt, die schwarze Schiefertafel mit Schriftspuren gut sichtbar. Oft führen sie auch Schreibzeug und abgegriffene Hefte mit. Vertrauens- und erwartungsvoll machen sie sich auf den Weg in die Schule.

Die lesenden und schreibenden Kinder sind stets in ihrer Individualität erfasst und wähnen sich nie beobachtet, vollkommen natürlich sind sie in ihre Lektüre, in ihr Rechnen und Schreiben versunken.

Die Inser Schüler mussten damals nur im Winter den ganzen Tag die Schulbank drücken, im Sommer fand der Unterricht halbtags statt. Grosser Wert kam anscheinend dem Handarbeitsunterricht für Mädchen zu. In allen neun Schuljahren waren dafür im Sommer vier, im Winter sechs Stunden reserviert. Nach der Verfassung von 1874 bestand in der Schweiz eine neunjährige Schulpflicht. Alle Versuche, das Schulwesen auf eidgenössischer Ebene zu regeln, wurden jedoch zu Gunsten von föderalistischen, lokalen Lösungen abgewiesen. Anker war viele Jahre lang Sekretär der Schulkommission von Ins und deshalb mit dem Bildungswesen vertraut. Dies mag mit ein Grund sein, weshalb er sich häufig mit dem Thema Bildung, Lesen und Schreiben auseinander gesetzt hat. Auch zahlreichen Briefen ist zu entnehmen, dass er sich intensiv um Schulfragen und schulische Probleme seiner Kinder und Enkel gekümmert hat, stets stand er ihnen mit Rat und Tat zur Seite. Für Anker war das «Wort» als Informationsträger von Wissen, Gesetzen und Glauben die Grundlage einer funktionierenden gesellschaftlichen Ordnung.

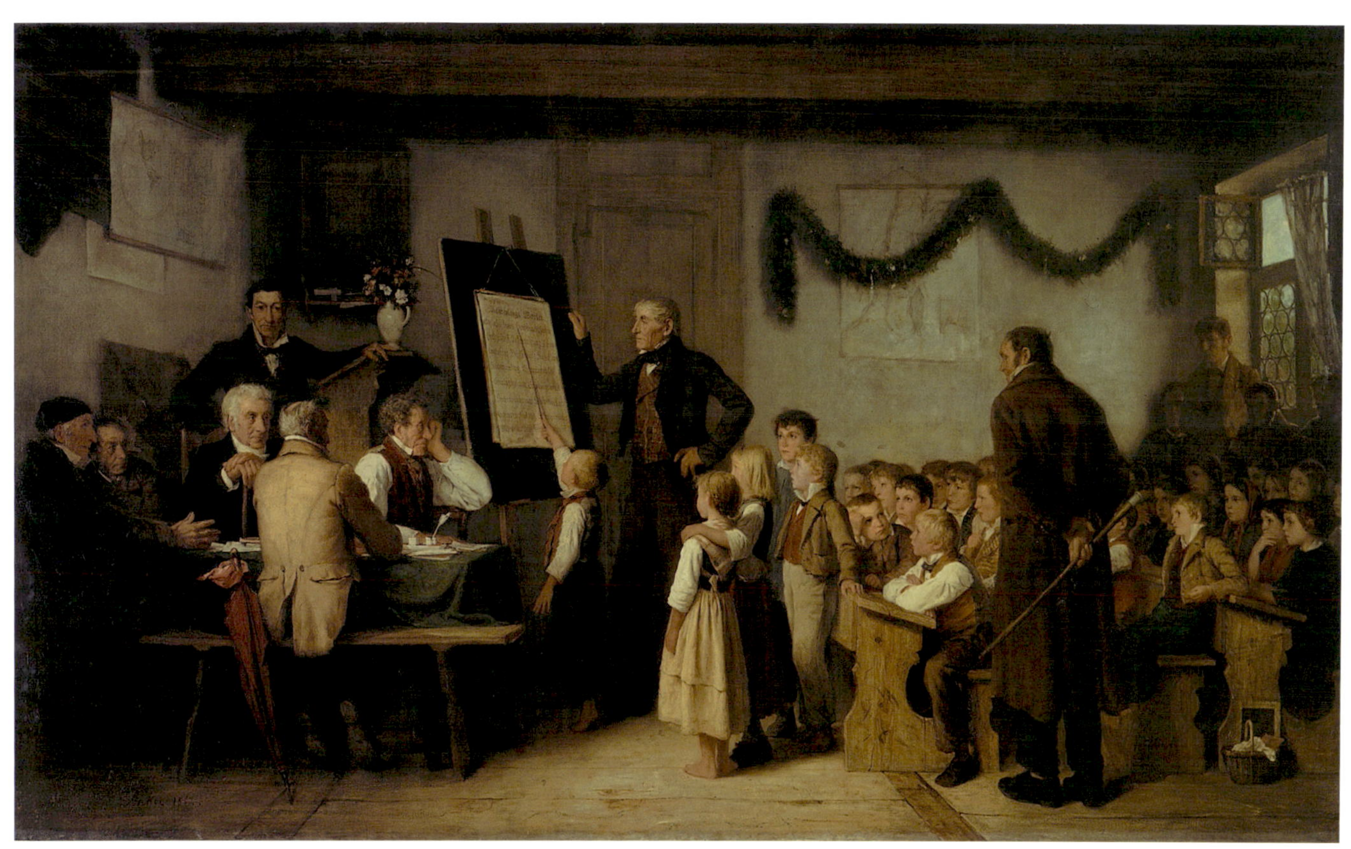

13
L'Examen
Das Schulexamen
1862
Huile sur toile
Öl auf Leinwand
103 × 175 cm
Musée des Beaux-Arts de Berne, Etat de Berne
K/B 61

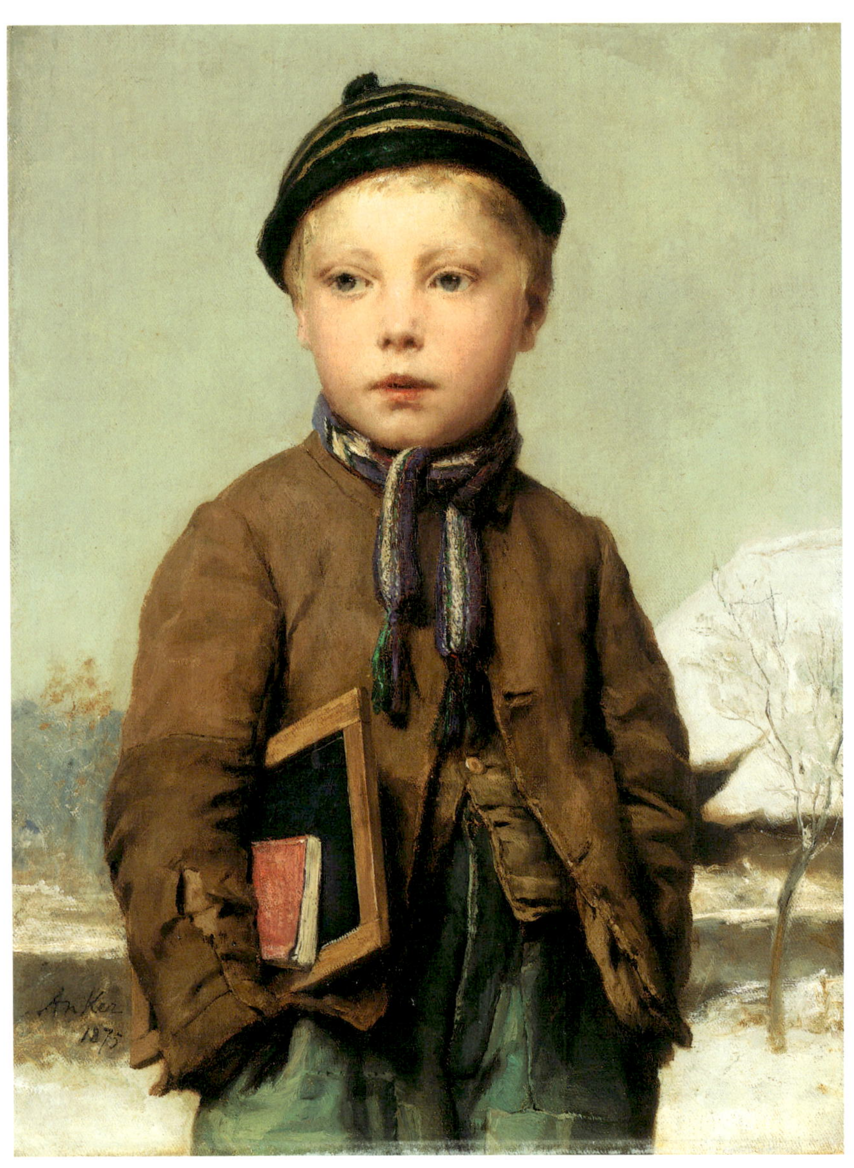

14
Gamin allant à l'école
Schulknabe mit Schiefertafel in Schneelandschaft
1875
Huile sur toile
Öl auf Leinwand
43×33 cm
Kunsthaus Zürich, legs H. Schulthess-v. Meiss, 1898
K/B 225

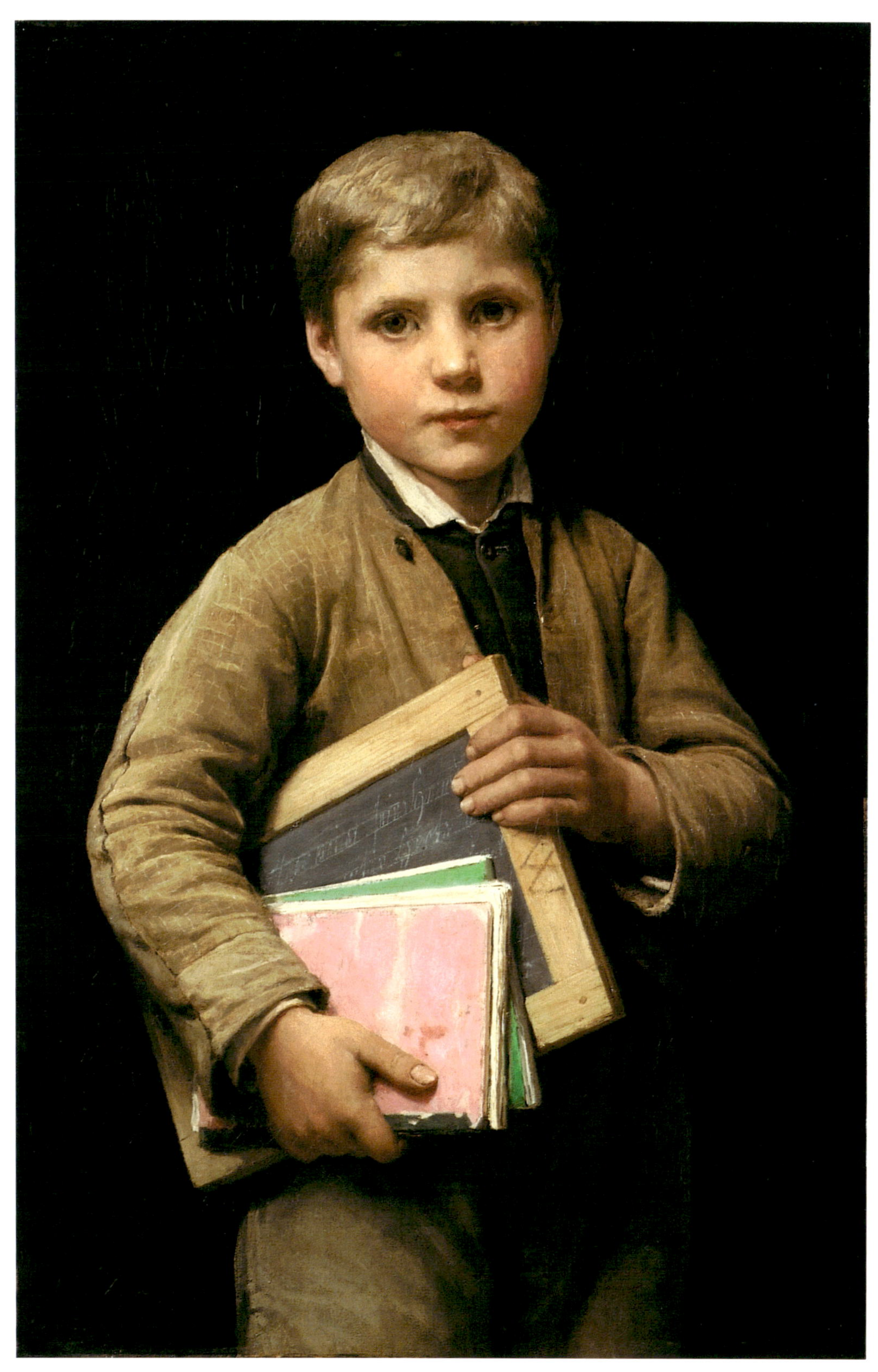

15
Ecolier
Schulknabe mit Schiefertafel
1877
Huile sur toile
Öl auf Leinwand
60×39,4 cm
Stiftung für Kunst, Kultur und Geschichte, Winterthur
K/B 241

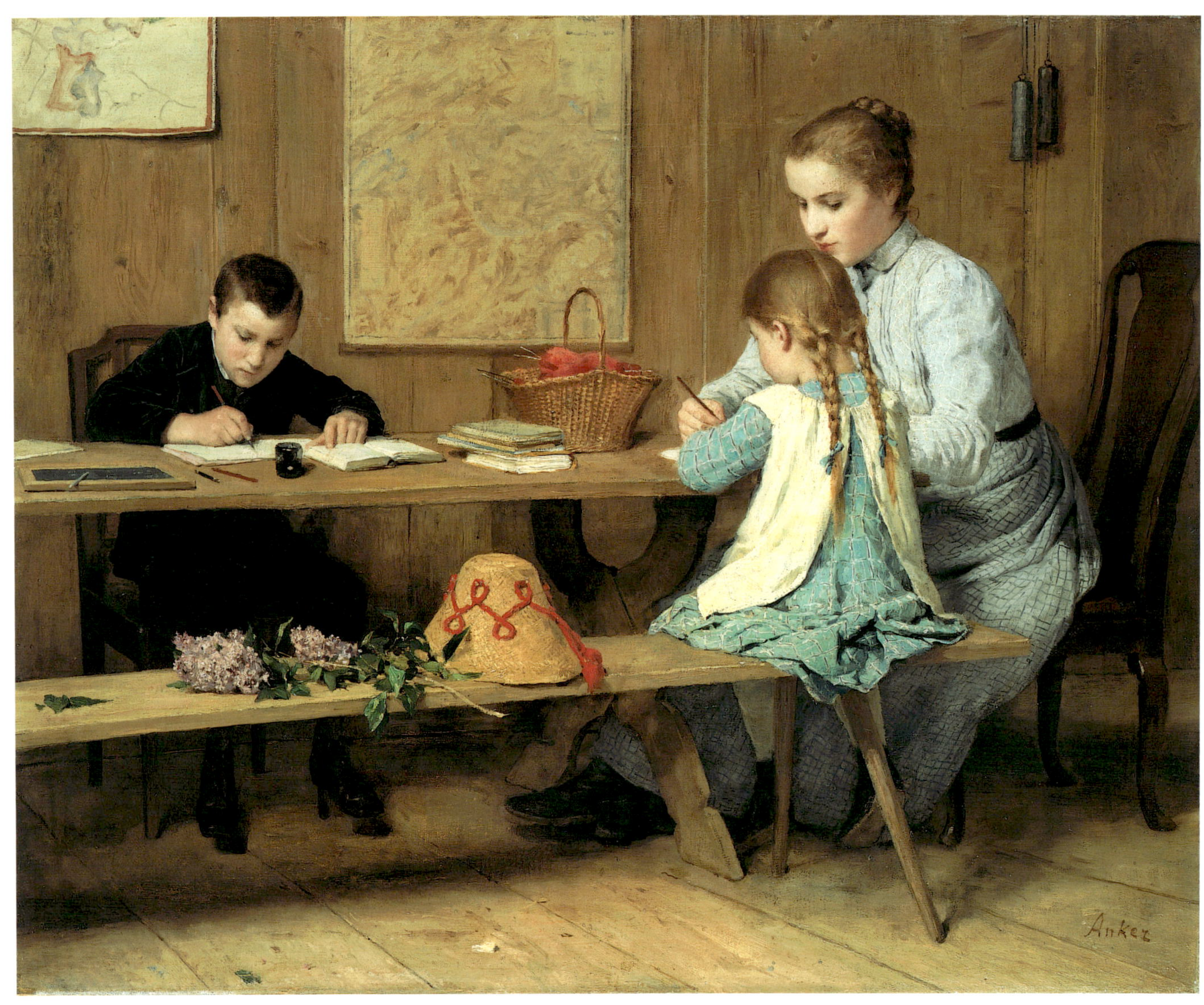

16
Les Enfants à leur tâche
Kinder bei den Hausaufgaben
vers / *um* 1900
Huile sur toile
Öl auf Leinwand
50×63 cm
Collection particulière
K/B 567

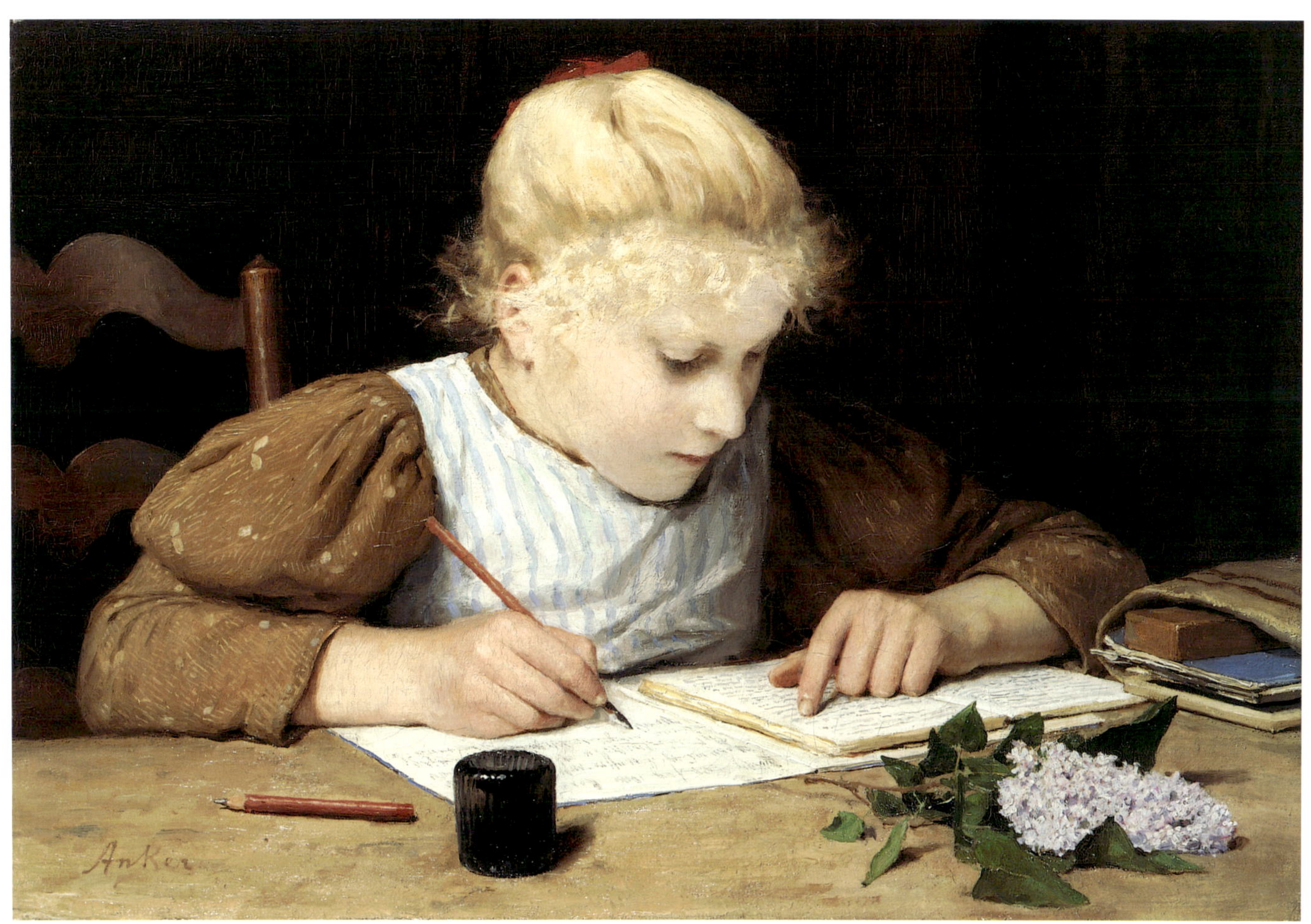

17
Fillette écrivant
Schreibendes Mädchen
vers / *um* 1900
Huile sur toile
Öl auf Leinwand
35×51,5 cm
Collection particulière
K/B 576

C'est dans ses compositions à nombreux personnages que le peintre montre le mieux son approche sensible de l'âme enfantine.

Dans ce tableau, une troupe d'enfants est en déplacement à la campagne, sous la houlette d'une institutrice, lors d'une course d'école. Pour une fois, ce ne sont pas la lecture et l'écriture qui sont au centre des préoccupations, mais l'aventure commune dans la nature.

Sandor Kuthy a relevé qu'Anker s'est penché une première fois sur le sujet dans un travail sur faïence réalisé pour l'industriel Théodore Deck (1869, Victoria and Albert Museum, Londres, voir ill. p. 233), avant de lui consacrer une peinture à l'huile trois années plus tard.

In seinen mehrfigurigen Kompositionen stellt Anker sein Einfühlungsvermögen in die kindliche Psyche am eindrücklichsten unter Beweis.

In diesem Gemälde lässt er eine Kinderschar durch eine Landschaft ziehen, es ist der Ausflug einer Schulklasse unter der Obhut einer Lehrerin. Hier ist für einmal nicht Lesen und Schreiben zentrales Anliegen, sondern das Gemeinschaftserlebnis des Ausflugs in der freien Natur.

Sandor Kuthy stellte fest, dass sich Anker erstmals mit dem Motiv in einer Fayenceplatte für den Industriellen Théodore Deck beschäftigte (1869, Victoria and Albert Museum, London, vgl. Abb. S. 233), erst drei Jahre danach wandte er sich ihm in Öl zu.

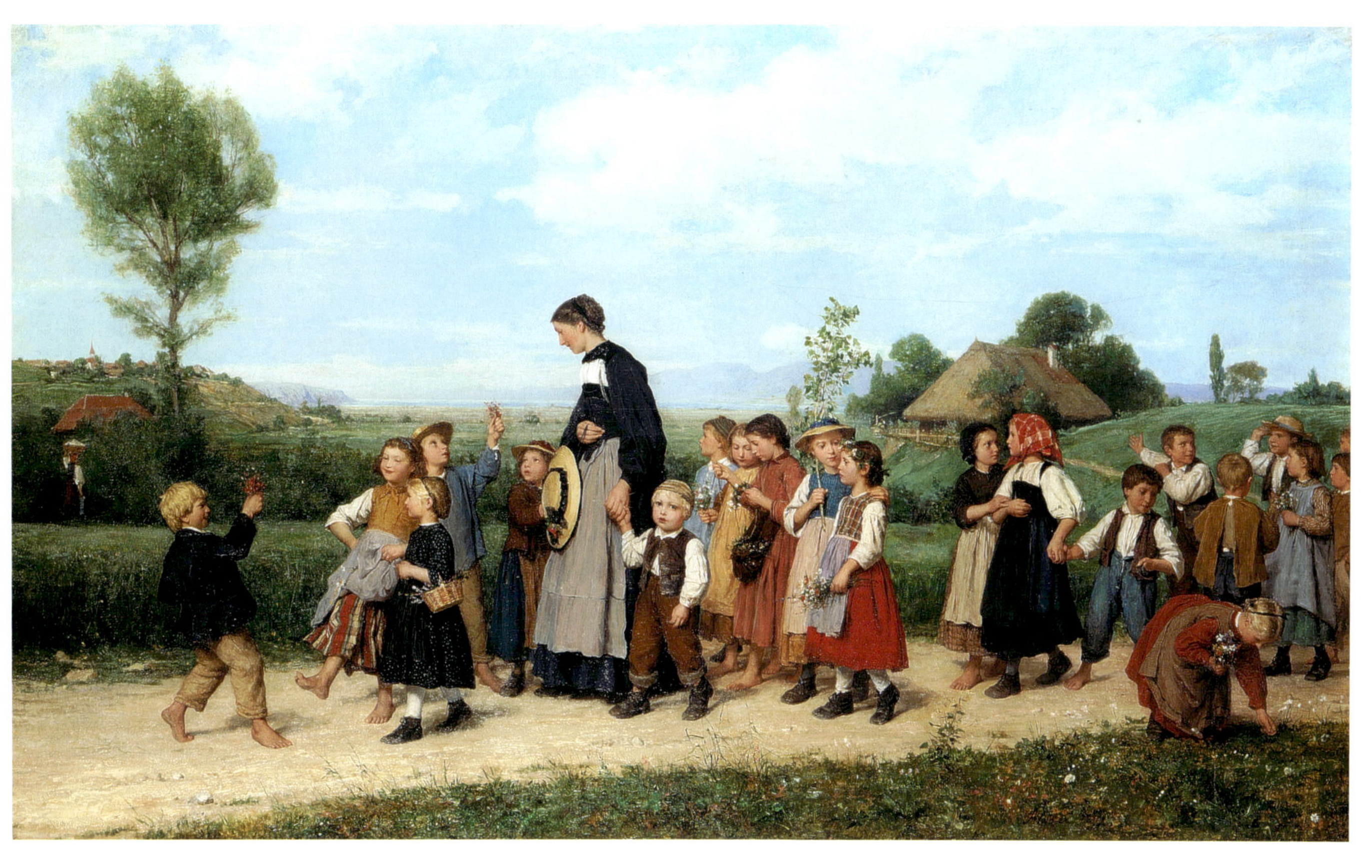

18
L'Ecole en promenade
Der Schulspaziergang
1872
Huile sur toile
Öl auf Leinwand
90×150 cm
Collection Christoph Blocher
K/B 162

En 1894 déjà, selon un courrier rédigé à cette date, Anker se consacre au tableau intitulé *La Crèche en promenade*, auquel il travaillera des années durant. L'œuvre est son dernier panneau peint achevé dont le sujet est un groupe de personnages. La toile représente, dans un certain sens, son testament pictural avant qu'il ne soit frappé, en 1901, par une attaque d'apoplexie, qui limitera dès lors considérablement ses forces pour la peinture à l'huile. Il lui sera désormais difficile de se consacrer à des œuvres de même format.

La toile est précédée de nombreuses études à l'aquarelle et à l'huile. Le 18 décembre 1900, il note: «Signé le tableau de la Crèche en promenade», pour ajouter brièvement qu'il l'a livré à un acheteur.

La peinture, construite selon une large perspective horizontale, baigne dans une lumière vive et inhabituelle. Une diaconesse pousse une voiture d'enfant et conduit une troupe de gosses pleins d'entrain sur le pont nouvellement construit du Kirchenfeld, à Berne. Deux enfants impertinents échappent, semble-t-il, à sa surveillance: l'un d'eux se hisse sur la balustrade afin de regarder l'Aar, l'autre fixe son attention sur les collines à travers les barreaux.

L'œuvre d'Anker évoque un tableau romantique, celui de Moritz von Schwind intitulé *Auf der Donaubrücke*. Chez Anker toutefois, la rencontre d'enfants insouciants avec une dame portant le deuil dépasse les limites du genre: le fleuve devient source de vie. L'apparition de cette dame en noir sur le pont avec son ombrelle peut être interprétée comme l'évocation de la mort et du mitan de la vie.

Bereits 1894 befasste sich Anker gemäss einem Brief mit der Kleinkinderschule auf der Kirchenfeldbrücke, *an der er jahrelang arbeitete. Es sollte sein letztes vollendetes mehrfiguriges Tafelbild und in gewissem Sinne sein malerisches Vermächtnis werden, bevor er 1901 einen Hirnschlag erlitten hat, der ihn fortan in seiner Ölmalerei stark einschränkte. Es fiel ihm nunmehr schwer, grössere Leinwände dieser Art zu bearbeiten.*

In zahlreichen Aquarell- und Ölstudien hat er die Figuren für dieses Bild vorbereitet. Am 18. Dezember 1900 notierte er: «Signé le tableau de la Crèche en promenade», und er hielt kurz danach fest, dass er es einem Käufer abgeliefert habe. Das Gemälde ist von ungewöhnlicher Helligkeit und von starker Horizontalität. Unter der Obhut einer Diakonissin, die einen Kinderwagen führt, spaziert eine muntere Schar in lockerer Ordnung über die neu erbaute Berner Kirchenfeldbrücke. Zwei vorwitzige Knaben entwischen offensichtlich der fürsorglichen Aufsicht, der eine steigt am Geländer empor, um auf die Aarelandschaft zu sehen, der andere blickt durch die Stäbe auf den im Hintergrund sich erhebenden schmalen Hügelzug.

Ankers Werk weckte wiederholt Reminiszenzen an einen Bildgedanken aus der Romantik: Moritz von Schwinds Auf der Donaubrücke. *Bei Anker weist aber die Begegnung der unbeschwerten Kinder mit einer Dame, die Leid trägt, über das übliche Genre hinaus: der Fluss wird zum Lebensfluss. Somit kann das Auftauchen der Schwarzgekleideten mit Schirm auf der Brücke des Lebens als ein Memento mori gedeutet werden – sie erinnert an den mitten im Leben auftauchenden Tod.*

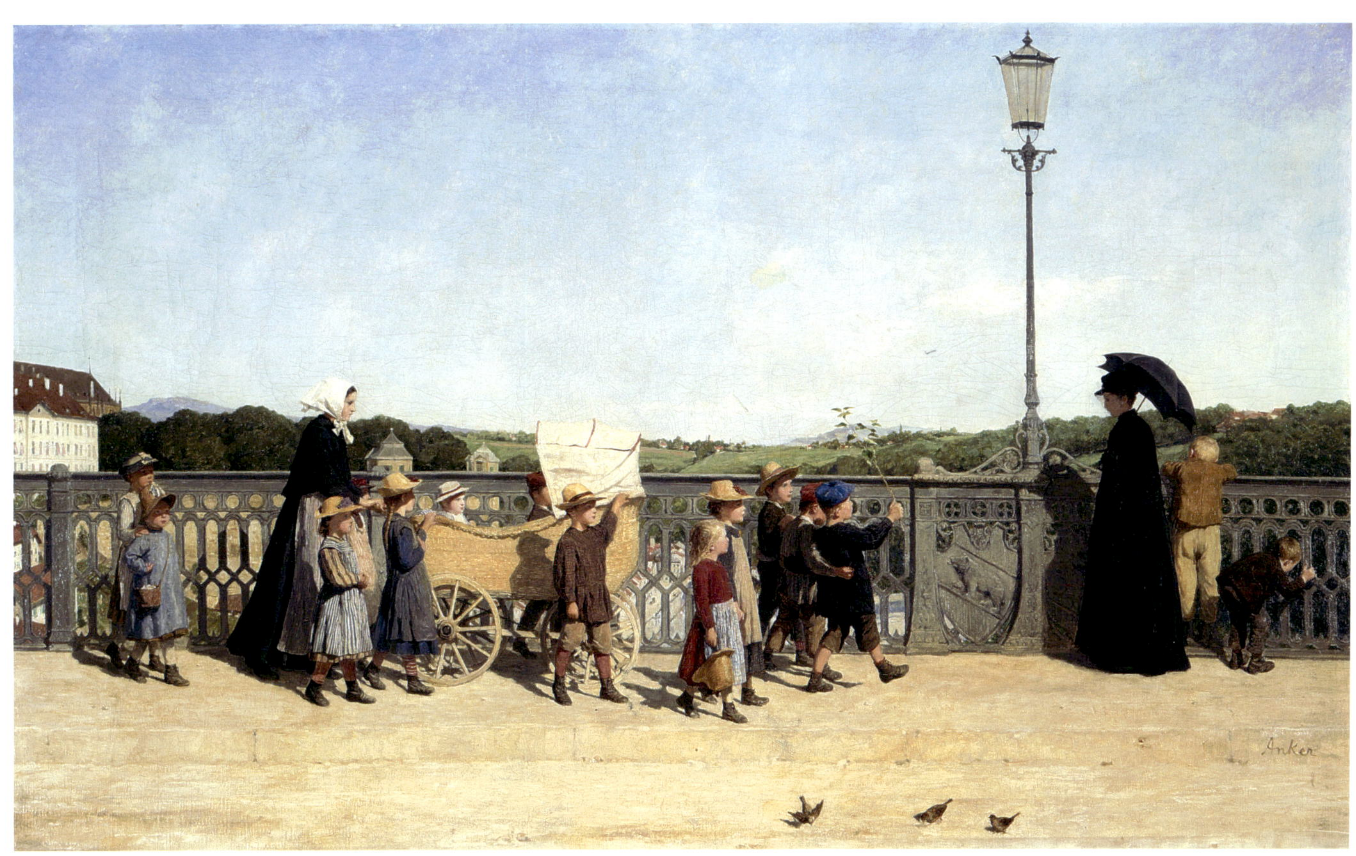

20
La Crèche en promenade
Kleinkinderschule auf der Kirchenfeldbrücke
1900
Huile sur toile
Öl auf Leinwand
76 × 127 cm
Gottfried Keller-Stiftung, Musée des Beaux-Arts de Berne
K/B 565

Sur la toile intitulée *Les Catéchumènes de Müntschemier*, des jeunes filles se promènent le cœur léger, hors du village, en se tenant par la main. Elles viennent de franchir une étape supplémentaire vers l'âge adulte. Certaines tiennent encore leur psautier à la main. Anker traite une nouvelle fois – après le baptême et le mariage civil – un événement important de la société d'autrefois. Il fut luimême vingt-cinq fois parrain et a accompagné de nombreuses catéchumènes à cette occasion.
Tandis qu'Anker réussit à terminer *La Crèche en promenade*, cette toile à plusieurs personnages demeura inachevée lorsqu'il eut son attaque d'apoplexie en 1901. Quelques têtes, minutieusement réalisées, constituent de réels portraits, alors que d'autres parties du tableau restent esquissées et fragmentaires. On peut relever qu'il devait s'agir d'une composition inhabituelle, comme s'il avait voulu, avec cette œuvre tardive, apporter une «référence tranquille» à Hodler, de vingt ans son cadet, et à sa fresque *Le Retour de Marignan*, qui avait suscité une vive polémique. Les personnages sont également représentés en frise dans un rectangle allongé. Même si Anker se montre verbalement des plus prudents et des plus contradictoires lors de son appréciation des fresques de Hodler comme membre du jury, on pourrait voir, dans cette représentation tardive de jeunes filles, un certain parallélisme et une inhabituelle ouverture à l'égard de l'œuvre de Hodler, annonciateurs d'une «nouvelle et radicale» orientation.

Auf dem Bild Die Konfirmandinnen von Müntschemier *ziehen Mädchen, sich bei den Händen haltend, unbeschwert aus dem Dorf. Sie haben einen weiteren Schritt in Richtung Erwachsensein hinter sich gelassen, das Gesangbuch zum Teil noch in der Hand haltend.*
Anker bezieht sich hier erneut – nach der Taufe und der Ziviltrauung – auf ein wichtiges Ereignis in der damaligen Gesellschaft. Er selber war 25 Mal Pate, zahlreiche Konfirmandinnen hat er auf diesem Schritt begleitet.
Während Anker die Kleinkinderschule auf der Kirchenfeldbrücke *noch vollenden konnte, blieb diese mehrfigurige Leinwand auf seiner Staffelei unvollendet stehen, als er 1901 seinen Schlaganfall erlitt. Einige der Köpfe sind minuziös ausgearbeitet und wahre Porträts, andere Bildstellen sind erst skizziert und fragmentarisch geblieben. Fest steht, dass es sich um eine ungewöhnliche Komposition handeln sollte, fast gar, als ob er mit diesem späten Gemälde dem zwanzig Jahre jüngeren Hodler, um dessen Fresken zum* Rückzug von Marignano *eine heftige Polemik entbrannt war, eine «stille Referenz» erweisen wollte: Auch dort sind die Personen friesartig in einer schmalen Bildschicht aufgereiht. Auch wenn Ankers mündliche Stellungnahme anlässlich der Jurierung von Hodlers Fresken äusserst zaghaft und widersprüchlich gewesen war, könnte sich in diesem späten Bild der einherschreitenden Konfirmandinnen eine ungewohnte Offenheit gegenüber Hodlers Parallelismus manifestieren und eine «grundsätzliche Neuorientierung» ahnen lassen.*

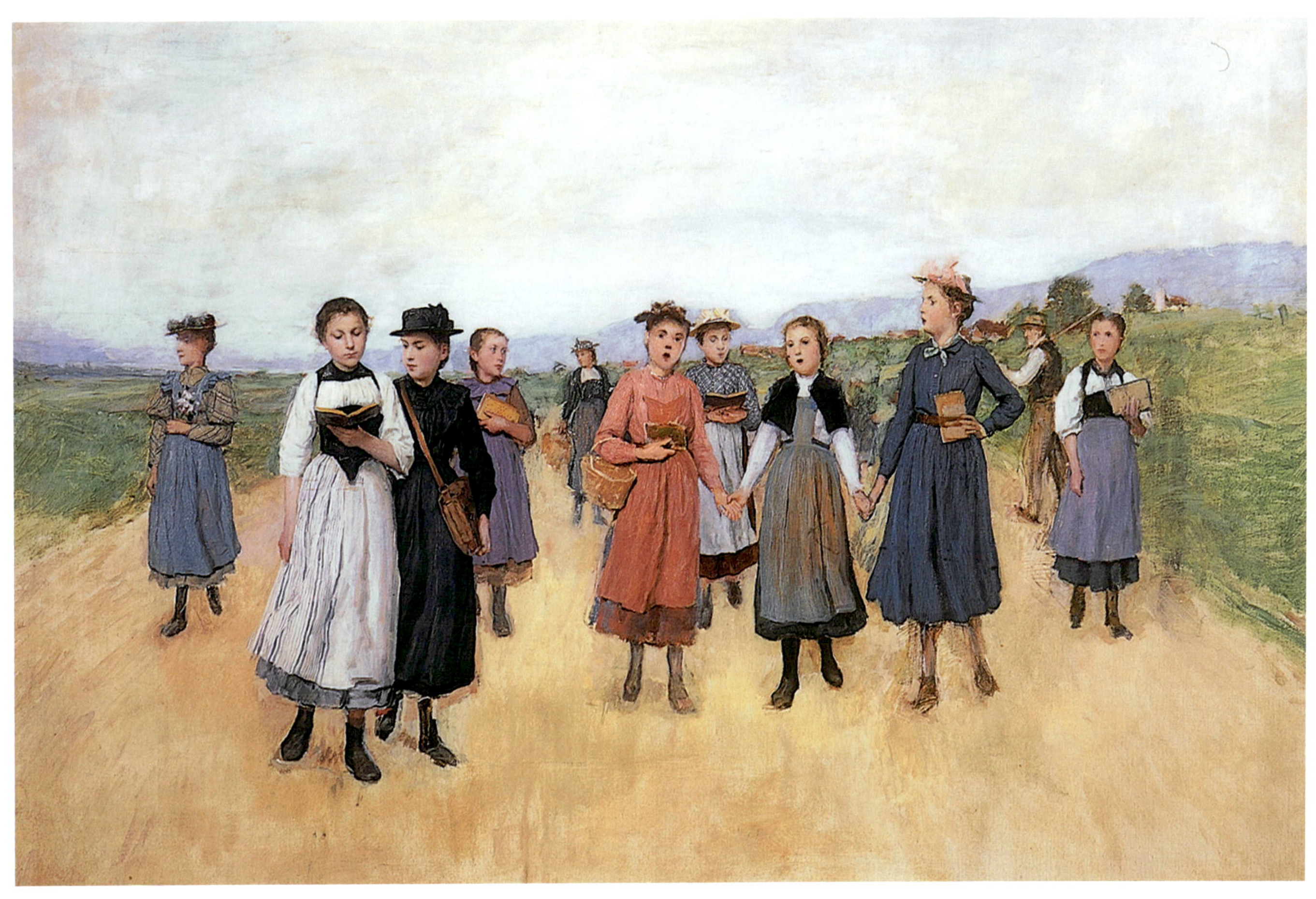

22
Les Catéchumènes de Müntschemier
Die Konfirmandinnen von Müntschemier
1901
Huile sur toile
Öl auf Leinwand
86×131 cm
Commune d'Anet / *Gemeinde Ins*
K/B 584

23
Pas exposé
Nicht ausgestellt
Fillette tricotant
Strickendes Mädchen
1881
Huile sur toile
Öl auf Leinwand
46 × 38 cm
Collection particulière
K/B page / *Seite* 292

Chez Anker, de nombreux travaux sont consacrés à des fillettes tricotant ou à des fileuses, qui émaillent aussi bien l'œuvre peint que les aquarelles des dernières années. A chaque fois, les modèles sont venus dans son atelier pour être peints pendant qu'ils tricotent. On dirait que ces représentations de personnes prises isolément dans une situation caractéristique de leur vie devaient exprimer de manière réaliste un possible paradis terrestre. Comme chez Rembrandt ou Chardin, le personnage, en l'occurrence une fillette totalement concentrée sur son activité et en pleine lumière, contraste avec le fond plongé dans une ombre diffuse. Le sujet n'est en fait pas le tricot, mais le processus psychique de concentration du personnage sur son ouvrage. Les tricoteuses et les fileuses chez Anker sont observées avec minutie, elles ne posent pas.

Zahlreiche Darstellungen von strickenden Mädchen wie auch von Spinnenden finden sich sowohl in Ankers Ölmalerei wie unter den Aquarellen der späten Jahre. Immer wieder sind die Modelle zu ihm ins Atelier gekommen, um sich bei dieser Tätigkeit malen zu lassen. Es ist, als ob Darstellungen von Einzelpersonen in einer bestimmten, für ihre Existenz charakteristischen Situation die Vorstellung von einem möglichen irdischen Paradies realistischen Zuschnitts zum Ausdruck bringen würden. Wie bei Rembrandt oder Chardin hebt sich das Mädchen, völlig eins mit sich und seiner Tätigkeit, als Lichtgestalt vor dem diffusen Schattenraum ab. Das eigentliche Thema ist nicht das Stricken, sondern der psychische Vorgang, die Konzentration der Dargestellten auf ihre Tätigkeit. Ankers Strickende und Spinnende sind genau beobachtet, sie posieren nicht.

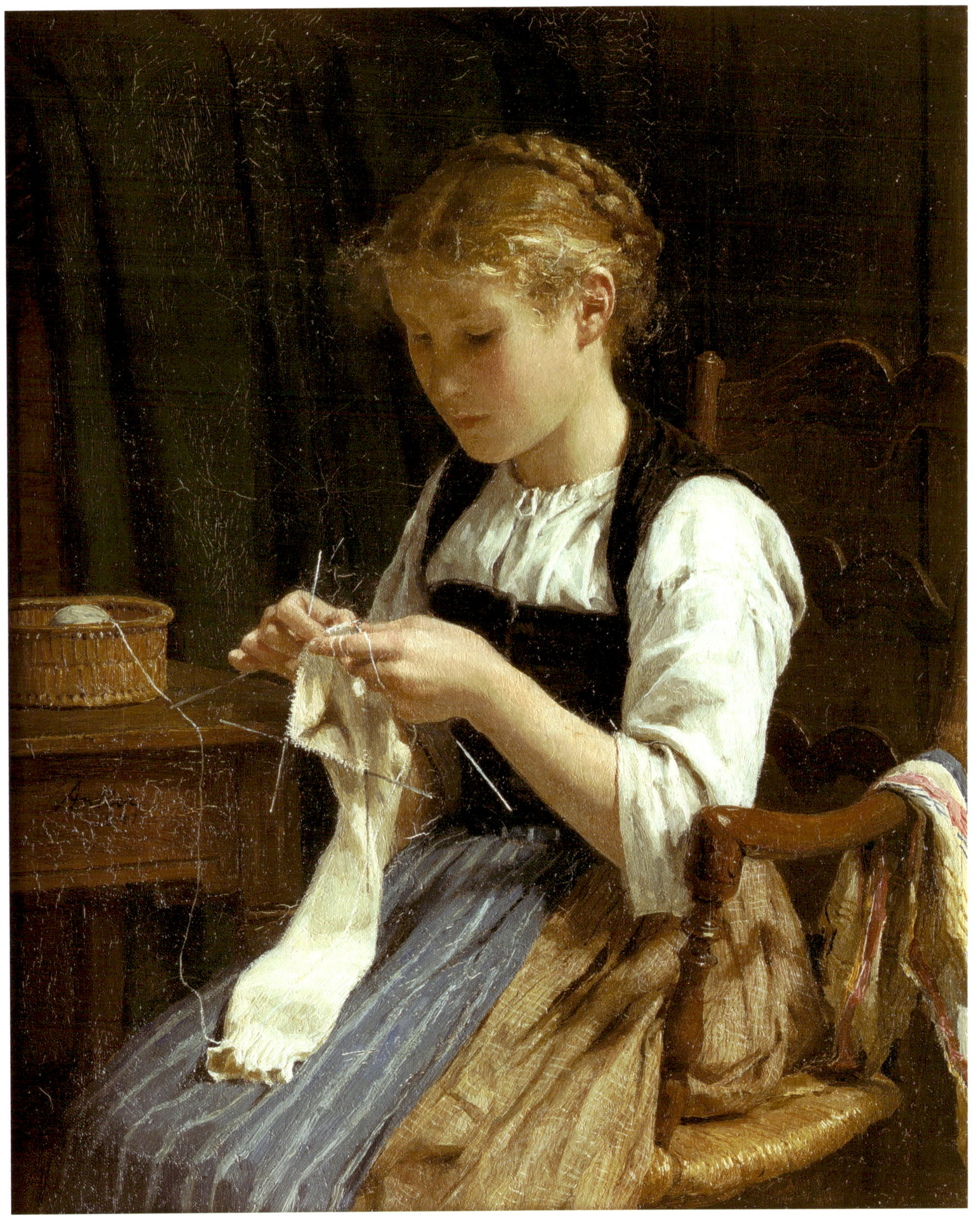

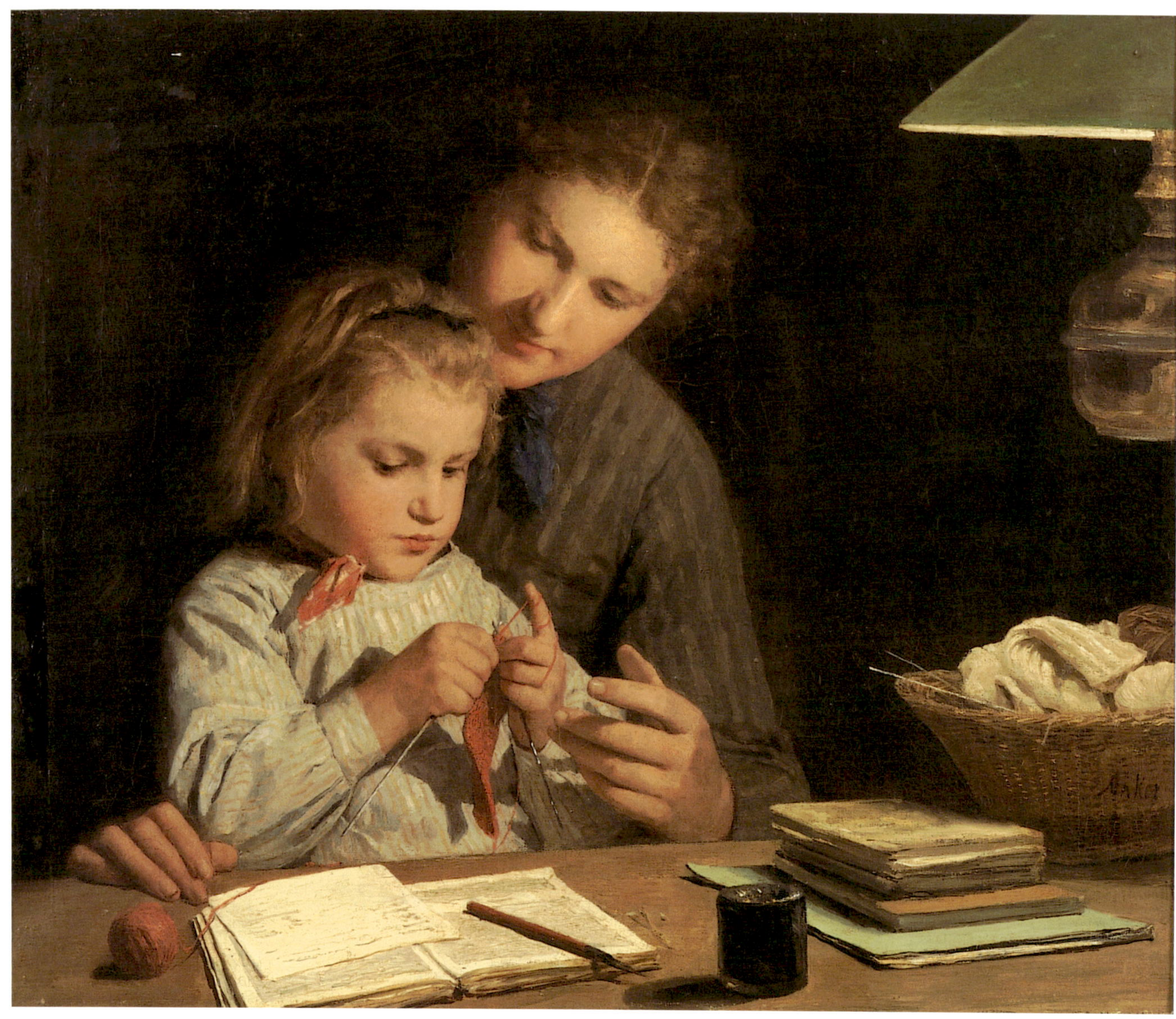

24
Les Sœurs Gugger tricotant
Rosa und Bertha Gugger beim Stricken
vers / *um* 1885
Huile sur toile
Öl auf Leinwand
51,5×63 cm
Stiftung für Kunst, Kultur und Geschichte, Winterthur
K/B 331

25 (voir aussi cat. nº 90) ▷
Rosa et Bertha Gugger
Rosa und Bertha Gugger
1883
Huile sur toile
Öl auf Leinwand
65,5×54,5 cm
Collection Christoph Blocher
K/B 303

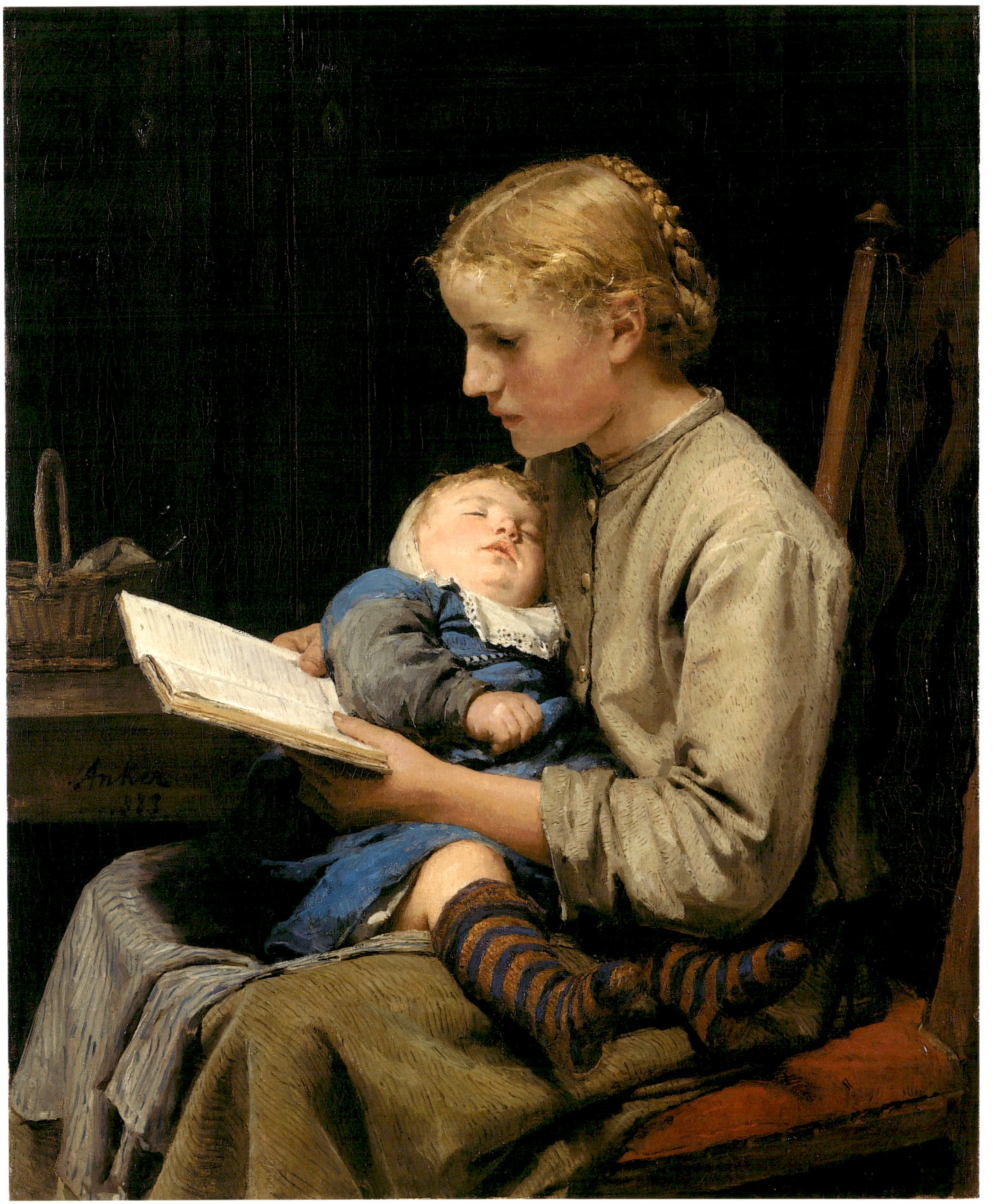

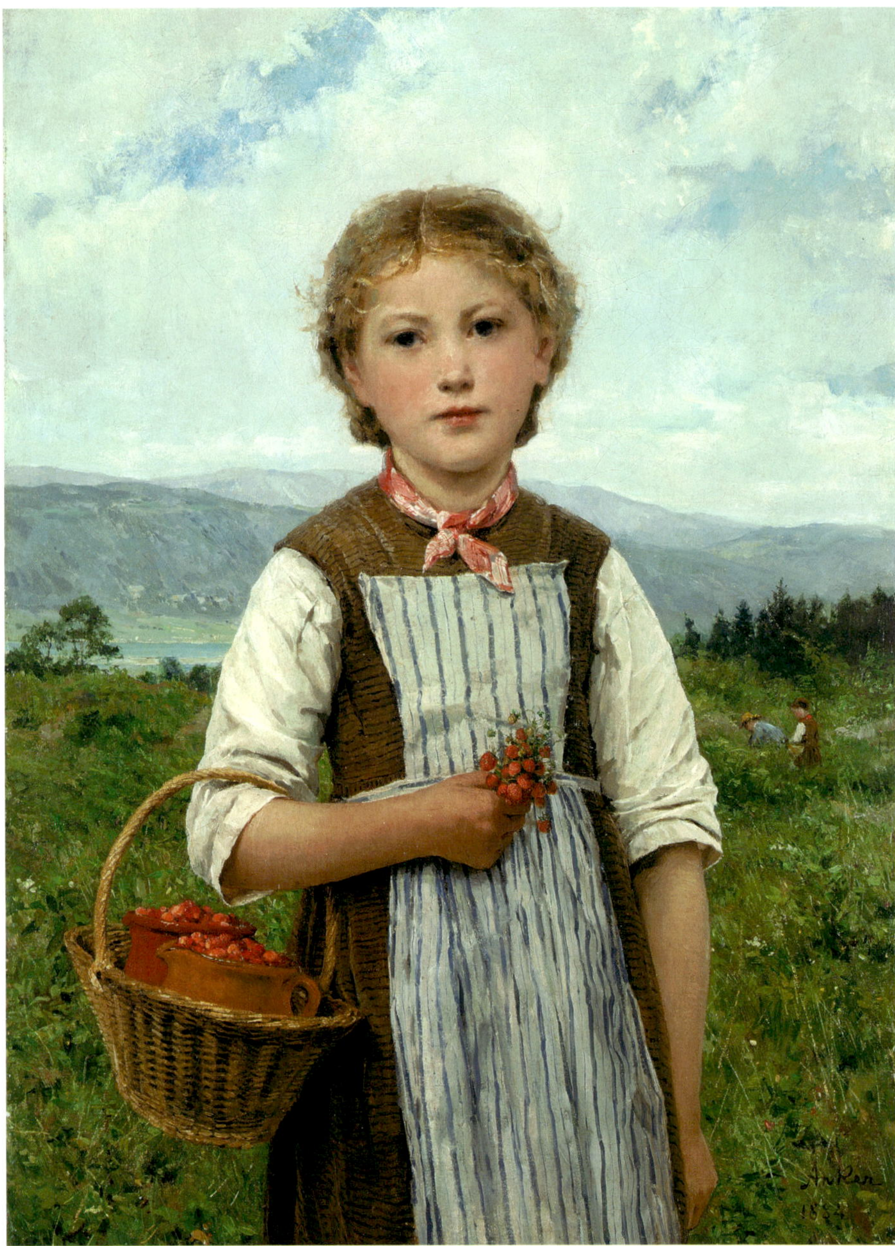

27
La Mariette aux fraises
Erdbeerimareili
1884
Huile sur toile
Öl auf Leinwand
82×60 cm
Musée cantonal des Beaux-Arts, Lausanne
(Don de Mme Bovon
selon le désir de Mlle E. Spühler, 1939)
K/B 323

Ces deux portraits d'enfants sont parmi les préférés et les plus reproduits de l'œuvre d'Anker. *La Mariette aux fraises* se fonde sur un récit populaire de Jeremias Gotthelf, tout à fait dans l'esprit d'Anker. Dans les années 1890, après son retour définitif à Anet, Anker livre à l'éditeur Zahn de nombreuses illustrations pour l'édition de luxe des *Œuvres choisies* de Jeremias Gotthelf. Nombre de motifs sont réalisés directement sur commande. Pour d'autres, il fait appel à des travaux plus anciens. La fillette, âgée de 10 ans, qu'il reproduit avec son panier à la recherche de fraises habite Anet et se nomme Rosa Zesiger.

Die beiden Kinderbildnisse gehören zu den beliebtesten und wohl am häufigsten abgebildeten Anker-Sujets. Das Erdbeerimareili *bezieht sich auf eine der populären, ganz dem Ankerschen Geist entsprechenden Geschichten von Jeremias Gotthelf. In den 1890er Jahren, nach seiner endgültigen Rückkehr nach Ins, hat Anker im Auftrag des Verlegers Zahn zahlreiche Illustrationsvorlagen geliefert für die Bebilderung der illustrierten Prachtausgabe von Jeremias Gotthelfs* Ausgewählten Werken. *Viele Motive hat er direkt auf Bestellung konzipiert, für andere konnte er auf früher geschaffene Werke zurückgreifen, so auch in diesem Fall. Denn dargestellt ist ein*

28
Le Petit Chaperon rouge
Rotkäppchen
vers / *um* 1883
Huile sur toile
Öl auf Leinwand
85,5 × 62 cm
Stiftung für Kunst,
Kultur und Geschichte, Winterthur
K/B 308

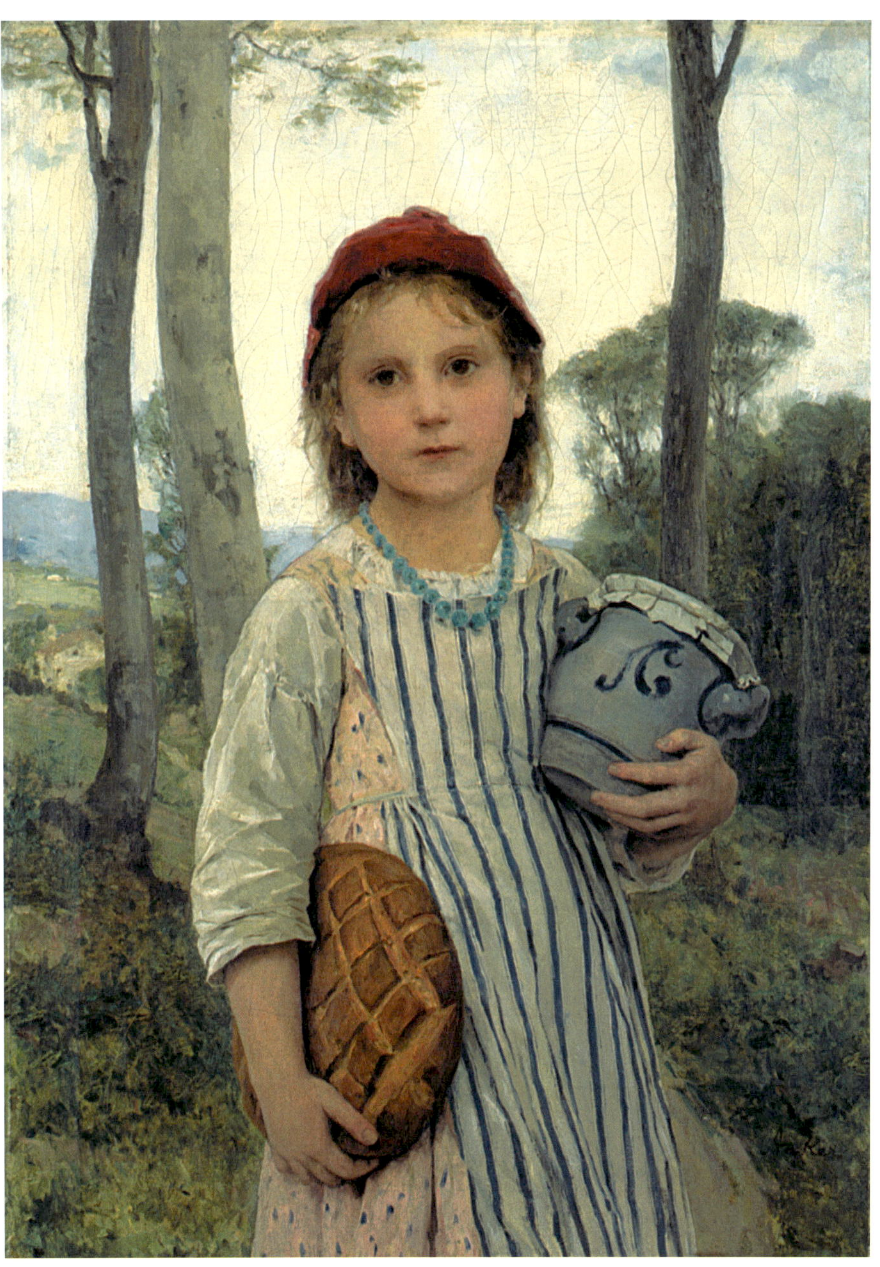

Le sujet du *Petit Chaperon rouge* a déjà été traité par Anker, entre 1874 et 1880, sur huit assiettes de faïence au total. Il se peut que le tableau à l'huile ait été réalisé à la suite d'une forte demande. Son premier propriétaire, un marchand de Mulhouse, l'acquiert à une exposition dans cette ville. Il s'agit ici aussi du portrait d'une fille de paysan d'Anet rentrant à la maison, chargée de provisions. Son nom, emprunté à un conte de Grimm, ne doit son origine, semble-t-il, qu'à son couvre-chef.

genau bestimmbares Inser Mädchen – die 10-jährige Rosa Zesiger –, das mit seinem Körbchen auf Erdbeersuche ist.
Mit dem Motiv «Rotkäppchen» hatte Anker bereits zwischen 1874 und 1880 insgesamt acht Fayenceteller bemalt. Möglicherweise entstand das Ölgemälde aufgrund reger Nachfrage. Sein erster Besitzer war ein Mulhouser Kaufmann, der es dort an einer Ausstellung erworben hat. Doch auch hier handelt es sich um ein Bildnis eines Inser Bauernmädchens, das von Besorgungen heimkehrt. Seinen Namen in Anlehnung an das Grimm'sche Märchen hat es lediglich aufgrund seiner Kopfbedeckung erlangt.

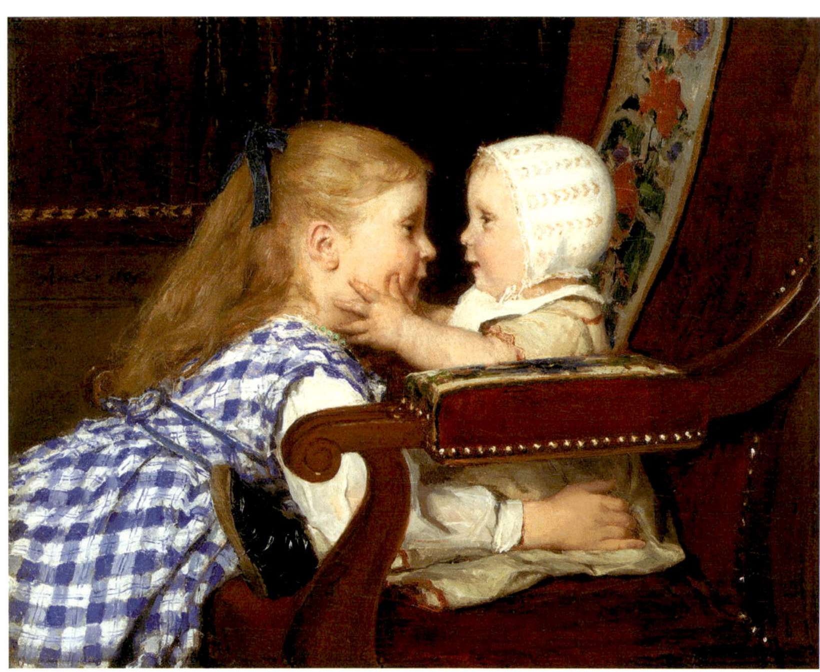

29
Amitié
Freundschaft
1879
Huile sur toile
Öl auf Leinwand
22×28,5 cm
Collection Cymbalista
K/B 266

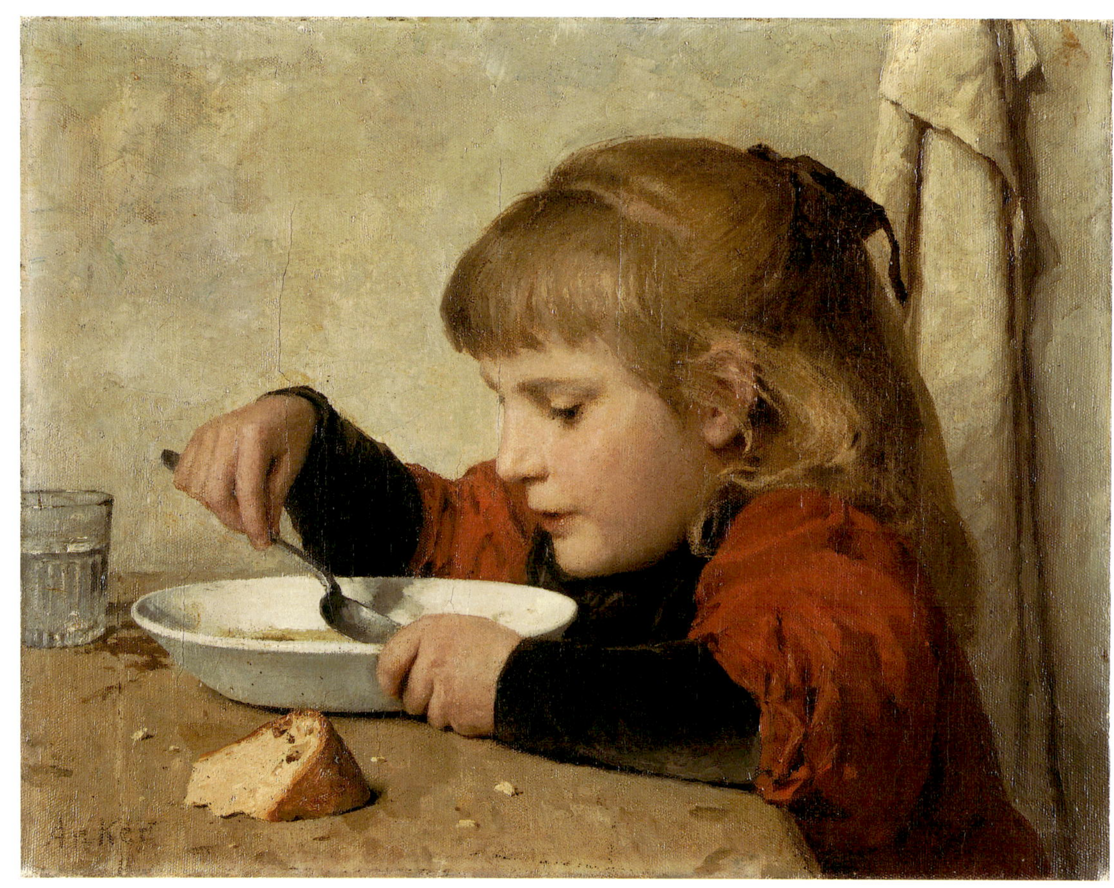

30
Fillette mangeant sa soupe
Suppe essendes Mädchen
1898
Huile sur toile
Öl auf Leinwand
36×47 cm
Collection particulière
K/B 548

31
Fillette buvant du café
Mädchen, Kaffee trinkend
1870
Huile sur métal
Öl auf Blech
42×31,5 cm
Collection particulière
K/B 142

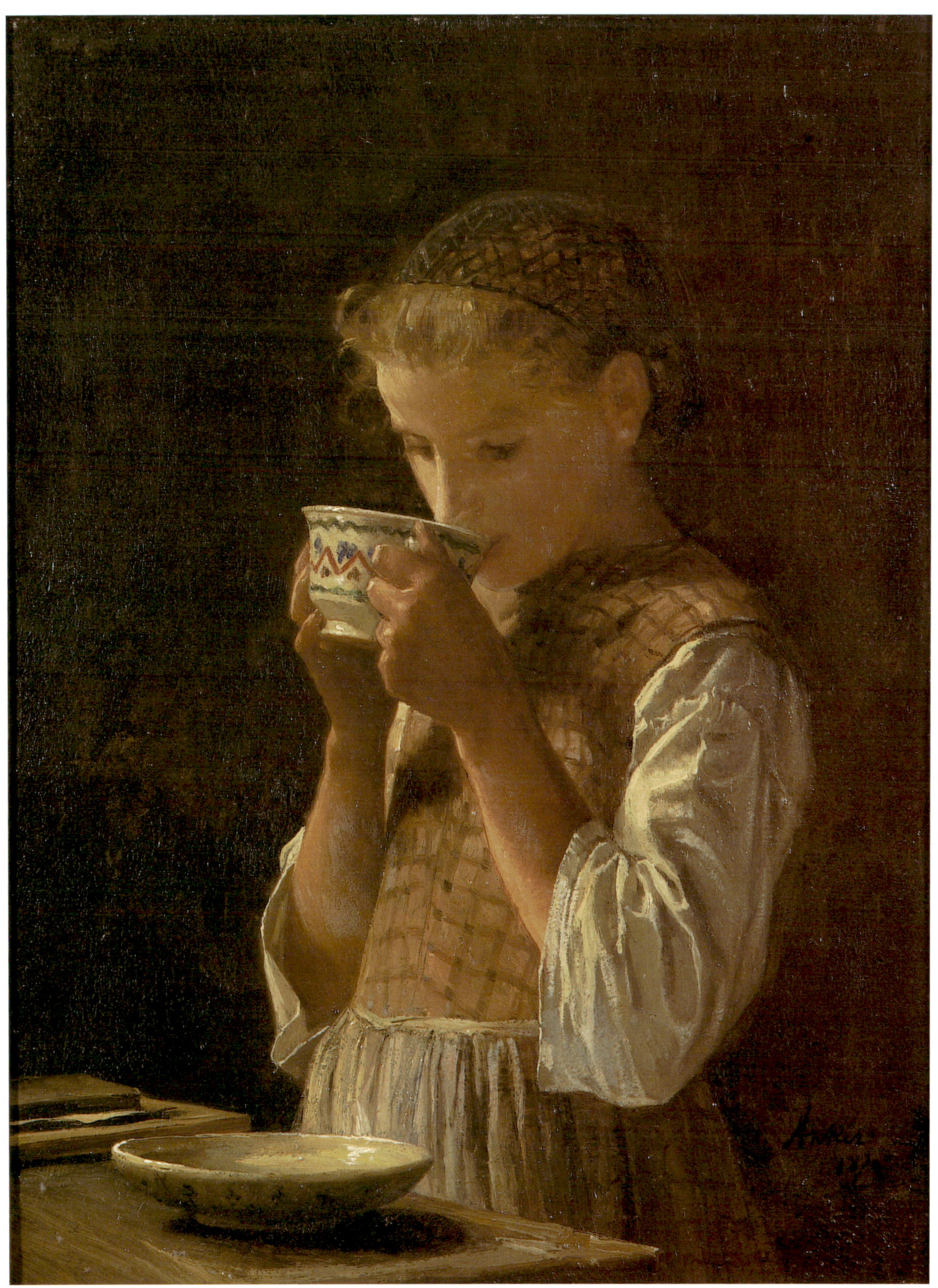

La fillette apporte toute son attention et sa sollicitude à deux jeunes chats blottis dans ses bras. On ne saurait nier le côté émouvant de la scène, bien que l'artiste parvienne à rendre crédible ce moment d'intense émotion. La sincérité du regard de son modèle lui permet d'éviter la dérive sentimentale ou anecdotique. Anker a recouru à plus d'une reprise à ce motif, la première fois en 1851, pour un portrait de sa jeune sœur Louise (voir ci-contre).

Pas exposé / *Nicht ausgestellt*: **Portrait de Louise Anker avec chat** / ***Bildnis Louise Anker mit Katze***, 1851, huile sur métal / *Öl auf Blech*, 42,6×32 cm, Musée des Beaux-Arts de Berne, Etat de Berne, K/B 7

Das Mädchen hält voller Hingabe die beiden jungen Katzen in den Armen und wendet ihnen seine ganze Aufmerksamkeit zu. Es kann auch nicht übersehen werden, dass das Bild etwas Rührstückhaftes an sich hat, so gelingt es dem Künstler dennoch, diesen innigen Moment malerisch glaubhaft festzuhalten. Durch die Wahrhaftigkeit des Augenblicks kann er es vermeiden, dass die Szene ins Sentimentale oder Anekdotische abgleitet. Das Motiv hat er wiederholt festgehalten, erstmals bereits 1851 in jenem frühen Bildnis seiner Schwester Louise (Abb.).

32
Jeune Fille tenant deux chats
Mädchen mit zwei Katzen
1888
Huile sur toile
Öl auf Leinwand
66×43 cm
Collection particulière
K/B 396

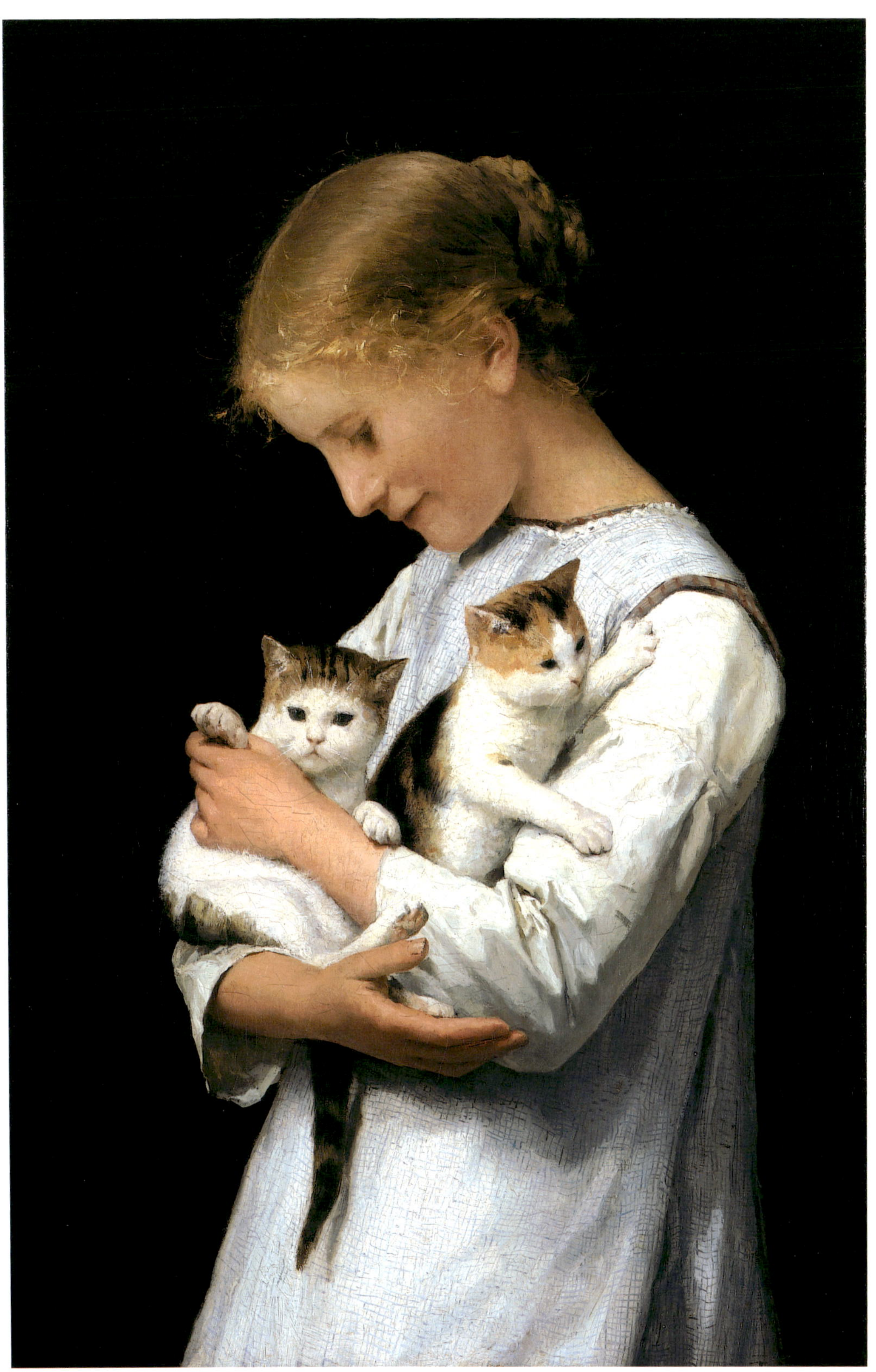

34 ▷
Dans les bois
Schlafendes Mädchen im Wald
1865
Huile sur toile
Öl auf Leinwand
62,5 × 49,5 cm
Palais des Beaux-Arts de Lille
K/B 98

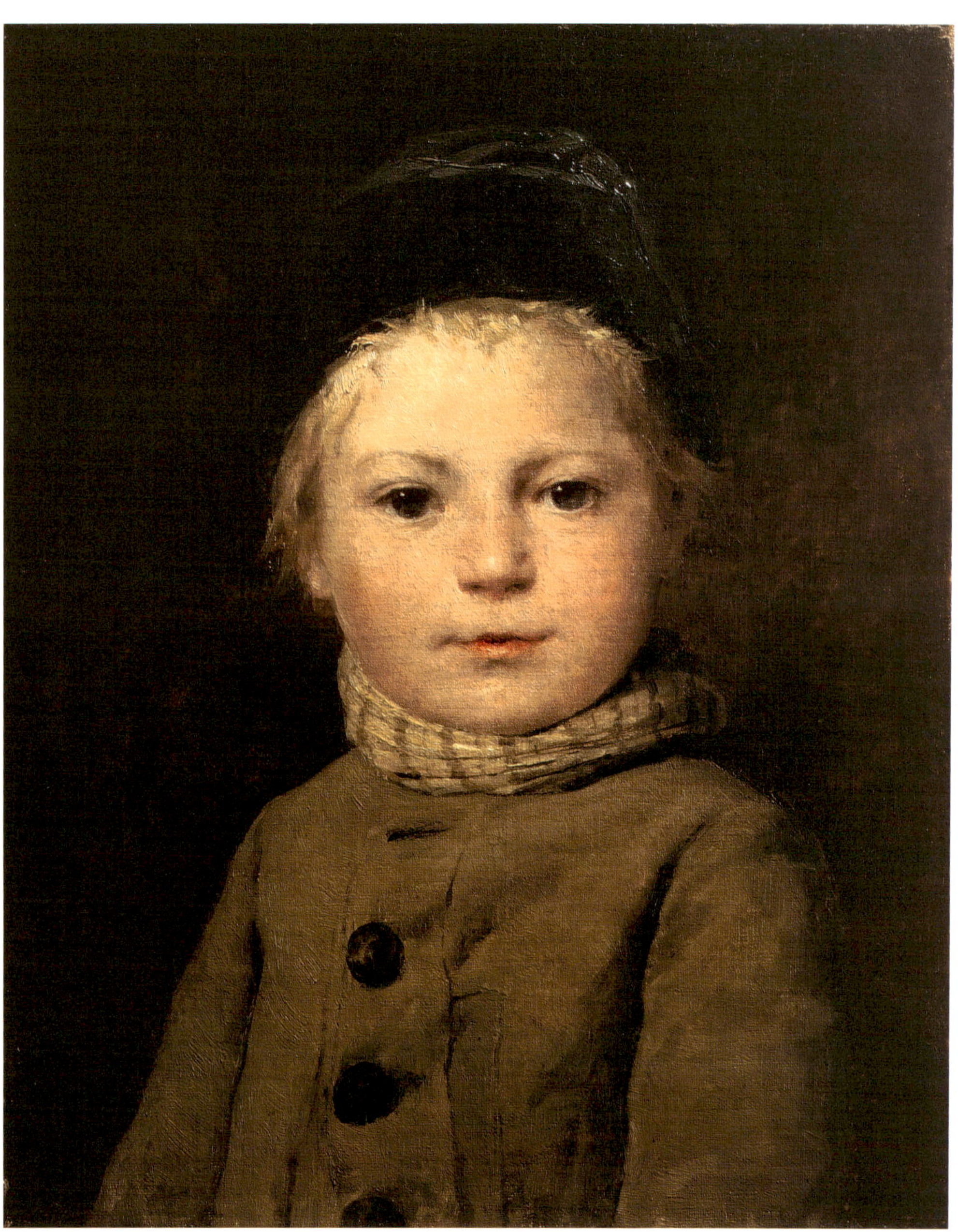

33
Portrait d'un garçon
Knabenbildnis
non daté / *undatiert*
Huile sur toile
Öl auf Leinwand
40,5 × 32,5 cm
Collection particulière
K/B 441

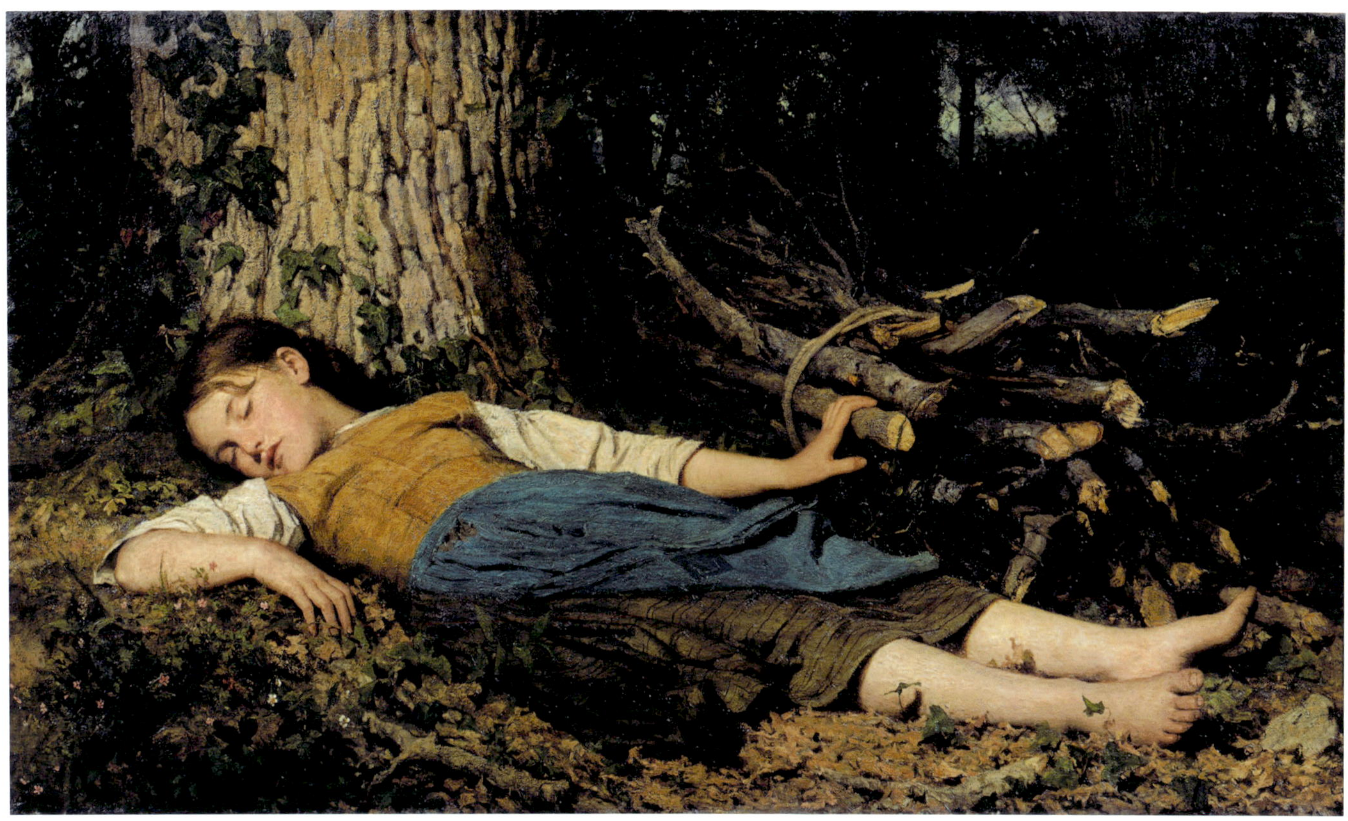

Avec ce tableau intitulé *Dans les bois*, Anker connaît l'un de ses plus grands succès et obtient une médaille d'or au Salon de Paris en 1866, conjointement avec *La Leçon d'écriture*. Achetée au nom de l'empereur, la peinture est remise en 1867 au Palais des Beaux-Arts de Lille. Le tableau représente une fillette d'une huitaine d'années, nu-pieds, qui s'est endormie, fatiguée d'avoir ramassé du bois dans la forêt. Elle repose au pied d'un grand arbre, son lourd fagot de bois coupé à côté d'elle, une main posée dessus, comme pour s'assurer que l'on ne le lui volera pas pendant son sommeil. La réalisation du sujet peut faire penser à Jean-François Millet ou même à Gustave Courbet. Les tons verts pleins et saturés dont il traite la forêt rappellent les ambiances sylvicoles de Courbet. Anker confère à sa jeune ramasseuse de bois, dans son innocent sommeil, une présence immanente, bien éloignée des problèmes de lutte des classes. A cela s'ajoute que, contrairement à des œuvres similaires de contemporains d'Anker au Salon (tel Adolphe William Bouguereau), qui aimaient montrer des jeunes filles aux habits déchirés, dans des poses osées et suggestives, toute ambiguïté est ici exclue.

Mit dem Schlafenden Mädchen im Wald *hatte Anker einen seiner grössten Erfolge und gewann 1866 – zusammen mit* Schreibunterricht *– am Pariser Salon eine Goldmedaille. Im Namen des Kaisers angekauft, wurde das Gemälde 1867 dem Museum von Lille übergeben.*

Das Bild zeigt ein etwa 8-jähriges barfüssiges Mädchen, das vom Holzsammeln im Wald ermüdet und erschöpft eingeschlafen ist. Sie liegt, das schwere Holzbündel neben sich, am Fusse eines mächtigen Baumes. Die eine Hand liegt auf dem Bündel, wie wenn sie sich vergewissern wollte, dass ihr dieses während des Schlafs nicht gestohlen werde. Die Realisierung des Themas verrät neben einer Anlehnung an Jean-François Millet auch einen gewissen Einfluss von Gustave Courbet. Die satten, pastosen Grüntöne im Wald sind die von Courbets Waldesinneren. Anker verlieh dem unschuldigen Schlaf seiner kindlichen Holzsammlerin eine Diesseitigkeit, die alles Klassenkämpferische ausschliesst. Und auch im Gegensatz zu vergleichbaren Werken von Ankers Zeitgenossen am Salon (beispielsweise Adolphe William Bouguereau), die mit gewagten Posen und zerrissenen Kleidern ihre Kleinmädchendarstellungen erotisch aufgeladen haben, fehlen hier jegliche zweideutige Anspielungen.

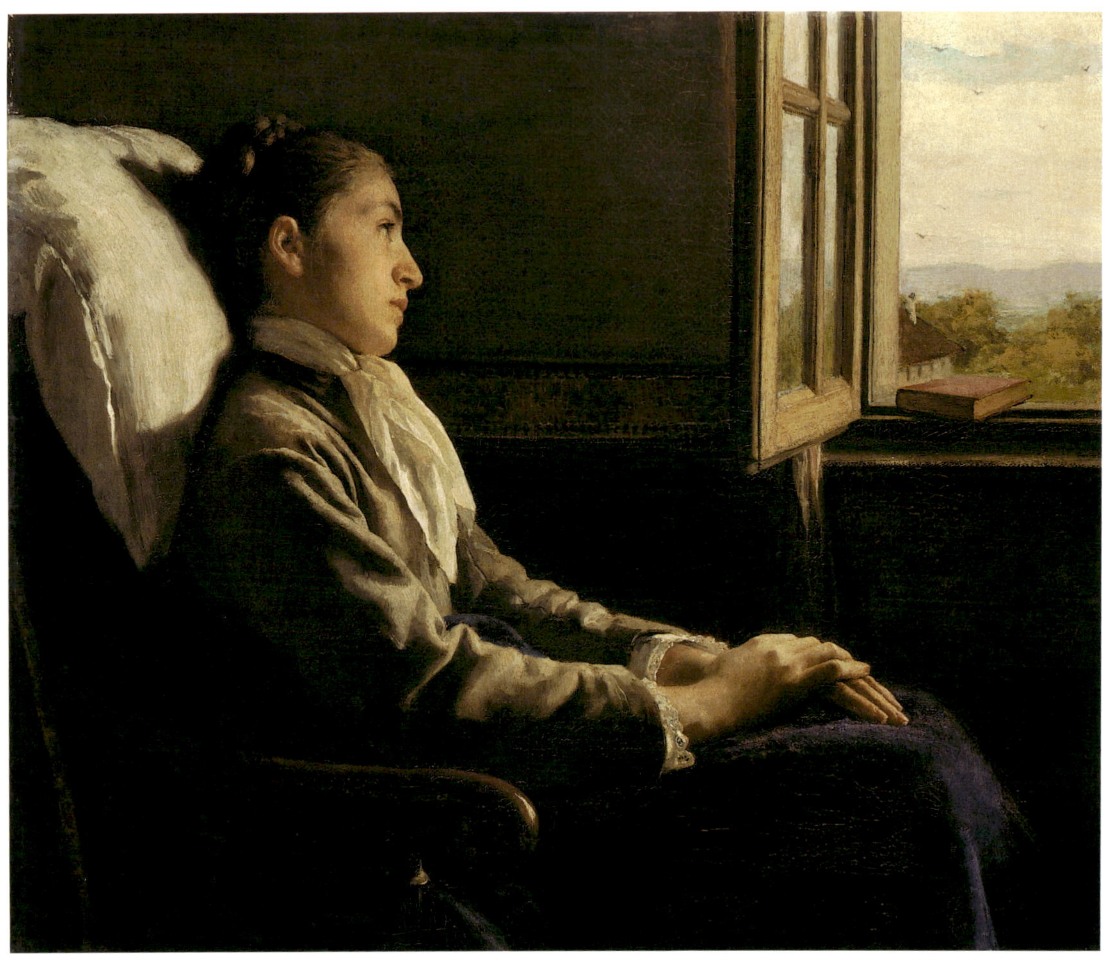

35
La Convalescente
Genesung
1879
Huile sur toile
Öl auf Leinwand
59,5 × 70 cm
Collection Christoph Blocher
K/B 267

Anker réunit à nouveau, comme il le fit déjà, maladie et guérison. La toile montre une jeune femme affaiblie, assise à la fenêtre, l'air mélancolique. Le même sujet est traité dans une aquarelle (voir cat. n° 88). Dans une lettre de fin 1879, Anker écrit à son ami peintre Albert de Meuron: «Sous peu, j'expédierai aussi la fille convalescente (ou départ des hirondelles, il y a des hirondelles dans le fond). Je pensais le mettre à 700, mais comme c'est triste et que, pour commencer, Goupil n'en a pas voulu, je le mettrai à 600 […].» Il était conscient du peu d'intérêt que suscitaient les sujets austères.

Krankheit und Genesung – beides hat Anker wiederholt ins Bild gesetzt. Das eine Gemälde zeigt die kraftlose junge Frau, am Fenster sitzend, einer melancholischen Stimmung hingegeben. In einem Aquarell hat er dasselbe Motiv vorbereitet (vgl. Kat. Nr. 88). In einem Brief von Ende 1879 schrieb Anker an seinen Malerfreund Albert de Meuron: «Bald kann ich auch die Genesende (oder Wegzug der Schwalben, es hat Schwalben im Hintergrund) senden können. Zunächst wollte ich dafür 700 Francs verlangen, aber des wehmütigen Themas wegen gehe ich auf 600 herunter […].» Er war sich bewusst, dass die Nachfrage nach traurigen Sujets nicht besonders gross war.

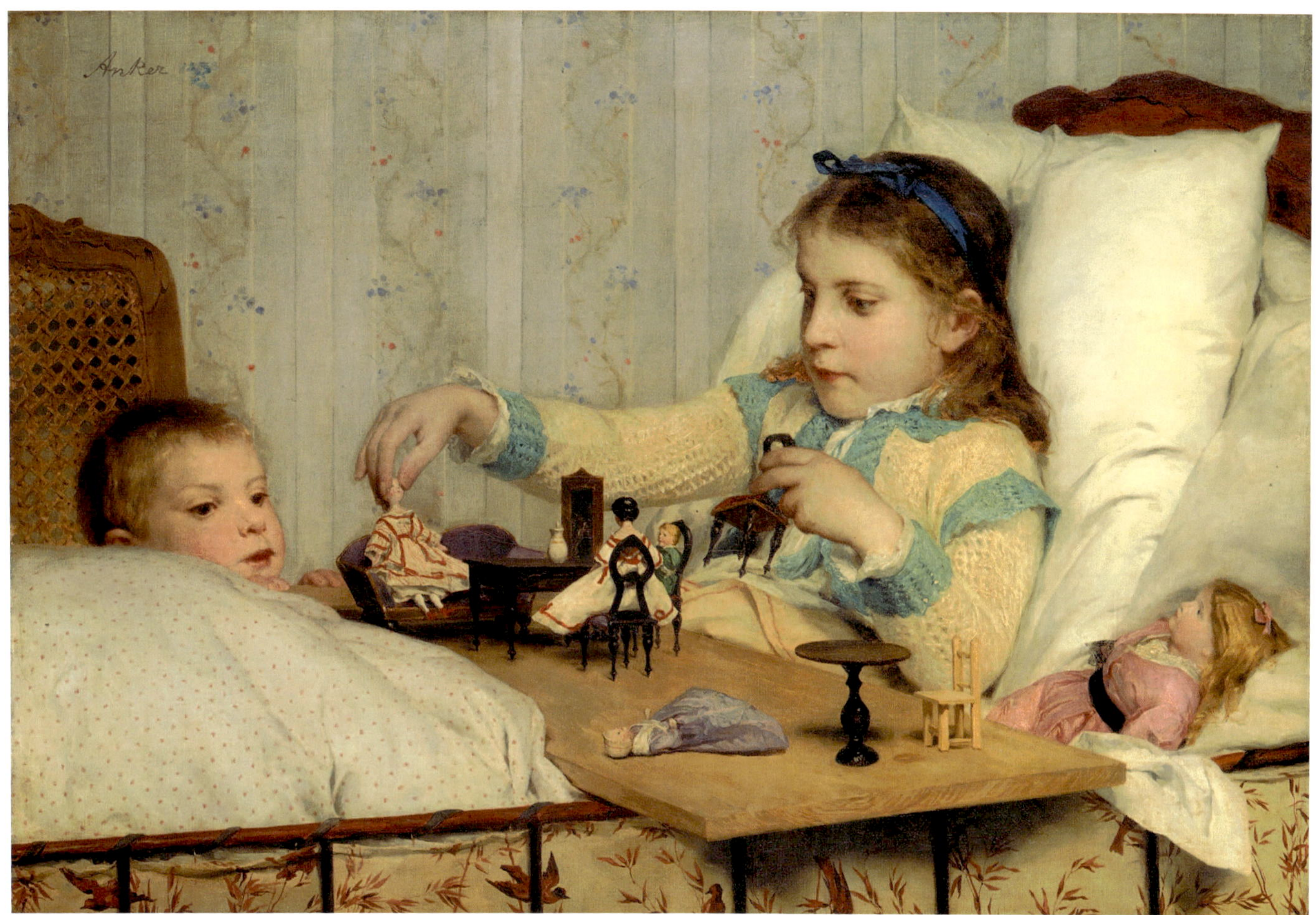

36
La Convalescente I
Die Genesende I
1878
Huile sur toile
Öl auf Leinwand
59×85 cm
Collection Christoph Blocher
K/B 249

L'espièglerie et l'espoir sont par contre au centre de l'autre sujet: une fillette assise sous la couette est en voie de guérison. Son petit frère regarde avec curiosité la façon dont elle traite ses jouets, qui symbolisent le monde des adultes. La reproduction du quotidien et de l'intimité de l'homme est l'un des points forts d'Anker. Pour ce tableau réalisé à Paris et montré avec succès au Salon, il trouve aussitôt preneur avec le marchand d'art Goupil, qui put le revendre à Genève. Wallis, son marchand londonien, lui fit faire une copie l'année d'après pour 1000 francs.

Voller Schalk und Zuversicht dagegen mutet die andere Szene an: Das unter seiner Daunendecke sitzende Mädchen hat die Krankheit überwunden, es wird von seinem kleinen Bruder neugierig beobachtet, wie es mit den Spielsachen die Welt der Erwachsenen nachstellt. Die Wiedergabe von Alltäglichkeit und menschlicher Intimität war eine von Ankers Stärken; für das in Paris entstandene Bild fand er, nachdem es im Salon erfolgreich gezeigt worden war, im Kunsthändler Goupil sogleich einen Käufer, der es nach Genf weiterverkaufen konnte. Ankers Londoner Händler Wallis liess für sich ein Jahr danach für 1000 Francs eine Kopie herstellen.

Albert Anker est l'un des peintres d'enfants les plus doués de sa génération. Ce fut aussi un père modèle qui prit une part active au développement de ses enfants. Sa relation avec eux était d'autant plus tendre et cordiale qu'il en perdit deux. Lorsque son fils aîné Ruedi meurt en août 1869, à l'âge de 2 ans, Anker le peint sur son lit de mort, grattant dans la toile encore fraîche: «Du lieber, lieber Ruedeli.» Ce tableau bouleversant n'a rien de comparable avec les peintures sentimentales que l'on voit chez ses contemporains. C'est un témoignage de deuil vécu. Anker espérait par là surmonter la perte de son fils. Il va de soi qu'en tant que théologien et chrétien, il savait comment traduire sa douleur en paroles. Il écrit néanmoins à son ami Ehrmann de manière lapidaire: «Je t'annonce l'affreuse nouvelle de la mort de notre cher petit garçon, ton filleul, que le croup a enlevé après une bien courte maladie.» (Meister 2000 II, p. 76.)
La tendre présentation de son fils décédé, totalement dénuée de sentimentalisme, montre comment l'artiste tente de surmonter par la peinture le chagrin et le désarroi qui l'accablent, comme saura également le faire Ferdinand Hodler au chevet de sa compagne Valentine Godé-Darel. Le tableau d'Anker est un «baromètre» de sincérité et de véracité pour ses peintures d'enfants.
Deux ans plus tard meurt son fils Emil, quelques mois après sa naissance. Un dessin au crayon témoigne également de cet événement (voir cat. n° 103).

Albert Anker ist einer der begabtesten Kindermaler seiner Zeit. Er war ein vorbildlicher Familienvater, der an der Entwicklung seiner Kinder Anteil nahm. Die Beziehung zu ihnen war umso inniger, als er zwei früh durch den Tod verloren hatte. Als sein erster Sohn Ruedi im August 1869 als Zweijähriger starb, malte ihn Anker auf dem Totenbett und ritzte in die noch nasse Leinwand: «Du lieber, lieber Ruedeli.» Das ergreifende Bild ist alles andere als die bei den Zeitgenossen so beliebten Rührstücke, es ist ein Zeugnis erlittener Trauer. Anker hoffte, den Verlust seines Sohnes damit zu überwinden. Dass er als Theologe und gläubiger Christ seinen Schmerz eloquent in Worte hätte fassen können, läge auf der Hand. Seinem Freund Ehrmann teilt er indes lapidar mit: «Ich muss dir die schreckliche Nachricht vom Tod unseres geliebten Kleinen, deines Patenkindes mitteilen. Die Halsbräune hat ihn nach kurzer Dauer weggerafft.» (Meister 2000 I, S. 60.)
Die innige, absolut unsentimentale Darstellung seines toten Söhnchens macht klar, dass er seine existenzielle Betroffenheit wie später Ferdinand Hodler am Sterbebett seiner Geliebten Valentine Godé-Darel allein durch die Malerei zu bewältigen wusste. Das Bild ist ein Gradmesser für die Wahrhaftigkeit von Ankers Kinderbildern.
Zwei Jahre später starb sein Sohn Emil – nur wenige Monate nach der Geburt; in einer Bleistiftzeichnung hat er auch ihn auf dem Totenbett festgehalten (vgl. Kat. Nr. 103).

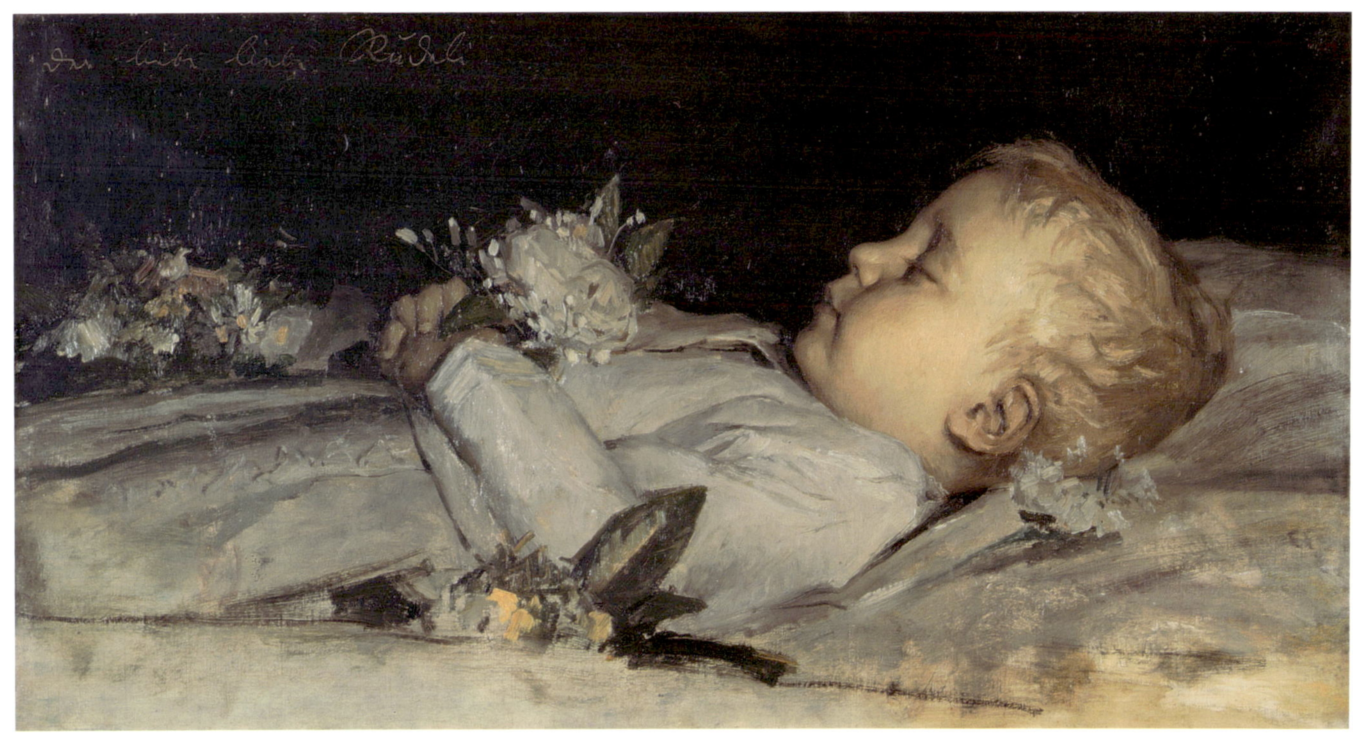

37
Ruedi Anker sur son lit de mort
Ruedi Anker auf dem Totenbett
1869
Huile sur toile
Öl auf Leinwand
34×64 cm
Collection Christoph Blocher
K/B 138

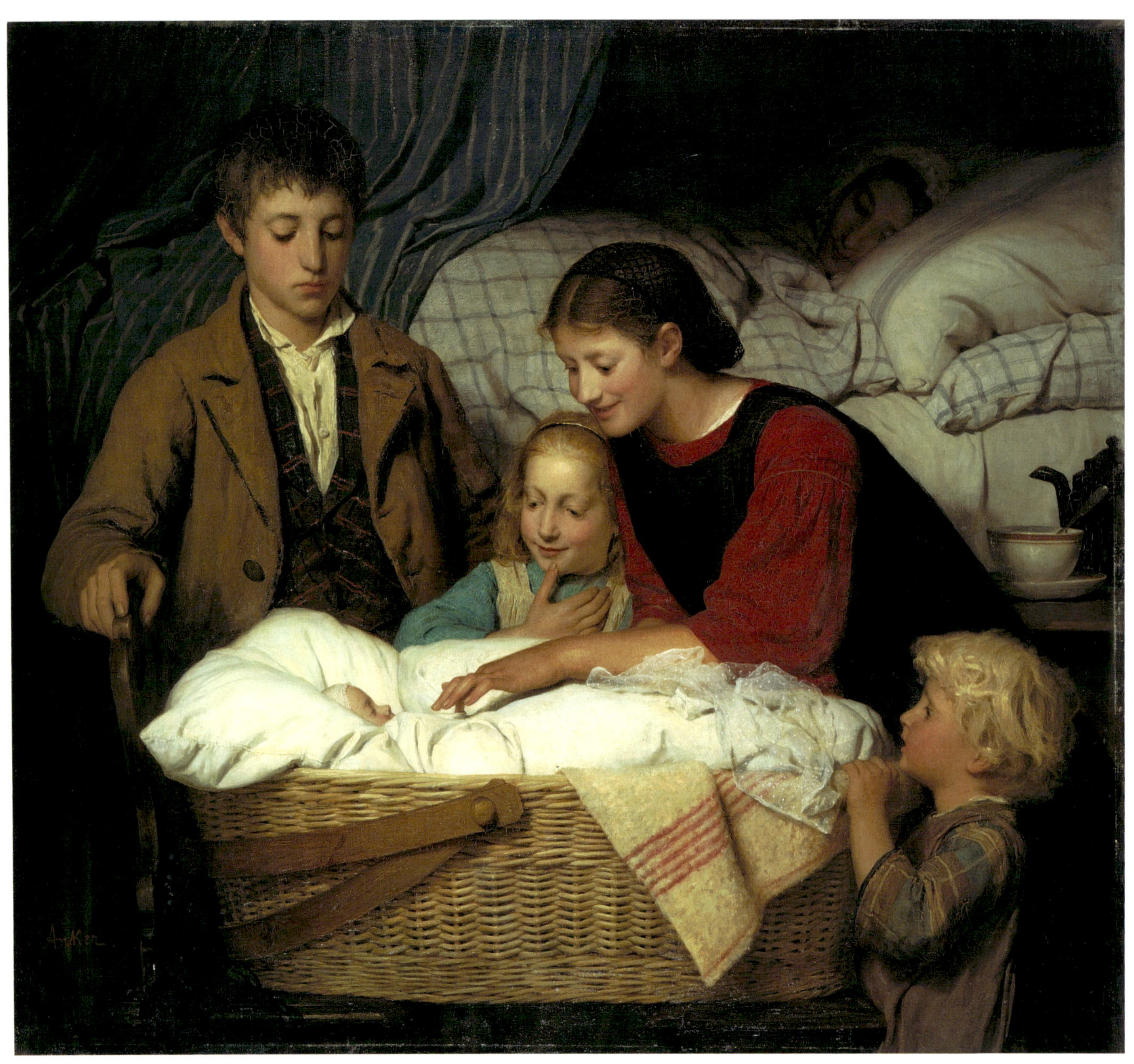

38
Le Nouveau-Né
Der Neugeborene
1867
Huile sur toile
Öl auf Leinwand
104 × 115 cm
Musée cantonal des Beaux-Arts, Lausanne
K/B 108

39
Grand-mère tricotant
avec sa petite-fille
Strickende Grossmutter
mit Enkelin
1875
Huile sur toile
Öl auf Leinwand
58,5 × 40,5 cm
Collection particulière
K/B 206

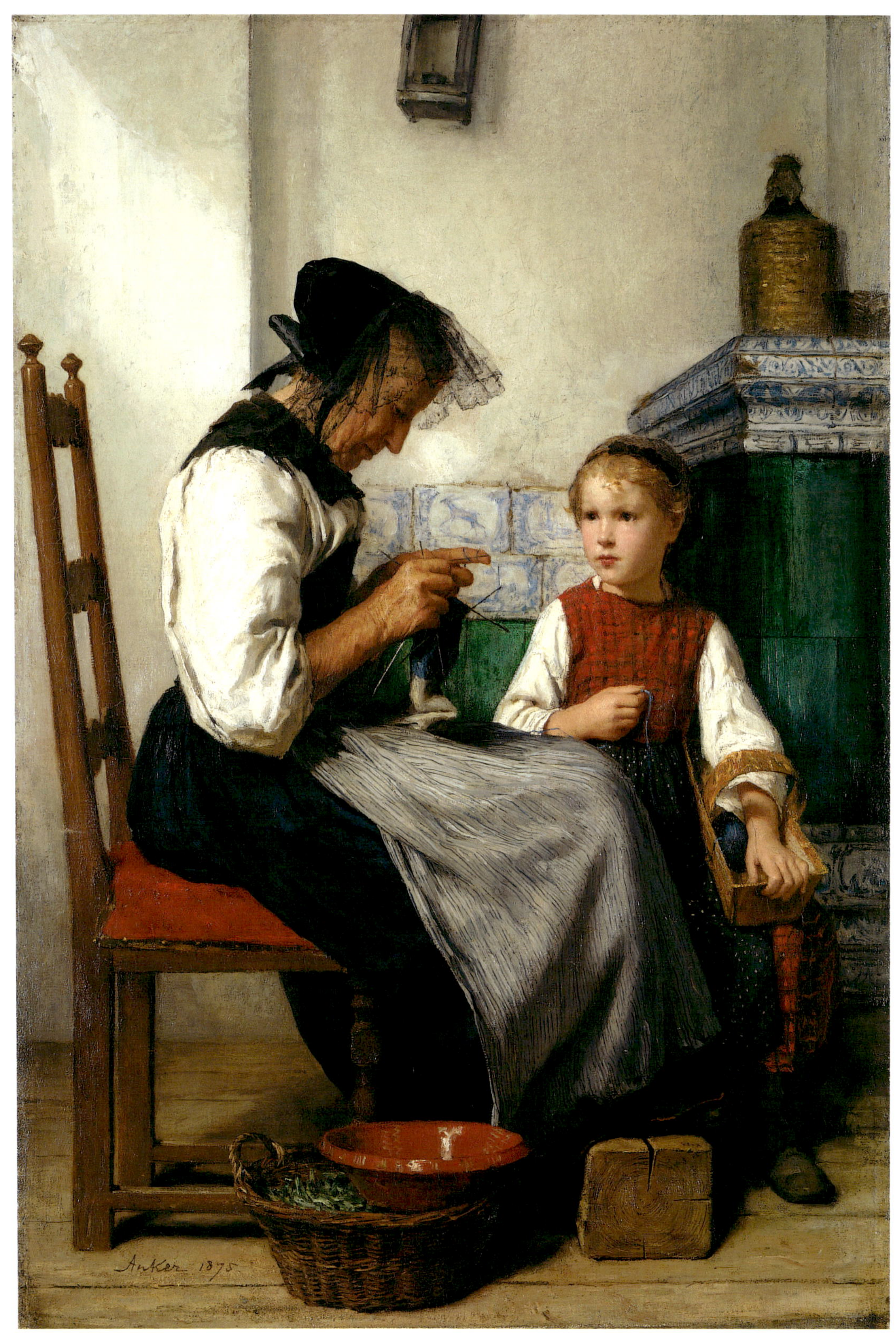

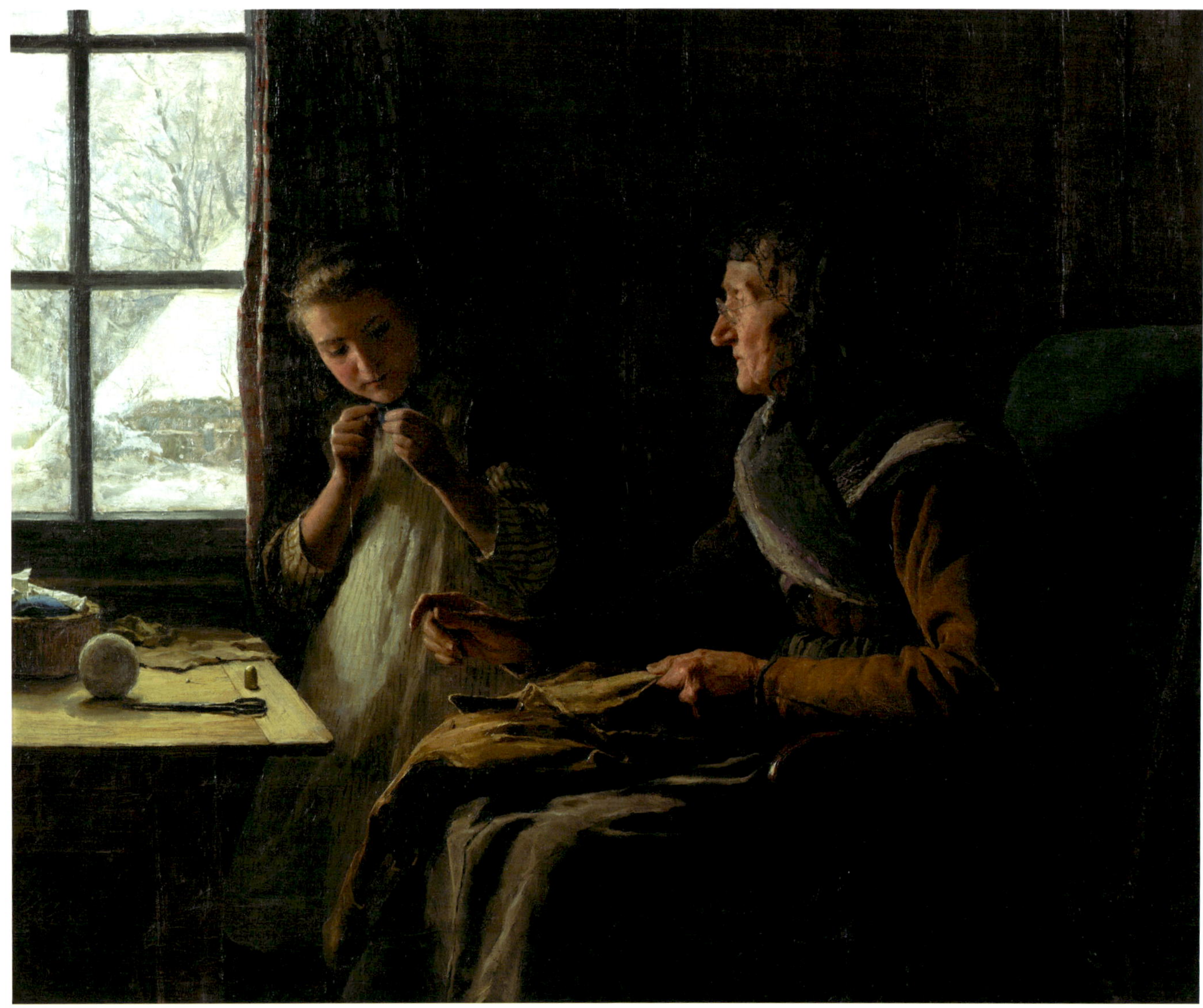

L'œuvre d'Anker s'inspire toujours de thèmes porteurs d'espoir, d'une part, et de l'expérience de fin de vie, d'autre part. Car, hormis les sujets consacrés à la jeunesse, l'intérêt d'Anker porte surtout sur les vieux du village qui ne travaillent plus aux champs. Il ne montre que rarement des adultes au travail. Souvent, le moment intéressant pour lui est celui, peu spectaculaire, de la vie paisible par-delà les générations: le grand-père raconte une histoire aux enfants ou berce son petit-fils, la grand-mère feuillette un livre d'images avec ses petits-enfants, une fillette observe sa grand-mère brodant et la sœur aînée aide la cadette à tricoter. Aucun conflit, aucun désaccord ne vient troubler l'harmonie de la vie quotidienne, qui n'est ni idéalisée, ni critiquée. Il s'agit toujours des accords de la même mélodie qu'interprète Anker, sur des

Stets umkreist Ankers Werk Themen aus dem hoffnungsvollen Beginn einerseits, und aus dem von Erfahrung geprägten Lebensende anderseits. Denn neben den Jugendlichen galt Ankers Interesse vor allem den Alten im Dorf, denjenigen, die nicht für die Feldarbeit auswärts tätig waren. Nur selten hat er Erwachsene bei ihrer Arbeit gezeigt. Häufig dokumentierte er unspektakuläre Momente des unbeschwerten Zusammenlebens unterschiedlicher Generationen: Der Grossvater erzählt den Kindern eine Geschichte, oder wiegt den Enkel in den Schlaf, die Grossmutter durchblättert mit dem Enkel ein Bilderbuch, das kleine Mädchen beobachtet die Stickkünste der Alten und die ältere Schwester kümmert sich um das Stricken der Kleinen. Keine Konflikte oder ernsthafte Auseinandersetzungen trüben das harmonische Zusammenleben im Alltag, der weder beschönigt noch beklagt wird. Immer wieder sind es

◁ 40
Une vieille et une petite fille enfilant une aiguille
Alte Frau und Mädchen beim Nähen
1887
Huile sur toile
Öl auf Leinwand
63,5×97 cm
Collection particulière
K/B 375

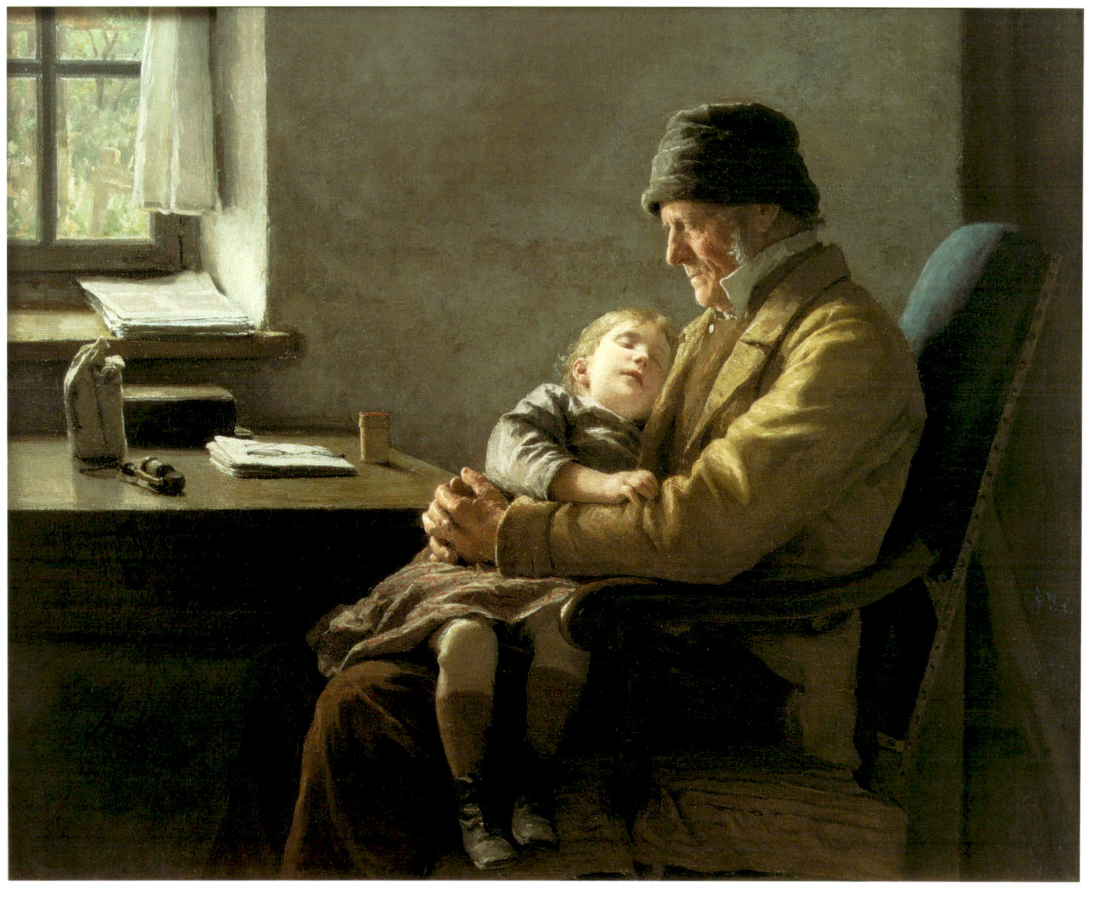

41
La Sieste
Grossvater mit schlafender Enkelin
1880-1881
Huile sur toile
Öl auf Leinwand
54×70 cm
Collection particulière
K/B 265

Une autre version de la toile (1879) est exposée
Eine andere Version des Gemäldes (1879) wird ausgestellt

sonorités et un rythme constants. Le regard critique que porte un Jean-François Millet sur les campagnards exploités lui est étranger. Il ne montre pas les difficultés de la condition des paysans, bien qu'il en fût sûrement conscient et que l'intérêt qu'il portait à son prochain fût sans faille.

Chez Anker, les enfants s'amusent à des jeux d'adultes et les vieillards, libérés de toute angoisse existentielle, arrivent au terme de leur vie entre cour et jardin, cuisine et étable, dans l'action ou la contemplation. Le «cordonnier», le «tailleur du village», le «secrétaire de commune», le «paysan», tous expriment, dans leur grand âge, le côté positif de leur vie qui, malgré les privations, n'en était pas moins chargée de sens.

Akkorde derselben Grundmelodie, die Anker anschlägt, der Rhythmus und die Klangschattierungen bleiben konstant. Die kritische Sicht eines Jean-François Millet auf die Zustände der ausgebeuteten Landbevölkerung lag Anker fern, die Härte des Bauerndaseins hat er nicht thematisiert, obwohl sie ihm zweifelsohne bewusst und ein Interesse am Menschen in seiner sozialen Bezogenheit durchaus vorhanden war.
Bei Anker üben Kinder entweder spielerisch Tätigkeiten Erwachsener aus oder dann sind es Grossväter und Grossmütter, die jenseits jeder Existenzangst in Hof und Garten, Küche und Stall aktiv oder kontemplativ ihre Lebenstätigkeiten vollenden. Der «Schuhmacher», der «Dorfschneider», der «Gemeindeschreiber», der «Bauer» – alles alte Männer, die auf positive Weise zum Ausdruck bringen, dass ihr Leben, wenngleich entbehrungsreich, so doch sinnerfüllt gewesen war.

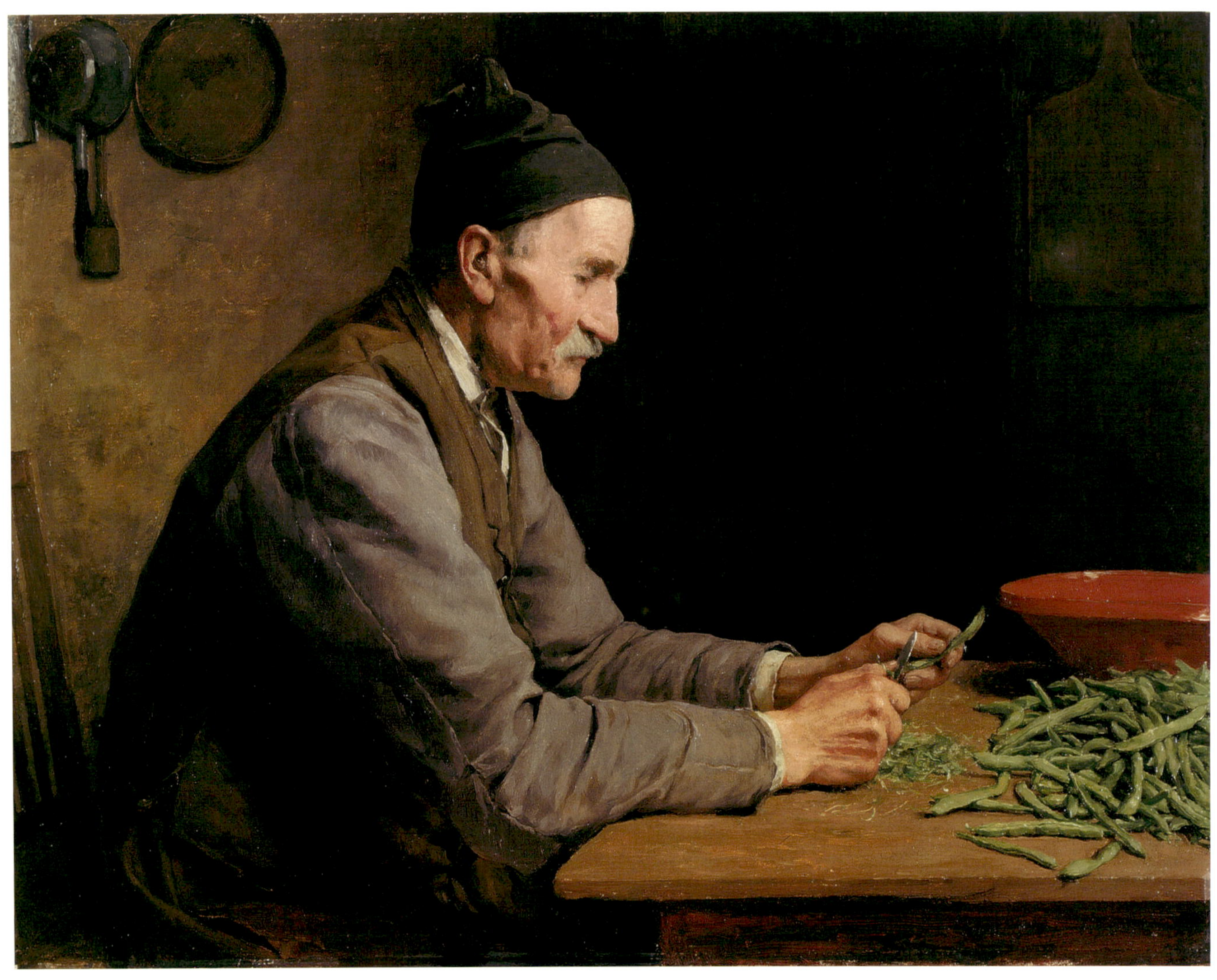

42
Paysan aux haricots
Bauer, Bohnen rüstend
1901
Huile sur toile
Öl auf Leinwand
46,2×61,1 cm
Collection particulière
K/B 590

43 ▷
Vieillard et deux enfants
Grossvater mit Enkelkindern
1881
Huile sur toile
Öl auf Leinwand
100×75 cm
Collection Christoph Blocher
K/B 280

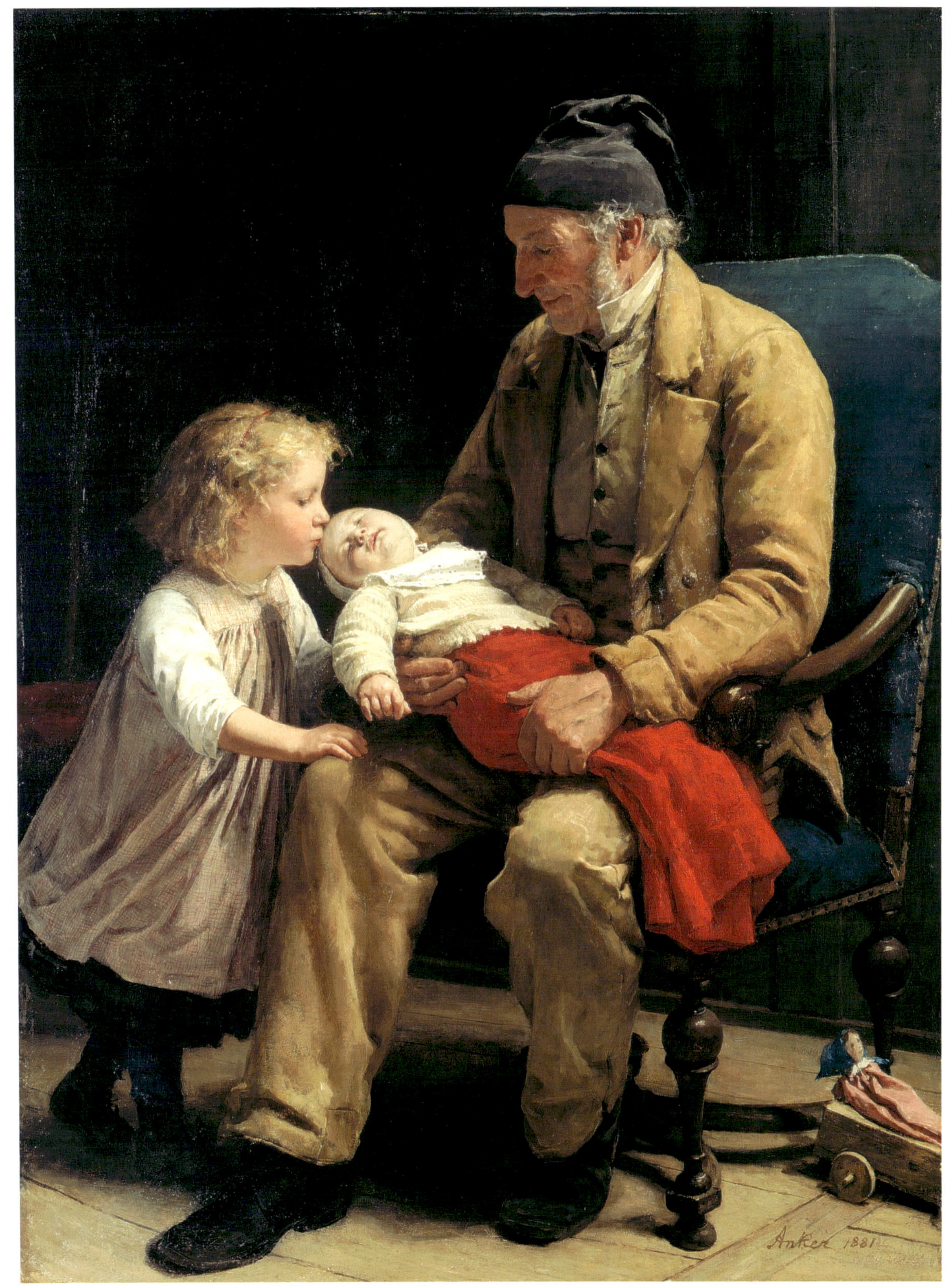
Anker 1881

44
Le Vieux Lecteur
Zeitungsleser
1878
Huile sur toile
Öl auf Leinwand
61 × 48 cm
Musée d'art et d'histoire, Neuchâtel
(Don Alfred Borel, Bâle)
K/B 251

La lecture attentive et méditative joue un rôle essentiel dans l'iconographie d'Anker, qui prend souvent comme modèles des lecteurs de la Bible, des «lectrices de Gotthelf», des personnages faisant la lecture, des lecteurs de journaux. Il prône la lecture en général comme étant une composante essentielle de l'éducation, une motivation à la réflexion et une incitation à une vie bien remplie.

Das aufmerksame und nachdenkliche Lesen spielt in Ankers Bildwelt eine vorrangige Rolle, hat er doch wiederholt Bibelleser, «Gotthelfleserinnen», Vorlesende wie auch Zeitungsleser thematisiert und die Lektüre generell als wohl wichtigsten Bestandteil der Erziehung wie auch als kontemplativen Ansporn eines ausgefüllten Lebens propagiert.

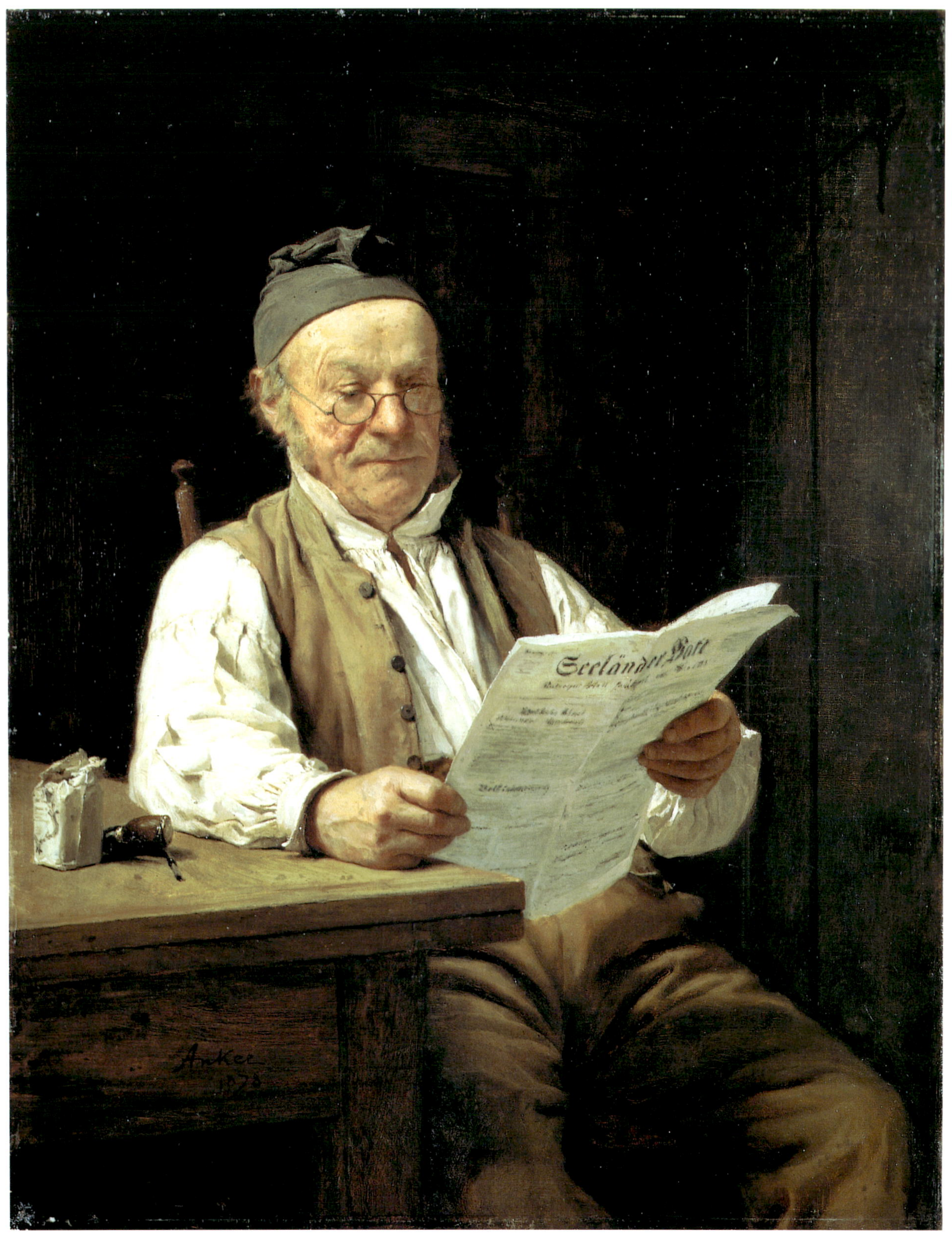
Seeländer Bote
Anker

45
Le Pauvre Homme
Der Trinker
1869
Huile sur toile
Öl auf Leinwand
69×52 cm
Musée des Beaux-Arts de Berne,
legs Hermann Bürki, Berne/Sierre
K/B 130

Le vieux buveur, réalisé en 1869, malgré ses habits râpés et sa mélancolique solitude, ne ressemble pas aux exclus et aux victimes de l'anonymat des grandes villes, à l'instar de certaines figures de Manet ou des marginaux de Degas. Pour Anker, il s'agit d'un individu qui n'a pas su saisir sa chance et qui s'est retrouvé par sa propre faute sur la mauvaise pente. Loin d'exclure son personnage, le peintre lui conserve sa dignité.

Etude pour *Le Pauvre Homme* / *Studie zum* Trinker, 1869, crayon / *Bleistift*, 25,5×17 cm, collection particulière

Der alte Trinker von 1869 ist trotz verschlissener Kleidung und melancholischer Einsamkeit keiner jener Ausgeschlossenen und Opfer der neuen Grossstadt-Anonymität wie gewisse Gestalten von Manet oder die Randexistenzen von Degas. Er hat lediglich seine Chance nicht wahrgenommen und ist deshalb aus eigener Schuld auf die schiefe Bahn geraten. Aber Anker schliesst ihn nicht aus. Sein Trinker *bewahrt ungeschmälerte Würde.*

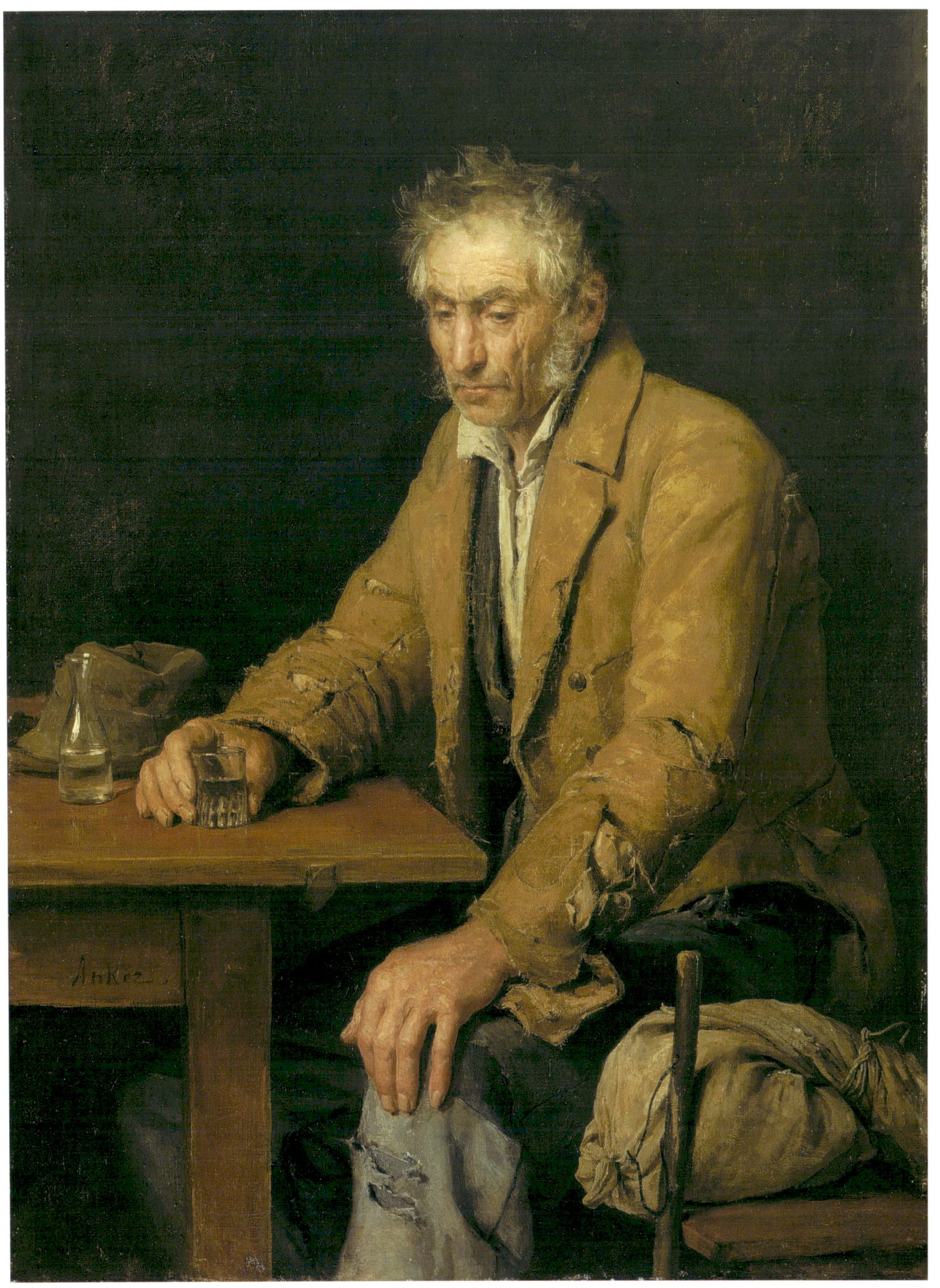

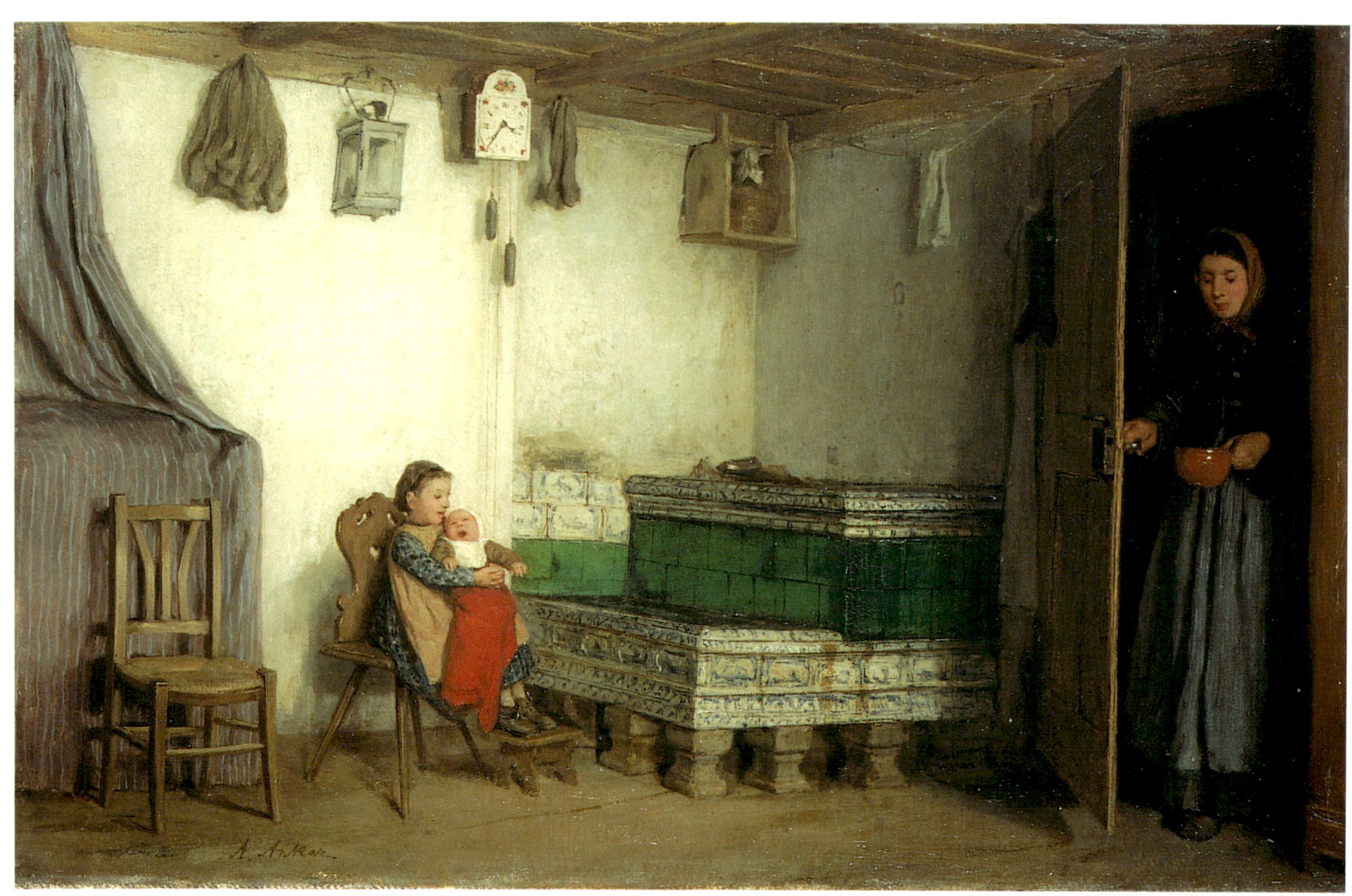

46
Intérieur avec mère et enfants
Bauernstube mit Mutter und Kindern
1876-1877
Huile sur toile
Öl auf Leinwand
30,5×49 cm
Collection Christoph Blocher
K/B 236

Anker a dit un jour qu'il n'existait rien de plus beau que de rentrer chez soi dans la pièce principale, chaude et claire. Son univers tout entier se reflète ainsi dans ce désir de sécurité et cette nostalgie d'harmonie d'un intérieur paisible, tel qu'il aime à le dépeindre.
Ses personnages vivent dans le même type d'intérieur, fait de poutres, de boiseries et de fourneaux. On y retrouve aussi sa propre maison d'Anet. Plus d'une cin-

Anker äusserte sich einmal, dass es nichts Schöneres gäbe als heimzukehren in die warme helle Stube – seine ganze Bildwelt drückt eben diesen Geborgenheitswunsch und die Sehnsucht nach friedsamer Eintracht aus. Die Menschen in seinen Gemälden halten sich häufig in der Geborgenheit eines Innenraumes auf.
Oft finden sich Figuren in denselben Zimmern wieder – mit denselben Holzbalken, Täfern und Öfen. Auch seine eigene

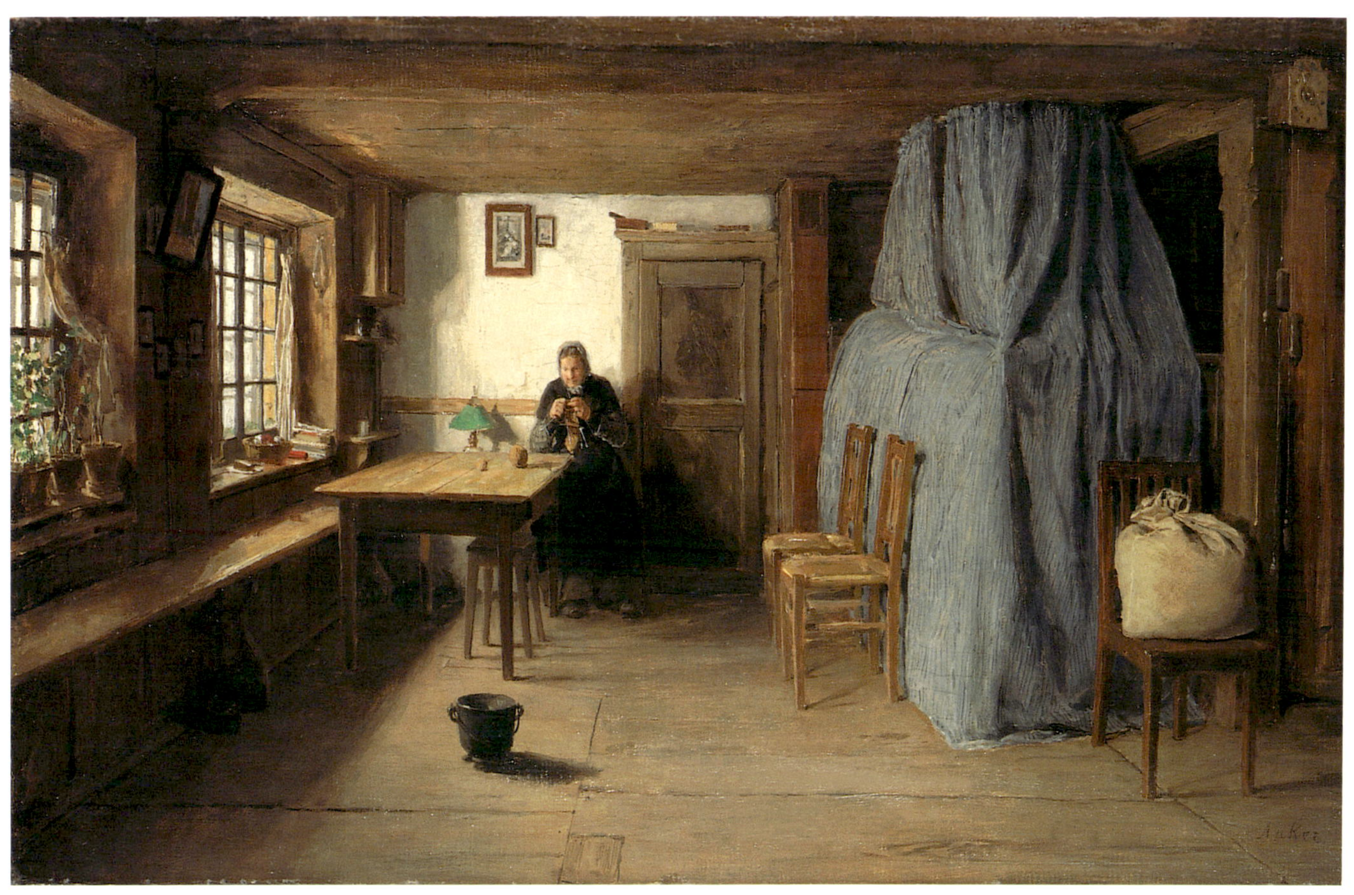

47
Intérieur paysan avec tricoteuse
Bauernstube mit strickender Frau
vers / *um* 1898
Huile sur toile
Öl auf Leinwand
30,5×49 cm
Collection Christoph Blocher
K/B 545

quantaine d'études à l'huile témoignent de ces intérieurs. Il n'en finit pas avec ses variations sur les mêmes poêles de faïence verts, les mêmes horloges, les mêmes tabourets.
Aujourd'hui encore, on peut voir dans son ancien atelier d'Anet un grand nombre de corbeilles, de chaises et de lampes qui, comme les chapeaux et la vaisselle, ont fait partie des accessoires dans ses peintures.

Stube in Ins ist gelegentlich erkennbar. In über 50 Ölstudien hat Anker diese Innenräume vorbereitet. Immer wieder variierte er dieselben grünen Kachelöfen, die Wanduhren und Stabellen.
Und in seinem ehemaligen Atelier in Ins trifft man noch heute eine ganze Anzahl an Körben, Stühlen und Lampen, die wie die Hüte und das Geschirr zu den immer wiederkehrenden Requisiten gehörten.

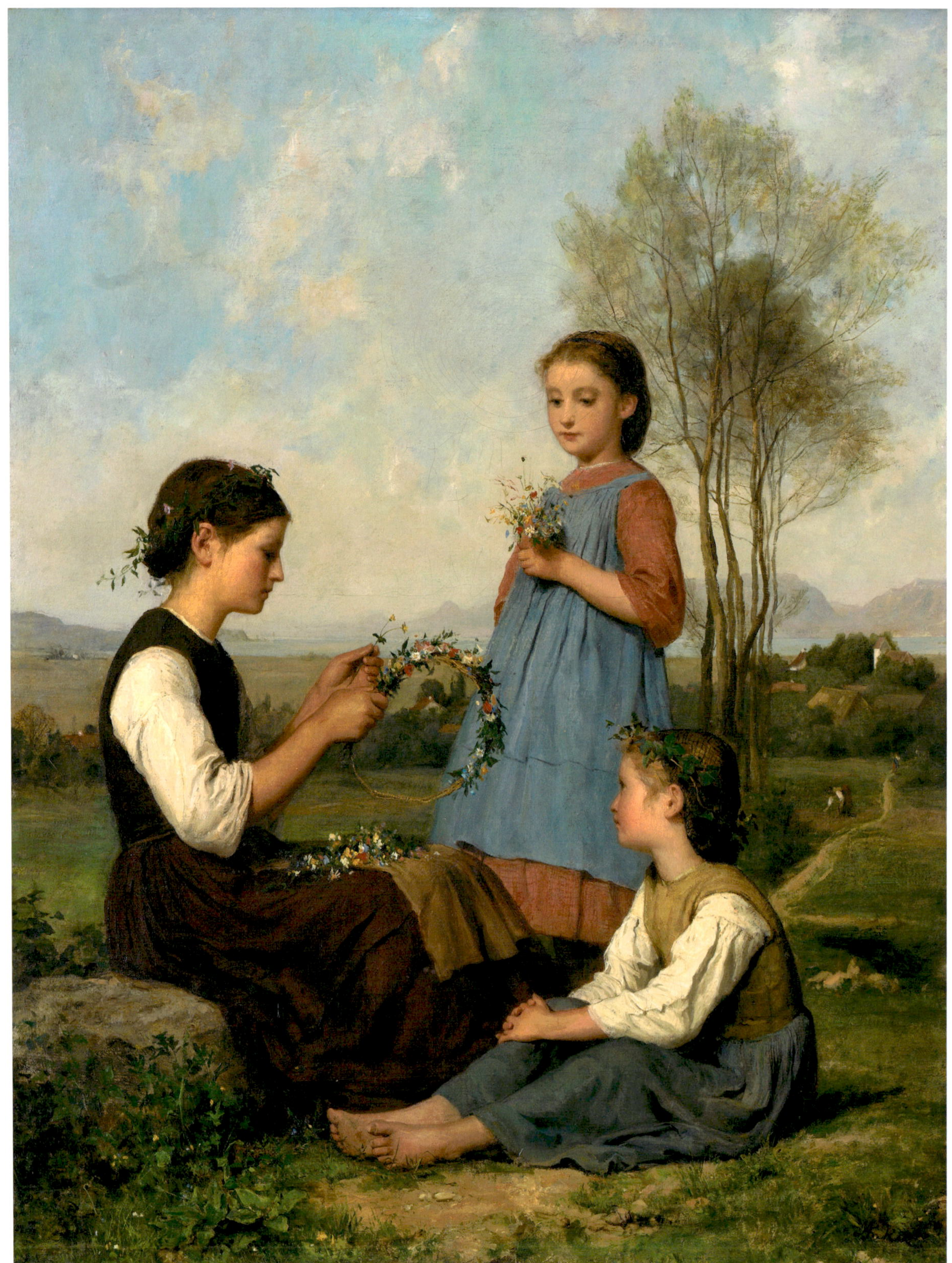

48
Trois jeunes filles tressant des couronnes
Drei Mädchen beim Kränzewinden
1868
Huile sur toile
Öl auf Leinwand
65,5×51 cm
Collection particulière
K/B 122

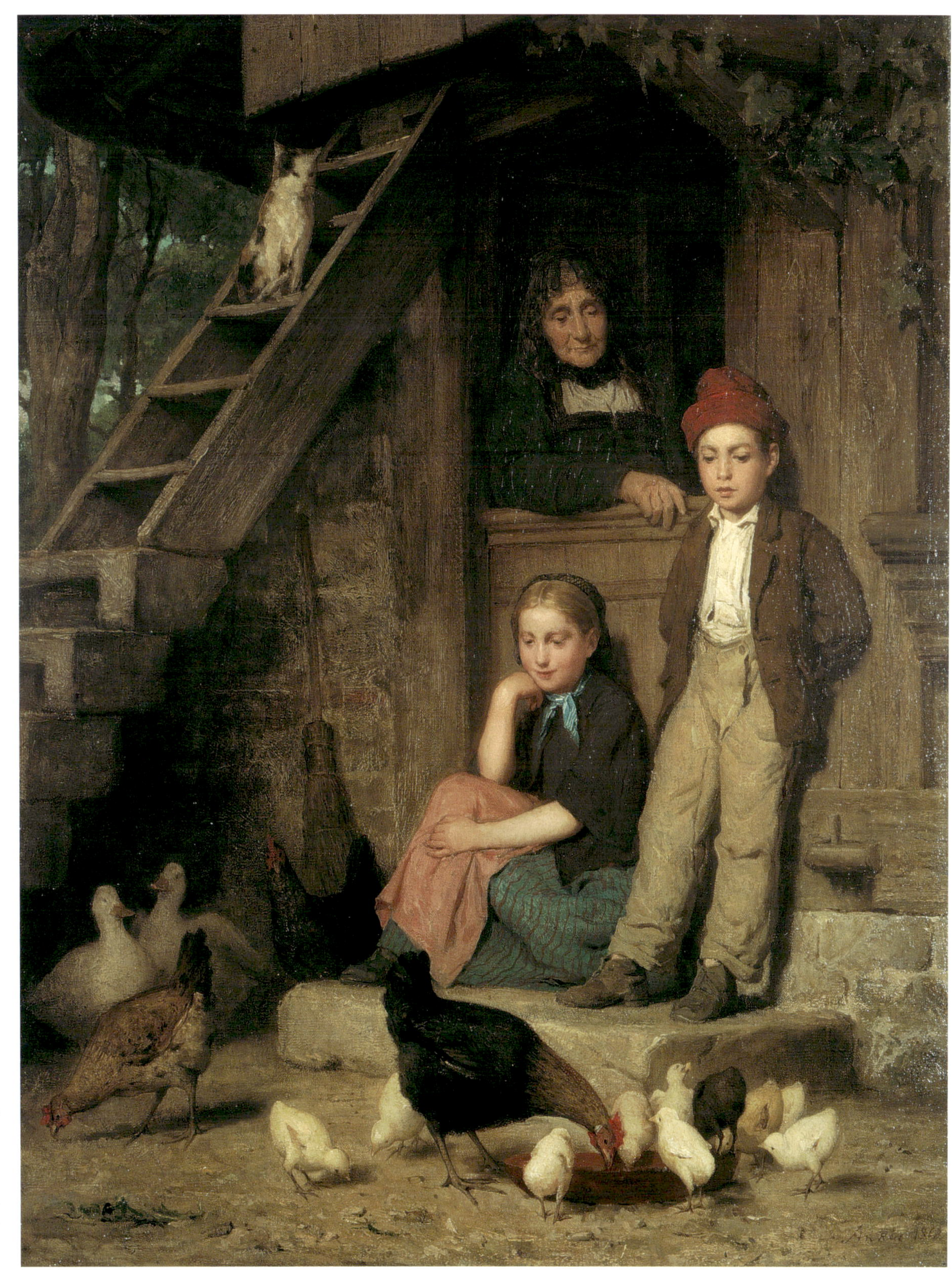

49
Les Poules
Die Hühner
1868
Huile sur toile
Öl auf Leinwand
66×51 cm
Collection
particulière
K/B 119

50

Jeune Fille donnant du grain aux poules
Mädchen, Hühner fütternd
1865
Huile sur toile
Öl auf Leinwand
66×51 cm
Musée d'art et d'histoire, Neuchâtel
(Don Frédéric de Pury)
K/B 94

Une jeune fille de profil donne à des poules voraces du grain qu'elle sort de son tablier relevé. Un garçonnet est assis, décontracté, sur un banc devant la maison. Il regarde attentivement la scène, un épisode de la vie quotidienne que le peintre a su rendre avec beaucoup de talent, en magnifiant la banalité de l'instant saisi.

Ein im Profil gesehenes Mädchen streut den gierigen Hühnern die Körner aus, die es aus seiner hochgehaltenen Schürze nimmt – ein Knabe sitzt ungezwungen auf der Bank vor dem Haus und schaut dem Vorgang aufmerksam zu – eine alltägliche Episode, die Anker mit grossem künstlerischen Geschick umzusetzen und der Banalität des Augenblicks zu entziehen wusste.

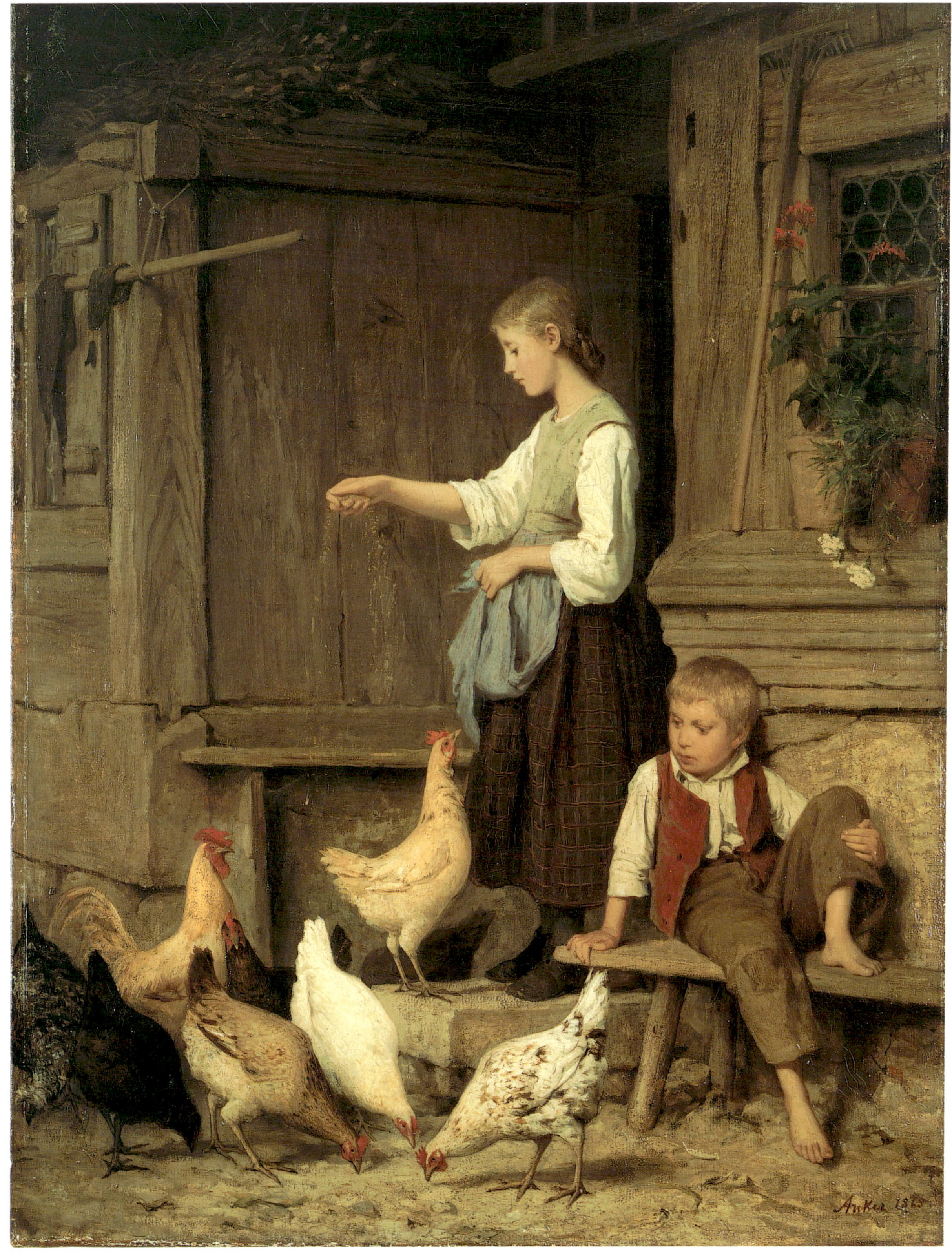

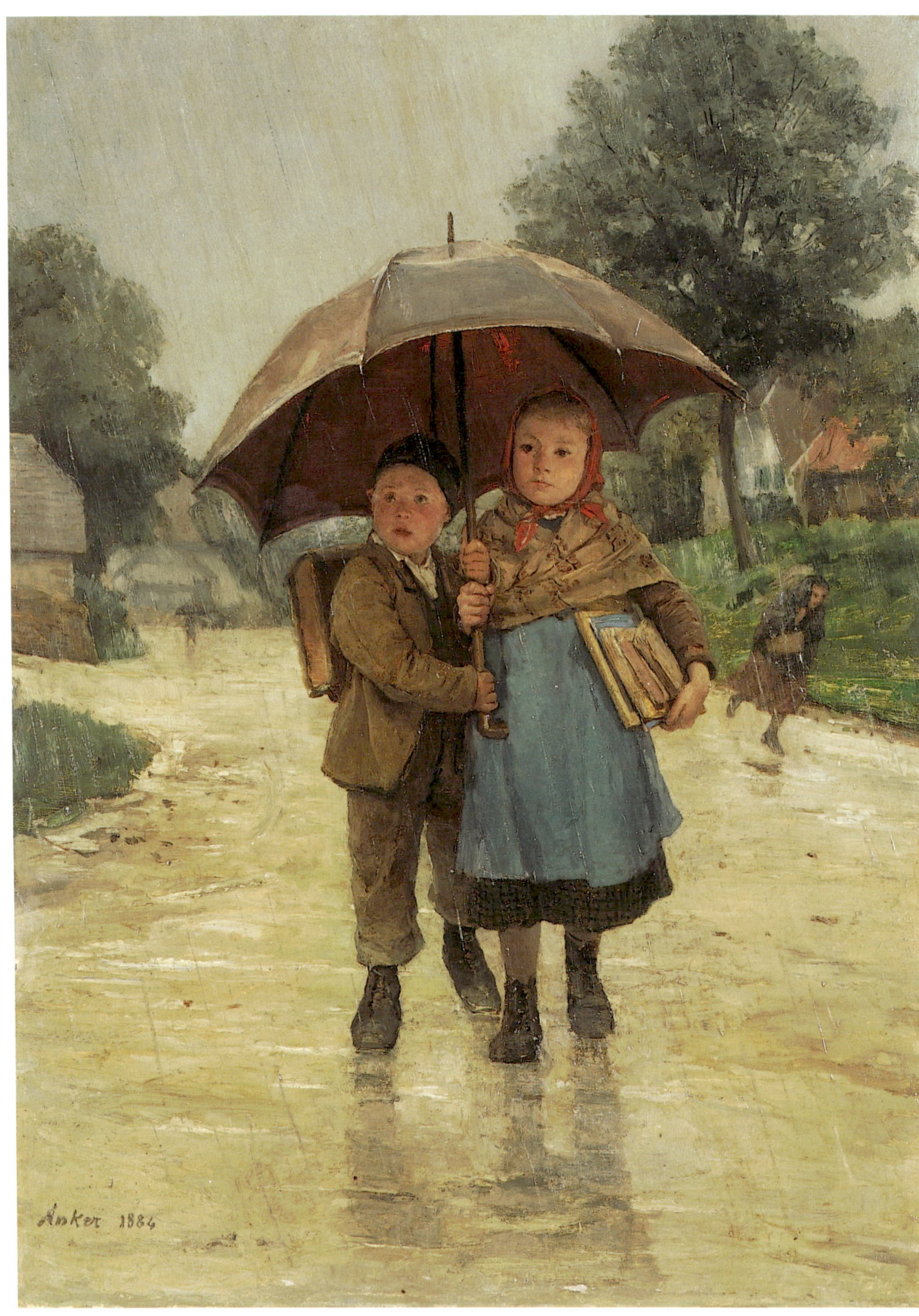

51
Sous la pluie
Im Regen
1884
Huile sur toile
Öl auf Leinwand
60,5×45 cm
Collection particulière
K/B 318

Chez Anker, les scènes d'extérieur se situent rarement en pleine nature. Les personnages sont saisis isolément au repos ou sous la protection de l'auvent familial. En de très rares occasions, on peut les voir se presser sous un parapluie dans le vent et le froid.

In Aussenszenen spielt sich das Geschehen bei Anker nur selten in der offenen Natur ab. Die Menschen ruhen meist in sich selbst oder suchen unter dem schützenden Dach der Häuser Geborgenheit, ganz vereinzelt eilen sie unter dem Regenschirm durch Wind und Kälte.

52
Décembre
Dezember
1888
Huile sur toile
Öl auf Leinwand
85,5×63,5 cm
Stiftung für Kunst,
Kultur und Geschichte,
Winterthur
K/B 388

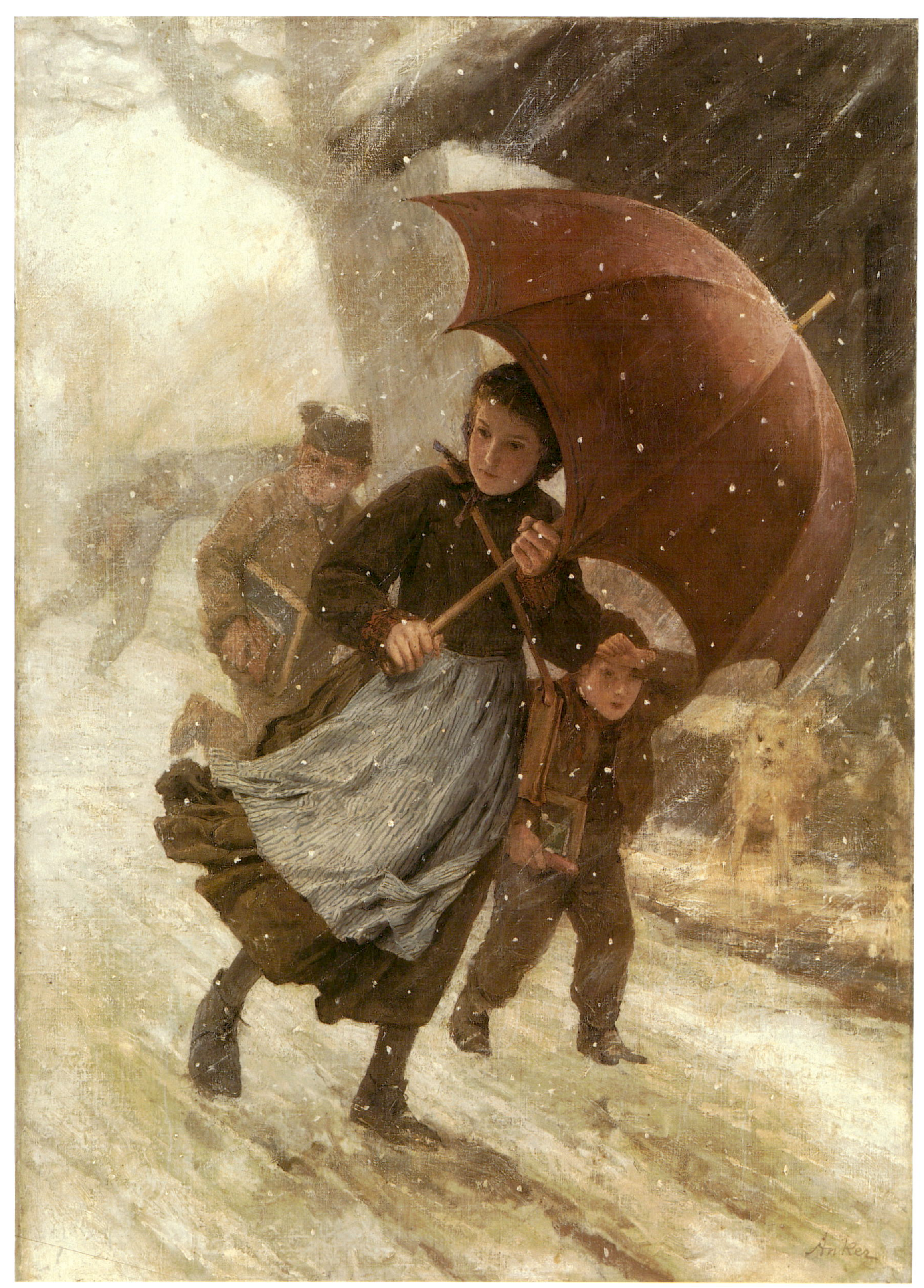

Le mège* tout comme le secrétaire de commune ou le tailleur appartiennent au quotidien d'Anker. Le mystérieux préparateur de remèdes reçoit les visiteurs dans sa chambre transformée en laboratoire. Le petit patient est blotti contre sa mère soucieuse, la grande sœur observe avec étonnement comment le porteur d'espoir prépare sa mixture faite d'herbes et d'ingrédients en se servant de flacons, de pichets et de mortiers. Des accents de couleur animent les objets éclairés par l'étrange lumière pénétrant dans la pièce. La scène a été réalisée pour un commanditaire et constitue une version réduite d'une peinture plus ancienne (1879), qui se trouve au Kunstmuseum de Bâle.

* En Suisse et dans quelques provinces, empirique qui exerce dans les campagnes, sans avoir étudié la médecine.

Der Quacksalber gehört wie der Gemeindeschreiber oder der Dorfschneider zum Alltag in Ankers Umgebung. Der geheimnisvolle Medikamentenmischer empfängt in seiner zum Labor ausgestatteten Stube die Besucher. Der kleine Patient schmiegt sich an die besorgte Mutter, die grosse Schwester bestaunt aufmerksam, wie der Hoffnungsträger die Tinktur mit Kräutern und Ingredienzen aus Flaschen, Krügen und Mörser mischt. Koloristische Akzente beleben die vom geheimnisvoll hereinflutenden Licht beschienenen Gegenstände. Diese Szene ist auf Verlangen eines Auftraggebers entstanden und somit die reduzierte Version eines früheren Gemäldes (1879), das sich im Kunstmuseum Basel befindet.

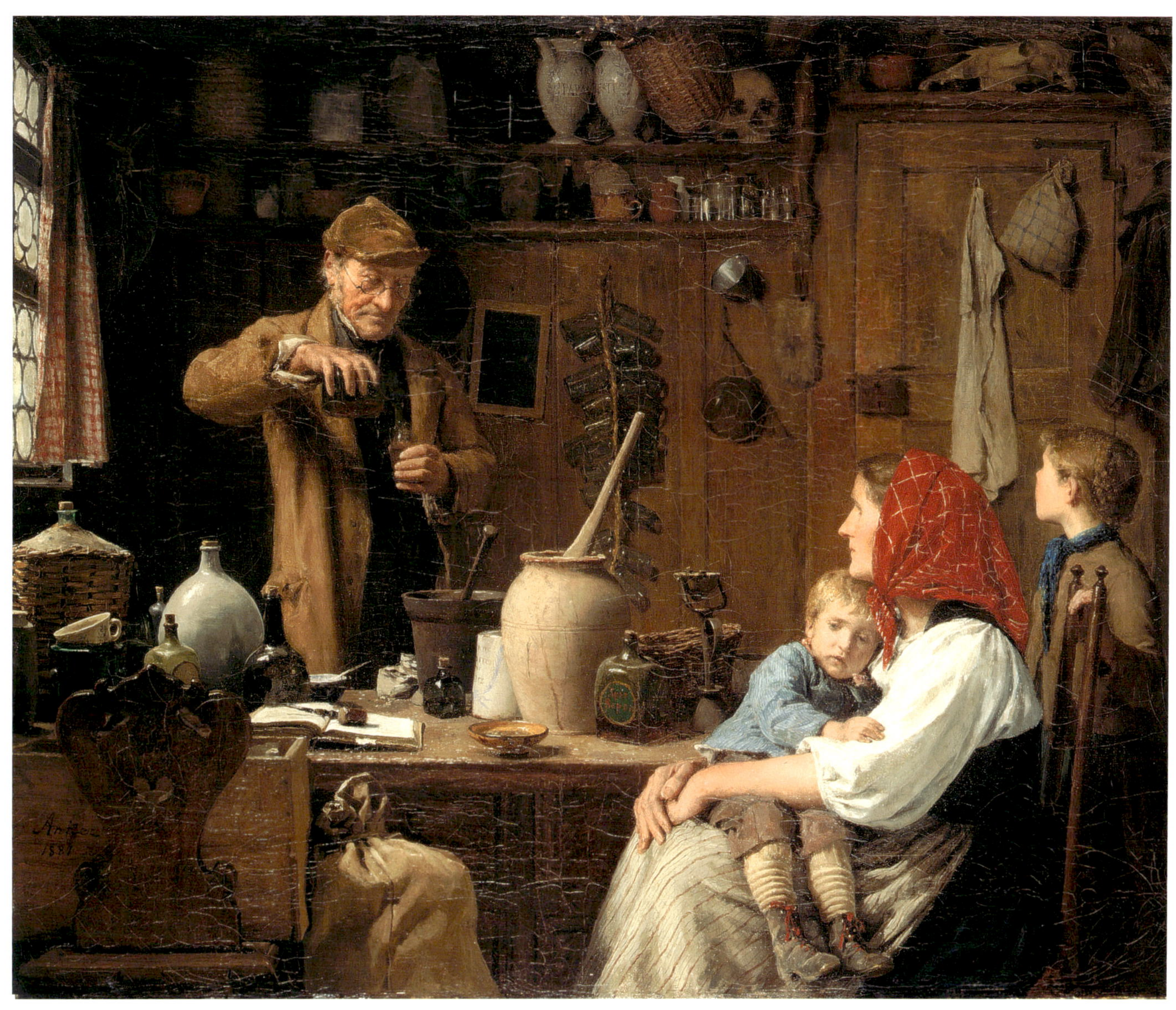

54
Le Mège II
Der Quacksalber II
1881
Huile sur toile
Öl auf Leinwand
72×87,5 cm
Collection Christoph Blocher
K/B 279

56
Portrait des fils Chrétien
Bildnis der Söhne Chrétien
1880
Huile sur toile
Öl auf Leinwand
91×64 cm
Collection particulière
K/B 271

«*[…] Le visage est le théâtre de l'âme… Celui qui ne peut la saisir ne peut la peindre, et celui qui ne peut la peindre n'est pas un portraitiste.*» (Lavater, *Fragments physiognomoniques*, 1775-1778.)

Albert Anker a étudié de manière approfondie les *Fragments physiognomoniques* de Lavater. Dans une lettre à Auguste Bachelin, il écrit, le 19 septembre 1881: «[…] Je veux faire un Lavater malade. De même qu'un bon Bernois doit s'occuper et s'inquiéter de 1798, de même il m'a semblé mon devoir de faire plus ample connaissance avec Lavater qui était un excellent citoyen et que j'aime beaucoup à cause de sa ‹physiognomonie› […].» (Quinche 1924, p. 114.) En 1885, Anker publie dans *Le Magasin pittoresque* (sous le pseudonyme de Berger) un article sur le physiognomoniste.
L'art du portrait chez Anker dévoile un besoin évident d'individualisation. Il a en fait commencé son parcours artistique en tant que portraitiste.
En effet, à l'époque du lycée et pendant ses études déjà, il réalise non seulement des autoportraits, mais aussi des portraits de ses frères et sœurs, ainsi que de ses camarades d'études. Sa vie durant, il a considéré l'art du portrait principalement comme un gagne-pain. Nombre de travaux nous renseignent sur son cercle de connaissances: des bourgeois aisés et bien disposés à son égard (venant de Berne, Soleure, Neuchâtel et d'Alsace) qui, de diverses manières, ont également été ses collectionneurs. Comme on peut le remarquer au travers des notes, de la correspondance et des factures, il a souvent résidé chez ses clients, parfois plusieurs jours, ou organisé des visites répétées afin de mener à bien ses mandats. Il leur fit parfois la faveur de portraiturer leurs enfants.
Anker a dû réaliser ce portrait à Paris, peu avant son séjour alsacien: le paiement a eu lieu selon le *Livre de vente* en avril 1880. On ne sait rien de plus précis sur les garçons de la famille Chrétien représentés sur ce tableau.

«[…] Das Gesicht ist der Schauplatz, auf dem sich die Seele zeigt… Wer sie hier nicht ergreift, kann sie nicht malen, und wer sie nicht malen kann, ist kein Porträtmaler.» *(Lavater,* Physiognomische Fragmente, *1775/78.)*

Albert Anker hat Lavaters Physiognomische Fragmente *eingehend studiert. In einem Brief an Auguste Bachelin schrieb er am 19. September 1881: «[…] Ich möchte einen kranken Lavater malen. Wie ein guter Berner sich mit den Geschehnissen um 1798 befassen sollte, so scheint es meine Pflicht zu sein, Lavater besser bekannt zu machen, einen so vortrefflichen Mitbürger, den ich seiner ‹Physiognomie› wegen sehr schätze […].» (Meister 2000 I, S. 86.) Und 1885 publizierte Anker in* Le Magasin pittoresque *(unter dem Pseudonym Berger) einen Artikel über den Physiognomiker.*
Ankers Bildniskunst verrät ein ausgesprochenes Bedürfnis nach Individualisierung.
Als Bildnismaler hatte er im Grunde seine Malerlaufbahn begonnen, denn bereits als Gymnasiast und zu Studentenzeiten hatte er nicht nur sich selbst, sondern auch seine Geschwister und Kommilitonen porträtiert. Zeitlebens hat er Bildnisaufträge entgegengenommen, wobei dies vorwiegend um des Erwerbs willen geschah.
Viele von ihnen vermitteln uns Einblick in Ankers Bekanntenkreis: ihm wohlgesinnte, wohlhabende Bürger (vor allem aus Bern, Solothurn, Neuenburg und dem Elsass), die verschiedentlich auch als Sammler seiner Werke in Erscheinung getreten sind. Wie aus persönlichen Notizen, aus Briefen wie auch aus Abrechnungen hervorgeht, hat er sich gelegentlich mehrere Tage bei seinen Kunden einquartiert oder wiederholte Besuche vereinbart, um seinen Auftrag richtig erfüllen zu können. Zudem erwies er Freunden gelegentlich eine Gefälligkeit, indem er deren Kinder porträtiert hat.
Dieses Bildnis muss Anker kurz vor seinem Elsässer Aufenthalt noch in Paris geschaffen haben, die Zahlung erfolgte gemäss dem Livre de vente *im April 1880. Über die dargestellten Knaben der Familie Chrétien ist nichts Näheres bekannt.*

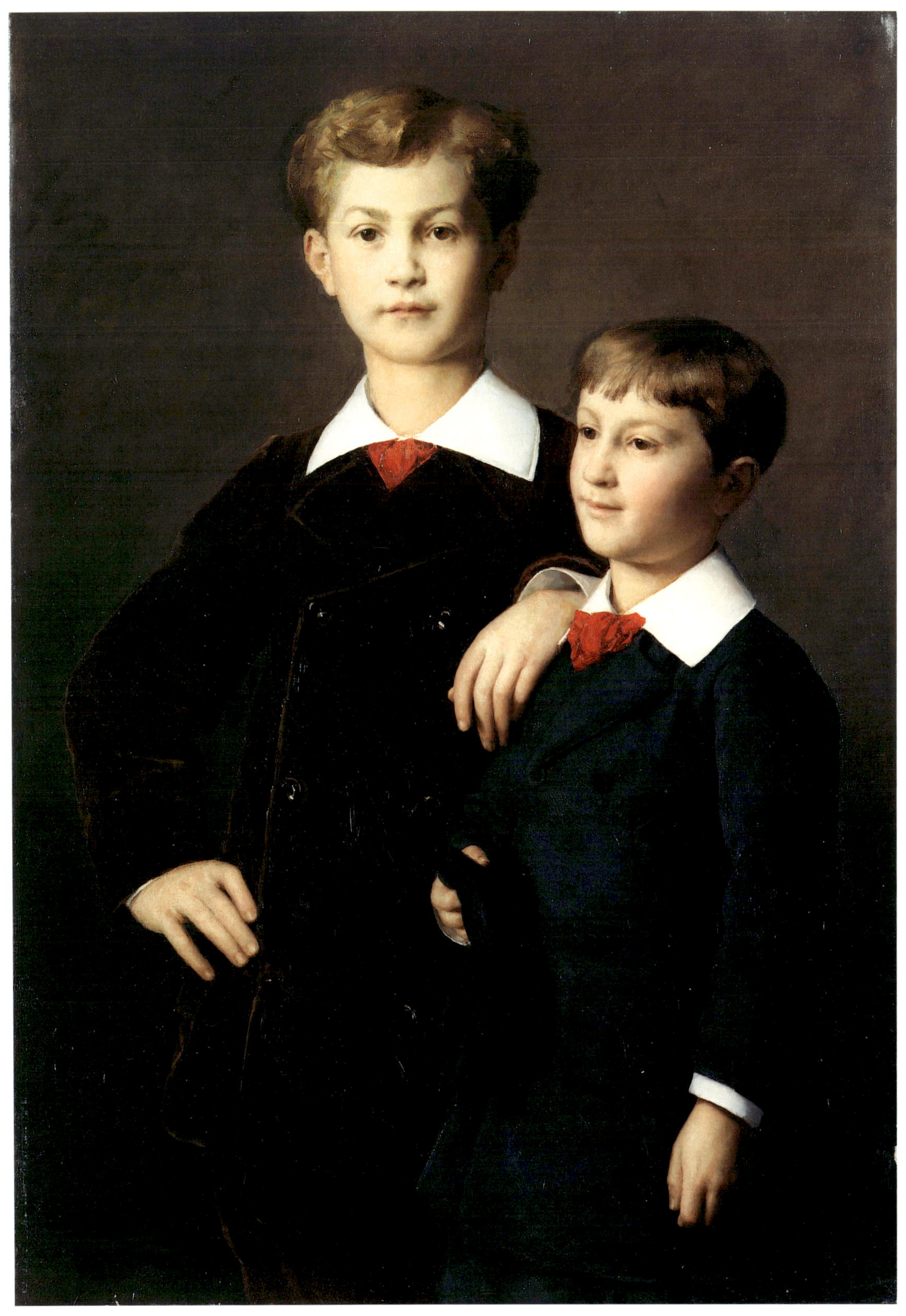

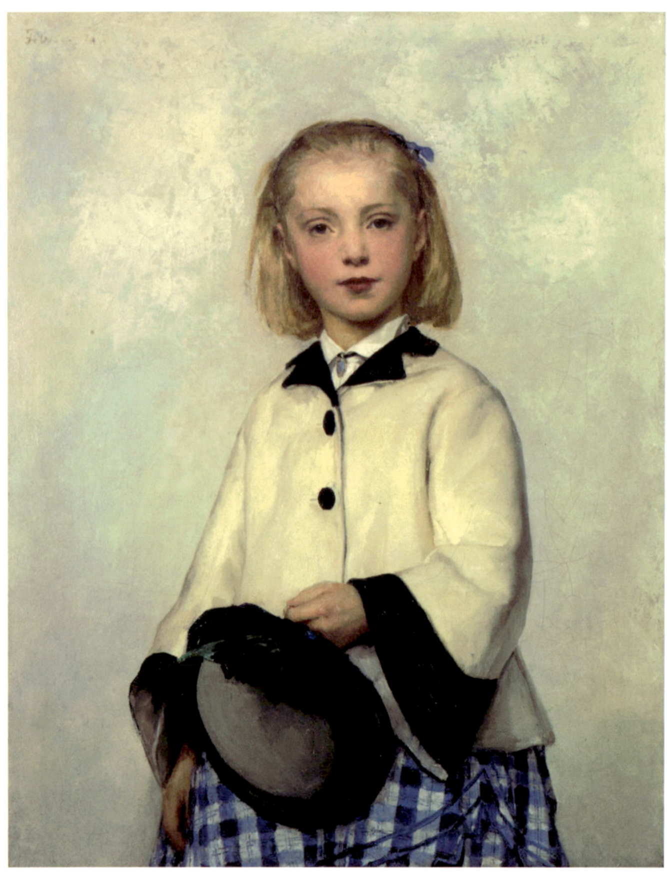

57
Portrait de Marie Anker
Bildnis Marie Anker
1881
Huile sur toile
Öl auf Leinwand
81,2×65 cm
Musée des Beaux-Arts de Berne,
legs Charlotte Quinche, Neuchâtel
K/B 287

Pas exposé
Nicht ausgestellt
Portrait de Louise Anker
Bildnis Louise Anker
1874
Huile sur toile
Öl auf Leinwand
80,5×65 cm
Museum Oskar Reinhart am Stadtgarten, Winterthur

Les propres enfants d'Anker ont souvent posé pour leur père. Le peintre accordait la préférence à ses trois filles, Marie, Louise et Cécile. Il a saisi leur premier sourire, leurs premiers pas, les a montrées en chaise d'enfant ou à table, à leur chevet de malades, plongées dans leurs devoirs ou jouant à la poupée. Deux impressionnants portraits en demi-pied représentent les deux aînées. Celui de la fillette en noir, le sac d'école en bandoulière, en appelle un autre, celui de sa fille aînée Louise, réalisé sept années auparavant, qui, avec les blancs qui le composent, compte parmi les portraits les plus importants de l'artiste (ill. ci-dessus). Ce sont tous deux des sommets dans l'art du portrait d'enfant. Tout le côté rustique et campagnard fait place à un raffinement étonnant. La délicatesse des coloris comme l'attitude des modèles sont empreintes d'une élégance toute parisienne. Marie Anker (1872-1950) était la deuxième fille du peintre. Elle épousa en 1892 Albert Quinche, professeur de musique à Neuchâtel.

Die eigenen Kinder sassen Anker häufig Modell. Den drei Töchtern – Marie, Louise und Cécile – gab er den Vorzug. Er erfasste ihr erstes Lächeln und die ersten Schritte, zeigte sie im Kinderstuhl oder zu Tisch, im Krankenbett, bei Schulaufgaben und beim Spiel mit den Puppen. Die beiden älteren Töchter hat er auch in zwei besonders eindrücklichen Halbfigurenporträts wiedergegeben. Das Bildnis des Mädchens in Schwarz, mit seiner umgehängten Schultasche, mutet wie ein Pendant zu dem sieben Jahre zuvor entstandenen Porträt der ältesten Tochter, Louise, an, das mit seiner Weissmalerei zu den herausragendsten Bildnissen des Künstlers gehört (Abb. hier oben). Es sind Höhepunkte der Kinderbildniskunst, alles Ländlich-bäuerische hat einer erstaunlichen Raffinesse Platz gemacht; in der Zartheit der Farbwerte wie in der Haltung der Dargestellten dominiert pariserische Eleganz. Marie Anker (1872-1950) war die zweite Tochter des Malers. Sie heiratete 1892 den Musikprofessor Albert Quinche von Neuenburg.

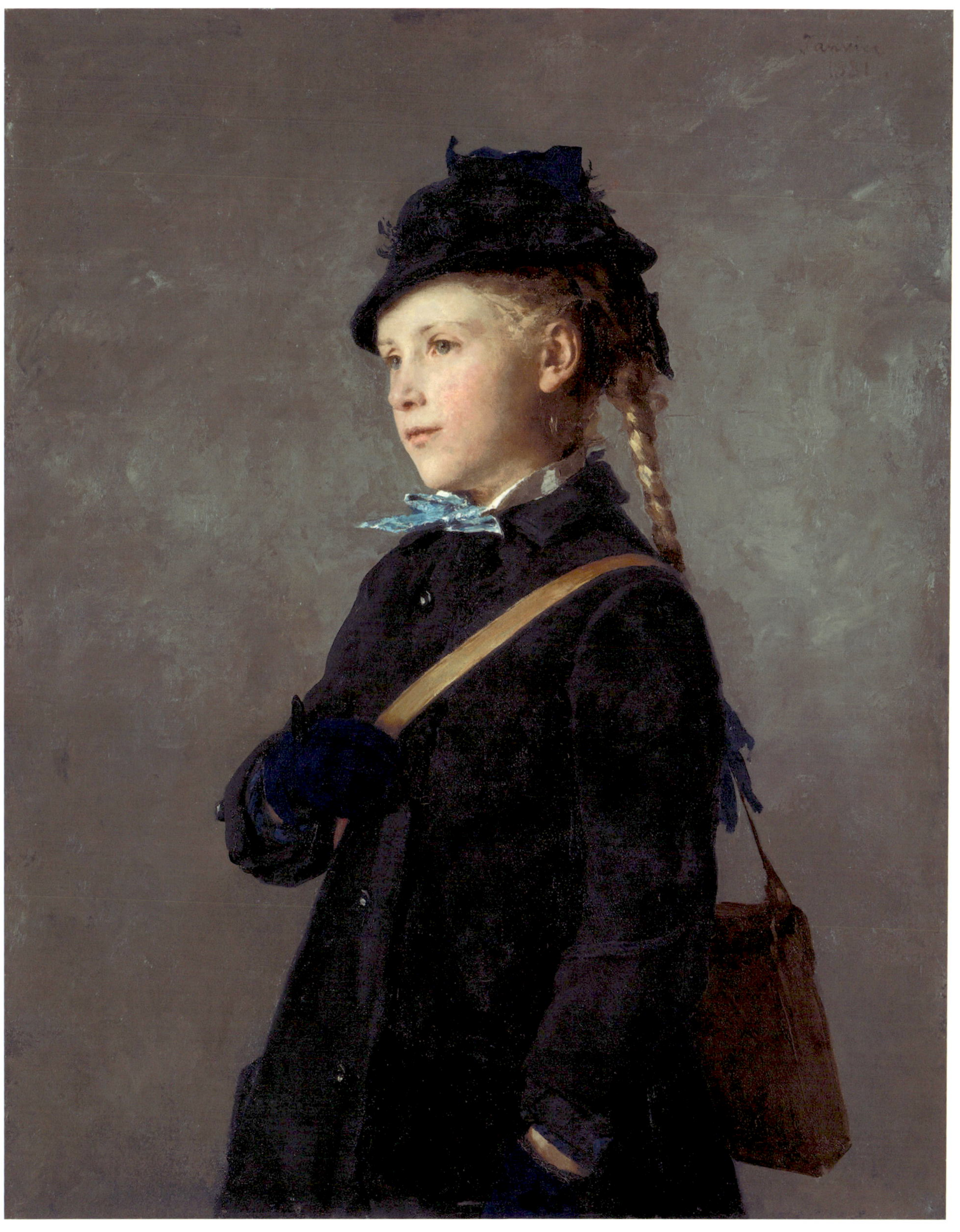

Dans son portrait de l'épicier soleurois Franz Anton Zetter (1854-1916), Anker évoque un représentant caractéristique d'une petite bourgeoisie intéressée à la culture, qui mettait ses talents non seulement au service de l'entreprise familiale, mais aussi à celui de la promotion de l'art local. Zetter siégeait depuis 1878 au sein du Comité artistique soleurois. Membre de la Société artistique soleuroise depuis 1880, il en fut le président entre 1896 et 1915 et, de 1902 à 1915, fonctionna comme conservateur de la division artistique du Musée de Soleure. La commande est passée au cours de l'été 1894, quelques mois à peine avant que la Société artistique soleuroise n'achète une première œuvre d'Anker. Ce dernier s'exécute, moins par plaisir que par conscience du devoir, comme une lettre adressée le 25 juillet 1894 à Albert de Meuron (1823-1897) nous l'apprend: «Mais demain je pars pour Soleure où je finis un bien médiocre portrait commencé il y a six semaines; le bourgeois voudrait qu'il aille à l'exposition du Tournus à Soleure s'ouvrant le 2 Août.» (Bibl. de Neuchâtel.) Malgré tout, il nous livre ici une belle étude de caractère sur la personne d'un commerçant qui a réussi et qui souhaite montrer fièrement à ses concitoyens de cette petite ville de province des qualités de grand bourgeois citadin qui doit sa prospérité à son assiduité au travail. Les jambes écartées, l'air sûr de lui, l'épicier se présente au spectateur dans son magasin, avec toutes les marques du bien-être matériel. La lumière pénètre par la fenêtre de gauche, éclairant les mains et le visage adipeux. Le modèle tient à son bras gauche une canne au pommeau d'ébène et d'argent, destinée à lui conférer une dignité supplémentaire, alors qu'un épagneul noir est assis entre ses jambes. On aperçoit un coin de l'épicerie au fond, qui décrit l'activité du maître des lieux: livres de comptes, jeu de poids, tiroirs, ainsi qu'un pot de gingembre chinois.

Des influences de la peinture de portrait à la française sont visibles; que l'on songe au tableau de Manet *Le Bon Bock* (Philadelphia Museum of Art) ou au *Portrait de Louis-François Bertin* par Ingres (Louvre, Paris), deux travaux particulièrement parlants sur le plan iconographique (voir également le texte de Marc Fehlmann dans le catalogue d'exposition du Musée des Beaux-Arts de Berne, Bern 2003).

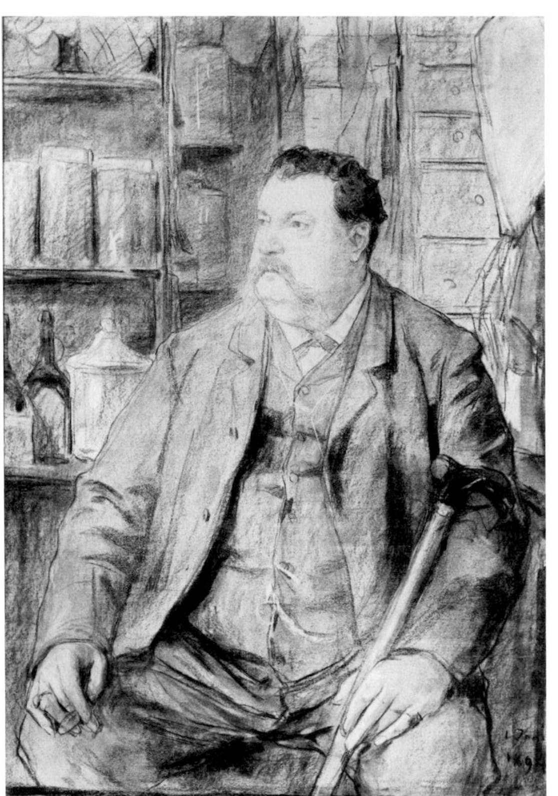

Pas exposé / *Nicht ausgestellt*: **Dessin préparatoire pour le portrait de Franz Anton Zetter** / ***Vorzeichnung zum Bildnis Franz Anton Zetter***, non daté / *undatiert*, fusain sur papier / *Kohle auf Papier*, 55×39 cm, Kunstmuseum Solothurn

Im Bildnis des Solothurner Krämers Franz Anton Zetter (1854-1916) zeigt Anker einen charakteristischen Vertreter jener kulturell interessierten Bürgerschaft, die ihre Tüchtigkeit nicht nur im eigenen Unternehmen, sondern auch als Förderer des lokalen Kunstbetriebs zur Geltung brachte. Zetter war seit 1878 Beisitzer des Solothurner Kunstkomitees, seit 1880 Mitglied des Kunstvereins Solothurn, von 1896 bis 1915 dessen Präsident und von 1902 bis 1915 Kustos der Kunstabteilung des Museums Solothurn. Der Porträtauftrag erfolgte im Sommer 1894, nur wenige Monate bevor der Solothurner Kunstverein beim Künstler einen ersten Ankauf tätigte. Anker führte diesen Auftrag weniger aus Freude als aus Pflichtbewusstsein aus, wie einem Brief vom 25. Juli 1894 an Albert de Meuron (1823-1897) zu entnehmen ist: «Aber morgen verreise ich nach Solothurn, wo ich ein mässiges, vor sechs Wochen begonnenes Porträt beenden werde; der Herr möchte, dass es an die Turnus-Ausstellung in Solothurn geht, die am 2. August eröffnet wird.» (Bibl. Neuenburg.) Und dennoch gelang ihm hiermit die Charakterisierung des erfolgreichen Ladenbesitzers, der seinen Mitbürgern im provinziellen Städtchen stolz den mit Fleiss errungenen Wohlstand auf grossbürgerliche und grossstädtische Manier zeigen wollte. Breitbeinig und selbstbewusst sitzt der Krämer mit all seinen Insignien des Wohlstands versehen in seinem Spezereigeschäft vor uns. Das Licht fällt schräg durch das Fenster von links und lässt das feiste Gesicht und die Hände hell von der dunklen Umgebung aufleuchten. An seinem linken Arm lehnt ein mit Ebenholz und Silber verzierter Gehstock, der ihm ein weiteres Stück Würde verleihen soll, während zwischen den Beinen ein schwarzer Spaniel hockt. Im Hintergrund ist der Blick auf eine Ecke des Spezereigeschäfts freigegeben, in der Kontobücher und Gewichtssteine, Schubladen und ein chinesischer Ingwertopf die geschäftliche Tätigkeit des Dargestellten bildhaft beschreiben.

Es schwingen Einflüsse der französischen Porträtmalerei mit, es sei an Manets Le Bon Bock *(Philadelphia Museum of Art) oder an Ingres'* Bildnis von Louis-François Bertin *(Louvre, Paris) erinnert, die beide besonders bildmächtige Schöpfungen sind (vgl. hierzu auch den Aufsatz von Marc Fehlmann im Ausstellungskatalog Kunstmuseum Bern, Bern 2003).*

58
Portrait
de Franz Anton Zetter
Bildnis
Franz Anton Zetter
1894
Huile sur toile
Öl auf Leinwand
58,5×44 cm
Kunstmuseum
Solothurn
K/B 499

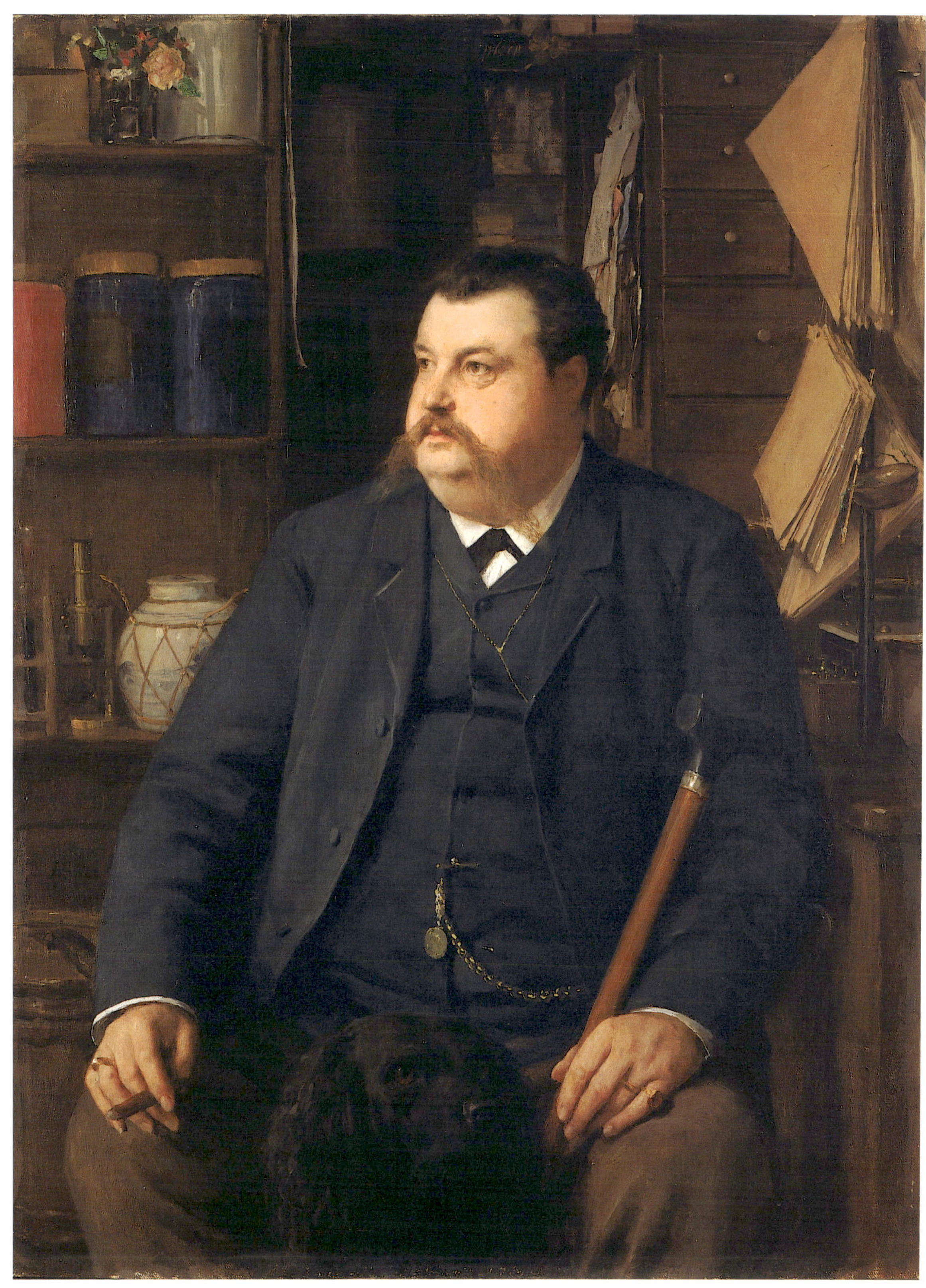

59
Les Enfants de Bary
Die Kinder de Bary
1880
Huile sur toile
Öl auf Leinwand
85×64 cm
Collection particulière, Berne
K/B 272

Ce portrait a été réalisé par ordre d'Armand Weiss-Zuber, l'ami alsacien d'Anker, grand-oncle des deux garçons, qui écrit à l'automne 1879 à l'artiste: «On fournira les modèles à Mulhouse chez ma sœur, où votre logement est déjà préparé, et où vous aurez pour atelier un très grand salon [...].» Au printemps 1880, Anker est en Alsace et relate à sa femme par courrier les détails de son séjour et de l'exécution des portraits. Il écrit à Anna le 5 mai sur son travail: «Tout continue à bien aller, mais dans les portraits, les accessoires valent mieux que les têtes [...] Enfin il faudra de la patience [...].»
Il n'est pas content du résultat, puisqu'il écrira plus tard: «C'est ce qui arrive quand on travaille dans la solitude; mais c'est surtout ce qui arrive à ceux qui comme moi ne voient que le petit détail [...] je devrais demander pardon à ces gens de les avoir tenus si longtemps pour ne leur faire qu'une œuvre de 3e catégorie. Cela me tourmente plus que je ne peux dire [...].»

Dieses Bildnis entstand im Auftrag von Armand Weiss-Zuber, Ankers Elsässer Freund, der der Grossonkel der beiden Knaben war. Er schrieb im Herbst 1879 an den Künstler: «Man wird Ihnen die Modelle bei meiner Schwester in Mülhausen vorstellen. Ihre Unterkunft ist bereits vorbereitet, man gibt Ihnen als Atelier einen sehr grossen Salon [...].» Im Frühling 1880 weilte Anker im Elsass und berichtete in Briefen an seine Frau ausführlich von seinem Aufenthalt und der Entstehung der Bildnisse. An Anna berichtet er am 5. Mai über seine Arbeit: «Alles geht gut voran, aber in den Porträts sind die Accessoires besser als die Köpfe [...] Nun, es wird Geduld brauchen [...].»
Mit dem Resultat war er nicht zufrieden, denn später fügte er bei: «Das passiert, wenn man in der Abgeschiedenheit arbeitet; aber vor allem geschieht dies jenen, die wie ich sich im Detail verlieren [...] ich sollte mich bei den Leuten entschuldigen, dass ich sie so lange hingehalten habe, um dann nur ein Werk dritter Kategorie zu liefern. Dies quält mich ganz besonders [...].»

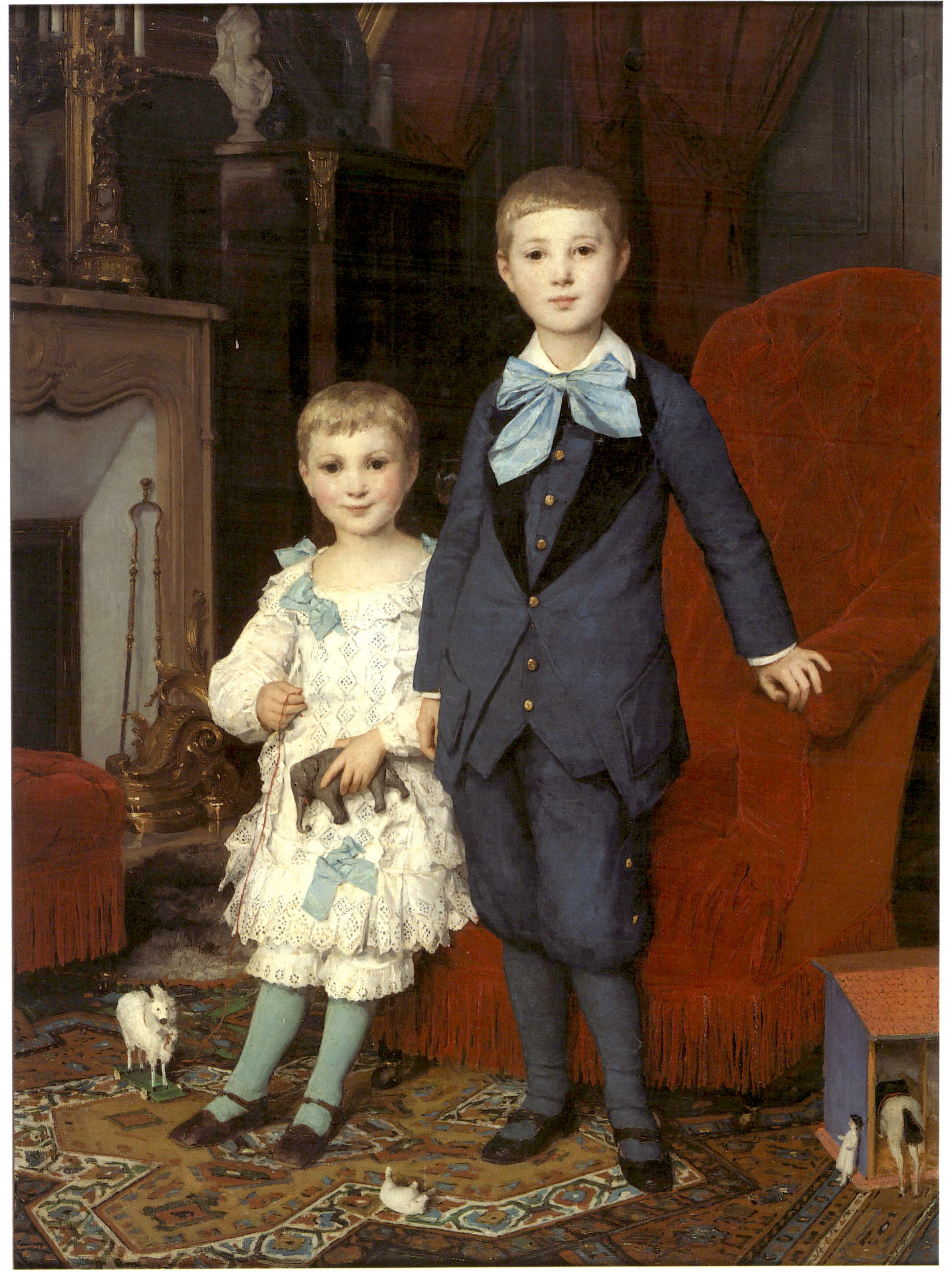

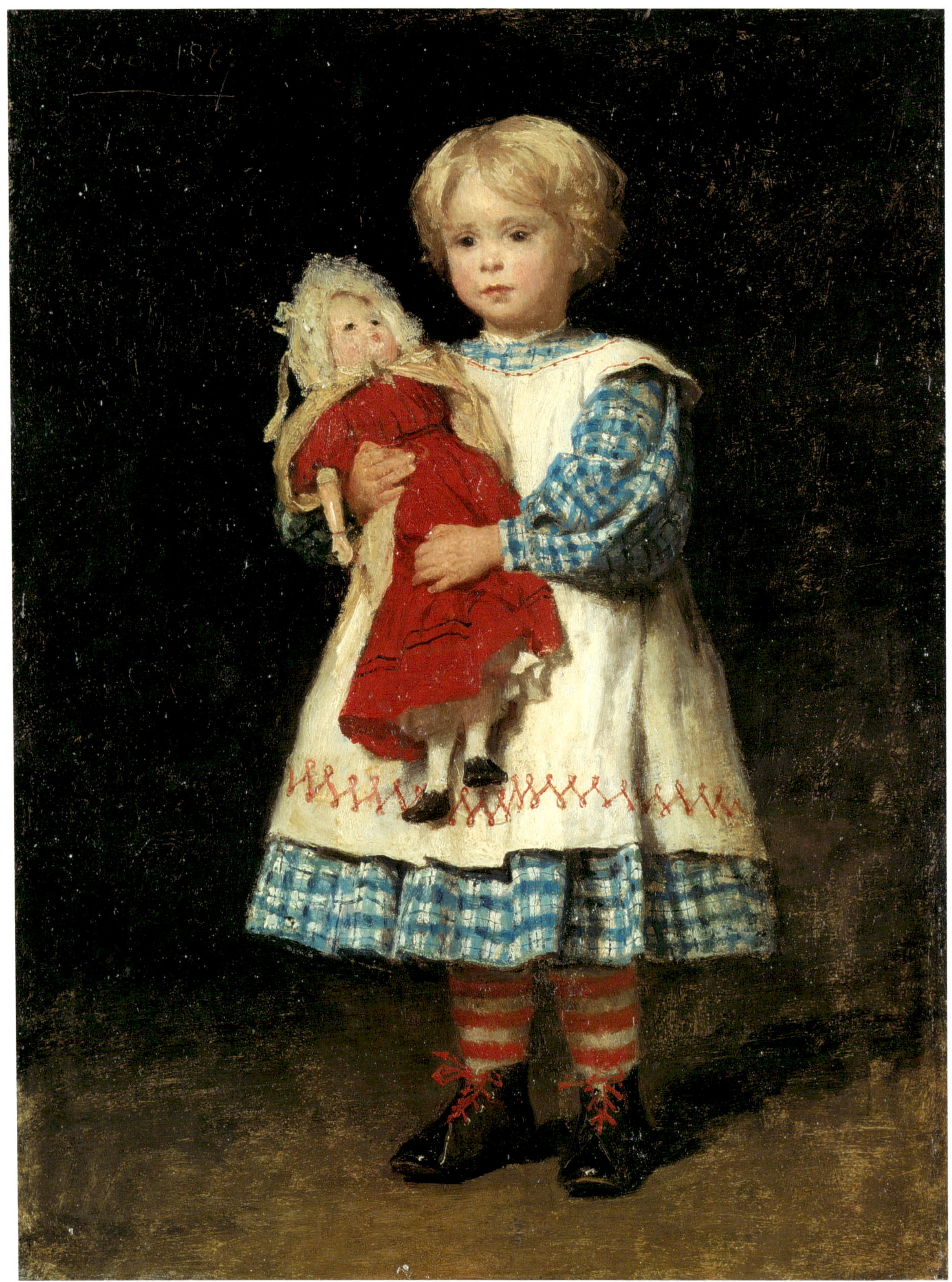

60
Louise Anker tenant sa poupée
Louise Anker mit Puppe
1867
Huile sur toile
Öl auf Leinwand
42×31,5 cm
Collection Christoph Blocher
K/B 113

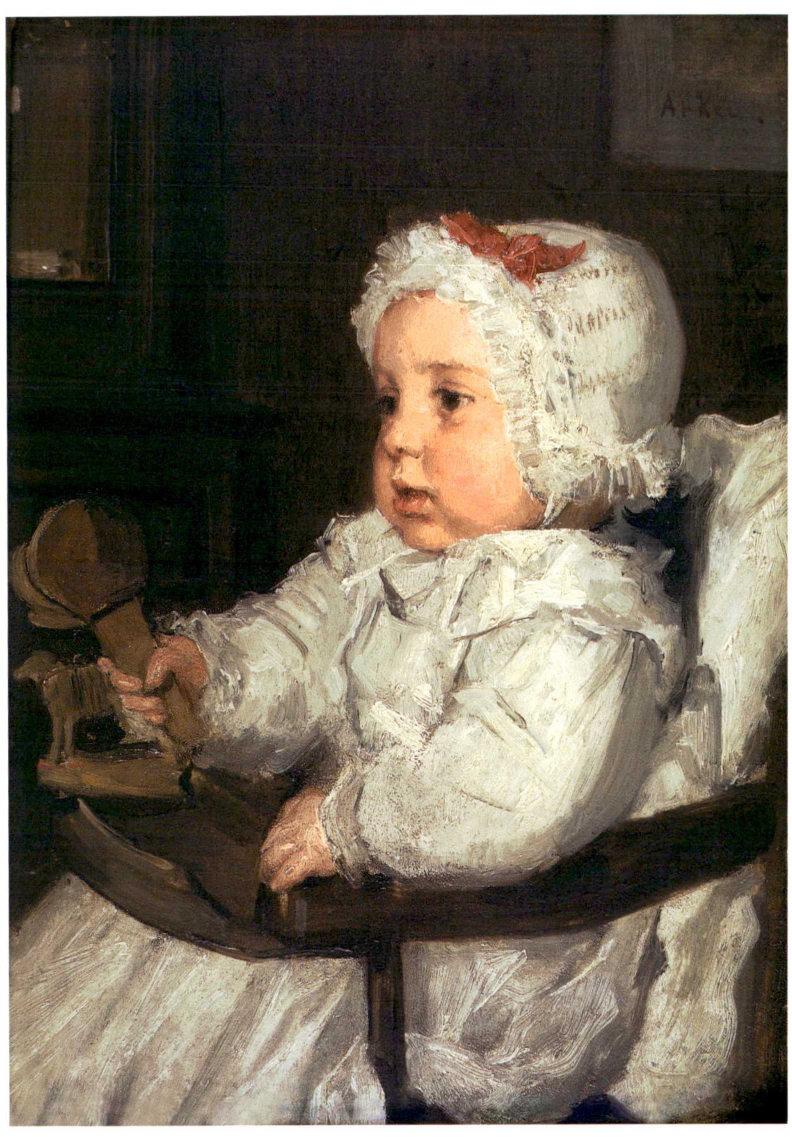

61
François Ehrmann dans sa chaise d'enfant
François Ehrmann im Kinderstuhl
1870
Huile sur bois
Öl auf Holz
21,5 × 16 cm
Collection particulière
K/B 145

Les portraits de petits enfants sont l'une des tâches les plus difficiles dévolues à un peintre. Anker montre ici le fils de son ami alsacien François Ehrmann, avec qui il restera en contact sa vie durant (voir le texte de Pierre Vaisse, pp. 55-64). Ce petit portrait sur bois d'un enfant dans sa chaise ressemble à d'autres représentations similaires de ses propres enfants.

Kleinkinderbildnisse sind eine der schwierigsten Aufgaben, die sich ein Maler stellen kann. Hier zeigt er den kleinen Sohn seines Elsässer Freundes François Ehrmann, mit dem er zeitlebens in engem Kontakt stand (siehe den Aufsatz von Pierre Vaisse, S. 55-64). Das kleine auf Holz gemalte Porträt des Knaben im Kinderstuhl entspricht ähnlichen Bildnissen seiner eigenen Kinder.

«La nature morte est la pierre de touche du peintre.»
Edouard Manet

Les natures mortes d'Anker représentent un aspect de son œuvre peu connu et inhabituel. On est en droit, cependant, de les désigner comme étant les plus «modernes» de ses travaux. Comme le dit Manet, elles semblent être pour son œuvre une sorte de pierre de touche. Anker nous montre, d'une part, l'alimentation de base et la frugalité des repas d'un paysan: pommes de terre, fromage, jambon, pain, noix ou marrons, accompagnés de pots de café et de lait, de bouteilles ou de carafes de vin; d'autre part, on trouve aussi de la porcelaine de prix, des petits gâteaux et du cognac, toutes choses que l'on rencontre en milieu bourgeois. L'ordonnancement suit souvent le même principe: sur une table de bois montrée le plus souvent parallèle au tableau, avec ou sans nappe blanche, les objets choisis sont soigneusement disposés dans le tiers inférieur de la surface peinte. Les formes, éclairées d'une lumière harmonieuse, se détachent de l'arrière-plan dans un ton neutre et sombre, de manière très consciente.
La composition d'une nature morte se fait en deux étapes. Anker ne laissait rien au hasard. Ses natures mortes sont souvent construites de manière classique, en triangle, et caractérisées par un rythme pondéré de lignes qui se répètent. Les ustentiles sont ceux de sa propre maison: cruches, sucriers, théières et tasses, qu'il réutilise au gré des besoins en les changeant de place. Ce goût pour la nature morte, c'est à la nouvelle appréciation qu'en a faite Jean-Baptiste Siméon Chardin au milieu des années 1860, à Paris, qu'il le doit. Il était sans doute inévitable qu'Anker fût lui aussi inspiré par l'enthousiasme renaissant pour Chardin. Lorsqu'il réalise en 1866 deux natures mortes avec deux tables garnies se faisant face – *Petit-déjeuner pauvre* et *Petit-déjeuner riche* –, qui font également référence à la parcimonie et à l'abondance de la symbolique hollandaise, il se place exactement à l'important tournant évoqué de l'évolution de la peinture de nature morte.

Anker a créé environ 35 natures mortes à l'huile, ce qui est relativement modeste par rapport au nombre total de ses œuvres, qui se monte à plus de 700 peintures. Il n'a jamais exposé de natures mortes au Salon. Il se les réservait ou les destinait à des intéressés potentiels de son cercle de collectionneurs. (Sur les natures mortes d'Anker, voir le texte, en allemand, de Therese Bhattacharya-Stettler dans le catalogue *Albert Anker und Paris*, Musée des Beaux-Arts de Berne, Bern 2003.)

Des natures mortes apparaissent parfois dans les scènes de genre d'Anker, en tant que «nature morte dans le tableau» (voir cat. n° 55). Il suffit d'évoquer, notamment, les accessoires émaillant les tableaux de genre ou les scènes à plusieurs personnages: verre de liqueur avec carafe, pipe, pelote de fil, outils, livres, jouets, nécessaire de couture, liasses de journaux ou piles de livres, couverts sur une table, qui sont tous des natures mortes en miniature et destinés à décrire plus précisément l'activité de la personne dont Anker fait le portrait. Ces objets sont aussi témoins de l'amour d'Anker pour le détail et l'attention qu'il porte aux accessoires aux fins de souligner l'ambiance au jour le jour.

«Das Stillleben ist der Prüfstein des Malers.»
Edouard Manet

Ankers Stillleben sind ein ungewohnter und nicht sehr bekannter Aspekt seines Schaffens. Man kann sie aber als die wohl «modernsten» Werke in seinem Œuvre bezeichnen. Sie scheinen ihm als Maler ganz im Sinne Edouard Manets ein «Prüfstein» gewesen zu sein.
In seinen Stillleben galt Ankers Augenmerk einerseits den Grundnahrungsmitteln eines frugalen Mahls im bäuerlichen Milieu: Kartoffeln, Käse, Schinken, Brot, Nüsse oder Kastanien, begleitet von Kaffee- und Milchkannen sowie Weinflaschen oder -karaffen, anderseits findet sich kostbares Porzellan eines bürgerlichen Ambientes, begleitet von Gebäck und Cognac. Oft folgt die Anordnung nach demselben Prinzip: Auf einem zumeist bildparallelen Holztisch, mit oder ohne weisses Tischtuch, sind die ausgewählten Gegenstände im unteren Drittel der Bildfläche sorgfältig gestaffelt. Die von harmonischem Licht erhellten Formen heben sich deutlich vom neutral gehaltenen Hintergrund, der häufig monochrom dunkel, seltener hell ist, ab. Alles ist bewusst komponiert.
Das Komponieren eines Stilllebengemäldes erfolgt in zwei Stufen: ebenso wichtig wie der eigentliche Malvorgang ist die richtige Wahl der darzustellenden Gegenstände. Anker überliess nichts dem Zufall. Häufig sind seine Stillleben nach klassischer Manier in ein Dreieck gebettet und gekennzeichnet von einem besonnenen Rhythmus sich wiederholender Linien. Es sind die Utensilien seines eigenen Haushalts – Krüge, Zuckerdosen, Teekannen und Tassen –, die er oft wieder hervorholte und neu anordnete.
Es war die Neubeurteilung von Jean-Baptiste Siméon Chardin, die Mitte der 1860er Jahre in Paris eine neue Wertschätzung der Stilllebenmalerei auslöste. Dass Anker von der neu erwachten Chardin-Begeisterung ebenfalls mitgerissen wurde, war wohl unvermeidlich. Als er 1866 somit erstmals zwei Stillleben unterschiedlicher Gedecke als Pendantpaar schuf – Frühstück arm *und* Frühstück reich *–, die ja letztlich auch einen Rückgriff auf die holländische Symbolik von Kargheit und Überfluss darstellen, setzte er genau an dem erwähnten folgenreichen Wendepunkt der Entwicklungsgeschichte der Stilllebenmalerei ein.*
Anker schuf insgesamt ungefähr 35 Stillleben in Öl, was gemessen an einem Gesamtwerk von über 700 Gemälden eine eher geringe Anzahl ist. Nie hat er ein Stillleben am Salon ausgestellt. Er schuf sie für sich selbst oder für mögliche Interessenten in seinem Sammlerkreis. (Zu Ankers Stillleben vgl. auch den Aufsatz von Therese Bhattacharya-Stettler im Katalog Kunstmuseum Bern, Albert Anker und Paris, *Bern 2003.)*
Stillleben tauchen zuweilen auch in Ankers Genreszenen auf, gleichsam als «Stillleben im Bild» (vgl. Kat. Nr. 55). Es sei nur an all die in den Genrebildnissen und mehrfigurigen Szenen auftauchenden Attribute erinnert – Schnapsglas mit Karaffe, Tabakpfeife, Garnknäuel, Werkzeuge, Bücher, Spielsachen, Nähutensilien, Zeitungsbündel oder Bücher, zuweilen auch ein Gedeck auf dem Tisch –, es sind Miniaturstillleben, die die Tätigkeit der Dargestellten näher umschreiben und Ankers Liebe zum Detail bekunden, sie zeigen, dass auch den Requisiten im entsprechenden Alltagsambiente höchste Aufmerksamkeit verliehen wird.

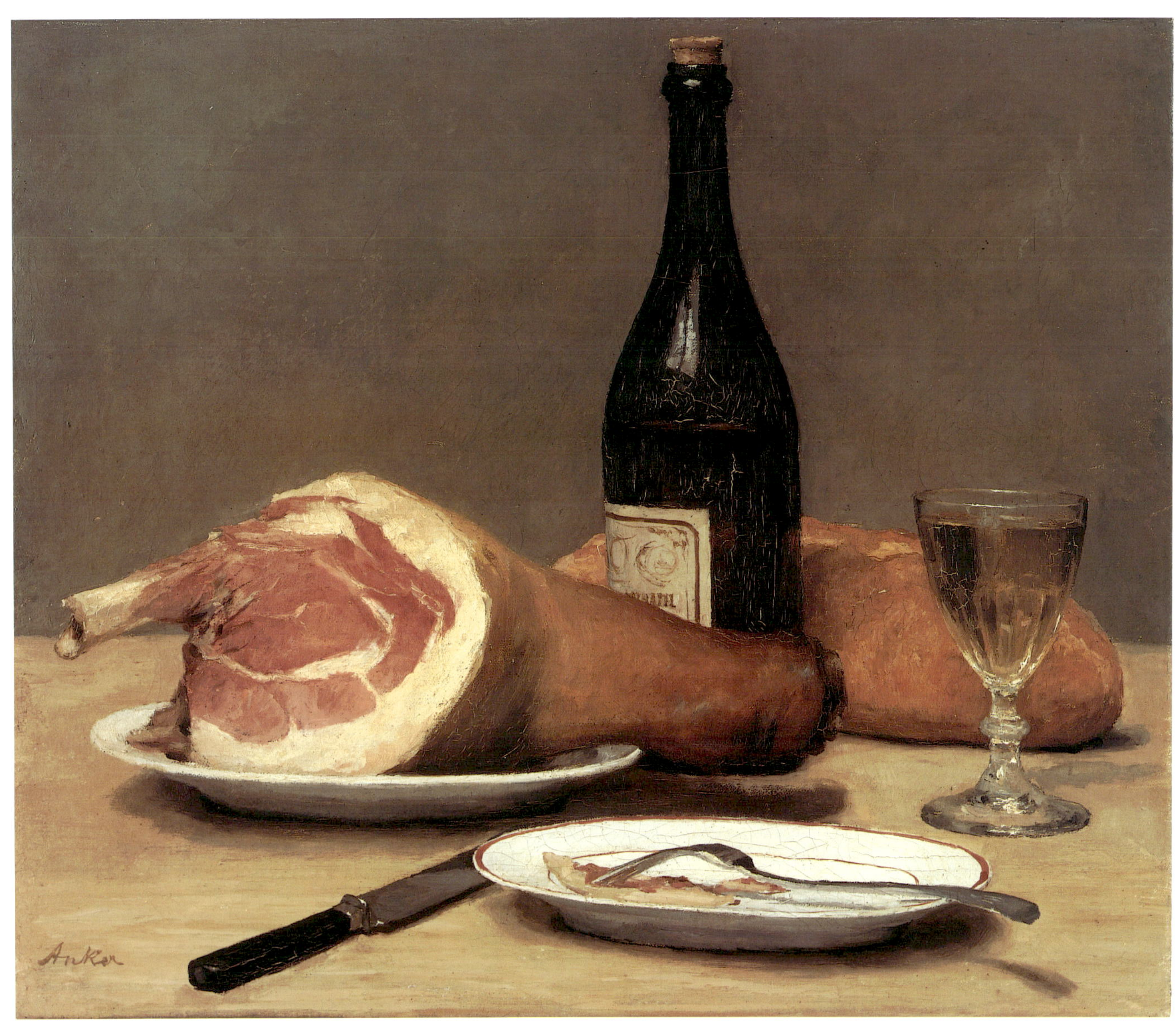

63
Nature morte au jambon
Stilleben mit Schinken
1896
Huile sur toile
Öl auf Leinwand
40 × 48 cm
Collection Christoph Blocher
K/B 528

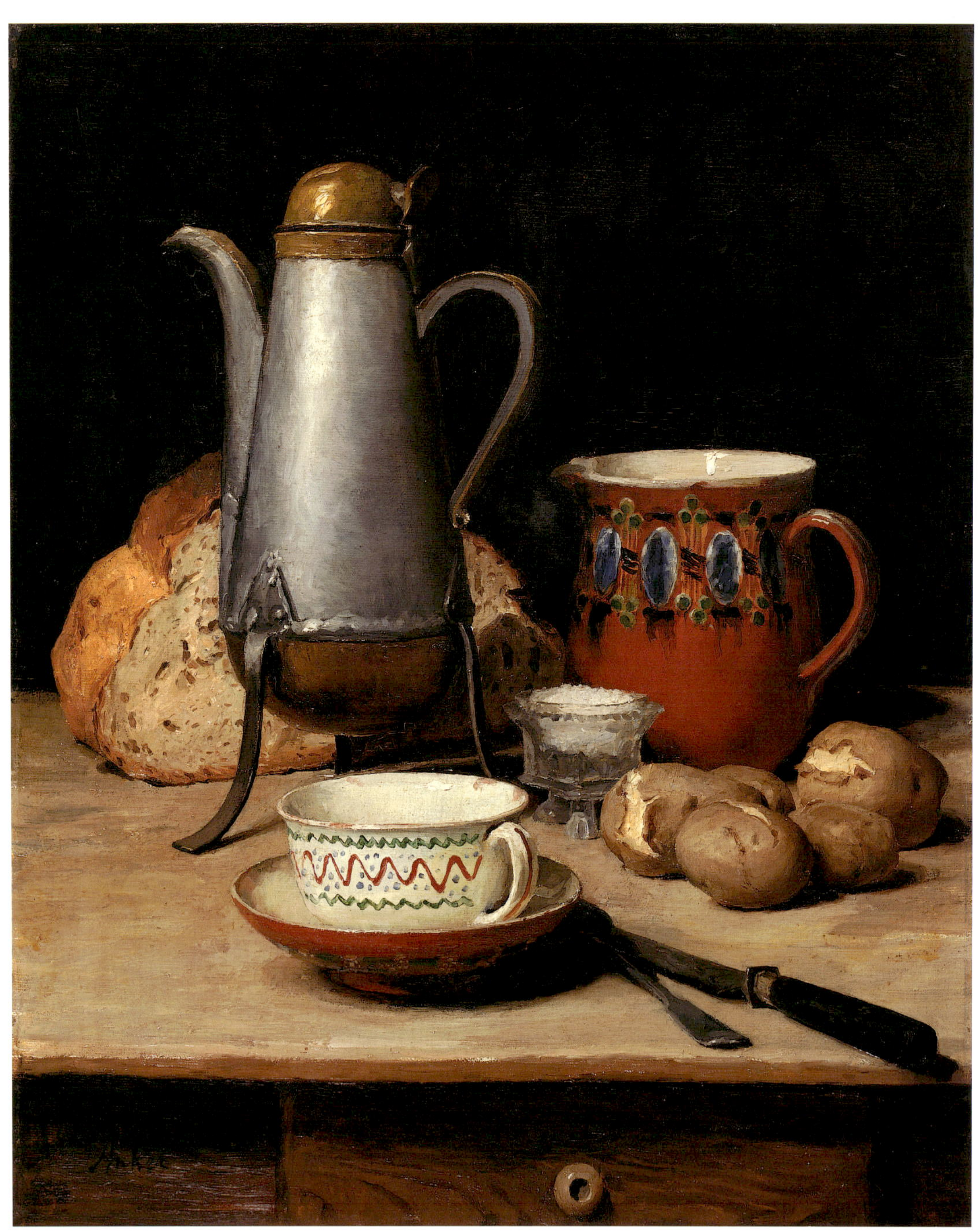

64
Nature morte: café et pommes de terre
Stilleben: Kaffee und Kartoffeln
1897
Huile sur toile
Öl auf Leinwand
51×42 cm
Collection Christoph Blocher
K/B 538

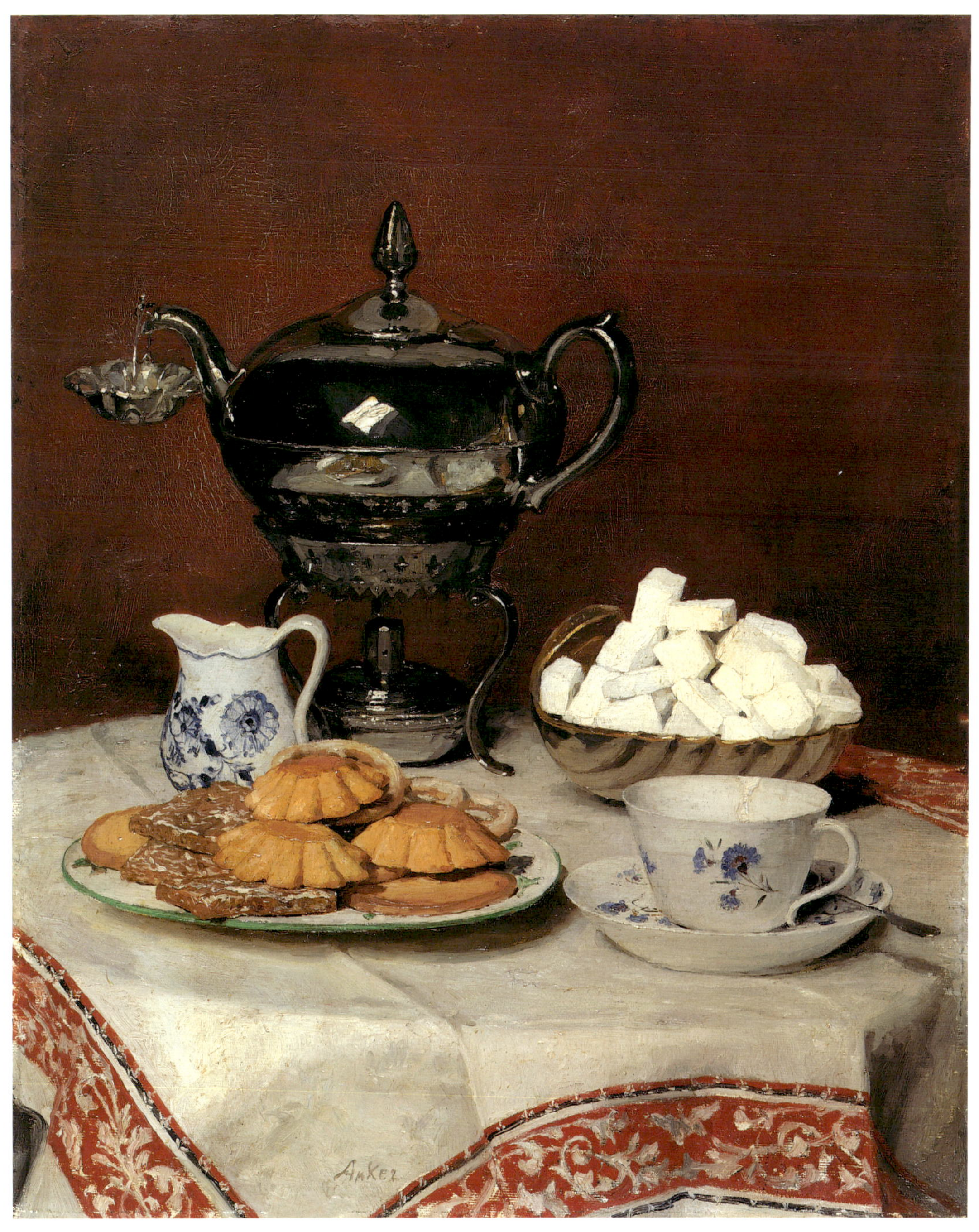

65
Nature morte: thé élégant
Stilleben: Gediegener Tee
1897
Huile sur toile
Öl auf Leinwand
51 × 42 cm
Collection Christoph Blocher
K/B 539

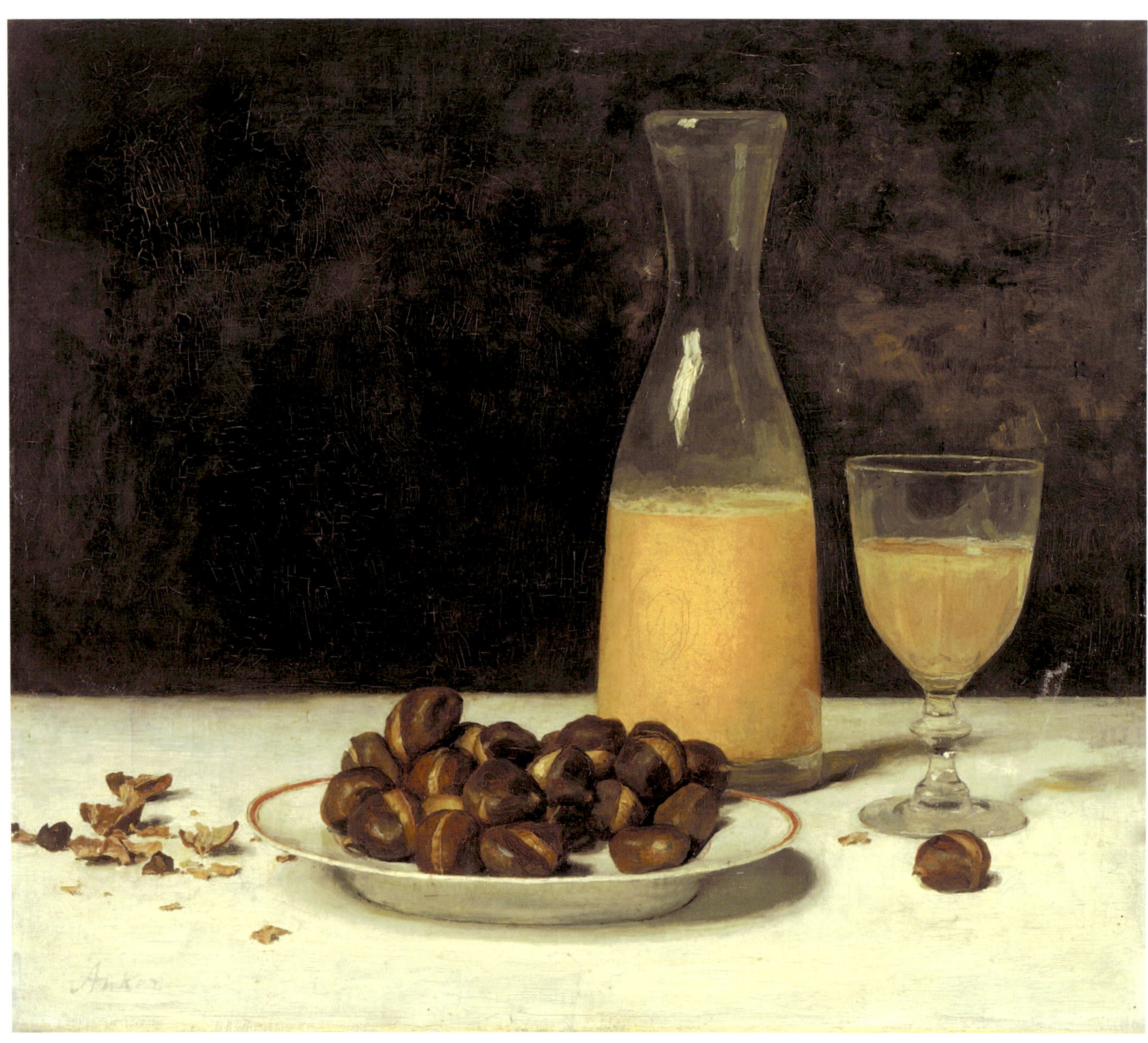

66
Nature morte: vin nouveau
Stilleben: Neuer Wein
1897
Huile sur toile
Öl auf Leinwand
39×45 cm
Musée des Beaux-Arts de Berne,
Stiftung Gemäldesammlung Emil Bretschger
K/B 541

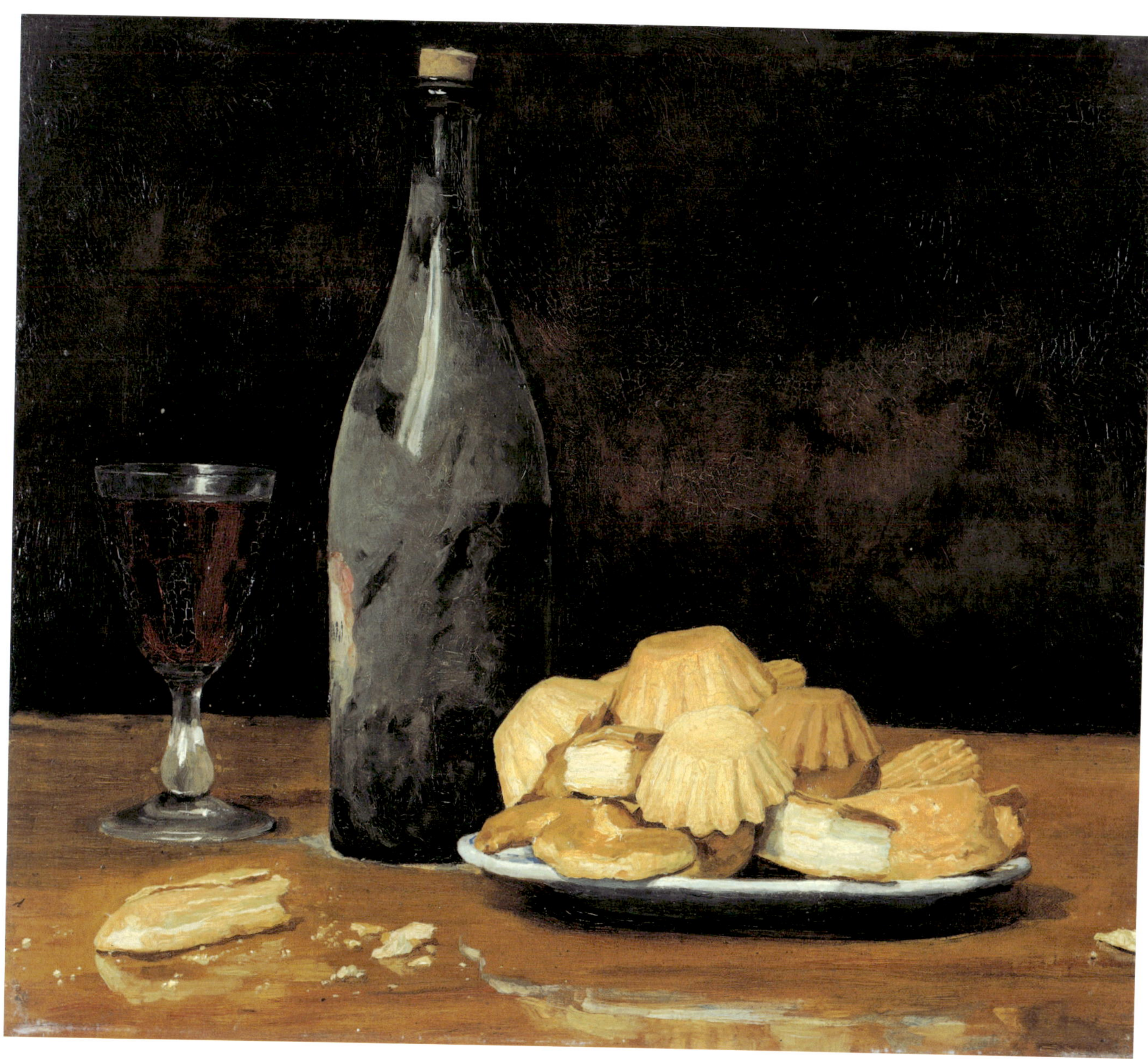

67
Nature morte: vin vieux
Stilleben: Alter Wein
1897
Huile sur toile
Öl auf Leinwand
39×45 cm
Musée des Beaux-Arts de Berne,
Stiftung Gemäldesammlung Emil Bretschger
K/B 540

suffit à nous convaincre de l'intérêt que présenterait une recherche approfondie consacrée aux œuvres sur papier d'Anker, en les étudiant une par une et en les situant dans un contexte plus vaste.»[5]

Quatorze ans plus tard, et bien que l'artiste ait été, en raison de sa formation et de son tempérament, un «dessinateur-né» – il était en effet toujours prêt à jeter sur le papier quelques traits susceptibles de l'inspirer par la suite ou bien encore à saisir à l'aquarelle, en un tournemain et de façon fort convaincante, telle ou telle ambiance –, l'œuvre graphique d'Albert Anker demeure à ce jour insuffisamment étudié. Cela peut sans doute s'expliquer par le fait qu'en Suisse les dessins restent «les parents pauvres des tableaux», selon le mot de Hans A. Lüthy[6], ou bien encore parce que la production d'esquisses, de dessins et d'aquarelles de l'artiste, si abondante qu'on ne peut les dénombrer qu'approximativement, suffit à décourager celui ou celle qui voudrait entreprendre de les étudier.[7] Enfin, on ne saurait négliger l'influence du cliché, qui stigmatise l'œuvre d'Anker en prétendant qu'elle véhicule des valeurs conservatrices et qu'à ce titre elle est moins attirante que celle d'artistes plus «progressistes» (Johann Heinrich Füssli, Arnold Böcklin, Ferdinand Hodler).[8] De ce point de vue, la recherche et le marché de l'art ont conjointement mis en valeur depuis des décennies les prestations «avancées» de Ferdinand Hodler, l'autre «peintre national», ainsi que sa vie jugée plus intéressante, sous prétexte qu'elle serait plus variée sur le plan sentimental. Tout cela peut expliquer qu'aucune exposition n'a encore été exclusivement consacrée aux dessins et aux aquarelles d'Anker, alors que, dans le cas de Hodler, on en compte huit, présentées en Suisse et à l'étranger pour la seule période de ces vingt dernières années.[9]

Le présent essai n'a pas la prétention d'épuiser le sujet «Anker dessinateur»: il se propose seulement de faire le point sur les connaissances que nous en avons aujourd'hui et de les enrichir çà et là autant que faire se peut. Il prend également en compte les aquarelles, même si celles-ci, dans bien des cas, se rapprochent plus de la peinture que du dessin, tant il est vrai que l'aquarelle oscille par nature entre le dessin pur exé-

[5] Franz Zelger *in*: Lüthy/Müller 1989, p. 7.

[6] Lüthy/Müller 1989, p. 32.

[7] Sandor Kuthy parle de «milliers» *in*: Pfäffikon 1991, p. 19. Rien qu'entre la date de son attaque (septembre 1901) et sa mort (juillet 1910), Anker a réalisé plusieurs centaines d'aquarelles abouties.

[8] Dans son analyse des natures mortes du peintre et la présentation qu'elle en donna lors de l'exposition *Albert Anker und Paris* (voir à ce sujet le catalogue, pp. 137-175), Therese Bhattacharya-Stettler s'est récemment inscrite en faux contre ce préjugé négatif qui présentait Anker comme un peintre conservateur.

[9] Kunstmuseum de Winterthur 1983, Kunstmuseum de Soleure 1983, Montréal 1988, Kunsthaus de Zurich 1991, 1992 et 1998, Musée des Beaux-Arts de Berne 1999.

Vierzehn Jahre danach ist Albert Ankers zeichnerisches Werk noch immer unzureichend erfasst, obgleich der Künstler von seiner Ausbildung und seinem Temperament her ein «typischer Zeichner» war, der mit dem Stift überall Bildideen sammelte und in Aquarell stets Stimmungen rasch und souverän festhalten konnte. Das mag zum einen daran liegen, dass Zeichnungen in der Schweiz noch immer die «armen Verwandten der Gemälde» sind, wie sie Hans A. Lüthy nannte[6], das mag zum anderen auch damit zusammenhängen, dass die vermutete und nur in Ansätzen abschätzbare Menge an Skizzen, Zeichnungen und Aquarellen Ankers vor einer intensiven Auseinandersetzung mit diesem Material schlichtweg abschreckt.[7] Hinzu kommt unweigerlich, dass Ankers Werk gerne mit konservativen Werten gleichgesetzt und somit im Vergleich mit den Œuvres von «progressiven» Künstlern (Johann Heinrich Füssli, Arnold Böcklin, Ferdinand Hodler) als weniger attraktiv «stigmatisiert» wird.[8] So verknüpfen Forschung und Ausstellungsbetrieb zum Beispiel Ferdinand Hodler, den anderen Schweizer «Nationalmaler», seit Jahrzehnten mit fortschrittlichen Leistungen und einer im Vergleich mit Anker interessanteren, weil emotional abwechslungsreicheren Vita. Dies mag mit ein Grund sein, weshalb bis heute dem Inser Künstler noch nie eine Einzelausstellung nur mit Zeichnungen und Aquarellen gewidmet wurde, während im Gegensatz dazu Hodler allein in den letzten zwanzig Jahren im In- und Ausland schon deren acht gegolten haben.[9]

Der vorliegende Essay kann Anker als Zeichner ebenfalls nicht erschöpfend behandeln, er will aber den bisherigen Wissensstand über sein zeichnerisches Œuvre zusammenfassen und in Ansätzen erweitern. Er berücksichtigt zugleich die Aquarelle, auch wenn diese in manchen Fällen eher gemalt als gezeichnet sind, zumal insbesondere im Werk Ankers das Aquarell zwischen reiner (Pinsel-)Zeichnung und Malerei oszilliert.

[6] *Lüthy/Müller 1989, S. 32.*

[7] *Sandor Kuthy spricht* in: *Pfäffikon 1991, S. 19, von «Tausenden». Allein in der Zeit zwischen seinem Schlaganfall im September 1901 und seinem Tod im Juli 1910 hat Anker mehrere Hundert bildhaft ausgeführte Aquarelle geschaffen.*

[8] *Ein deutliches Zeichen gegen dieses negativ besetzte Vorurteil des konservativen Malers setzte unlängst Therese Bhattacharya-Stettler mit ihrer Untersuchung der Stilllebenmalerei Ankers und mit deren Präsentation in der Ausstellung* Albert Anker und Paris. *Siehe dazu Katalog Bern 2003, S. 137-175.*

[9] *Kunstmuseum Winterthur 1983, Kunstmuseum Solothurn 1983, Montreal 1988, Kunsthaus Zürich 1991, 1992 und 1998, Kunstmuseum Bern 1999.*

cuté au pinceau et la peinture proprement dite – et cela se vérifie tout particulièrement dans l'œuvre d'Anker.

Albert Anker a toujours dessiné. Dès l'école primaire, bien avant de recevoir une formation professionnelle en la matière, Anker s'était déjà imposé par son talent de dessinateur; à 15 ans, il avait déjà croqué ses camarades de l'association estudiantine Zofingia, non seulement sous forme de papiers découpés, mais également au crayon et à l'huile.[10] Lorsque, après ses études de théologie, il partit pour Paris, il s'inscrivit dans l'atelier de Charles Gleyre (1806-1874), choisissant alors un professeur parmi les plus réputés et les moins conventionnels de la métropole.[11] Certes, Gleyre fondait son enseignement sur le cursus habituel de formation. Cependant, afin de permettre à ses étudiants d'acquérir, outre le sens des formes et des proportions, la dextérité indispensable pour pratiquer cet art, il mettait dès le début l'accent sur le dessin élémentaire et les connaissances de base concernant l'âge classique.
Il soulignait aussi le rôle de la nature, montrant à ses élèves qu'elle donne les exemples fondamentaux pour toute activité artistique. Le dessin d'après modèle vivant était ainsi l'un des piliers de l'enseignement de Gleyre: il prenait soin d'insister sur l'importance de cet apprentissage avant d'autoriser ses étudiants à se tourner vers la composition et la copie à l'huile.[12] Le Genevois Albert Darier (né en 1843), qui avait étudié chez Gleyre quelques années après Anker, évoquait auprès d'un ami l'enseignement reçu en ces termes: «M. Gleyre réclame des élèves un dessin serré et consciencieux mais il n'est point tyrannique et laisse chacun libre dans ses idées et dans ses actions.»[13]
Anker a retenu, sa vie durant, les leçons de Gleyre. On comprend donc aisément que son œuvre graphique représente la majeure partie de sa production: on y trouve d'innombrables esquisses, études et dessins préparatoires pour des tableaux, mais aussi des compositions autonomes et abouties réalisées au fusain, à la craie ou à l'aquarelle.
On sait que, pendant des années, l'artiste avait toujours sur lui un ou plusieurs carnets de croquis de petit format, sur lesquels il notait au dessin et à l'aquarelle,

[10] Un dessin d'enfants a été reproduit *in*: Quinche 1924, p. 9. Il présente deux camarades de classe sur le chemin de l'école avec leurs cartables. En ce qui concerne les portraits de quelques Zofingiens, voir Develey 1991.
[11] Voir ici la contribution de William Hauptman, pp. 27-40, et Bern 2003, pp. 37-51.
[12] Voir Boime 1971, p. 21. On trouve des exemples des rares études de nus conservées *in*: Pfäffikon 1991, p. 32, n°s 4 et 5.
[13] Lettre d'Albert Darier à Paul Milliet du 22 mars 1863, d'après Paul Milliet, *Une famille de républicains fouriéristes: les Milliet*, Paris, 1915, pp. 236-237, cité ici d'après Brigit Staiger-Gayler, «Gleyre und seine Schweizer Schüler» *in*: Winterthur 1974, p. 127.

Albert Anker hat immer gezeichnet. Schon in der Grundschule, lange bevor er eine professionelle Ausbildung in Paris beginnen sollte, ist sein zeichnerisches Talent aufgefallen, und mit 15 Jahren hat er seine Farbenbrüder der Zofinger Studentenverbindung nicht nur in Scherenschnitten, sondern auch in Bleistift und Öl porträtiert.[10] *Als er nach dem Theologiestudium nach Paris ging und in das Atelier von Charles Gleyre (1806-1874) eintrat, hat er sich einen der damals renommiertesten und zugleich unkonventionellsten Lehrer in der ganzen Metropole ausgesucht.*[11] *Freilich gründete auch Gleyres Unterricht auf dem traditionellen Curriculum der Akademie, standen doch am Anfang das elementare Zeichnen, mit dem die Sensibilität für Formen und Proportionen gebildet und die Handführung geübt werden sollten, sowie Grundkenntnisse über das klassische Altertum. Gleichwohl lehrte der Meister seine Schüler immer wieder, dass die Natur die primären Vorbilder für jegliche künstlerische Tätigkeit biete. Deshalb war das Zeichnen nach dem lebenden Modell eine der Haupttätigkeiten im Unterricht Gleyres, bevor sich die Studierenden der Komposition und dem Kopieren in Öl zuwenden durften.*[12] *Der einige Jahre nach Anker bei Gleyre studierende Genfer Albert Darier (geb. 1843) berichtete einem Freund über diesen Unterricht: «Monsieur Gleyre verlangt von seinen Schülern striktes und gewissenhaftes Zeichnen, aber er ist gar nicht tyrannisch, er lässt jedem seine Freiheit bezüglich Ideen und Ausführung.»*[13]
Anker hat die Lektionen Gleyres sein Leben lang nicht vergessen. Deshalb bilden unzählige Skizzen, Studien und Zeichnungen als Vorstufen zu Gemälden sowie selbständige, bildhafte Kompositionen in Kohle, Kreide und Aquarell den grösseren Teil seines Gesamtwerks.
Es ist bekannt, dass der Künstler während Jahren immer und überallhin seine kleinformatigen Skizzenbücher mitgenommen und darin zeichnend oder aquarellierend Gesehenes und Erlebtes neben Gehörtem und Gelesenem notiert hat. Anker begründete dies wie folgt: «Im Jahre 1880 habe ich mein Gedächtnis verloren […] So hatte ich immer ein Büchlein in der Tasche, um aufzuschreiben. Natürlich kamen auch Zeichnungen hinein.»[14]

[10] *Eine Kinderzeichnung ist bei Quinche 1924, S. 9, abgebildet. Sie zeigt zwei Kameraden mit Tornister auf dem Schulweg. Zu den Bildnissen einiger Zofinger siehe Develey 1991.*
[11] *Siehe hier den Beitrag von William Hauptman, S. 27-40, sowie Bern 2003, S. 37-51.*
[12] *Vgl. Boime 1971, S. 21. Beispiele der wenigen erhaltenen Aktstudien sind abgebildet* in: *Pfäffikon 1991, S. 32, Nrn. 4 und 5.*
[13] *Brief Albert Dariers an Paul Milliet vom 22. März 1863, nach Paul Milliet,* Une famille de républicains fouriéristes: les Milliet, *Paris, 1915, S. 236-237, hier zitiert nach Brigit Staiger-Gayler, «Gleyre und seine Schweizer Schüler»* in: *Winterthur 1974, S. 127.*
[14] *Albert Anker zitiert nach Matthias Brefin, «Zum Lebenslauf Albert Ankers»* in: *Ins 2000, S. 40.*

en fonction de son inspiration, telle ou telle impression née de ce qu'il avait pu entendre, voir ou lire ici ou là. Anker justifiait cette pratique en disant: «En 1880 j'ai perdu la mémoire. [...] aussi avais-je toujours dans ma poche un petit carnet afin d'y consigner mes notes. Naturellement, des dessins eurent également leur place.»[14] Quelques-uns des 45 carnets connus à ce jour[15] sont présentés dans notre exposition. L'artiste, qui en avait toujours un à sa disposition, s'en servait comme carnet de croquis au cours de ses excursions et de ses voyages – il y consignait les études et les éléments qui lui serviraient ultérieurement – et comme aide-mémoire. Y apparaissent souvent des esquisses de paysages, un motif qui, sinon, fait défaut dans son œuvre. Au fil du temps, certains carnets ont vu leurs feuilles dispersées, mais on peut supposer que bien des aquarelles de paysages et qui ont été réalisées sur le même papier au format 10×15,5 cm proviennent du même cahier. Les aquarelles de Ravenne (cat. n°s 81 et 82) et de Mantoue (cat. n°s 79 et 80), réalisées par Anker au cours de son quatrième et dernier voyage en Italie en 1891 et que nous présentons à l'exposition, en sont de bons exemples.

Un carnet, propriété du Musée des Beaux-Arts de Berne, est particulièrement instructif: il contient en effet des copies faites au Louvre vers 1870 (voir p. 190), non seulement à partir de tableaux de maîtres anciens, mais également d'après des antiquités égyptiennes, assyriennes et étrusques. Les sujets et les motifs décoratifs qui s'y trouvent ont servi à Anker pour décorer les assiettes en faïence réalisées entre 1866 et 1892 pour les frères Deck.[16] Son travail régulier au Louvre, où il étudiait certaines œuvres de la collection, est attesté par d'autres dessins et certains passages de sa correspondance. La citation suivante, extraite d'une lettre à Ehrmann, nous montre qu'à 66 ans Anker n'avait pas perdu son admiration pour les dessins d'Ingres: «Au Louvre [...] nous avons vu les dessins du père Ingres qui, une fois à l'autre qu'on les voit, semblent toujours devenir meilleurs [...].»[17]

Anker n'a jamais été un épigone de Jean Auguste Dominique Ingres, qui fut le modèle artistique de

[14] Albert Anker cité d'après Matthias Brefin, «Vie d'Albert Anker» *in*: Ins 2000 (éd. française), p. 34.

[15] Outre les carnets d'esquisses proprement dits, il y a également les *carnets*, ou *pochades*, qu'il avait toujours sur lui pendant trente ans. Anker les numérotait; chaque carnet avait entre 29 et 65 pages. Il découpait lui-même le papier au format souhaité (env. 10× max. 15-18 cm) et mettait une couverture. Certains ont été démontés ou vendus, d'autres ont disparu. On ne dispose aujourd'hui que des carnets des années 1895-1901. Leur étude précise reste à faire.

[16] Voir l'article de Marie-Madeleine Massé, pp. 229-236.

[17] Lettre à François Ehrmann du 15 avril 1899 (Archives Bibl. de Neuchâtel).

Bislang sind rund 45 Carnets bekannt[15], wovon in dieser Ausstellung einige präsentiert werden. Die Carnets waren dem Künstler Notizheft und damit treuer Begleiter auf dessen Ausgängen und Reisen. Sie vereinigen nicht nur Studien- und Arbeitsmaterial für spätere Projekte, sondern waren zugleich Gedächtnisstütze und dienten dem Künstler als Erinnerungshilfe. Aus diesem Grund finden sich in Ankers Carnets häufig Skizzen nach Landschaftsausschnitten, ein bei ihm ansonsten weitgehend fehlender Motivkreis. Weil in der Zwischenzeit einige von seinen Skizzenbüchern aufgelöst worden sind, ist zu vermuten, dass auch viele der Landschaftsaquarelle, welche alle auf dem gleichen Papier entstanden sind und Formate von rund 10×15,5 cm haben, aus den gleichen Heften stammen. Als Beispiel hierfür sind in der Ausstellung die Aquarelle von Ravenna (Kat. Nrn. 81 und 82) und Mantua (Kat. Nrn. 79 und 80) zu sehen, welche auf Ankers vierter und letzter Italienreise von 1891 entstanden sind.

Besonders aufschlussreich ist in dieser Beziehung auch das um 1870 gefüllte Berner Carnet mit Kopien aus dem Louvre (vgl. S. 190), in dem der Künstler nicht nur Gemälde alter Meister, sondern auch ägyptische, assyrische und etruskische Antiken kopiert hat. Die darin gesammelten Motive und Ornamente verwendete er für Fayenceplatten, welche er zwischen 1866 und 1892 für die Gebrüder Deck geschaffen hat.[16] Dass Anker wiederholt den Louvre besucht und dort Werke der Sammlung studiert hat, ist auch durch andere Zeichnungen sowie durch wenige Briefstellen belegt. Interessant ist dabei jene Passage in einem Brief an Ehrmann, worin er noch im Alter von 66 Jahren seiner Bewunderung für Ingres' Zeichnungen Ausdruck gibt: «Im Louvre [...] haben wir die Zeichnungen von Vater Ingres gesehen, die von Mal zu Mal, wenn man sie sieht, immer besser zu werden scheinen.»[17]

Jean Auguste Dominique Ingres – künstlerisches Vorbild von Generationen und einer der perfektesten Zeichner seiner Zeit – ist Anker allerdings nicht gefolgt. Die präzisen Bildniszeichnungen von Ingres mit ihren fragilen und zugleich messerscharfen Konturen sowie den raffiniert drapierten Gewändern der europäischen Aristokratie waren die Sache des Insers nicht. Zwar galt sein Hauptaugenmerk ebenfalls der menschlichen Figur, allerdings

[15] *Abgesehen von eigentlichen Skizzenbüchern gibt es die* carnets, *oder auch* pochades *genannt, die er während dreissig Jahren mit sich führte. Er versah diese mit einer Nummer, ihr Umfang reicht von 29 bis 65 Seiten. Anker schnitt das Papier dafür selber ins gewünschte Format (ca. 10× max. 15-18 cm) zurecht und versah es jeweils mit einem Deckel. Einige sind auseinander geschnitten oder verkauft worden, andere wiederum sind verschollen. Im Nachlass finden sich lediglich noch die Carnets der Jahre 1895-1901. Eine eingehende Untersuchung der Carnets steht noch aus.*

[16] *Vgl. den Aufsatz von Marie-Madeleine Massé, S. 229-236.*

[17] *Brief an François Ehrmann, 15. April 1899 (Archiv Bibl. Neuenburg).*

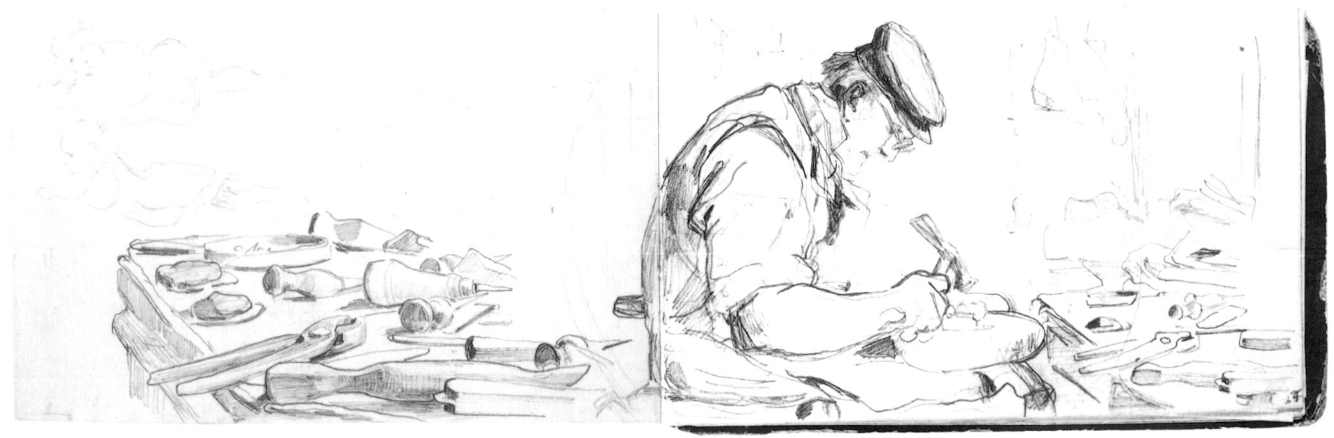

Ill. 1: **Esquisse pour le cordonnier Feissli** / ***Studie zum Gemälde Schuhmacher Feissli***, livre d'esquisses non daté / *Skizzenbuch undatiert*, crayon / *Bleistift*, 8,5×13,7 cm, Gottfried Keller-Stiftung, Musée des Beaux-Arts de Berne

générations entières et l'un des dessinateurs les plus accomplis de son époque. Les dessins précis d'Ingres aux contours à la fois fragiles et acérés, tout comme ses drapés des vêtements de l'aristocratie européenne réalisés avec raffinement, n'étaient pas du goût d'Anker. Certes, il consacrait, lui aussi, l'essentiel de son regard à la figure humaine, la présentant notamment dans les différents aspects de son être. Mais c'est essentiellement l'être humain, plongé dans son travail ou au repos, recueilli, jeune ou âgé, qui l'intéressait, donnant ainsi clairement une image authentique de l'homme aux prises avec les difficultés de l'existence ou les conventions sociales. Mais la fascination d'Anker pour les dessins d'Ingres vient essentiellement de son admiration pour son savoir-faire, son art de la forme parfaitement maîtrisée et sa précision.

Sandor Kuthy a classé l'œuvre sur papier en trois groupes. Le premier est constitué par des travaux le plus souvent de petit format: calques, esquisses et copies d'après des gravures qui ont servi à l'artiste de modèles pour ses faïences et ses scènes historiques. On peut également y ajouter les copies dont nous venons de parler, faites au Louvre d'après des œuvres des civilisations primitives et les maîtres anciens. Le deuxième groupe comprend les esquisses exécutées d'après nature (cat. n°s 69, 70; ill. 1) et les études de compositions qui permettaient à Anker de préparer ses tableaux à l'huile (cat. n° 73 pour *La Signature du contrat de mariage*; ill. p. 198 pour la *Jeune Fille qui pèle des pommes de terre*), tandis que le troisième rassemble les dessins travaillés en détail et aboutis, destinés à la vente (p. ex. cat. n°s 91, 92, 93, 94), et les aquarelles (p. ex. cat. n°s 98, 99, 100). Ces dessins,

in verschiedenen Aspekten ihres Seins. Vor allem jedoch galt sie dem arbeitenden oder von der Arbeit ruhenden, in sich versunkenen Menschen in Kindheit und Alter, einem von Wahrhaftigkeit durchdrungenen, von den Mühen des Daseins oder gesellschaftlichen Konventionen ungetrübten Menschenbild. Ankers Faszination an Ingres' Zeichenkunst galt deshalb vielmehr dem technischen Können, der formalen Ausführung, der Souveränität und Präzision des Meisters.

Gemäss Sandor Kuthy lassen sich Albert Ankers Werke auf Papier in drei Gruppen unterteilen: erstens in meist kleinformatige Pausen, Skizzen und Kopien nach Stichen, die dem Künstler als Vorlagen für seine Fayencen und Historien dienten. In diese Gruppe gehören auch die bereits genannten Kopien nach Werken der frühen Hochkulturen und nach alten Meistern im Louvre. Die zweite Gruppe umfasst Skizzen nach der Natur (Kat. Nrn. 69, 70; Abb. 1) und Kompositionsstudien, welche Ankers Gemälde vorbereiteten (Kat. Nr. 73 für Die Ziviltrauung*; Abb. S. 198 für* Kartoffelschälendes Mädchen*), während in die dritte zum Verkauf bestimmte, bis ins Detail ausgeführte, bildhafte Zeichnungen (z.B. Kat. Nrn. 91, 92, 93, 94) und Aquarelle gehören (z.B. Kat. Nrn. 98, 99, 100). Die genannten Zeichnungen sind dabei oft grösseren Formats (bis 100×50 cm) und meistens in Kohle und/oder schwarzer Kreide sowie manchmal auch mit Tusche ausgeführt. Die bildhaften Aquarelle hingegen haben in der Regel eine einheitliche Grösse (rund 25×35 cm).*[18]

Diesen drei Gruppen müsste man noch die privaten Zeichnungen und Aquarelle hinzufügen, die in ihrem

[18] Kuthy/Bhattacharya 1995, S. 57-58.

le plus souvent d'un assez grand format (jusqu'à 100×50 cm), sont réalisés au fusain et/ou à la craie noire, parfois à l'encre de Chine. Les aquarelles abouties ont, en revanche, le plus souvent un seul et même format (env. 25×35 cm).[18]

A ces trois groupes devrait encore s'ajouter celui que constituent les dessins et les aquarelles à caractère privé: les caractéristiques propres de ces œuvres, le choix du motif et leur exécution sont plus libres que les travaux sur papier destinés à la vente. Ils présentent des sujets qu'Anker n'a pas utilisés pour ses tableaux et qui sont davantage le fruit d'un intérêt personnel ou du plaisir fugace d'un moment privilégié. A ce quatrième groupe appartiennent, notamment, les représentations de paysages que l'artiste a réalisées au crayon ou à l'aquarelle dans le Seeland bernois ou au cours de ses voyages (voir plus haut), ainsi que d'innombrables intérieurs paysans (cat. nº 75).[19]

L'analyse du style fait apparaître que ce n'est pas seulement la finalité assignée à chaque travail qui est déterminante; on peut également constater que la forme fermée du dessin s'estompe et s'assouplit au fur et à mesure que l'artiste avance en âge, le traitement du contour et de la surface se faisant plus fluide. Tandis que des études d'après nature ont été à l'évidence rapidement jetées sur le papier, comme dans le cas de la *Jeune Fille qui pèle des pommes de terre* qu'Anker a dessinée sur le livre de comptes de la famille (cat. nº 76), d'autres dessins ont été faits avec une extrême précision, au point de ne le céder en rien aux œuvres sur papier soigneusement élaborées (voir cat. nºs 69 et 70).

Anker a réalisé l'aquarelle *Jeune Fille qui pèle des pommes de terre* en travaillant à partir d'un dessin préparatoire tracé à la va-vite au crayon et qu'il a repassé à l'encre. La couleur, plutôt liquide, est appliquée lestement au pinceau. La représentation est faite de façon neutre, objectivant le sujet et ne prêtant aucune attention aux détails. La jeune fille, debout devant la table de la cuisine, est toute à son travail; vue d'assez loin, elle est représentée en pied; sur la page du livre de comptes, l'artiste a disposé également certains éléments descriptifs. Plus tard, l'artiste s'inspirera de cette aquarelle pour son tableau de 1886[20], dans lequel il a cette fois rapproché le point de vue du spectateur de l'objet représenté (voir ill. p. 198). La jeune fille est montrée quasiment en buste, l'espace dans lequel elle évolue et les ustensiles de cuisine sont coupés eux

[18] Kuthy/Bhattacharya 1995, pp. 57-58.
[19] D'autres intérieurs *in*: Lüthy/Müller 1989, pp. 103, 120-127.
[20] Kuthy/Bhattacharya 1995, nº 363.

Charakter sowohl bezüglich der Motivwahl wie der Ausführung freier sind als die zum Verkauf bestimmten Arbeiten auf Papier. Sie enthalten Sujets, die Anker nicht in Gemälde umgesetzt hat und die mehr aus persönlichem Interesse und aus Freude entstanden sind als mit einem bestimmten Arbeitsziel vor Augen. Der vierten Gruppe gehören unter anderen Landschaftsdarstellungen in Bleistift und Aquarell an, die der Künstler im Berner Seeland oder während seiner Reisen geschaffen hat und von denen zum Teil bereits die Rede war, sowie unzählige, bäuerliche Interieurs (Kat. Nr. 75).[19]

Bei der Analyse von Ankers Zeichen- und Aquarellstil fällt auf, dass nicht allein die Funktion der Arbeit ausschlaggebend war, dass aber insbesondere in der Zeichnung eine Auflösung der geschlossenen Form zugunsten einer lockeren, fliessenden Behandlung von Kontur und Fläche mit zunehmendem Alter erkennbar ist. Studien nach der Natur können rasch hingeworfen sein wie etwa im Fall des Kartoffelschälenden Mädchens, *das Anker im Rechnungs- und Notizbuch der Familie ausgeführt hat (Kat. Nr. 76), sie können in ihrer Ausführung aber auch äusserst präzise sein, sodass sie den bildhaften Werken auf Papier in nichts nachstehen (vgl. Kat. Nrn. 69 und 70).*

Das Aquarell mit dem Kartoffelschälenden Mädchen *hat Anker über einer flüchtig angelegten Vorzeichnung in Bleistift, die er in Tusche nachgezogen hat, ausgeführt. Der Farbauftrag ist wässerig und mit flinkem Pinselstrich vollzogen. Die Darstellung ist objektivierend neutral gehalten, Details fehlen. Der Künstler hat das Mädchen bei seiner Arbeit ganzfigurig vor dem Küchentisch aus grosser Distanz geschildert, sodass er auf der Seite des Notizbuches auch für beschreibende Elemente im Bildraum Platz finden konnte. Später entwickelte er daraus das Gemälde von 1886*[20]*, bei dem er den Blickpunkt des Betrachters näher an das Objekt herangeführt hat (vgl. Abb. S. 198). Im Bild ist das Mädchen in Nahsicht als Dreiviertelfigur festgehalten, sein Arbeitsraum und die Arbeitsutensilien sind nur noch angeschnitten, die Lichtquelle liegt sogar ausserhalb der Bildfläche. So hat der Künstler schliesslich das Ganze auf das Wesentliche, die Darstellung des attraktiven, jungen, arbeitsamen Menschen atmosphärisch verdichtet. Die kleine Aquarellskizze ist hierfür die erste Fixierung des Bildgedankens, eine spontane Bestandesaufnahme einer Situation, die zu einer neuen Bildidee führte. Entsprechend flüchtig und «impressionistisch» wirkt daher ihre Ausführung.*

Ähnliche Eigenschaften zeigen jene Aquarelle, die nicht für den Verkauf bestimmt waren, etwa Cécile Anker mit Katze *(Kat. Nr. 78), die Ansicht der Rückseite vom Wohnhaus des Künstlers in Ins (Kat. Nr. 77) oder die zahlreichen*

[19] Weitere Interieurs in*: Lüthy/Müller 1989, S. 103, 120-127.*
[20] Kuthy/Bhattacharya 1995, Nr. 363.

aussi, la source de lumière est elle-même extérieure à la surface du tableau. De cette façon, l'artiste a mis l'accent sur l'essentiel et condensé une atmosphère, celle que génère la représentation d'un être humain jeune, attrayant et travailleur. La petite esquisse à l'aquarelle sert ici à fixer, en un premier jet, une situation qui, à son tour, donnera naissance à un nouveau tableau. Le tracé du pinceau en est dès lors «impressionniste» et fugace.

Les aquarelles qui ne sont pas destinées à la vente, comme *Cécile Anker et son chat* (cat. nº 78), la vue arrière de la maison de l'artiste à Anet (cat. nº 77), ou celles, nombreuses, qu'il a réalisées au cours de ses voyages en Italie (cat. nºs 79-84), présentent les mêmes caractéristiques: coups de pinceau rapides et couleurs liquides. Anker apparaît ici étonnamment moderne: il se libère du détail avec maestria et saisit les atmosphères dans une luminosité quasi impressionniste. Ces œuvres témoignent de la capacité d'Anker à saisir promptement un motif artistique et à évoluer de façon magistrale dans un genre qu'il a par ailleurs peu pratiqué: le paysage.

Il en va tout autrement des quelques études au crayon réalisées à ses débuts, comme le garçon à la Bibliothèque municipale de Zofingue, dont nous avons déjà parlé (cat. nº 69), et la jeune fille assise (cat. nº 70). Bien qu'Anker n'ait jamais «réutilisé» le garçon dans un tableau[21], il l'a dessiné de face et jusqu'aux genoux au crayon dur et pointu, avec une extrême précision. L'artiste commence par dessiner avec sûreté les grandes lignes de l'ensemble, puis il réalise les contours avant d'exécuter l'intérieur du dessin – physionomie du visage et traitement des vêtements – à l'aide de traits parallèles d'épaisseur variable. L'étude pour la jeune fille assise présentant son profil gauche, de *L'Examen* de 1862[22], est travaillée avec un soin identique. L'artiste a utilisé, ici aussi, un crayon fin et dur et tracé les contours d'un trait ferme. Le dessin du visage et de la main gauche est, comme sur celui de l'enfant paysan, construit selon des plans parallèles qui définissent la physionomie des êtres représentés. Bien que l'artiste ait apposé la mention 1858 en signant son dessin, celui-ci doit en fait dater, comme le pense Hans A. Lüthy, de 1862, époque à laquelle Anker travaillait à son tableau intitulé *L'Examen* (cat. nº 13). De toute façon, il révèle, comme l'étude de Zofingue, une «facture» caractéristique des dessins au crayon d'Anker de la période

[21] Il est néanmoins possible, en dépit des différences visibles dans la physionomie du visage, que le garçon debout, coiffé d'une casquette, figurant dans le tableau *Les Poules* de 1868 (cat. nº 49), fasse référence au dessin du garçon de Zofingue.

[22] Lüthy/Müller 1989, p. 79.

Reiseaquarelle aus Italien (Kat. Nrn. 79-84). Kennzeichnend ist ihnen allen ein freier, rasch angelegter Pinselduktus mit wässerigem Farbauftrag. Hier erscheint Anker überraschend modern, ging er doch oft und souverän über Einzelheiten hinweg und erfasste dafür atmosphärische Erscheinungen in einer nahezu impressionistischen Leichtigkeit. Diese Blätter zeigen Ankers Fähigkeit, rasch ein künstlerisches Motiv zu erfassen und sich auch in einer Bildgattung souverän zu bewegen, welche er sonst kaum praktizierte: die Landschaft.

Ganz anders dagegen verhält es sich mit einigen von Ankers frühen Bleistiftstudien, wie beim bereits genannten Bauernbub in der Stadtbibliothek Zofingen (Kat. Nr. 69) und beim sitzenden Mädchen (Kat. Nr. 70). Obgleich Anker den Knaben in kein Gemälde direkt übertragen hat[21], hat er ihn frontal als Dreiviertelfigur mit einem harten, spitzen Bleistift äusserst präzise gezeichnet. In sicherer Strichführung legte er zunächst die Umrisse leicht fest, bevor er die Konturen nachzog und die Binnenzeichnung mit parallel geführten, die Physiognomie von Gesicht und die Beschaffenheit der Kleidungsstücke modellierenden Schraffuren in unterschiedlicher Dichte ausführte. Ebenso sorgfältig ist die Studie zum sitzenden Mädchen im Profil nach links aus dem Schulexamen *von 1862 (Kat. Nr. 13) ausgearbeitet. Auch hier hat der Künstler einen feinen, harten Bleistift verwendet und die Konturen mit festem Strich nachgezogen. Die Binnenzeichnung im Gesicht und an der linken Hand ist wie beim Bauernknaben aus parallel geführten Schraffurfeldern aufgebaut, welche die Physiognomie der Dargestellten modellieren. Obgleich der Künstler beim Signieren des Blattes diese Studie auf 1858 datierte, wird sie, wie Hans A. Lüthy vermutet, erst 1862 während der Vorbereitungen für* Das Schulexamen *entstanden sein.[22] Auf jeden Fall zeigt sie wie die Studie in Zofingen eine für Ankers Bleistiftzeichnungen der 1850er und 1860er Jahre charakteristische Handschrift, welche noch leicht dem Stil seines Lehrers Charles Gleyre verpflichtet ist.[23]*

Eine besondere Gruppe bilden die zum Verkauf bestimmten Zeichnungen, von denen hier einige schöne Beispiele zu sehen sind. Sie sind, wie bereits erwähnt, meist grösseren Formats und bildhaft ausgearbeitet. Das Ziel lag darin, eine

[21] *Es ist allerdings möglich, dass trotz der Unterschiede in der Gesichtsphysiognomie der stehende Knabe mit Mütze auf dem Gemälde* Die Hühner *von 1868 (Kat. Nr. 49) auf die Zofinger Zeichnung zurückzuführen ist.*

[22] *Lüthy/Müller 1989, S. 79.*

[23] *Vgl. etwa die vorbereitenden Zeichnungen von Charles Gleyre zu* Les Romains passant sous le joug *von 1854-1858* in*: Hauptman 1996 II, S. 384-393, insbes. Nrn. 705, 706, 715, 717, 720. Eine weitere Bleistiftzeichnung Ankers in der Art der hier beschriebenen, frühen Studienblätter* in*: Lüthy/Müller 1989, S. 97:* Alter Mann, sich auf Stock stützend, *Figurenstudie zur* Gemeindeversammlung II *von 1865 (Kuthy/Bhattacharya 1995, Nr. 84).*

1850-1860, qui s'inscrit encore un peu dans le sillage stylistique de son maître Charles Gleyre.[23]
Les dessins destinés à la vente – et dont nous présentons à l'exposition quelques beaux exemples – constituent un ensemble particulier: comme nous l'avons déjà dit, ils sont pour la plupart d'un format plus grand et véritablement élaborés. Le but poursuivi était de donner du sujet représenté une image fidèle à l'aide des seules valeurs du noir et du blanc; ce faisant, les dessins se rapprochent de façon étonnante, par la précision de leur «facture», des tableaux terminés (cat. nos 91 et 92). Les dessins d'Anker représentent peu de personnages, ils ont de ce fait une structure moins complexe que ses grands tableaux. Ils reprennent de temps à autre les motifs qui ont fait le succès de l'artiste – il en est ainsi de *Bertha Gugger lisant* (cat. no 90), qui constitue à quelques détails près une variante du tableau de 1883 (cat. no 25) et dont Anker a fait une assiette en faïence (voir cat. no 89). Il en donnera un peu plus tard une version plus libre à la Société des Beaux-Arts de Bâle.[24]
Les dessins préparatoires pour les illustrations de l'édition de luxe des *Œuvres choisies* de Jeremias Gotthelf constituent un ensemble particulièrement volumineux.[25] Cette édition, réalisée sous la direction d'Otto Sutermeister et publiée par Frédéric Zahn en neuf volumes, parut en deux parties (I, 1-4 et II, 1-5) entre 1894 et 1904, avec environ 500 illustrations, notamment d'Anker, de Benjamin Vautier et d'Emile Burnand. La préface fut écrite par le conseiller fédéral Karl Schenk, qui s'était personnellement entremis pour obtenir la collaboration d'Anker, après que celui-ci eut commencé par décliner l'invitation à participer à ce projet. Pour réaliser ses illustrations, Anker se rendait régulièrement dans l'Emmental, où il trouvait matière à étude (ill. 2). Il développa, au cours de l'élaboration de ses modèles, un style de dessin bien particulier: l'artiste dispose à l'encre, parallèlement, des lignes claires et fines dont il fait varier l'intensité et l'épaisseur selon une technique proche de celle de la gravure sur bois, qui devait être utilisée pour les illustrations. L'un des carnets qui sont exposés ici (p. 191) contient des

[23] Voir également les dessins préparatoires de Charles Gleyre pour son tableau *Les Romains passant sous le joug* de 1854-1858 *in*: Hauptman 1996 II, pp. 384-393, en particulier les nos 705, 706, 715, 717, 720. Cf. un autre dessin au crayon, effectué par Anker à ses débuts, de la même veine que celui-ci *in*: Lüthy/Müller 1989, p. 97: *Vieil homme, appuyé sur une canne*, étude de personnage pour *Le Conseil de commune II* de 1865 (Kuthy/Bhattacharya 1995, no 84).
[24] La variante, propriété du Musée de Bâle, est d'une période plus tardive, comme l'a, à juste titre, établi Marie-Therese Bätschmann *in*: Basel 2001, pp. 15-17, no 3.
[25] 94 dessins originaux pour l'édition Gotthelf de 1894-1904 ont été exposés en 1911. Catalogue Zurich 1911, nos 496-589.

exakte Wiedergabe des dargestellten Bildgegenstandes in Schwarz-Weiss-Werten zu erhalten, wobei die Präzision der Ausführung den vollendeten Gemälden ausserordentlich nahe kommt (Kat. Nrn. 91 und 92). Die Zeichnungen zeigen nur wenige Figuren, sind kompositorisch also nicht derart komplex wie Ankers grosse Gemälde. Sie wiederholen zuweilen Motive, mit denen Anker besonders erfolgreich war, wie im Falle der Lesenden Bertha Gugger *(Kat. Nr. 90), welche das Gemälde von 1883 (Kat. Nr. 25) in einer nur in Details abweichenden Variante wiederholt und von dem Anker einen Fayenceteller (vgl. Kat. Nr. 89) geschaffen und etwas später eine etwas freiere Version dem Basler Kunstverein geschenkt hat.*[24]
Ein besonders umfassendes Konvolut bilden die Zeichnungen, welche Anker zur Vorbereitung seiner Illustrationen für die Prachtausgabe von Jeremias Gotthelfs Ausgewählten Werken *geschaffen hat.*[25] *Die von Otto Sutermeister herausgebrachte, in neun Bänden bei Frédéric Zahn publizierte Gotthelf-Ausgabe erschien zwischen 1894 und 1904 in zwei Teilen (I, 1-4 und II, 1-5), mit insgesamt 500 Illustrationen von Anker, Benjamin Vautier, Emile Burnand und anderen. Das Vorwort schrieb Bundesrat Karl Schenk. Der Bundesrat hatte sich persönlich für Ankers Mitwirken eingesetzt, da dieser zunächst auf die Anfrage, ob er sich am Projekt beteiligen möge, abschlägig geantwortet hatte. Für seine Illustrationen reiste Anker immer wieder ins Emmental, um Studienmaterial zu sammeln (Abb. 2). Für die Vorlagen entwickelte er zudem einen typischen Zeichnungsstil in Tusche, bei dem in klaren, feinen, parallel geführten Linien Strichstärke und Dichte variieren und so der Technik des Holzstichs, in die sie für die Illustrationen umgesetzt werden sollten, angepasst sind. Eines der hier ausgestellten Carnets (S. 191) enthält im Emmental entstandene Zeichnungen, die genau diese Stricheltechnik zeigen. Neben dem Auftrag für die Gotthelf-Illustrationen schuf Anker auch noch Vorlagen für die* Schweizer Geschichte in Bildern.[26]
Daneben malte unser Künstler aber vor allem unzählige, bildhafte Aquarelle, die er für den Verkauf bestimmt hatte. Seit den 1870er Jahren hat er sich der Aquarelltechnik bedient, meist für seine privaten Studien, zur Vorbereitung seiner Fayencen und um in seinen Entwürfen die Farbverteilung für seine Kompositionen festzulegen – wie etwa im Falle der Zürcher Ziviltrauung *(Kat. Nr. 73).*[27]

[24] *Die von Marie-Therese Bätschmann zu Recht etwas später datierte Basler Wiederholung* in*: Basel 2001, S. 15-17, Nr. 3.*
[25] *1911 wurden 94 Originalzeichnungen zur Gotthelf-Ausgabe von 1894-1904 ausgestellt. Katalog Zürich 1911, Nrn. 496-589.*
[26] *Curti 1902, vgl. Robert Wyler* in*: Bern 1981 II, S. 60-63.*
[27] *Sandor Kuthy stellte fest, dass vor 1870 keine datierten Aquarelle nachzuweisen sind. Vgl. Pfäffikon 1991, S. 28. Die hier gezeigte Studie ist der Kompositionsentwurf für das gleichnamige Gemälde im Kunsthaus Zürich (vgl. Abb. S. 194, Kuthy/Bhattacharya 1995, Nr. 374).*

dessins exécutés dans l'Emmental, qui sont de parfaits exemples de cette technique du trait. En plus de sa commande pour les illustrations de Gotthelf, Anker a également réalisé des études pour *L'Histoire suisse en images*.[26]

Anker fit également d'innombrables aquarelles très élaborées qu'il destinait à la vente. Familiarisé dès les années 1870 avec cette technique, il prit l'habitude de l'utiliser essentiellement pour ses études privées, afin de préparer ses faïences et de faire des essais de répartition de couleurs et de compositions, comme pour *La Signature du contrat de mariage* du Kunsthaus de Zurich (cat. n° 73).[27]

Lors de ses travaux de peinture sur faïence, il eut également recours à l'aquarelle pour réaliser des modèles exacts destinés à certains de ses plats ou assiettes (cat. n°s 87 et 89), ainsi qu'à la couleur bleu faïence. C'est ce bleu qu'Anker utilisa également dans les années 1880 pour un petit groupe de dessins au

In Zusammenhang mit der Fayencemalerei entstanden exakte Vorlagen für einzelne Teller und Platten in Aquarelltechnik (Kat. Nrn. 87 und 89) und in blauer Fayencefarbe. Es ist dieses Blau, das Anker in den 1880er Jahren auch für eine kleine Gruppe privater Pinselzeichnungen verwendet hat und das in der Familie bald «Anker-Blau» genannt wurde (Kat. Nrn. 85 und 86).[28]

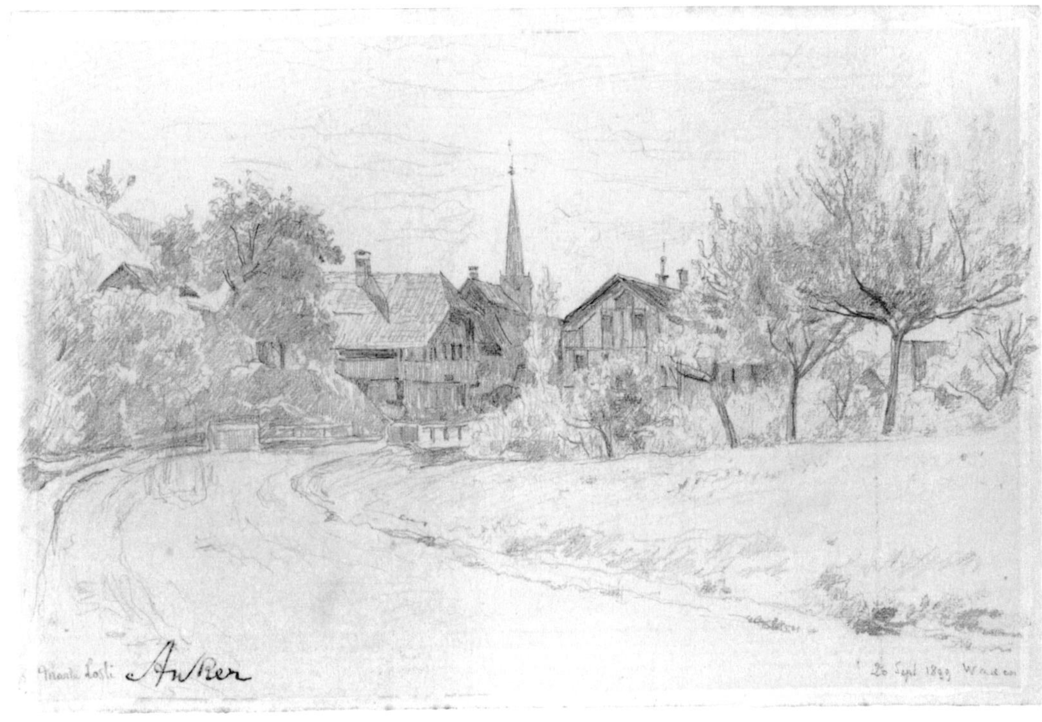

Ill. 2:
Wasen dans l'Emmental
Wasen im Emmental
1899
Crayon
Bleistift
14,6×22 cm
Musée des Beaux-Arts de Berne, Etat de Berne

Im Winter 1883/84 hat sich Anker in Paris an der Académie Colarossi intensiv mit der Aquarellmalerei auseinander gesetzt und abends Akte und sonntags Kostümstudien geschaffen[29] *(vgl. Abb. 3). Dies ist ein Indiz dafür, dass er seine Aquarelltechnik verbessern, die Produktion von relativ kleinformatigen, rasch hergestellten Aquarellen für den Verkauf steigern wollte. In der Tat fällt auf, dass er erst nach 1890, also nach seiner definitiven Rückkehr nach Ins, in grossem Stil begonnen hat, Aquarelle zu malen. Zuvor hatte er nur vereinzelt Verkäufe*[30]*, aber danach und insbesondere nach seinem Schlaganfall vom September 1901 intensivierte er seine Produktion – und*

[26] Curti 1902, voir Robert Wyler *in*: Bern 1981 II, pp. 60-63.
[27] Sandor Kuthy a établi que l'on ne trouve aucune aquarelle datée d'avant 1870. Voir Pfäffikon 1991, p. 28. L'étude présentée ici est une esquisse de composition pour le tableau éponyme, propriété du Kunsthaus de Zurich (voir ill. p. 194, Kuthy/Bhattacharya 1995, n° 374).

[28] *Pfäffikon 1991, S. 28. Weitere Beispiele dieser Pinselzeichnungen* in: *Lüthy/Müller 1989, S. 103, 107.*
[29] *Eine dieser Akte abgebildet* in: *Lüthy/Müller 1989, S. 80, eine der Kostümstudien* in: *Zürich 1971, Nr. 32, und zwei weitere* in: *Lüthy/Müller 1989, S. 19.*
[30] *Pfäffikon 1991, S. 29.*

pinceau réservés aux siens, et qui fut appelé dans la famille le «Bleu Anker» (cat. nos 85 et 86).[28]

Au cours de l'hiver 1883-1884, Anker a beaucoup pratiqué l'aquarelle à l'Académie Colarossi: le soir, il peignait des nus et, le dimanche, des études de costumes[29] (voir ill. 3). On peut y voir le signe de sa volonté d'améliorer sa technique et d'accroître sa production d'aquarelles de format relativement modeste et d'exécution rapide, destinées à la vente. En réalité, ce n'est qu'après 1890, c'est-à-dire après son retour définitif à Anet, qu'il se mit à peindre à l'aquarelle avec maestria. Auparavant, il n'avait réalisé que quelques ventes au coup par coup[30]; par la suite, après son attaque survenue en 1901, la vente et la production s'accélérèrent. Il y a plusieurs raisons à cela: d'une part, Anker avait atteint dès 1890 un degré de notoriété tel que la demande pour ses œuvres avait fortement augmenté et qu'il ne disposait plus, en conséquence, du temps nécessaire pour accroître sans l'aide de tiers, c'est-à-dire sans assistants ou élèves, la production de grandes compositions à plusieurs personnages. D'autre part, ces œuvres étant devenues trop onéreuses pour être vendues à un large public, Anker était en mesure, grâce à ces aquarelles de petit format vendues au prix unitaire de 100 francs, de satisfaire précisément le segment de clientèle qui prenait un plaisir particulier à ses travaux.[31] Enfin, l'aquarelle naissait rapidement sous ses doigts. Dans une lettre de 1894 à son ami Ehrmann, il écrit: «[...] Je passais les journées à mon atelier où je faisais toujours mes petites aquarelles, des natures mortes, des têtes et petit à petit tout cela se vend; parfois ce sont des petits marchands, des doreurs, libraires ou marchands d'estampes, qui viennent et sont contents d'en emporter une petite cargaison.»[32]

Anker remporta tant de succès avec ses aquarelles que, quelques années plus tard, il se plaignit à son ami Ehrmann: «Il me survenait toutes sortes de commandes, notamment on me demande des aquarelles [...]. J'avais envie de faire imprimer une circulaire disant qu'étant occupé d'autre part et qu'étant vendu pour bien des mois, je refusais tout autre travail.»[33]

[28] Pfäffikon 1991, p. 28. Pour d'autres exemples de dessins au pinceau, voir Lüthy/Müller 1989, pp. 103, 107.
[29] L'un de ces nus est reproduit *in*: Lüthy/Müller 1989, p. 80, ainsi qu'une étude de costumes *in*: Zürich 1971, no 32, et deux autres *in*: Lüthy/Müller 1989, p. 19.
[30] Pfäffikon 1991, p. 29.
[31] Au sujet du prix des aquarelles d'Anker, voir Sandor Kuthy *in*: Pfäffikon 1991, p. 29.
[32] Anker à François Ehrmann, 26 novembre 1894 (Archives du Musée des Beaux-Arts de Berne).
[33] Anker à François Ehrmann, 15 novembre 1898 (Archives du Musée des Beaux-Arts de Berne).

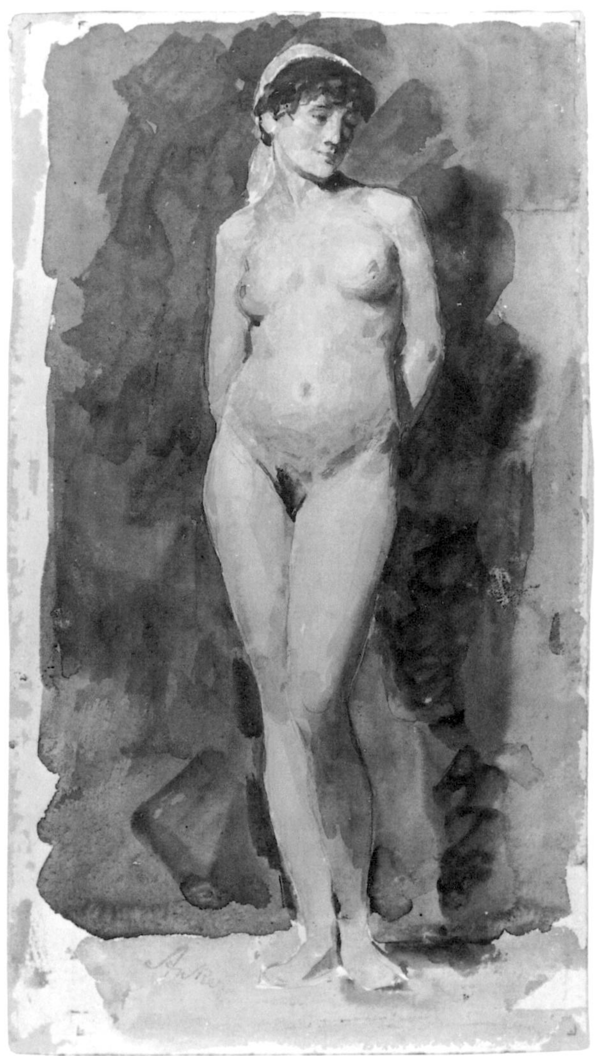

Ill. 3: **Nu debout** / ***Stehender weiblicher Akt*** (esquisse de l'Académie Colarossi), 1883-1884, aquarelle / *Aquarell*, 30 × 17,1 cm, Musée des Beaux-Arts de Berne

die Verkäufe von Aquarellen. Dazu gibt es mehrere Gründe. Einerseits hatte Anker seit 1890 einen derart grossen Bekanntheitsgrad erreicht, dass die Nachfrage nach seinen Werken gestiegen war, er jedoch zu wenig Zeit hatte, um die Produktion der grossen, vielfigurigen Kompositionen ohne Hilfe von Dritten, also ohne Assistent oder Schüler, zu steigern. Andererseits waren diese Gemälde für einen breiten Absatz schlichtweg zu teuer, weshalb Anker mit seinen kleinformatigen Aquarellen zum Einheitspreis von 100 Francs gerade jenes Kundensegment befriedigen konnte, das besonderen Gefallen an seinen Werken

Après son attaque de septembre 1901, Anker se servait de sa main gauche pour dessiner et faire de l'aquarelle, reconnaissant volontiers combien ses débuts en la matière avaient été difficiles. Mais, en même temps, il trouvait là l'occasion de se prouver qu'il n'était pas devenu totalement invalide et qu'il était encore capable de travailler. N'écrivait-il pas à sa fille Cécile en 1903: «Mon grand délassement sont les aquarelles, je travaille toujours et j'ai modèle la moitié du temps»[34], et à son ami Ehrmann: «Je fais toujours mes aquarelles; dernièrement il s'en était empilé un stock de 11, je commençais à être au désespoir, mais maintenant tout est parti à l'exception d'une ‹petite malade›. C'est ainsi que je fais un commerce qui ne m'enrichit pas mais me console en ce que je vois que je ne suis pas encore à l'état d'enfance […]»[35] Ses aquarelles garantissaient à l'artiste des rentrées régulières dont il était finalement tributaire depuis qu'il ne pouvait plus réaliser à l'huile des tableaux de grand format. Ce travail quotidien lui plaisait parce qu'il lui apportait la preuve qu'il n'était pas encore sénile. Pourtant, il lui arrivait de trouver monotones ses aquarelles, qui représentaient en plusieurs versions d'innombrables tricoteuses et des paysans âgés.[36]

Pour nous résumer, on peut établir qu'Anker dessinateur et aquarelliste a développé davantage de motifs qu'Anker peintre. Il s'agit essentiellement de représentations de personnages issus du monde paysan, de scènes de sa propre famille, de portraits de son entourage, de vues intérieures et extérieures de sa propre maison, très rarement de natures mortes[37], de paysages du Seeland bernois ou de vues de Suisse et d'Italie (ill. 4) réalisées au cours de ses voyages. On lui connaît également des scènes de genre historiques, qui lui ont servi d'études préparatoires et d'esquisses pour des compositions. L'éventail des thèmes d'Anker est donc nettement plus large sur le papier que sur la toile. La raison en est aussi bien le support choisi que le format retenu et les divers moyens mis à sa disposition: mines de plomb, fusain, crayons de couleur, pinceaux et couleurs à l'eau.

Nous disposons ainsi chez Anker de tous les «genres» de dessins et d'aquarelles, depuis la toute première

[34] Lettre du 4 décembre 1903, en français, citée *in*: Quinche 1924, p. 192.

[35] Anker à François Ehrmann, sans lieu ni date, 1903-1909 (?) (Archives du Musée des Beaux-Arts de Berne).

[36] «[…] mes aquarelles me semblent monotones; il faut que je varie un peu», écrivit Anker à François Ehrmann le 17 avril 1903 (Archives du Musée des Beaux-Arts de Berne).

[37] L'un des rares exemples de natures mortes dessinées se trouve au Cabinet des estampes du Musée des Beaux-Arts de Berne, voir Bern 1988, p. 11 (Inv. n° A 3555).

fand.[31] Und drittens gingen ihm die Aquarelle rasch von der Hand. In einem Brief an seinen Freund Ehrmann schrieb er 1894: «[…] Ich verbrachte die Tage in meinem Atelier, wo ich nach wie vor meine kleinen Aquarelle male, Stilleben, Köpfe, und allmählich verkauft sich all das; manchmal sind es kleine Händler, Vergolder, Buch- oder Graphikhändler, die kommen und zufrieden sind, davon eine kleine Ladung mitnehmen zu können.»[32]

Mit seinen Aquarellen hatte Anker so viel Erfolg, dass er Ehrmann einige Jahre später klagte: «Es kamen Bestellungen aller Art auf mich zu, vorwiegend verlangt man Aquarelle von mir […]. Ich hätte Lust, ein Rundschreiben zu drucken, das besagt, dass ich anderweitig beschäftigt bin und dass ich, nach Monaten des Verkaufens, alle andere Arbeiten ablehne.»[33]

Nach seinem Schlaganfall im September 1901 begann Anker mit seiner linken Hand zu zeichnen und Aquarelle zu malen, wobei er sich immer wieder darüber beklagte, wie schwierig dies zu Beginn war. Diese Tätigkeit zeigte ihm aber gleichzeitig, dass er nicht völlig invalid geworden, sondern noch immer arbeitsfähig war. So schrieb er seiner Tochter Cécile 1903: «Meine grosse Entspannung sind die Aquarelle, ich arbeite ständig und ich habe die Hälfte der Zeit Modelle»[34], und seinem Freund Ehrmann berichtete er: «Ich male immer noch meine Aquarelle; kürzlich hat sich ein Vorrat von 11 angehäuft, ich begann, die Hoffnung aufzugeben, aber jetzt ist alles weg, bis auf eine ‹kleine Kranke›. So habe ich einen Handel angefangen, der mich nicht reich macht, doch der mich tröstet, da ich sehe, noch nicht ins Kindsalter zurückgefallen zu sein.»[35] Seine Aquarelle garantierten dem Künstler demnach ein festes Einkommen, auf das er schliesslich angewiesen war, seitdem er keine grossen Gemälde mehr in Öl ausführen konnte. Die tägliche Arbeit gefiel ihm, weil sie ihm bewies, dass er noch nicht der Senilität anheim gefallen war, dennoch hielt er zuweilen seine Aquarelle mit den unzähligen Strickerinnen und alten Bauern in diversen Variationen für monoton.[36]

Zusammenfassend kann man festhalten, dass Anker als Zeichner und Aquarellist mehr Motive verfolgt hat als in seinem malerischen Werk. Es sind dies vornehmlich Menschenbilder aus dem bäuerlichen Genre, Szenen des

[31] *Zu den Preisen von Ankers Aquarellen vgl. Sandor Kuthy* in: *Pfäffikon 1991, S. 29.*

[32] *Anker an François Ehrmann, 26. November 1894 (Archiv Kunstmuseum Bern).*

[33] *Anker an François Ehrmann, 15. November 1898 (Archiv Kunstmuseum Bern).*

[34] *Brief vom 4. Dezember 1903, franz. zit.* in: *Quinche 1924, S. 192.*

[35] *Anker an François Ehrmann, ohne Ort und Datum, 1903-1909 (?) (Archiv Kunstmuseum Bern).*

[36] *«[…] mes aquarelles me semblent monotones; il faut que je varie un peu», schrieb Anker an François Ehrmann am 17. April 1903 (Archiv Kunstmuseum Bern).*

esquisse, la «prima idea», jusqu'au dessin ou à l'aquarelle aboutis, en passant par les études complexes de détails ou de compositions, ou bien encore par les modèles pour les illustrations d'ouvrages. Du point de vue stylistique, on constate à des périodes précises la récurrence de certaines techniques. Ainsi, les études et les dessins détaillés et minutieux exécutés à la mine de plomb fine et dure, comme le petit garçon de Zofingue (cat. nº 69) ou l'écolière du Kunsthaus de Zurich (cat. nº 70), sont caractéristiques des années 1850 et 1860; plus tard, le trait de crayon se fera moins ferme et plus ouvert, le traitement des surfaces et des contours plus souple (cat. nº 102).

Les dessins aboutis, exécutés au fusain et au crayon de couleur (cat. nºs 90, 93 et 94), n'apparaissent pas avant les années 1880 et disparaissent, semble-t-il, complètement après 1890, mais l'on peut constater que l'artiste se plaît à utiliser à maintes reprises le fusain tendre, après son attaque de 1901. Le fusain est en effet plus facile à diriger sur la feuille et demande moins de précision qu'un dessin à l'encre réalisé à la plume (cat. nº 101).

Anker utilisa aussi l'encre de Chine tout comme l'aquarelle, et il en fit des lavis soignés, notamment dans ses dessins aboutis des années 1880 (cat. nºs 91 et 92). Pour les illustrations de Gotthelf, il réalisa des dessins à la plume en recourant à une technique de traits hachurés, qui se rapproche déjà de la gravure sur bois (cat. nº 101, voir aussi p. 191).

Ce n'est qu'au cours des années 1880, et seulement dans la couleur bleu faïence, qu'il réalisa des dessins au seul pinceau, exécutés très librement sans l'aide de lignes tracées au plomb ou à l'encre de Chine. A ce jour, nous ne connaissons pas d'exemples antérieurs ou postérieurs à cette période.

En ce qui concerne les aquarelles – à l'exception du carnet du Musée de Bâle avec ses études de nuages de 1892[38] –, on remarque toujours à la base un dessin

[38] Elles n'ont malheureusement pu être prêtées pour la présente exposition, voir Marie-Therese Bätschmann *in*: Basel 2001, pp. 17-18, nº 4, voir aussi Kuthy/Lüthy 1980, pp. 38-39.

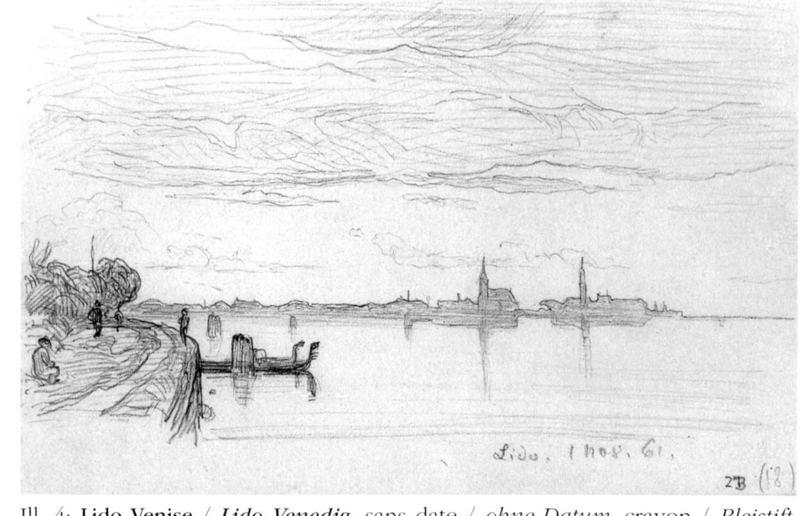

Ill. 4: **Lido, Venise** / ***Lido, Venedig***, sans date / *ohne Datum*, crayon / *Bleistift*, 8,5×13,7 cm, Gottfried Keller-Stiftung, Musée des Beaux-Arts de Berne

eigenen Familienlebens, Bildnisse und Charakterköpfe aus seinem Umfeld, Innen- und Aussenansichten des eigenen Heims in Ins, ganz selten Stillleben[37], Landschaftsbilder aus dem Berner Seeland sowie von seinen Reisen in der Schweiz und in Italien (Abb. 4). Historische Genredarstellungen sind zudem als vorbereitende Studien und Kompositionsentwürfe bekannt. Das Spektrum von Ankers Themen war also auf dem Papier breiter als auf der Leinwand, was durchaus mit dem Medium, den gewählten Formaten und den handlichen Zeichenmitteln, Blei-, Kohle- und Kreidestiften sowie Pinsel und Aquarellfarben, zu tun hat.

Überliefert sind von Anker eigentlich alle «Gattungen» der Zeichnung und des Aquarells, von der ersten Gedankenskizze, der «prima idea», über komplexe Kompositions- und Detailstudien, Vorlagen für Buchillustrationen bis hin zur ausgeführten, bildhaften Zeichnung und zum bildhaften Aquarell. Stilistisch lassen sich allerdings gewisse Vorlieben während bestimmten Zeitabschnitten ausmachen. So sind die detaillierten, präzise in feinem, harten Bleistift ausgeführten Studien und Zeichnungen wie der Zofinger Bauernbub (Kat. Nr. 69) und das Schulmädchen im Kunsthaus Zürich (Kat. Nr. 70) charakteristisch für die 1850er und 1860er Jahre, später werden der Bleistiftstrich weicher, offener, die Behandlung von Flächen und Kontur fliessender (Kat. Nr. 102).

Bildhafte Kreide- und Kohlezeichnungen (Kat. Nrn. 90, 93 und 94) entstehen erst in den 1880er Jahren und verschwinden nach 1890 offenbar ganz, während der weiche Kohlestift auch noch nach Ankers Schlaganfall vom Künstler weiterhin oft und gerne angewendet wurde. Dies sicher deshalb, weil der Kohlestift besonders leicht auf dem Blatt zu führen ist und weniger Präzision verlangt als eine Tuschzeichnung in Feder (Kat. Nr. 101).

Tusche setzte Anker wie Aquarell ein und verwendete sie in sorgfältigen Lavis auch in seinen bildhaften Zeichnungen der 1880er Jahre (Kat. Nrn. 91 und 92). Für die Gotthelf-Illustrationen schuf er allerdings Federzeichnungen in

[37] Eines der wenigen Beispiele an gezeichneten Stillleben befindet sich in der Grafischen Sammlung des Kunstmuseum Bern, vgl. Bern 1988, S. 11 (Inv. Nr. A 3555).

préparatoire plus ou moins visible, réalisé au crayon ou à l'encre. Même les aquarelles de paysages, à la facture plus aérienne et plus libre, que l'on voit dans les carnets de voyage d'Anker, recouvrent une légère esquisse faite au crayon. Elles apparaissent dans les années 1880 pour disparaître au tournant du siècle. A partir de 1890 enfin, on trouve en grand nombre les aquarelles abouties, exécutées dans un même format, représentant des enfants, des paysannes et des paysans âgés (cat. n°s 96, 98 et 99). L'artiste en réalisa jusque dans les dernières années de sa vie, car elles lui assuraient des revenus réguliers pour ses vieux jours.
Anker fut donc un dessinateur aux multiples facettes. Fort compétent sur le plan technique, il sut avec la même maîtrise et la même adresse utiliser les différents moyens qui sont à la disposition du dessinateur. Son œuvre graphique, qui déploie un large éventail de travaux remarquables, nous intéresse à double titre: il nous aide à mieux appréhender l'évolution artistique des tableaux d'Anker et nous révèle qu'il fut l'un des dessinateurs les plus talentueux de l'art suisse au XIXe siècle. Certes, il ne fut ni un inventeur imaginatif comme l'était Böcklin, ni un aventurier comme Buchser, ni même un metteur en scène comme Calame, mais il a placé ses contemporains avec respect et vénération au cœur de son travail: il a recherché l'authenticité et observé le monde alentour avec sagacité. Si ses dessins ne sont pas marqués du sceau du génie, ils n'en reflètent que mieux le ressenti authentique d'un artiste qui, du fait de sa philanthropie, semble avoir été, plus que tout autre, pendant des générations, en harmonieuse adéquation avec l'âme suisse.

M. F.

Traduction de l'allemand: Daniel Hartmann

einer Stricheltechnik, die sich dem Holzstich bereits annäherte (Kat. Nr. 101, siehe auch S. 191).
Reine Pinselzeichnungen, welche ohne Hilfslinien in Blei oder Tusche ganz frei ausgeführt sind, hat Anker schliesslich in blauer Fayencefarbe während der 1880er Jahre geschaffen. Frühere und spätere Beispiele sind davon bislang nicht bekannt.
Den Aquarellen – mit Ausnahme des Basler Carnets mit den Wolkenstudien von 1892[38] – liegen immer eine mehr oder weniger flüchtige Vorzeichnung in Bleistift oder Tusche zu Grunde. Selbst die luftigen und freien Landschaftsaquarelle aus Ankers Reiseskizzenbüchern liegen über einer einfachen Bleistiftskizze. Sie treten in den 1880er Jahren auf und verschwinden mit dem Jahrhundertende.
Ab 1890 schliesslich treten in grosser Zahl die bildhaften, in einheitlichem Format ausgeführten Aquarelle mit Darstellungen von Kindern, jungen Frauen und alten Bäuerinnen und Bauern (Kat. Nrn. 96, 98 und 99) auf. Sie pflegte der Künstler bis in seine letzten Jahre, denn sie garantierten ihm im Alter den täglichen Lebensunterhalt.
Anker war also ein vielseitiger Zeichner, der technisch versiert, geschickt und souverän mit den verschiedenen Zeichnungsmitteln umzugehen wusste. Sein Werk bietet deshalb ein breites Spektrum an hervorragenden Arbeiten, die nicht nur für die künstlerische Entwicklung seiner Gemälde von Interesse sind, sondern überhaupt für einen der talentiertesten Zeichner in der Schweizer Kunst des 19. Jahrhunderts stehen. Freilich war Anker nicht ein phantastischer Erfinder wie Böcklin, kein Haudegen wie Buchser und kein Dramatiker wie Calame, aber er hat seine Mitmenschen mit Ehrfurcht und Respekt ins Zentrum seiner Arbeit gestellt, Wahrhaftigkeit gesucht und seine Umwelt scharf beobachtet. Das Geniale mag deshalb seinen Zeichnungen fremd sein, umso mehr spiegeln sie das authentische Empfinden jenes Künstlers wider, der als Menschenfreund der Schweizer Seele während Generationen mehr entsprochen zu haben scheint als irgendein anderer Künstler in unserem Land.

M. F.

[38] *Sie konnten leider nicht an die Ausstellung ausgeliehen werden, vgl.* Marie-Therese Bätschmann in: *Basel 2001, S. 17-18, Nr. 4, siehe auch Kuthy/Lüthy 1980, S. 38-39.*

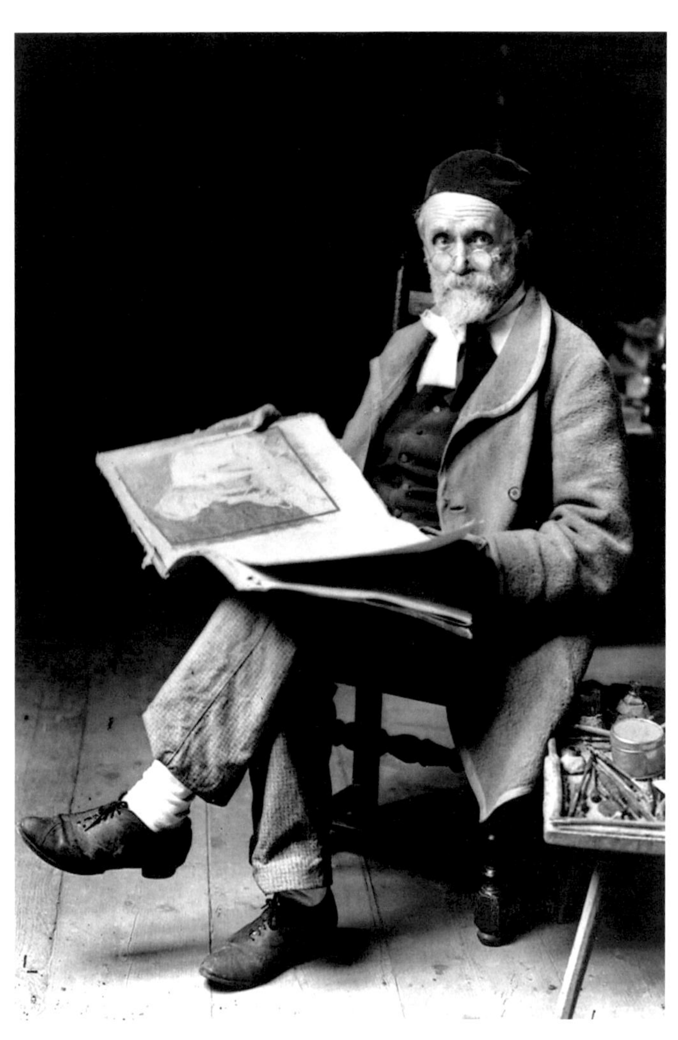

Œuvres exposées
Ausgestellte Werke

Travaux sur papier
Arbeiten auf Papier

Tous les travaux sur papier présentés dans ce catalogue sont décrits selon les normes suivantes:
- titre de l'œuvre
- année d'exécution
- technique
- dimensions: hauteur, largeur (LM: mesures apparentes / *Lichtmass*)
- mention de la collection

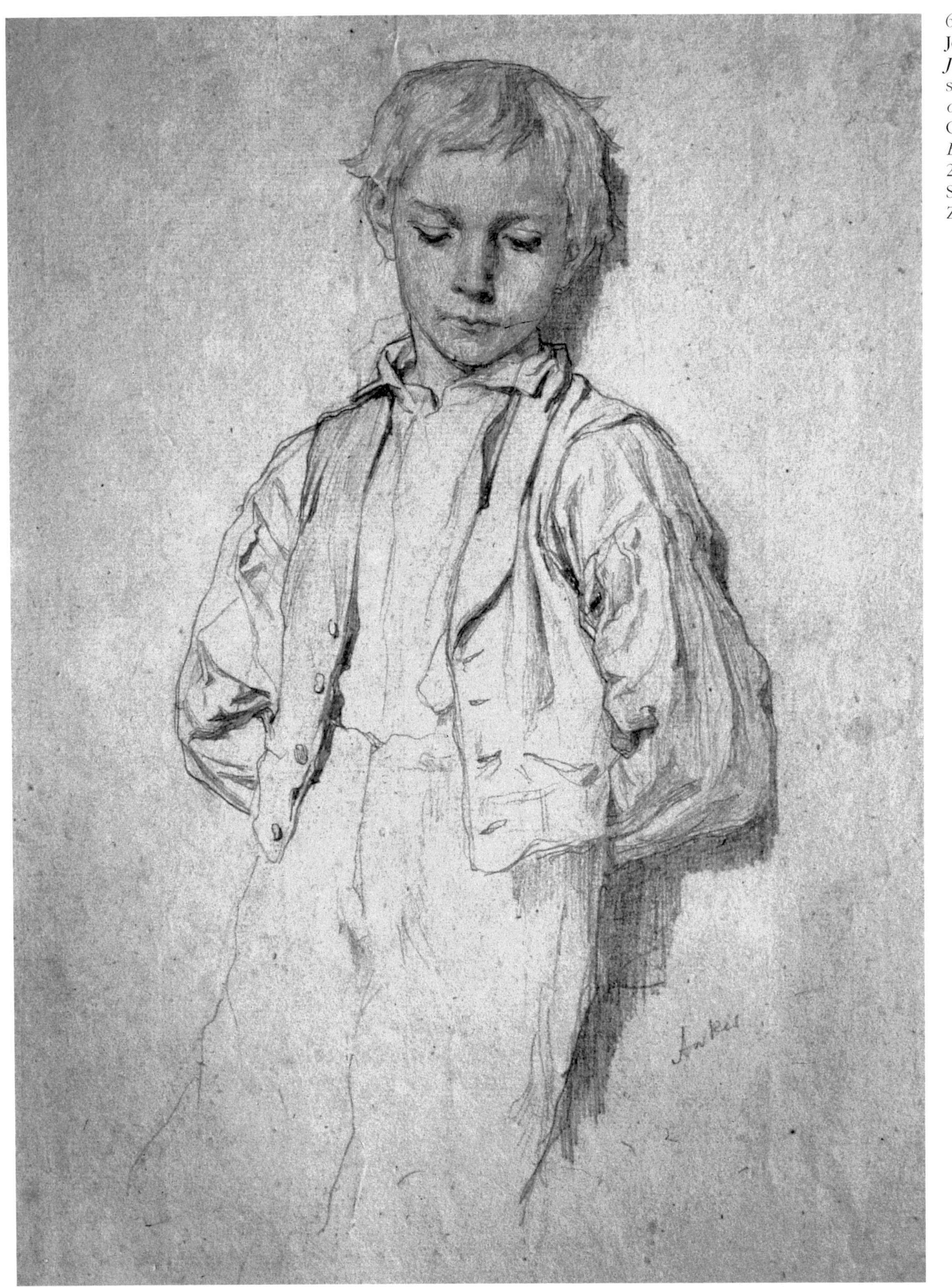

69
Jeune Paysan
Junger Bauernknabe
sans date
ohne Datum
Crayon
Bleistift
28 × 20,7 cm
Stadtbibliothek
Zofingen

70 ▷
Fillette à l'école
Mädchen in der Schule
1858
Crayon
Bleistift
26,7 × 23,5 cm
Kunsthaus Zürich,
Grafische Sammlung

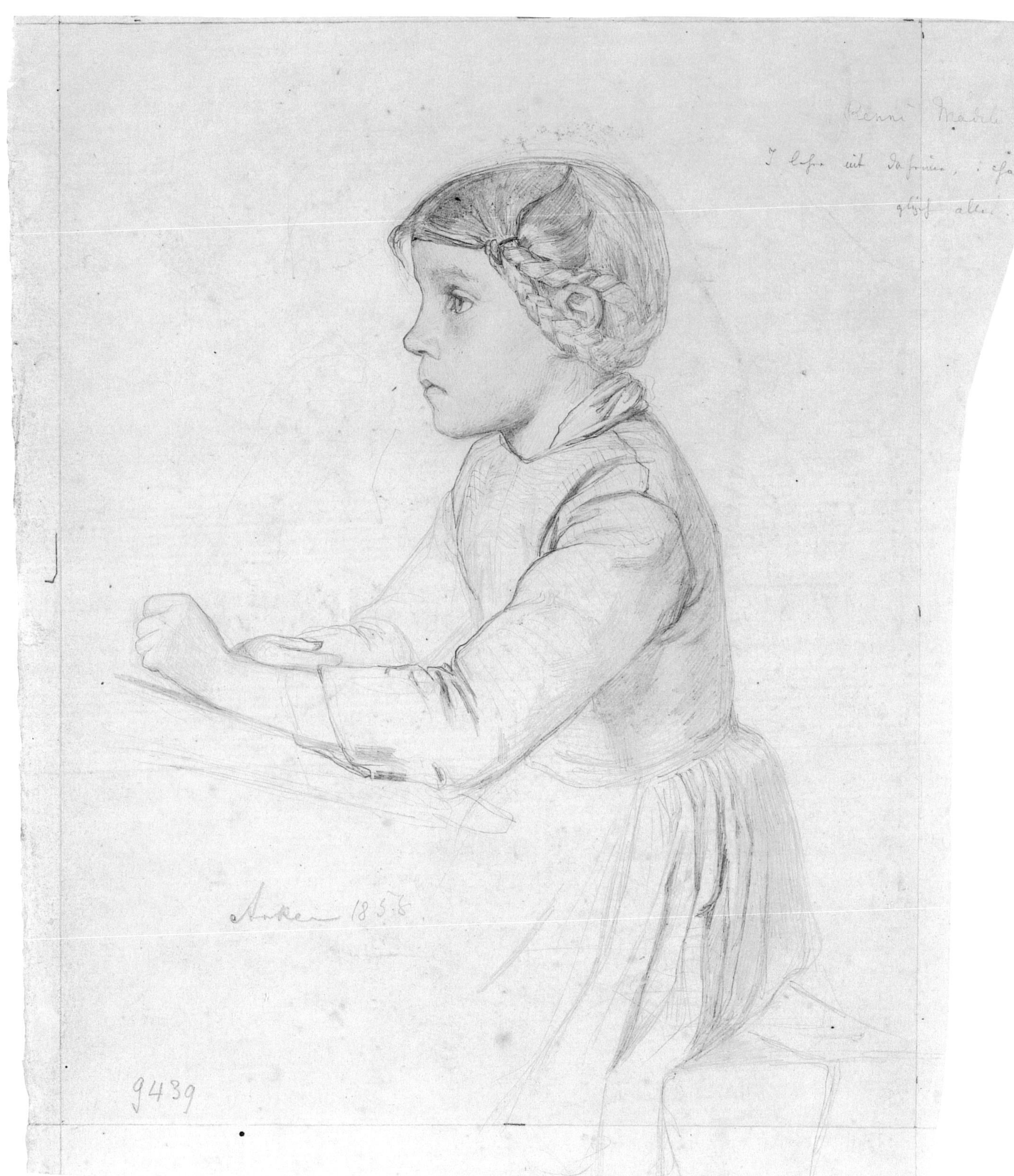

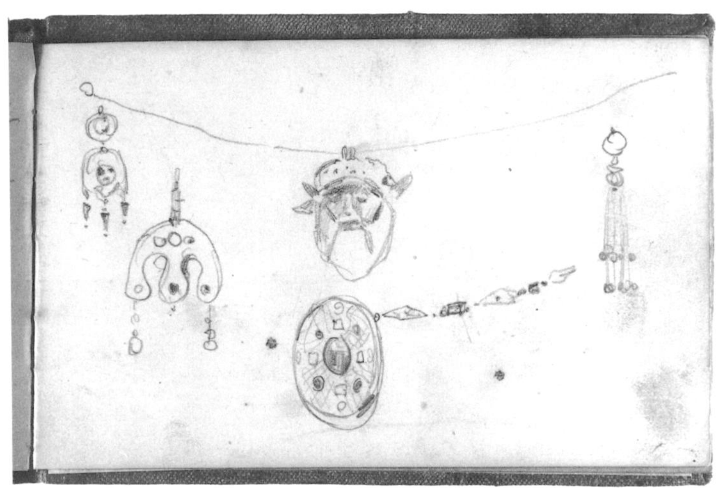

Livre d'esquisses
3 de 50 pages (ornements, études de costumes, objets, etc., copiés au Louvre)
Skizzenbuch
3 von 50 Seiten (Ornamente, Kostümstudien, Objekte u.a. im Louvre kopiert)
1870-1875
Crayon
Bleistift
11,7×17 cm
Musée des Beaux-Arts de Berne,
Stiftung Gemäldesammlung Emil Bretschger

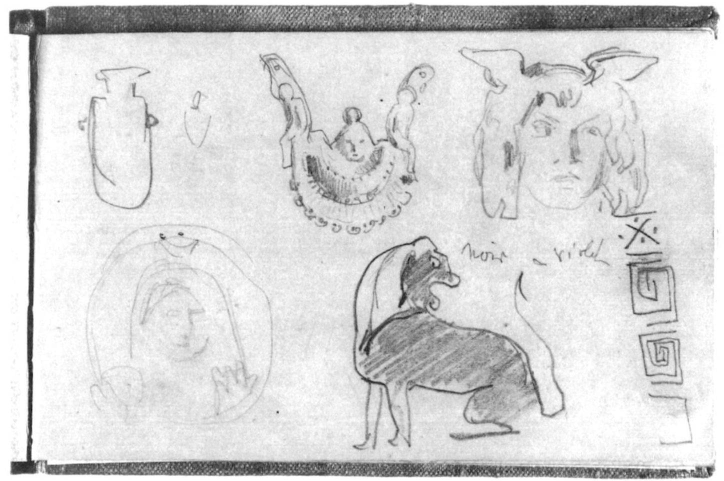

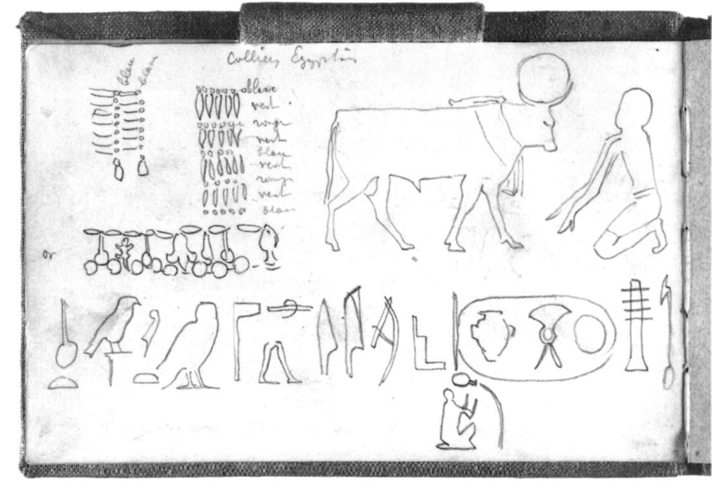

Femme à la fenêtre, lisant
Frau am Fenster, lesend
26 Sept. 1897
Encre de Chine
Tusche

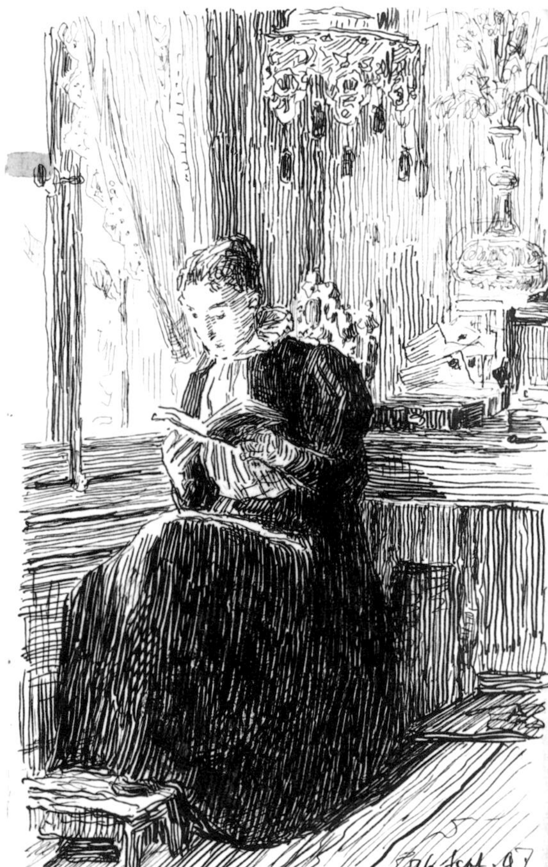

Livre d'esquisses
Skizzenbuch
avec 14 pages / *mit 14 Seiten*
1897-1898
Diverses techniques
Verschiedene Techniken
18,4×12 cm
Gottfried Keller-Stiftung,
Musée des Beaux-Arts de Berne

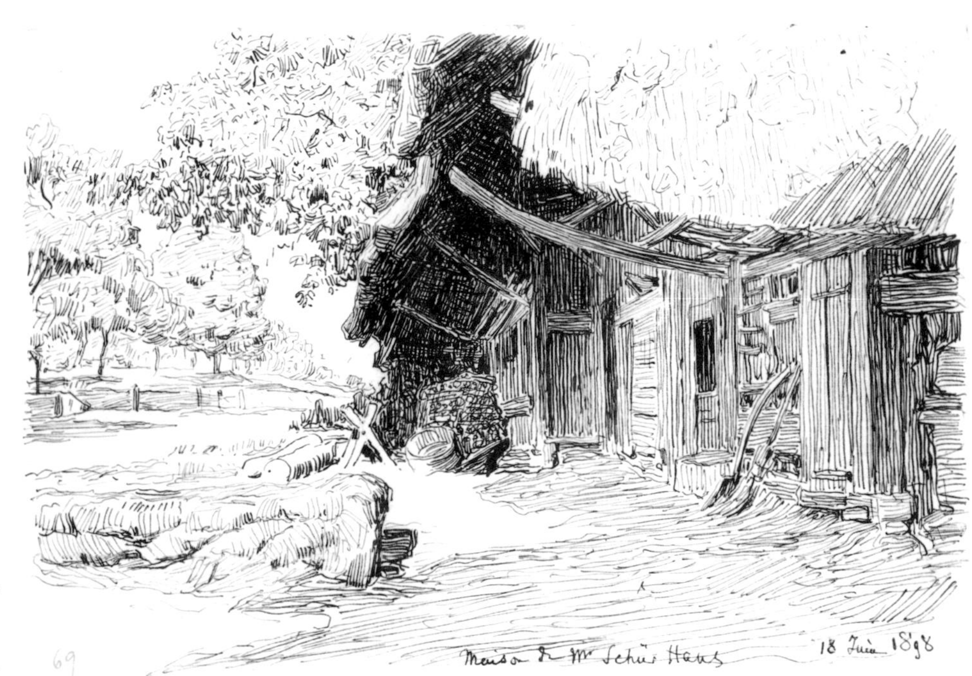

Maison de M. Schür Hans
Haus von Hans Schür
1898
Encre de Chine
Tusche

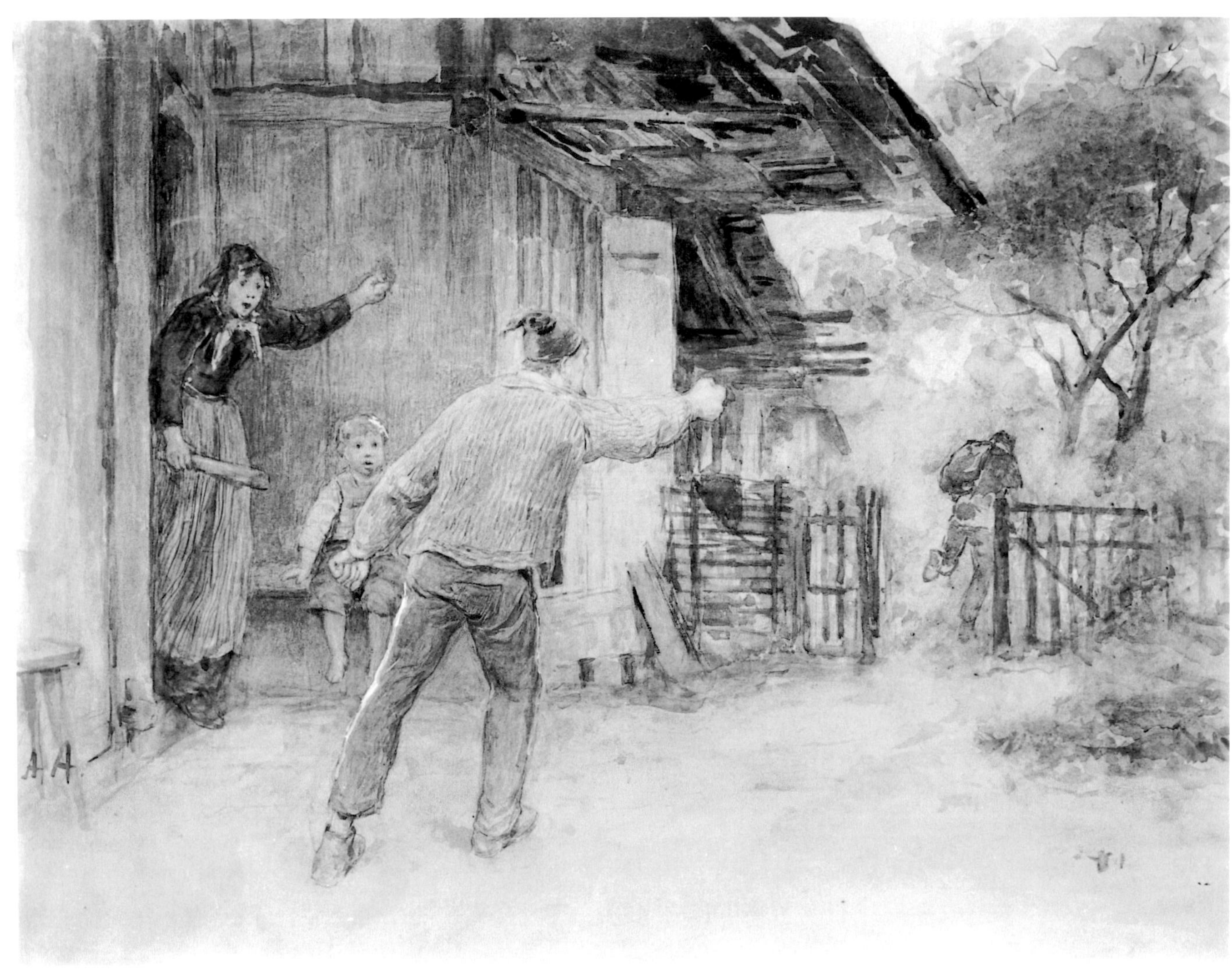

71
Le Voleur
Der Dieb
(Illustrationsvorlage zu *Leiden und Freuden eines Schulmeisters* von J. Gotthelf)
après / *nach* 1890
Sepia
Sepia-Aquarell
45×59 cm
Collection Christoph Blocher

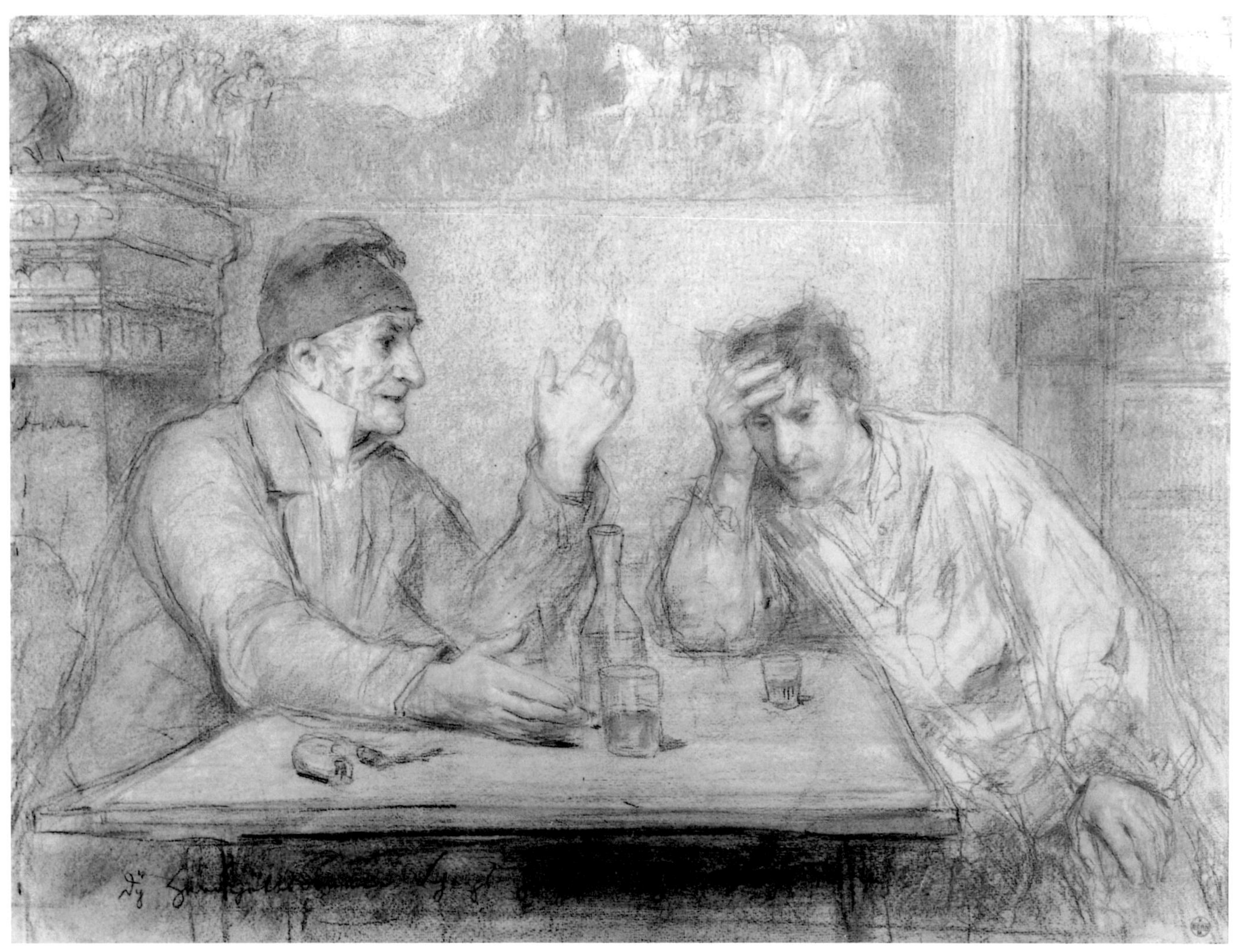

72
Le Buveur
Illustration pour Jeremias Gotthelf
(«Dy herrgotsdonner Schnaps het di wyt bracht»)
Illustration zu Jeremias Gotthelf, Dursli, der Branntwein-Säufer
1884
Charbon et crayon sur carton
Kohle und Bleistift auf Karton
59,2×74,4 cm
Musée des Beaux-Arts de Berne, Etat de Berne

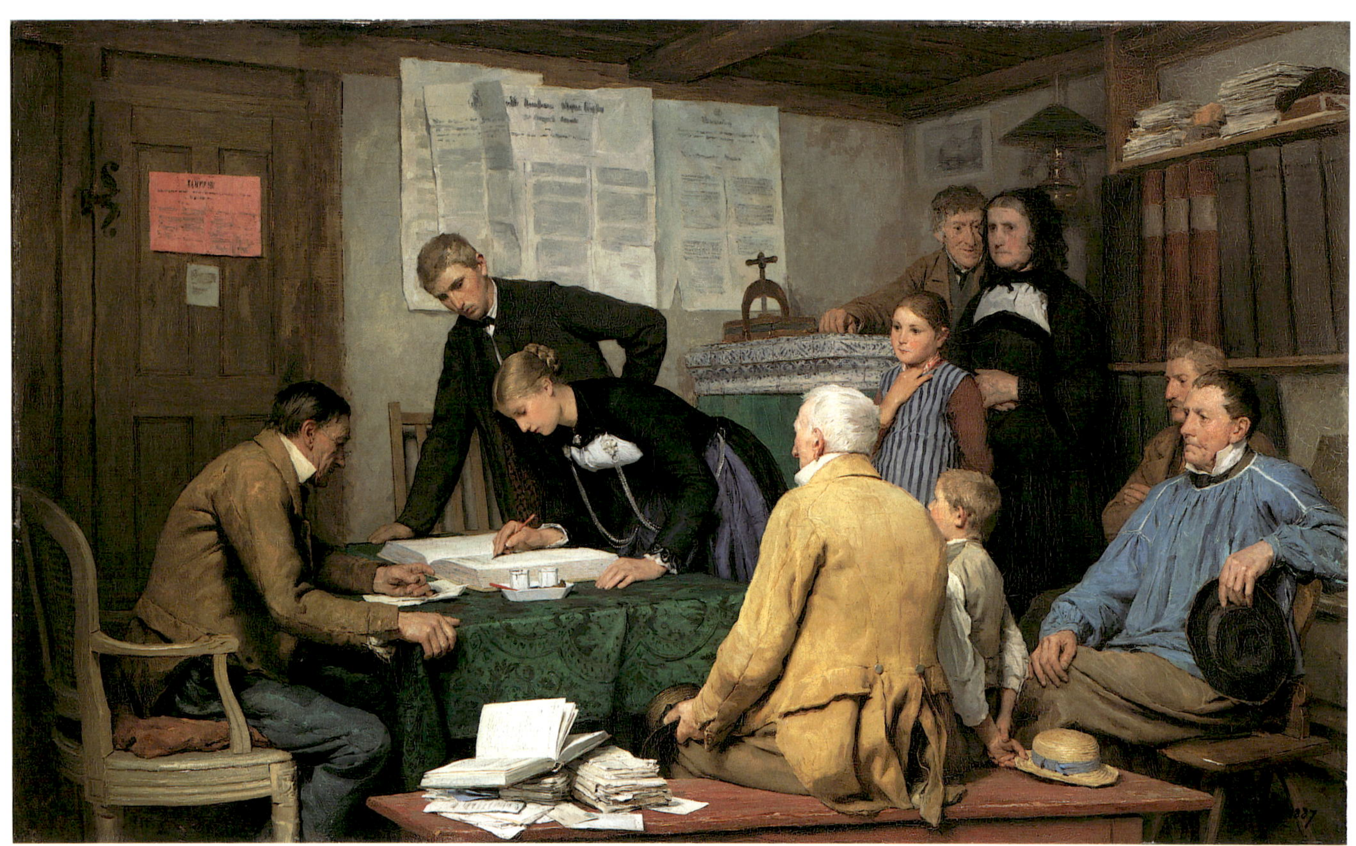

Pas exposé / *Nicht ausgestellt*
La Signature du contrat de mariage
Die Ziviltrauung
1887
Huile sur toile
Öl auf Leinwand
76,5 × 127 cm
Kunsthaus Zürich, Zürcher Kunstgesellschaft
K/B 374

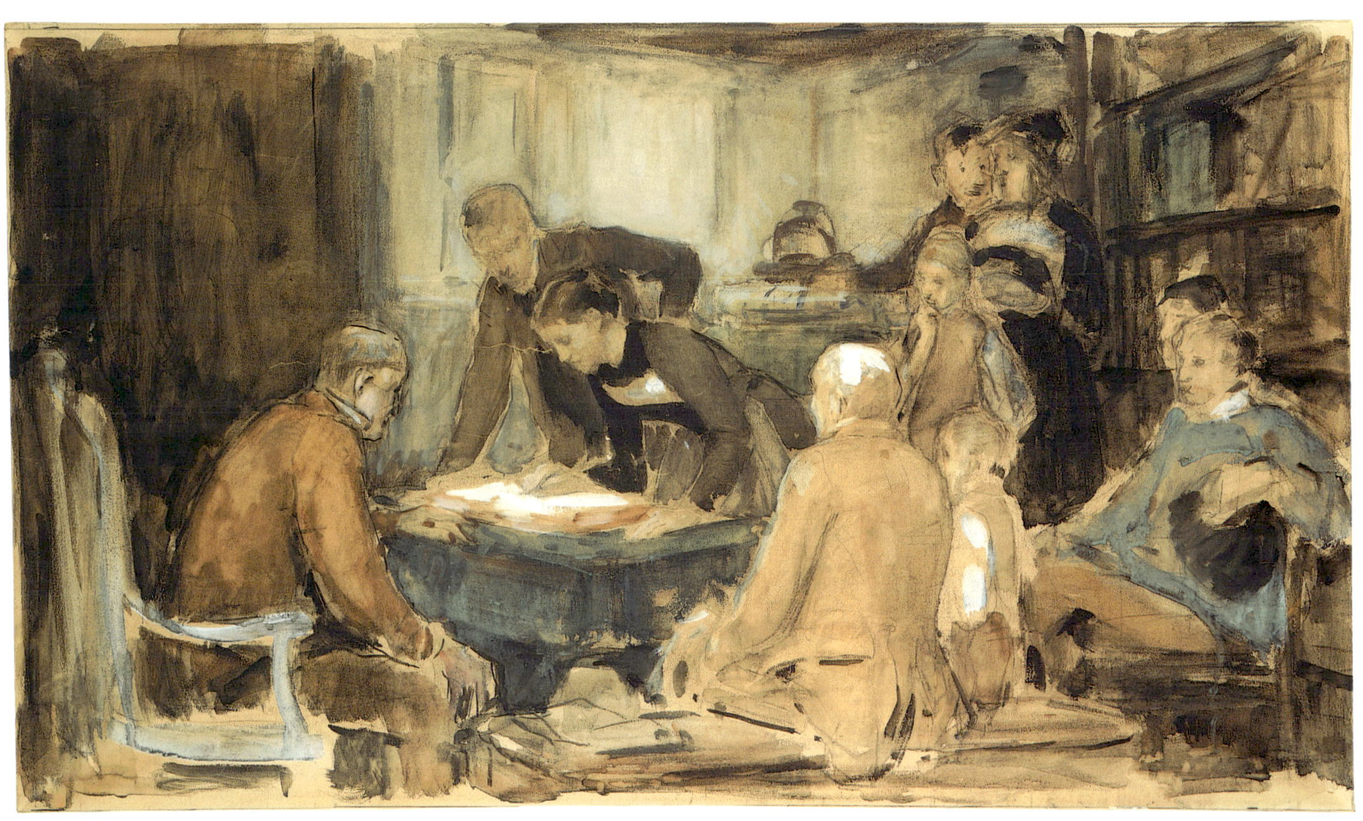

73
Etude pour *La Signature du contrat de mariage*
***Studie zur* Ziviltrauung**
avant / *vor* 1887
Encre, aquarelle et lavis, charbon ou craie
Tusche und Aquarell, laviert über Kohle oder Kreide
55,5×98,5 cm LM
Kunsthaus Zürich, Grafische Sammlung

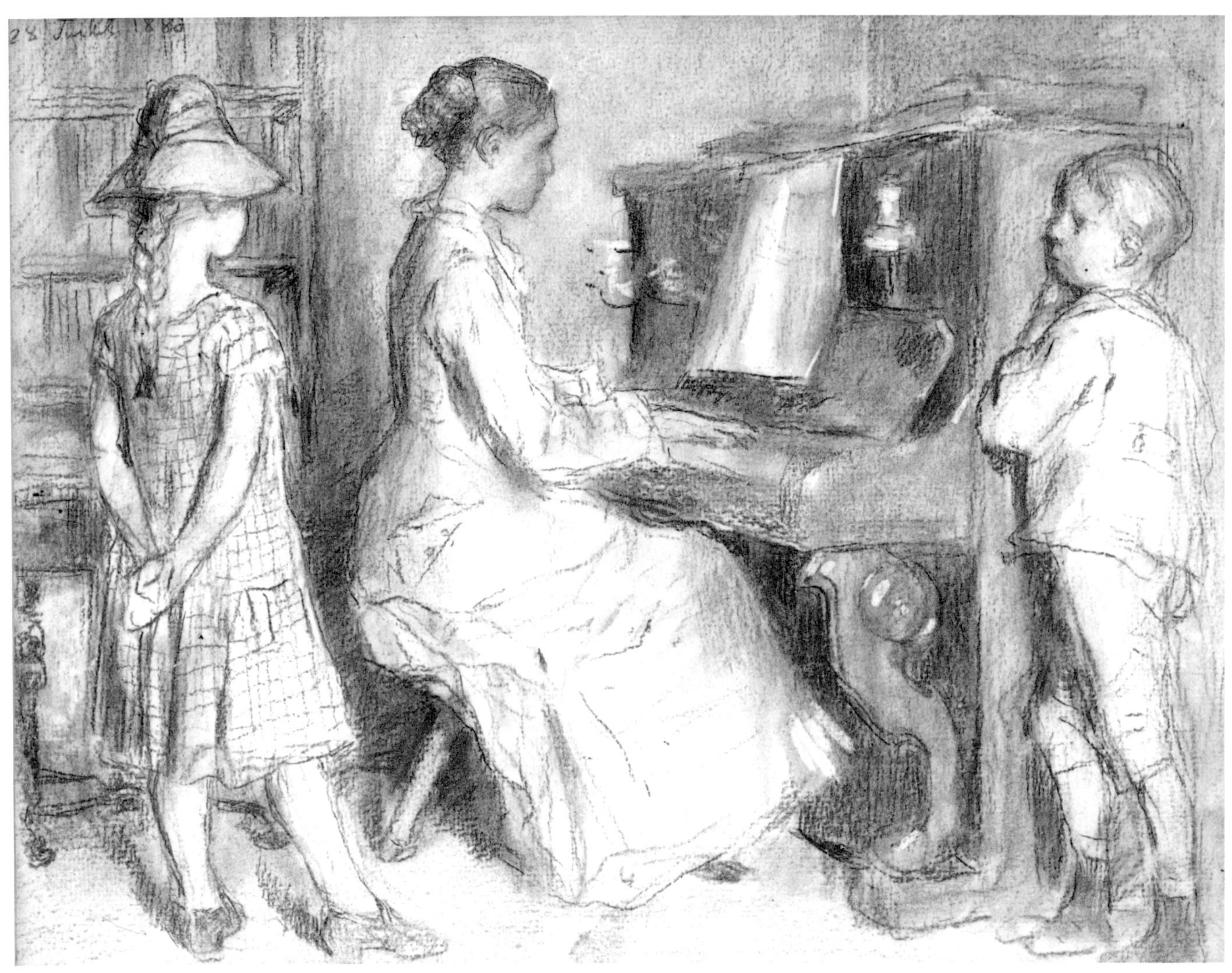

74
Louise Anker au piano, avec Marie et Maurice
Louise Anker am Klavier, mit Marie und Maurice
1882
Craie et crayon
Kreide und Bleistift
25,4×32,9 cm
Collection particulière

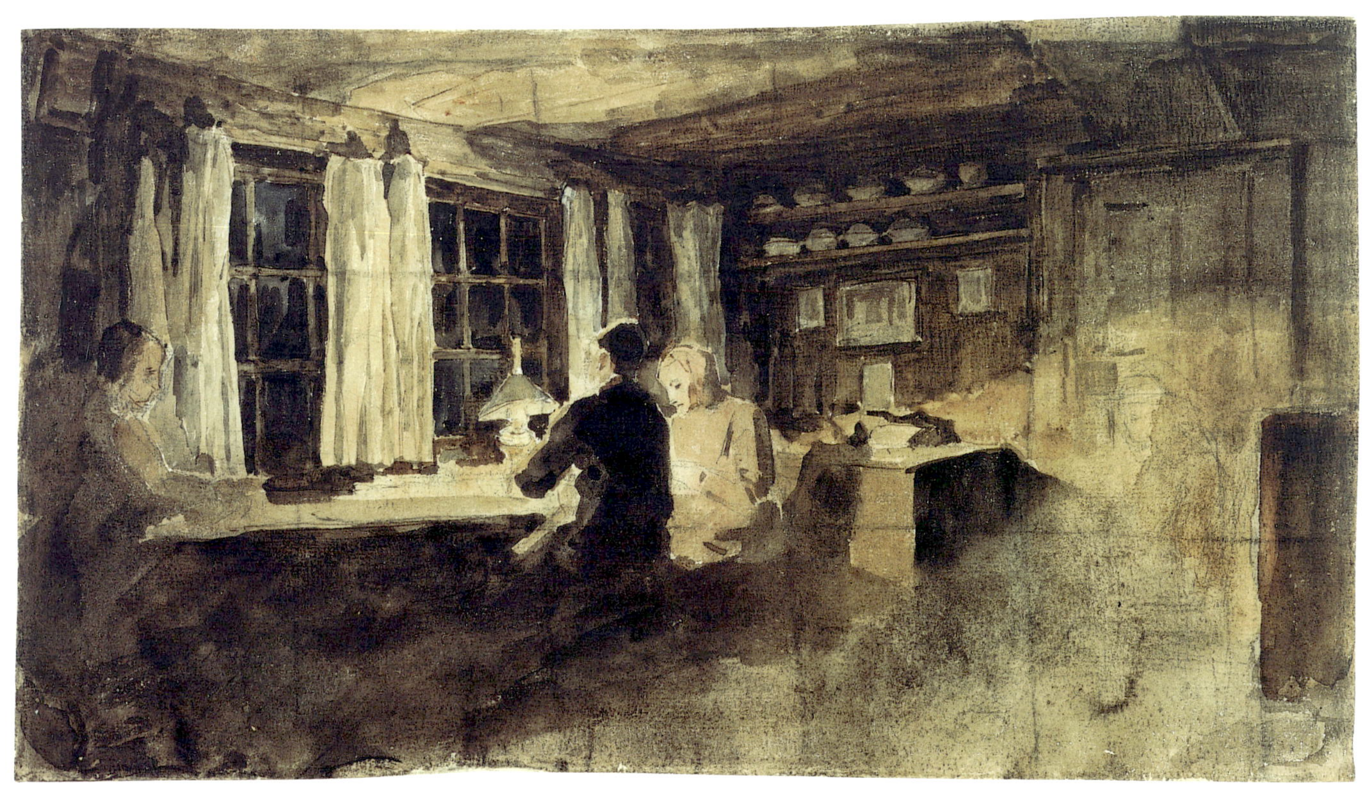

75
Intérieur avec lampe
Interieur mit Lampe
avant / *vor* 1887
Aquarelle sur crayon
Aquarell über Bleistift
18,5 × 33,8 cm
Kunsthaus Zürich, Grafische Sammlung

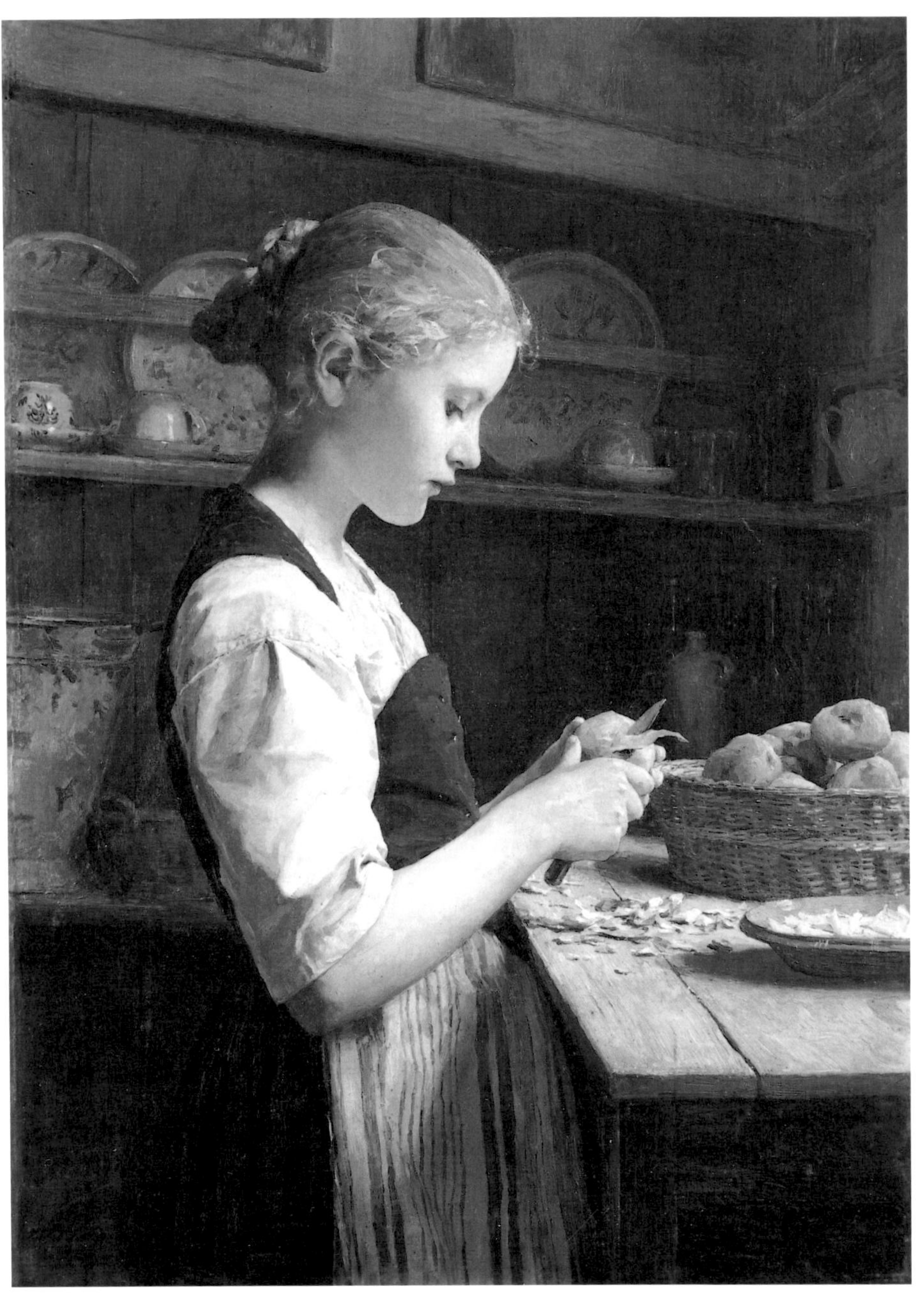

Pas exposé / *Nicht ausgestellt*
Une jeune fille qui pèle des pommes de terre
Kartoffelschälendes Mädchen
1886
Huile sur toile
Öl auf Leinwand
70,5×52,5 cm
Collection particulière
K/B 363

76 ▷
Fillette dans la cuisine
Mädchen in der Küche
avant / *vor* 1886
Aquarelle et encre
(dans un livre de comptes de la famille)
Aquarell und Tusche
(in einem Rechnungs- und Notizbuch der Familie)
21×17 cm
Collection particulière

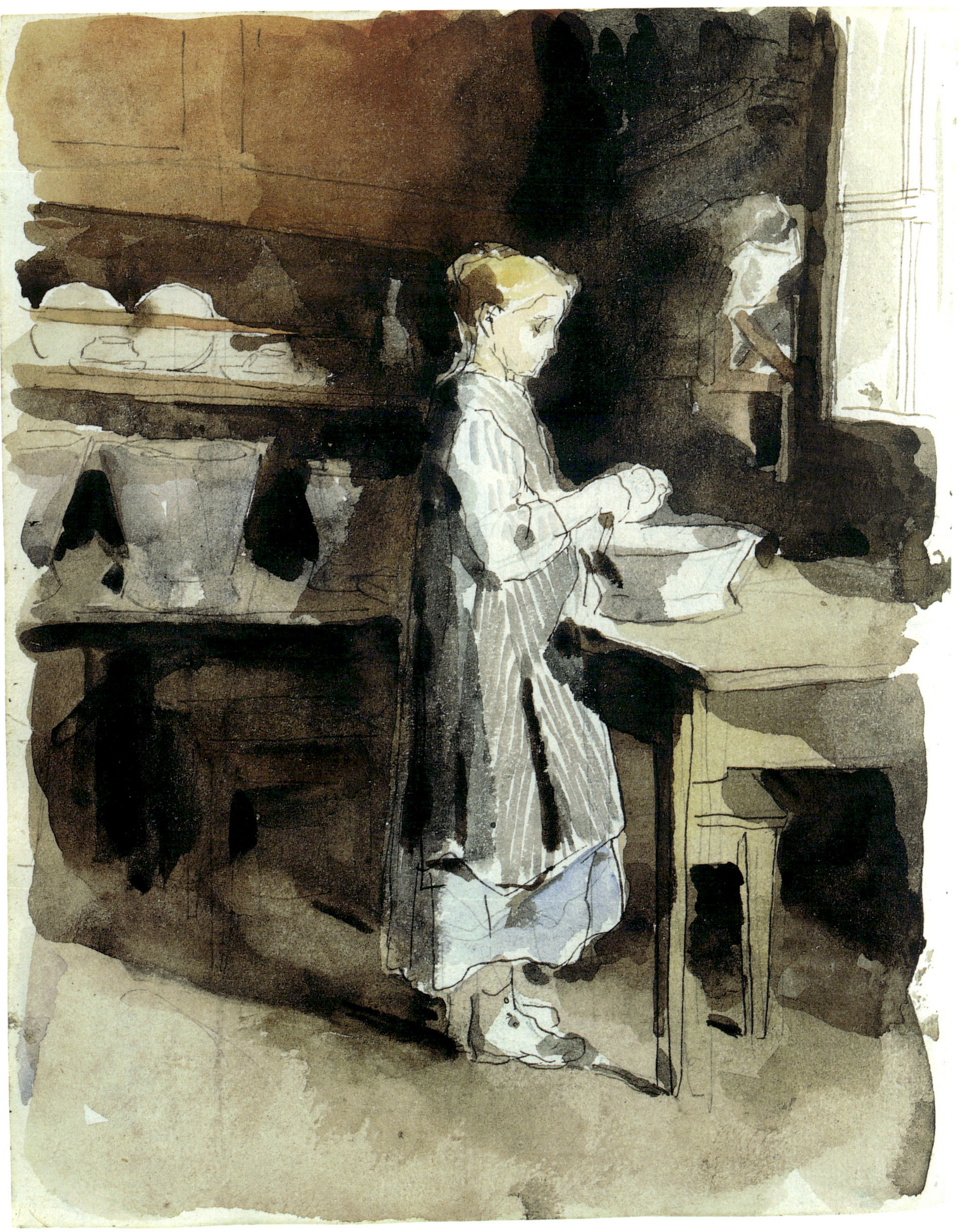

78 
Devant la maison Anker: Cécile Anker avec chat
Vor dem Anker-Haus: Cécile Anker mit Katze
sans date / *ohne Datum*
Aquarelle
Aquarell
23,5×31 cm
Collection particulière, Berne

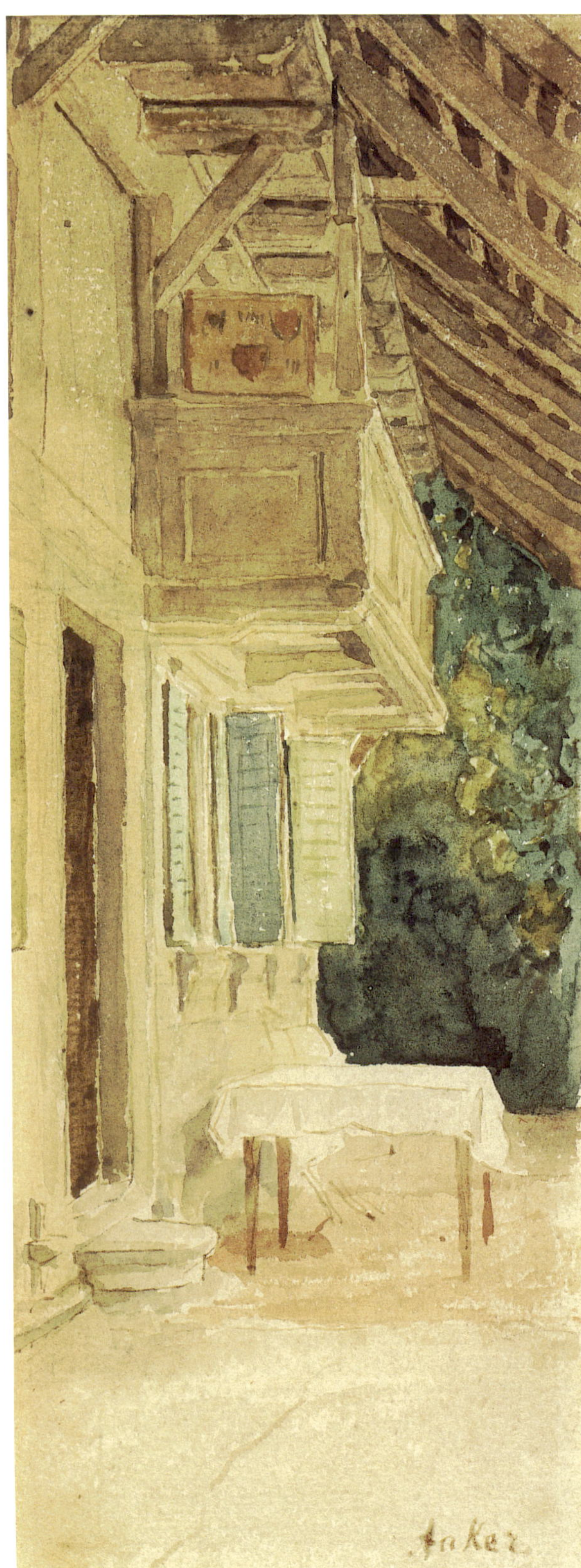

77
Derrière la maison Anker
Hinter dem Anker-Haus
sans date / *ohne Datum*
Aquarelle
Aquarell
9×23,8 cm LM
Collection particulière, Berne

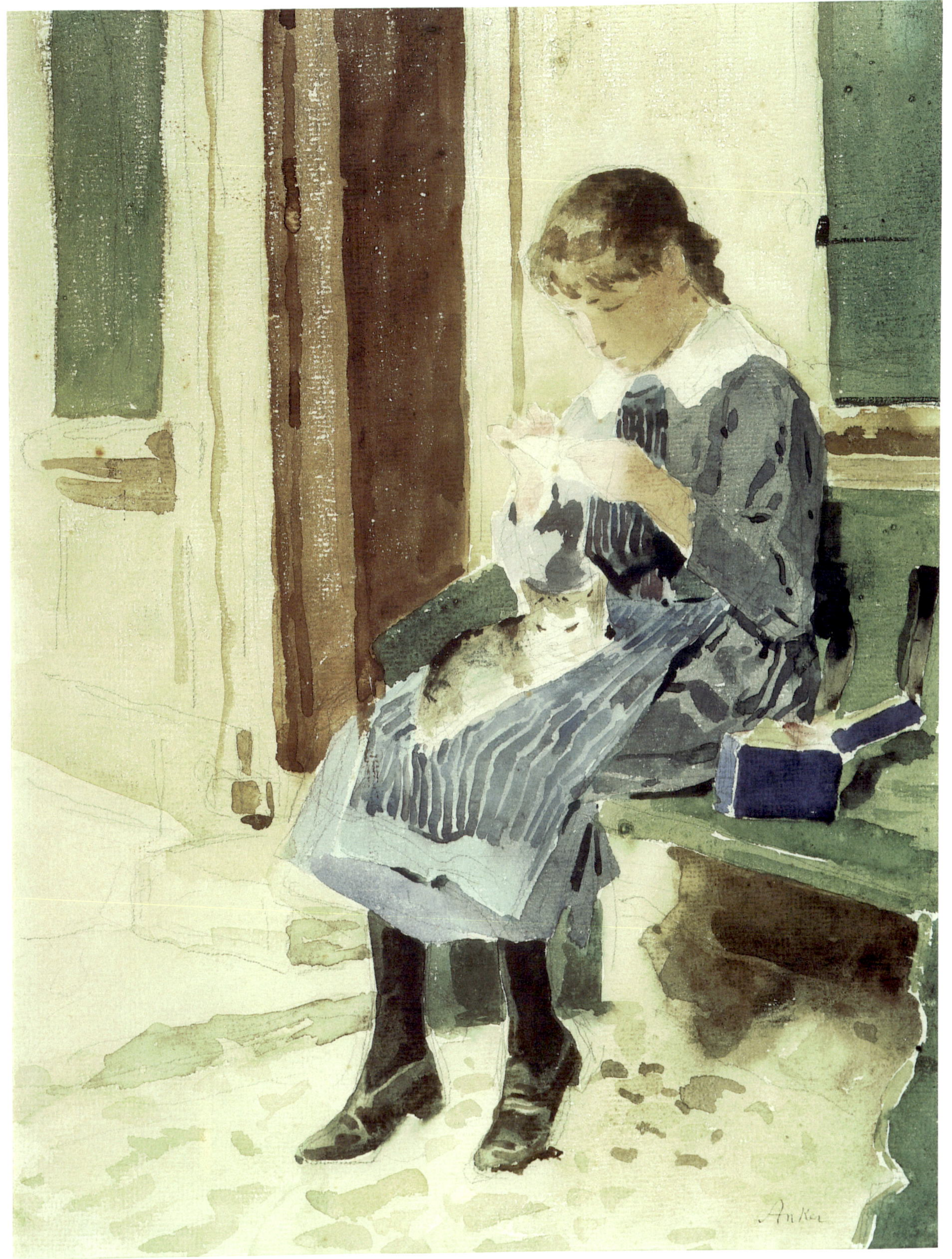
Anker

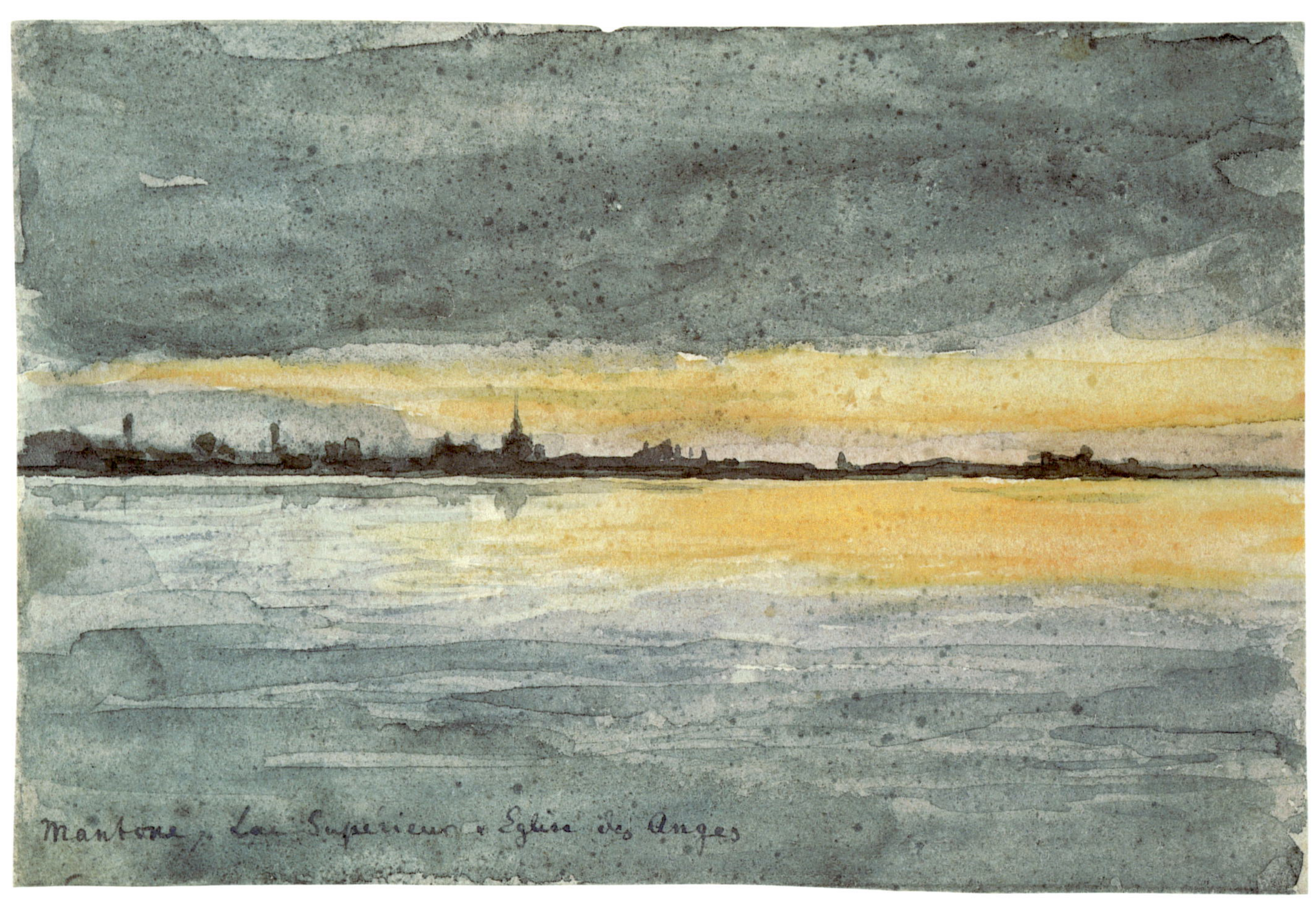

79
Mantova, Lac Supérieur et Eglise des Anges
1891
Aquarelle
Aquarell
9,2×14 cm
Collection particulière

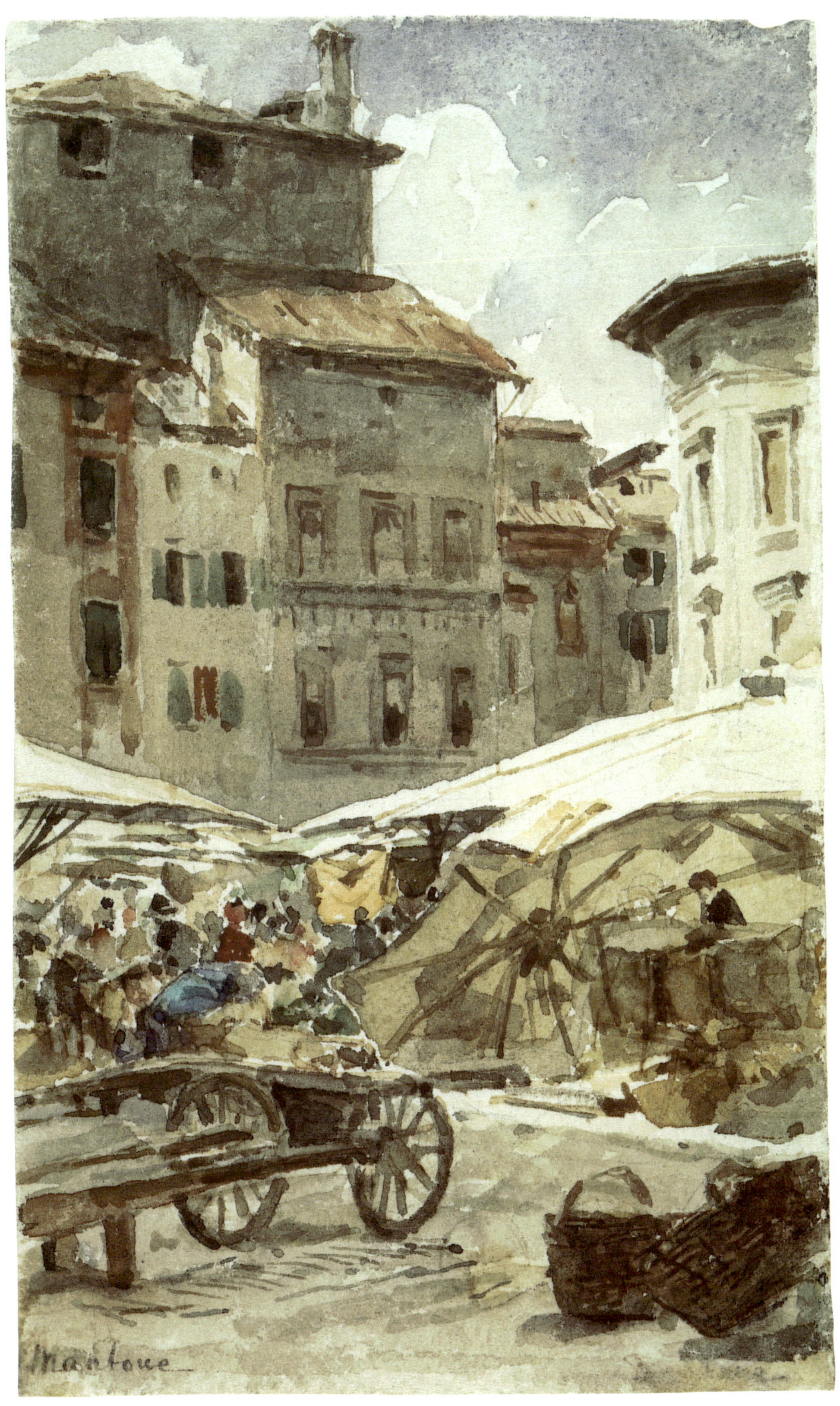

80
Mantova
1891
Aquarelle
Aquarell
14×8,5 cm
Collection particulière

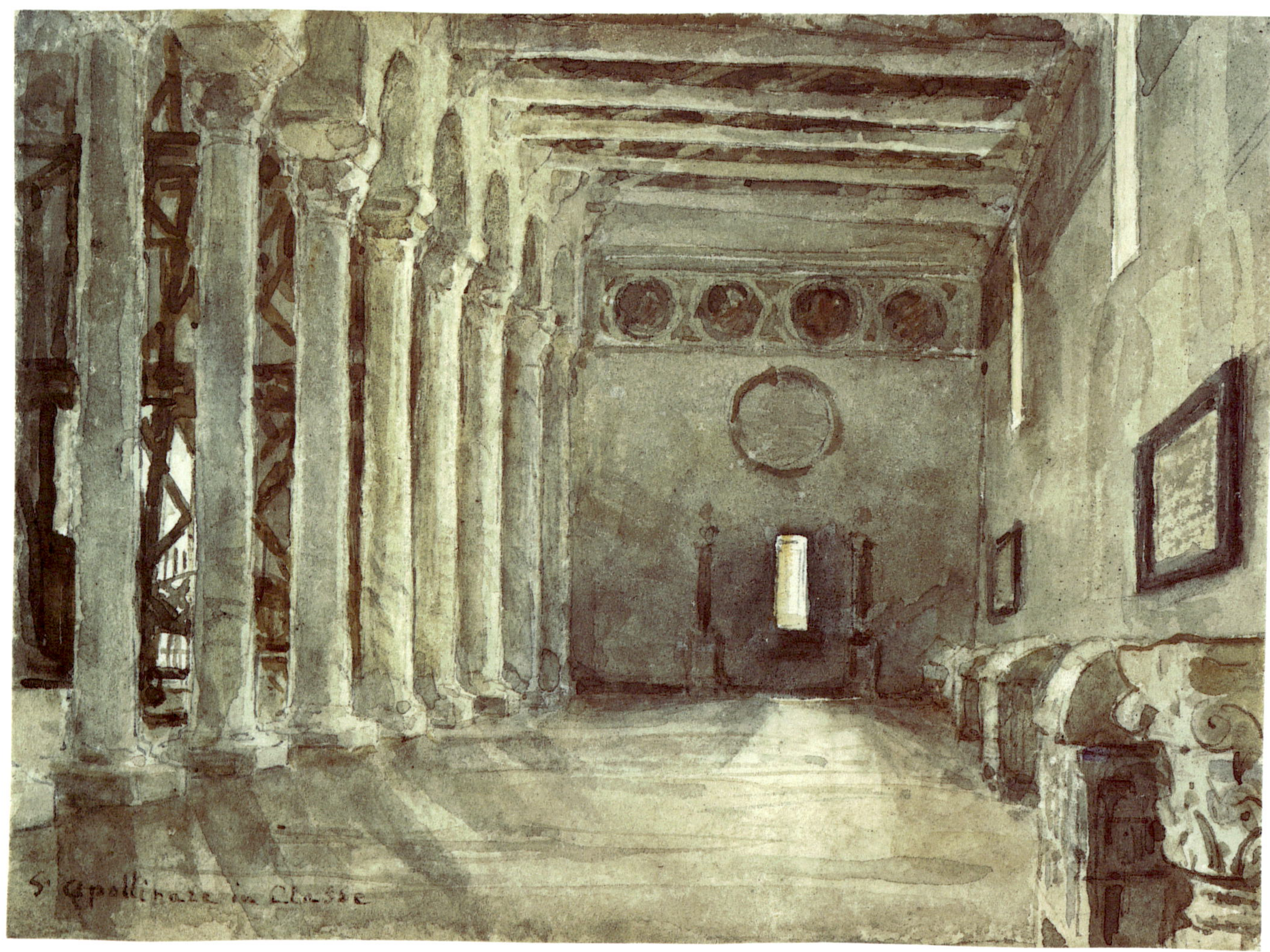

81
S. Apollinare in Classe, Ravenna
1891
Aquarelle
Aquarell
10,2×15 cm
Collection particulière

Lettre d'Albert Anker à François Ehrmann, 20 avril 1891

Mon cher Ehrmann,

C'est de Ravenne que je t'écris; j'ai enfin exécuté ce vieux projet! C'est charmant. Je suis établi dans un «albergo» où le lit est très propre, mais où on ne cire pas les souliers, détail dont on ne s'aperçoit pas ici. Tu connais ces quelques restes du Temple de Théodoric: le chœur de Saint-Vital, le seul morceau ancien conservé – tout le reste est «moderné» – ressemble à une histoire des *Mille et une nuits*. […] La frise de l'église Saint-Apollinaire avec les vingt-deux martyrs est d'une tonalité, d'une douceur infinie. Que de jolies petites martyres dans le nombre! Hier, je suis allé à Saint-Apollinaire in Classe, à cinq kilomètres dans la campagne unie, au milieu des rizières. Je pense que cette église fut le modèle de celle de Montruge; on a tiré un si bon parti de cette architecture primitive.
J'ai passé cinq jours à Pavie. Une première fois le Tessin et une vieille église, Saint-Michel, m'avaient tellement enchanté! Cette église dépasse en beauté le souvenir que j'en avais gardé. Mais quelle façade barbare! […] Les portes sont belles […]
Ravenne n'a pas souffert autant que Pavie dans les vicissitudes de toutes les guerres d'Italie. […]
Adieu mon vieux, j'espère aller à Saint-Marin et envoyer de là des timbres à tout le monde, car tu sais que cette république a son timbre spécial.
Les amitiés de ton vieil ami
Anker

(Meister 2000 II, p. 153)

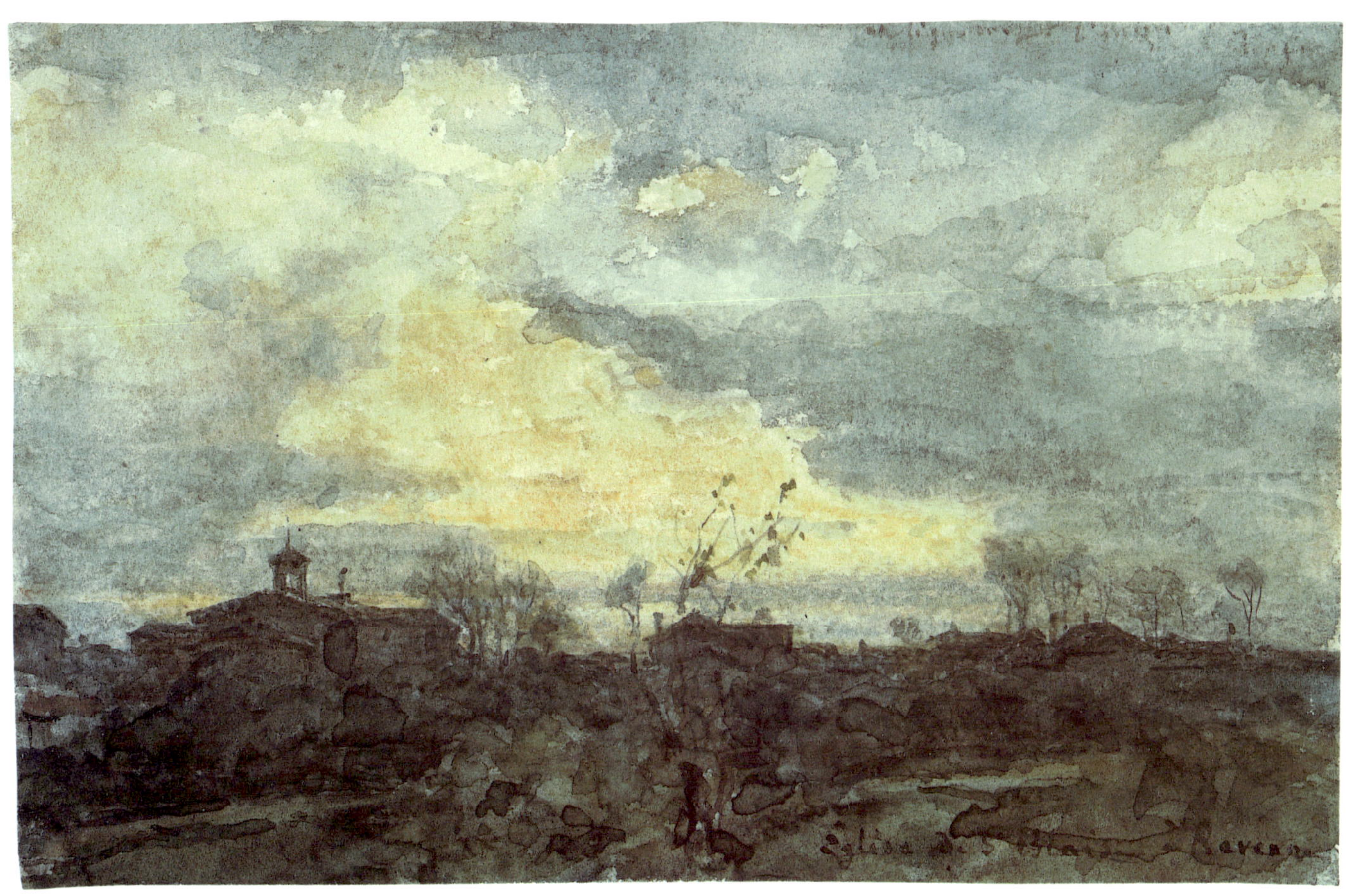

82
Eglise de St. Blaise, Ravenna
Kirche von St. Blasius, Ravenna
1891
Aquarelle
Aquarell
10×15,5 cm
Collection particulière

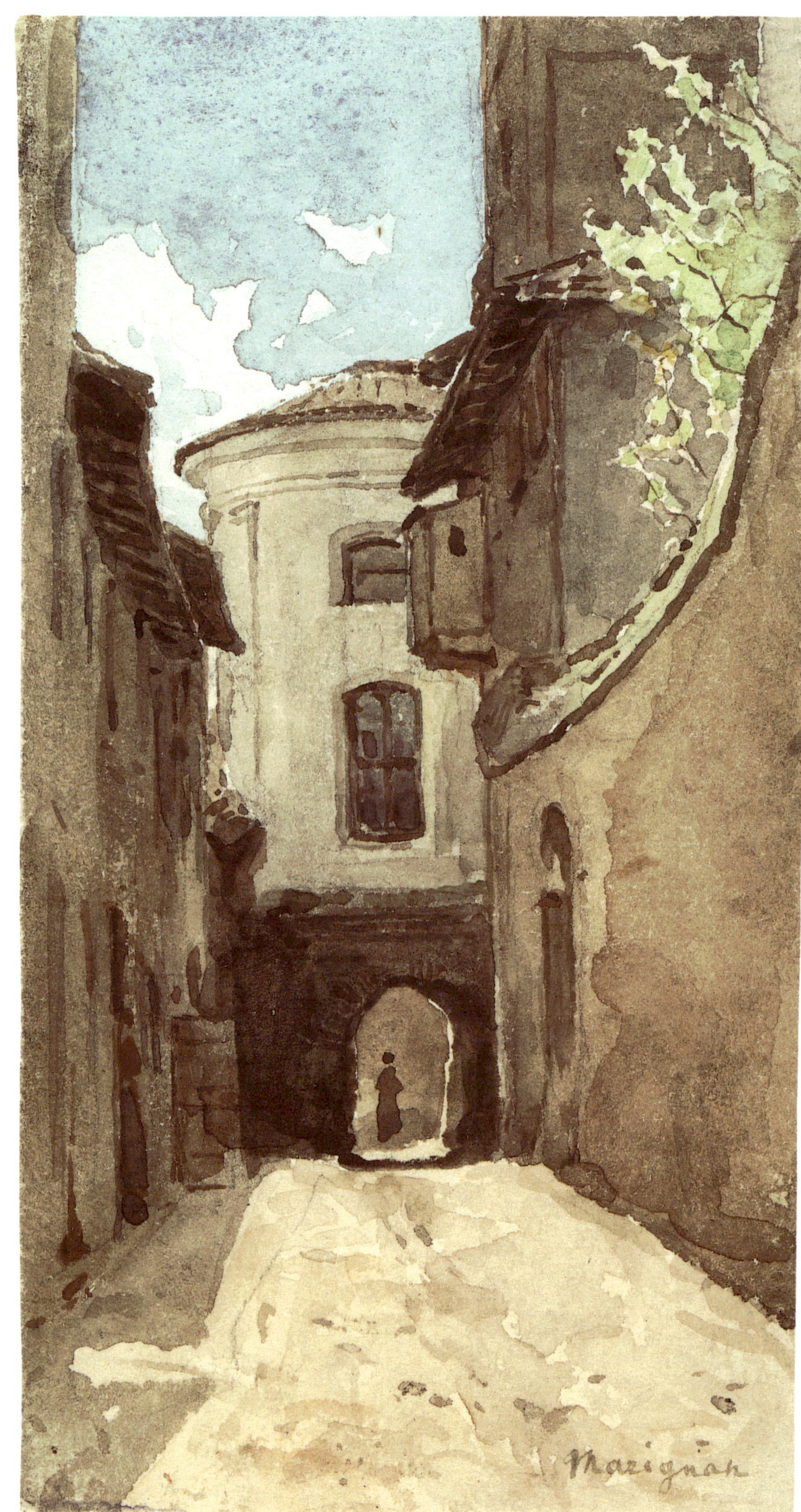

83
Marignano
1891
Aquarelle
Aquarell
15×8 cm
Collection particulière

84
Perugia
1887
Aquarelle
Aquarell
15×10,2 cm
Collection particulière

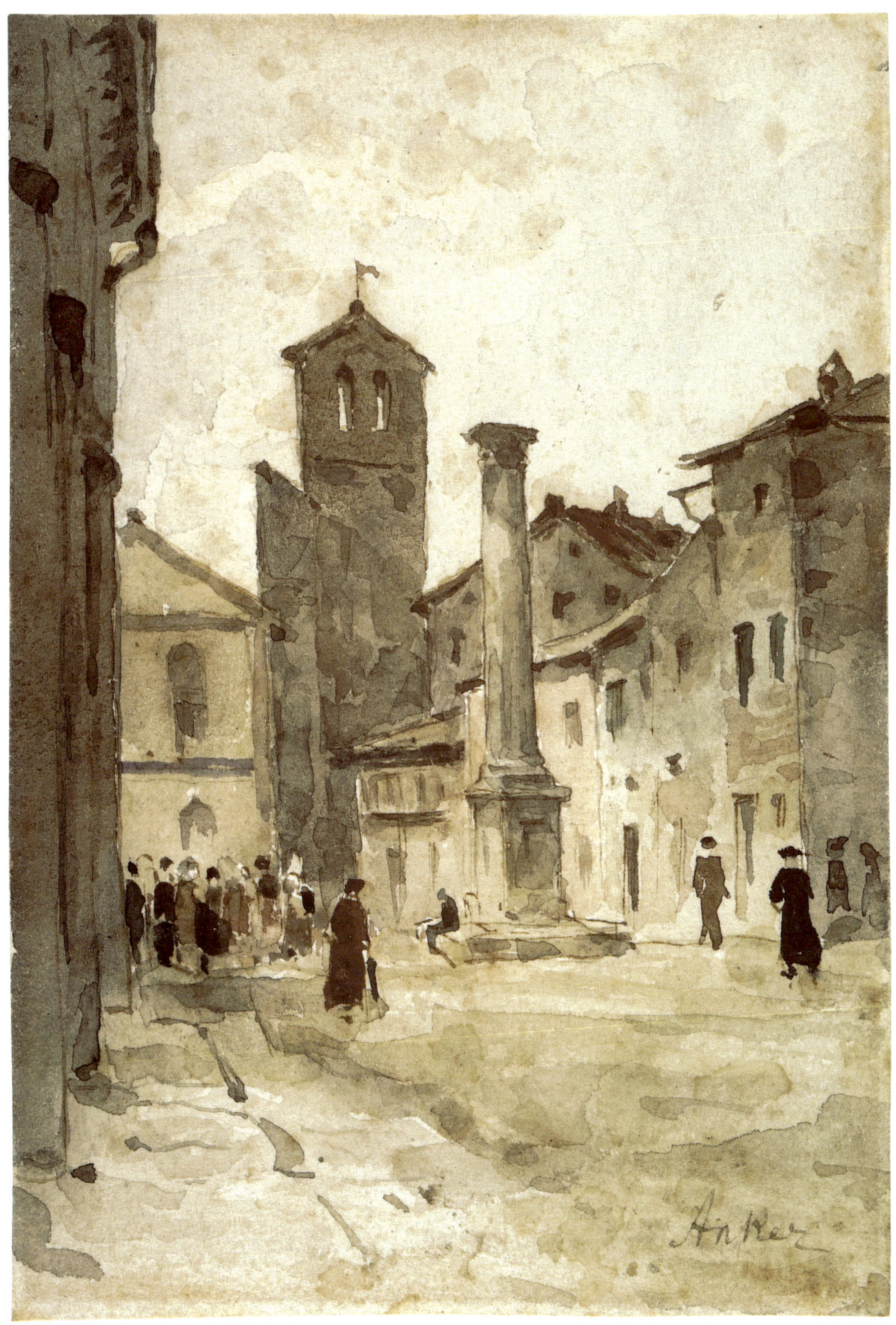

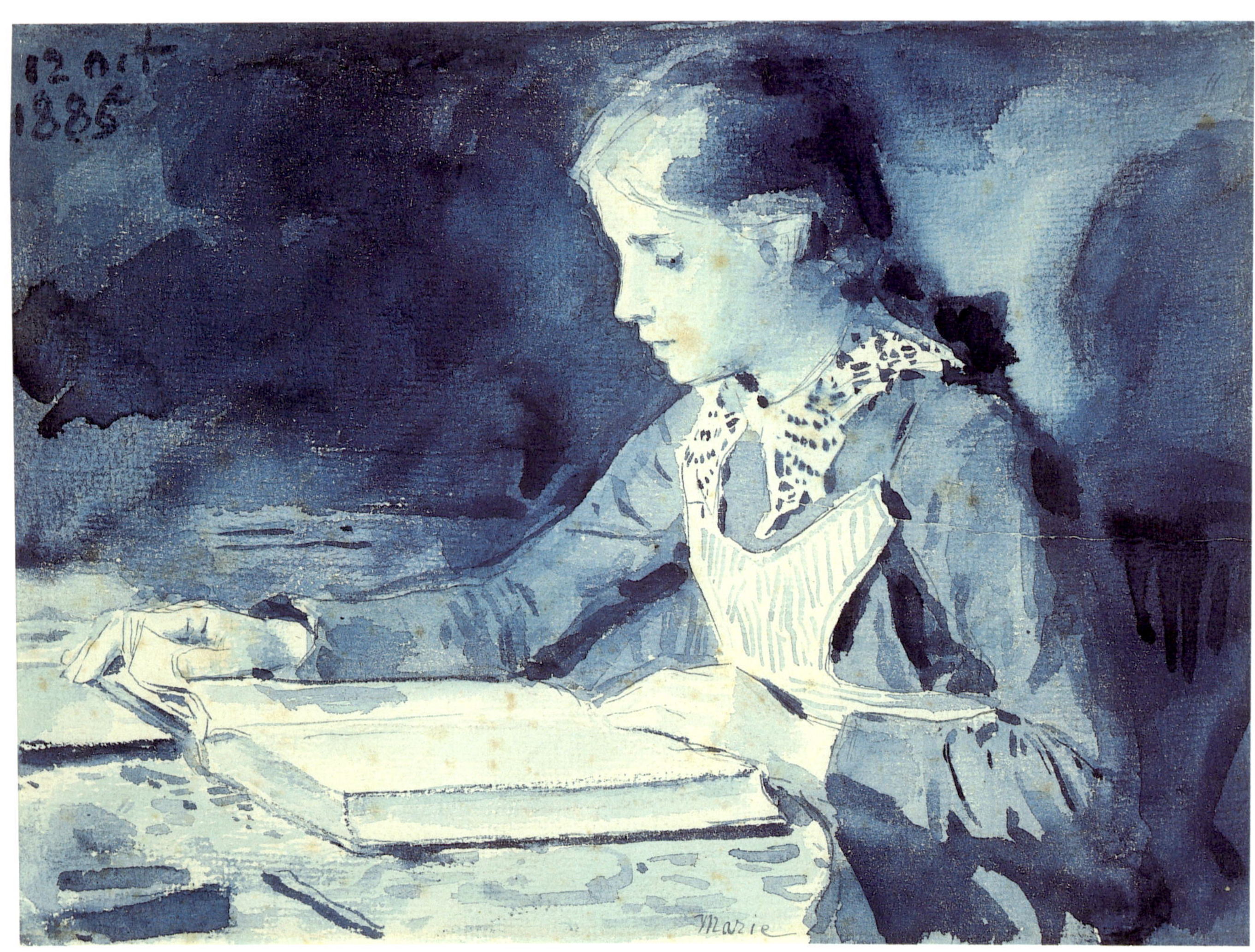

85
Fillette lisant à la table (Marie)
Lesendes Mädchen am Tisch (Marie)
12 oct. 1885
Couleur bleu faïence
Fayencefarbe blau
~ 17 × 23 cm
Collection particulière

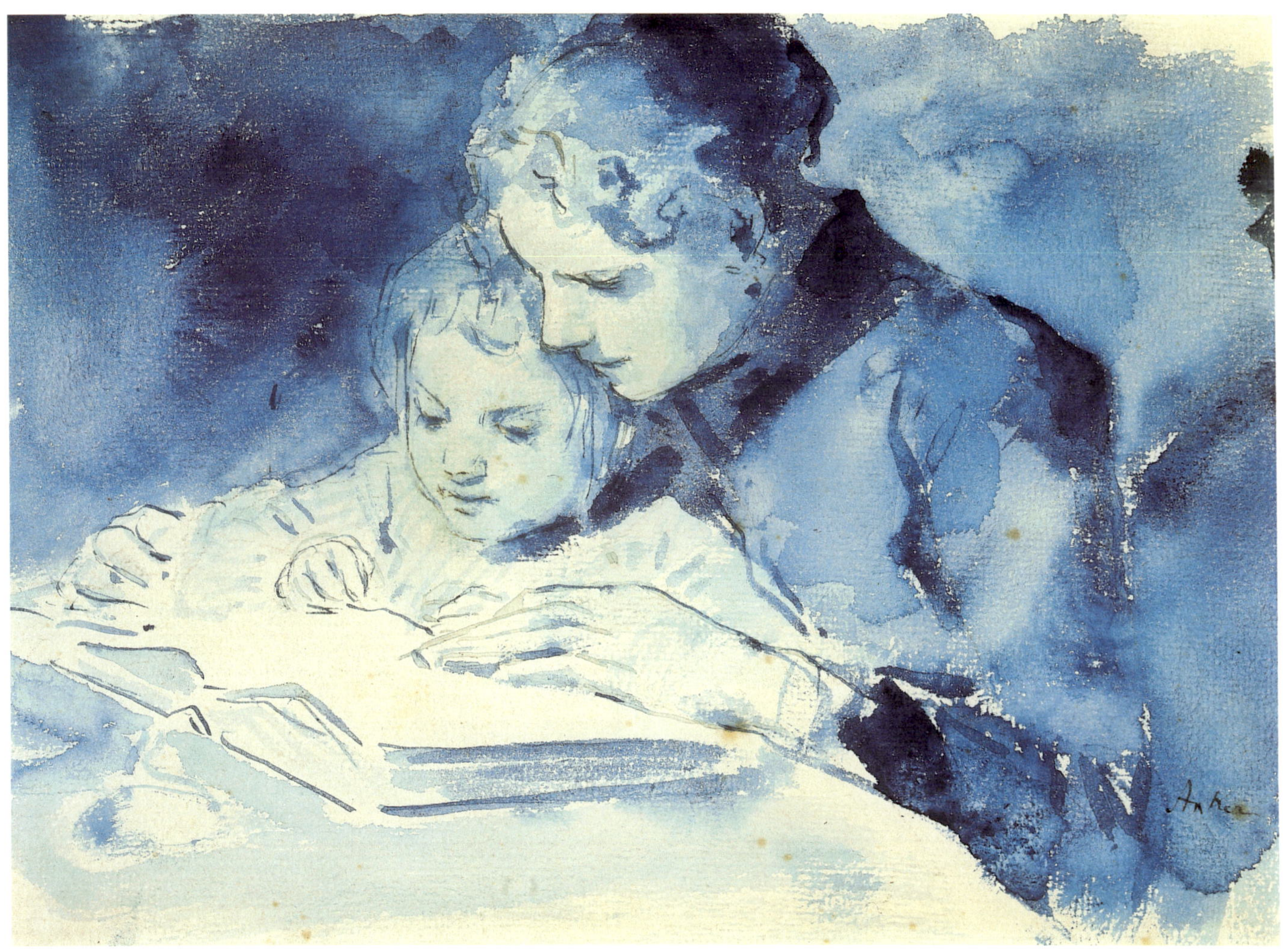

86
Mère avec enfant lisant
Mutter mit Kind, lesend
vers / *um* 1885
Couleur bleu faïence
Fayencefarbe blau
16,5 × 23,2 cm LM
Collection particulière, Berne

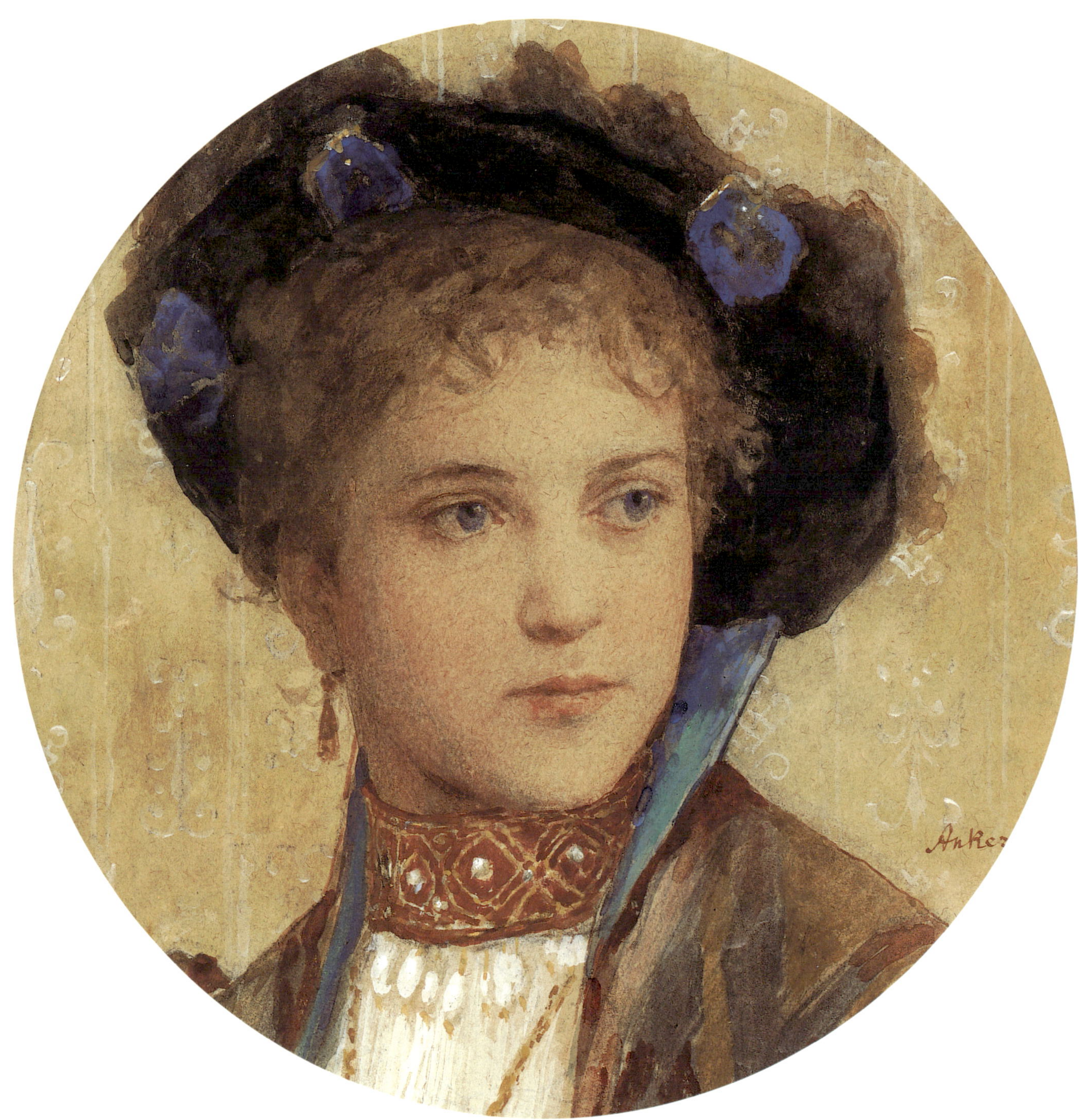

87
Portrait d'une fille en costume historique
Bildnis eines Mädchens in historischem Kostüm
sans date / *ohne Datum*
Aquarelle
Aquarell
32,5 × 23,5 cm (Papier)
Collection Christoph Blocher

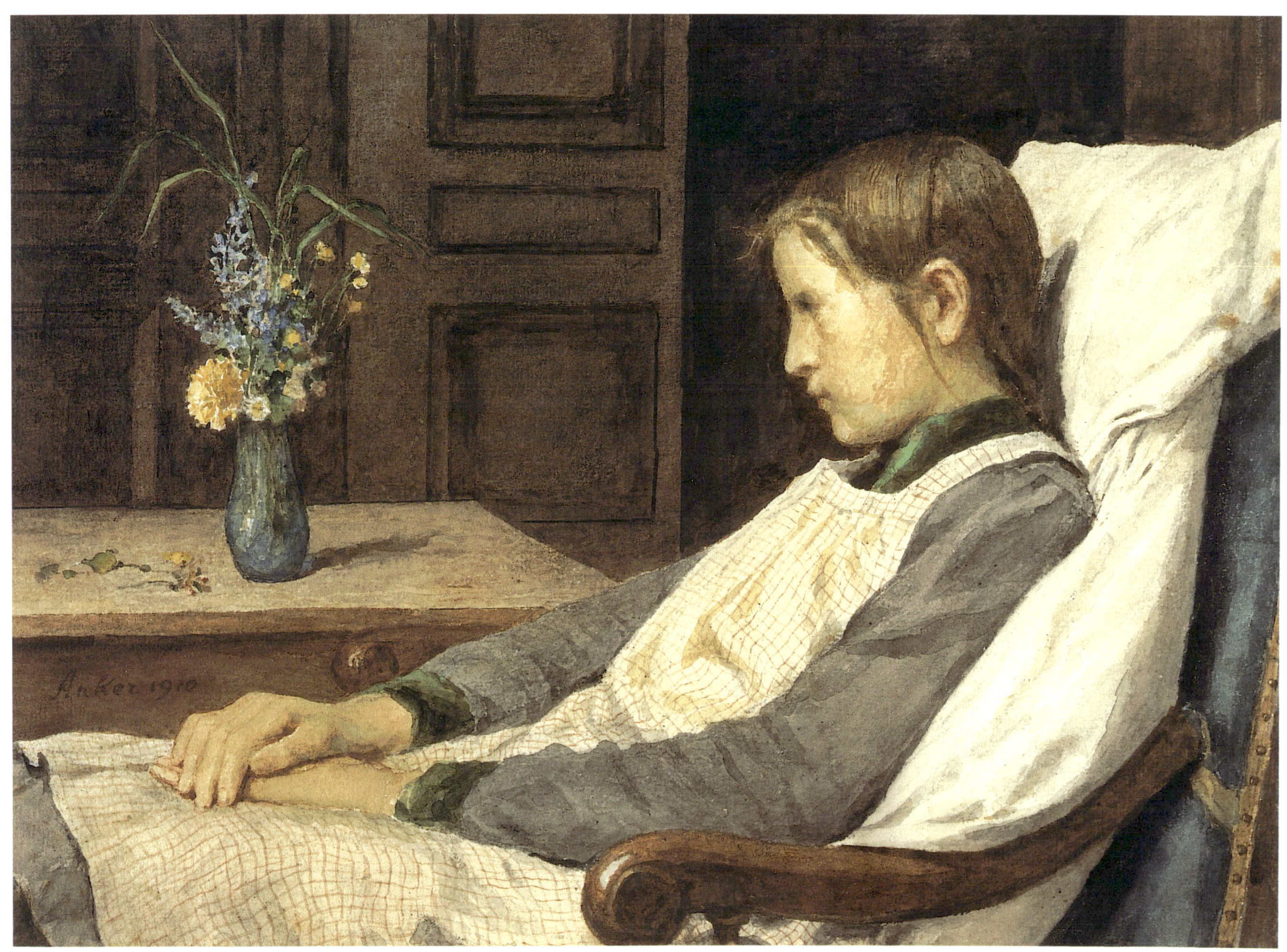

88
Convalescence
Genesung
vers / *um* 1880
Aquarelle
Aquarell
24,2×34 cm LM
Collection particulière, Berne

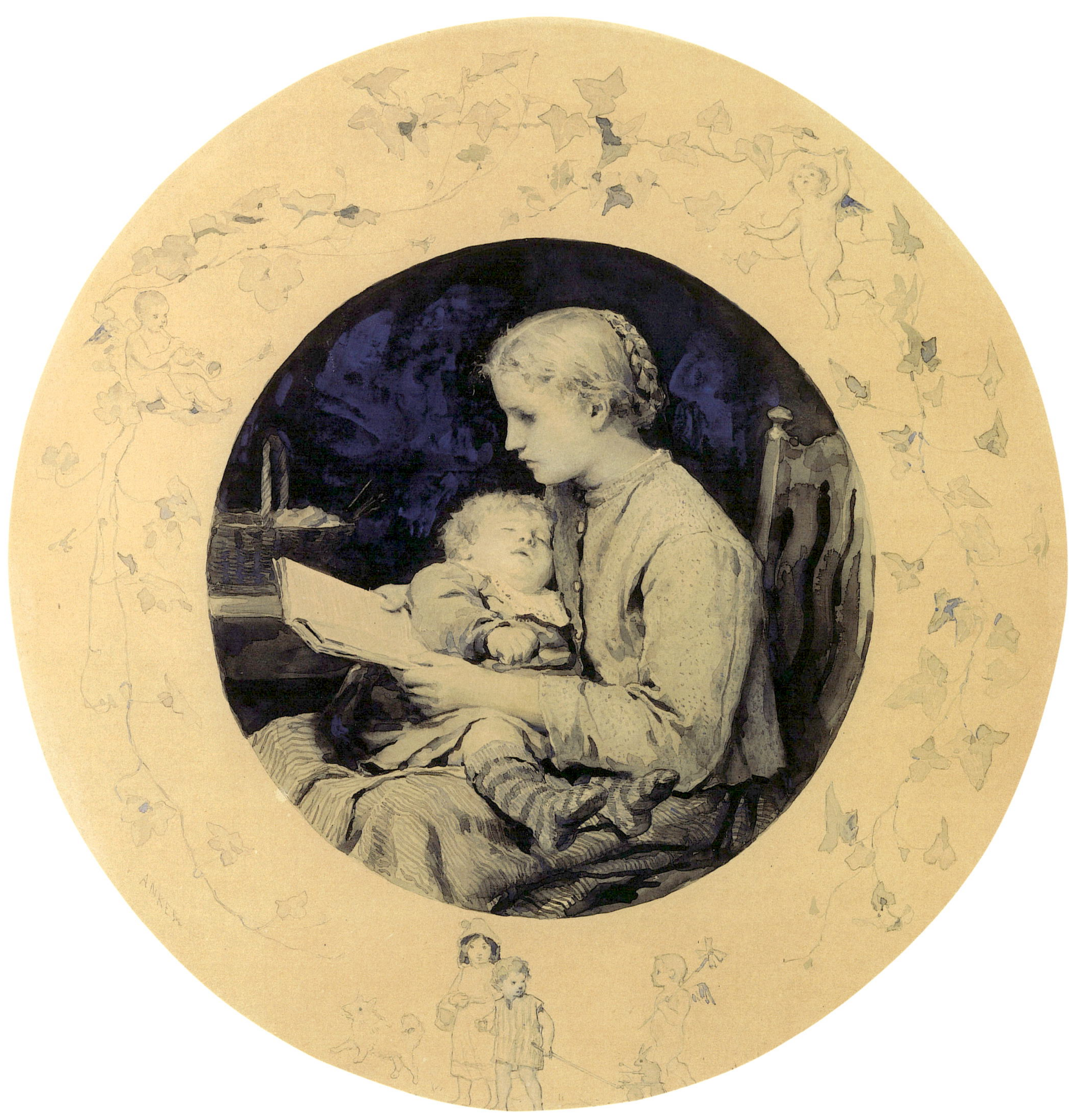

89
Les Sœurs Gugger
Rosa und Bertha Gugger
1883
Encre et aquarelle
Tusche und Aquarell
38×36,5 cm
Collection Christoph Blocher

90 (voir aussi cat. nº 25)
Les Sœurs Gugger
Rosa und Bertha Gugger
1883
Charbon sur carton
Kohle auf Karton
62,5×46,5 cm
Collection
Christoph Blocher

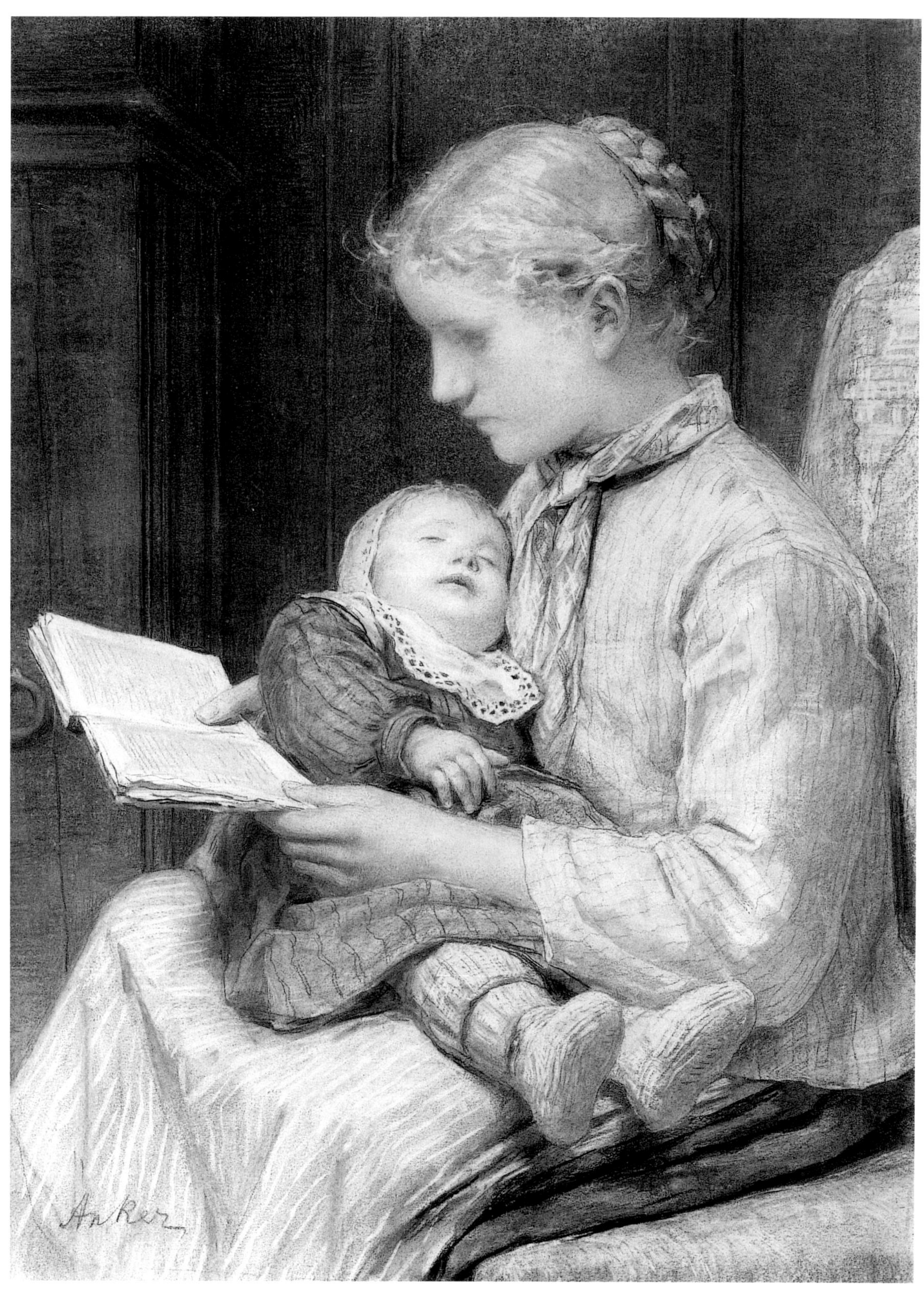

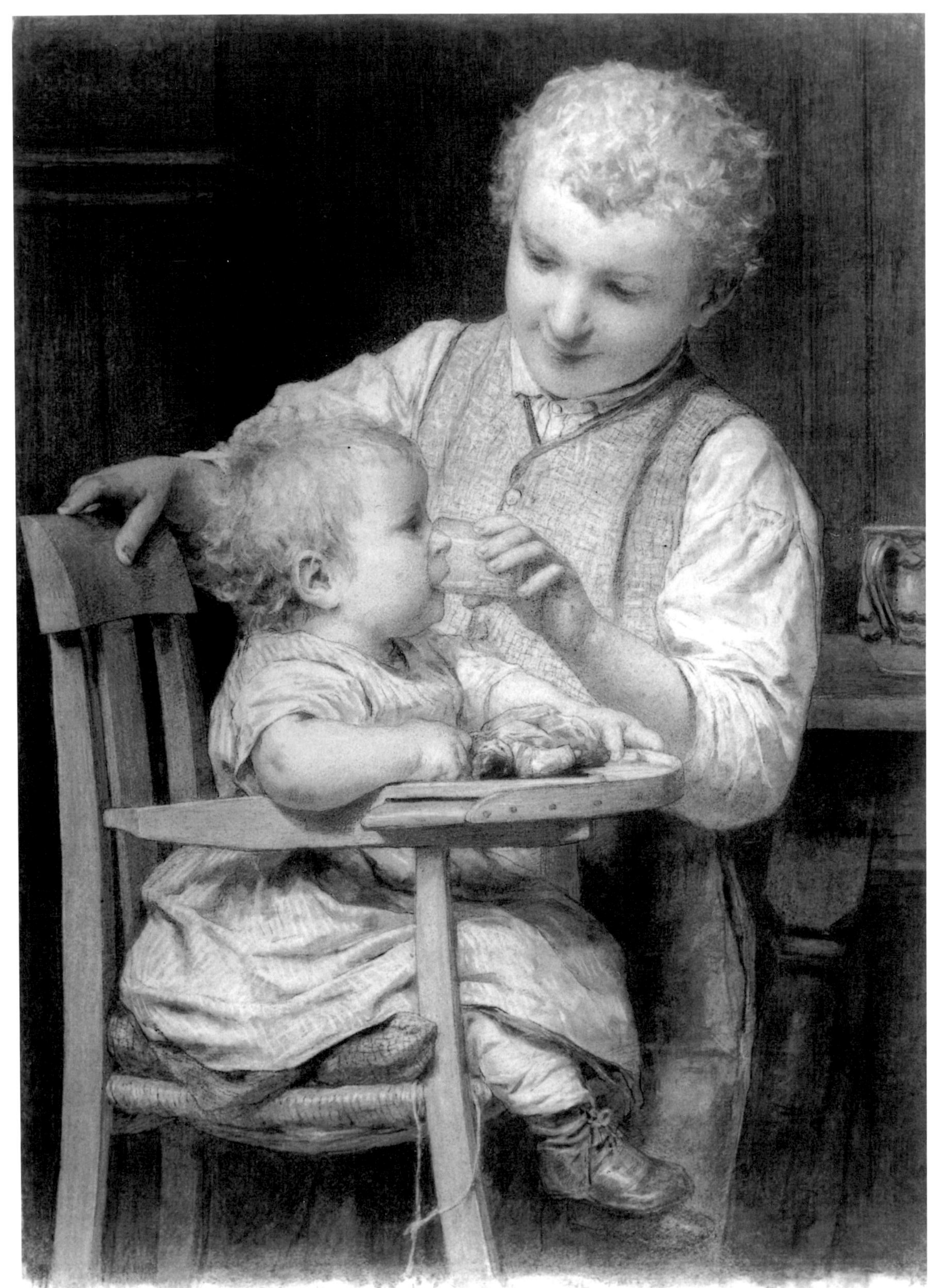

91
Le Petit Papa
Der kleine Vater
vers / *um* 1883
Charbon et encre, lavis
Kohle und Tusche, laviert
67,7×49,7 cm
Collection
Christoph Blocher

92
Fillette assise avec chat
Sitzendes Mädchen mit Katze
1882
Charbon et encre, lavis
Kohle und Tusche, laviert
73,4×58,4 cm
Collection Christoph Blocher

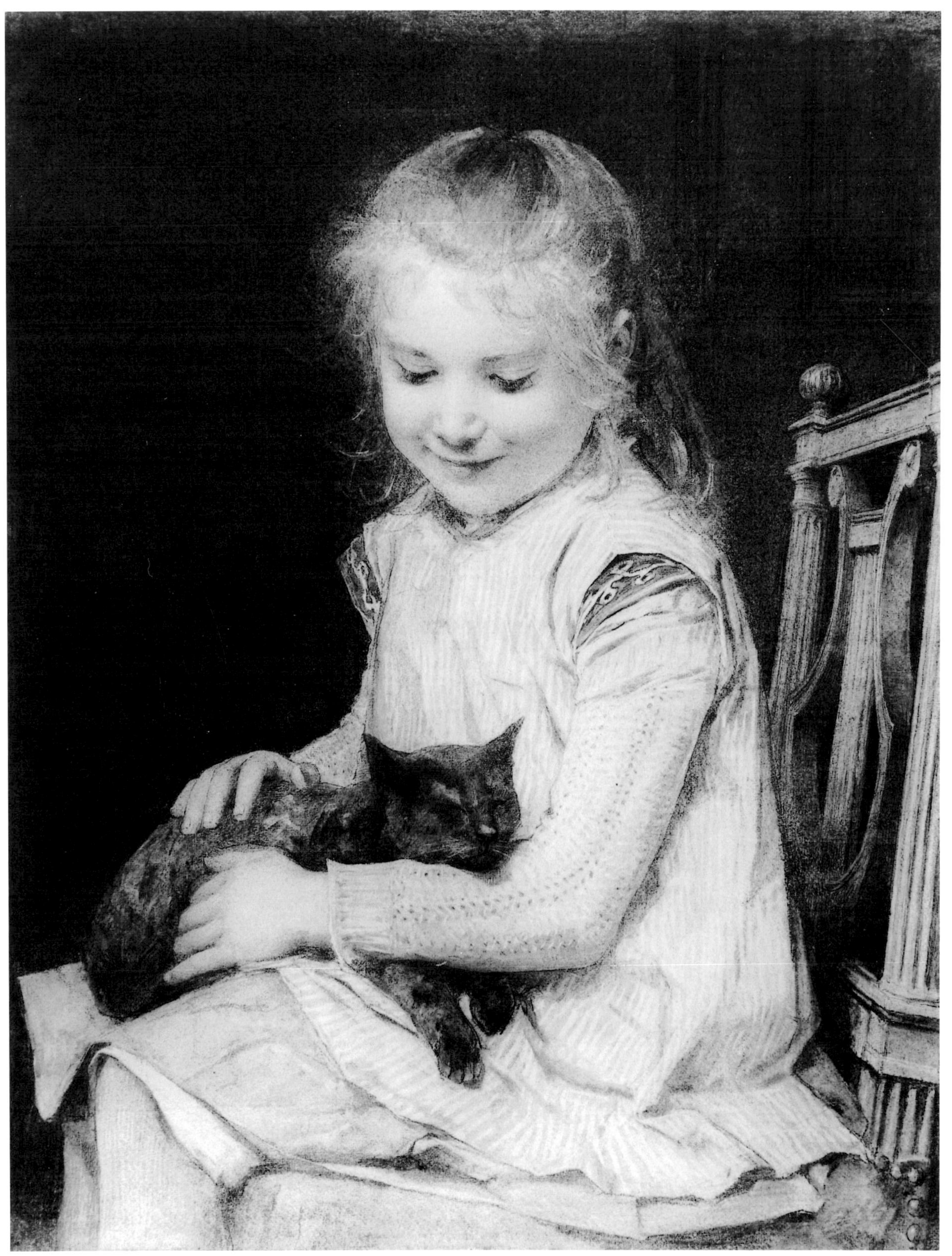

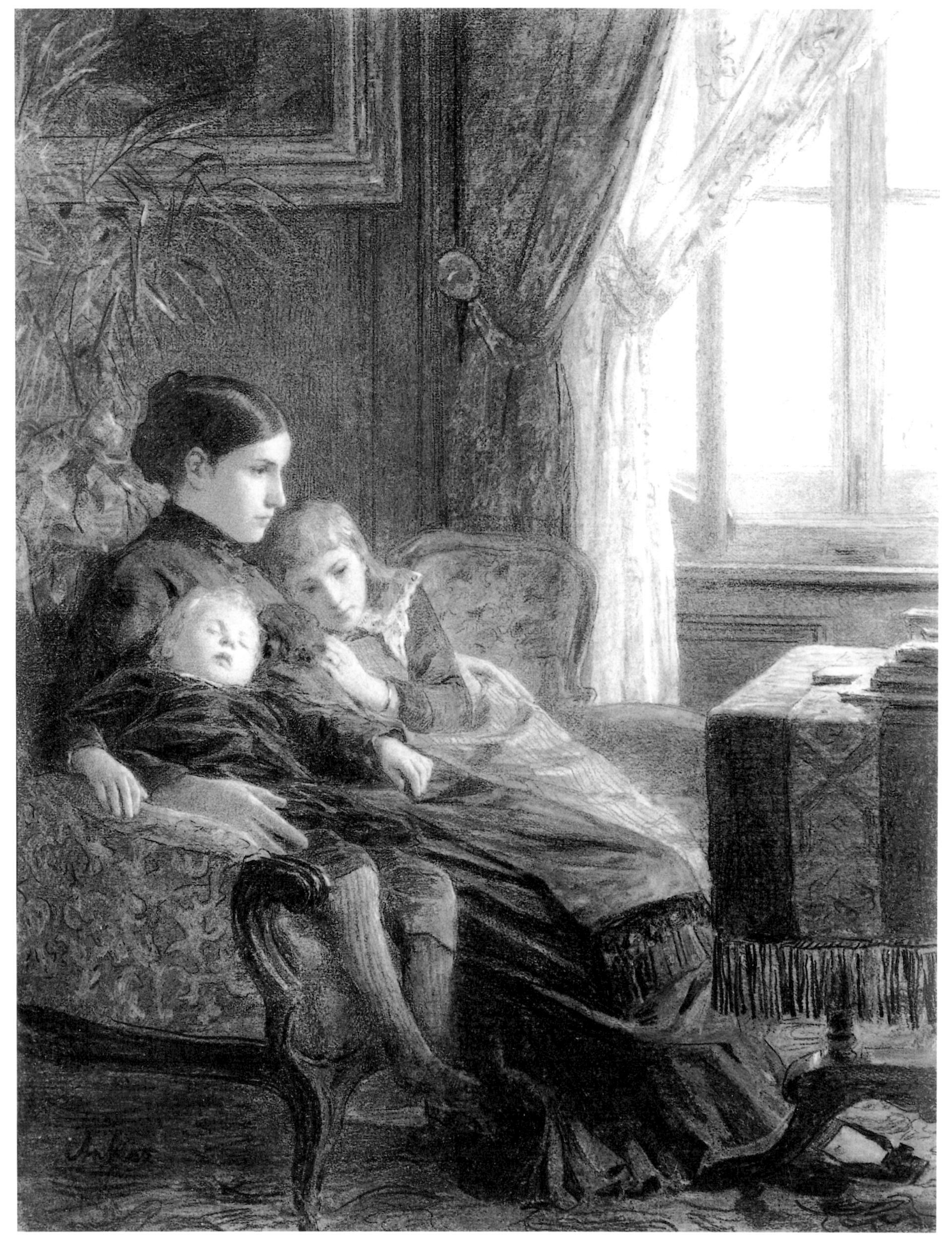

93
Famille endeuillée
Trauernde Familie
vers / *um* 1888
Charbon
Kohle
64,5×51 cm
Musée des Beaux-Arts de Berne, Stiftung Gemäldesammlung Emil Bretschger

94
Famille heureuse
Glückliche Familie
1888
Charbon
Kohle
64,5×51 cm
Musée des Beaux-Arts
de Berne, Stiftung
Gemäldesammlung
Emil Bretschger

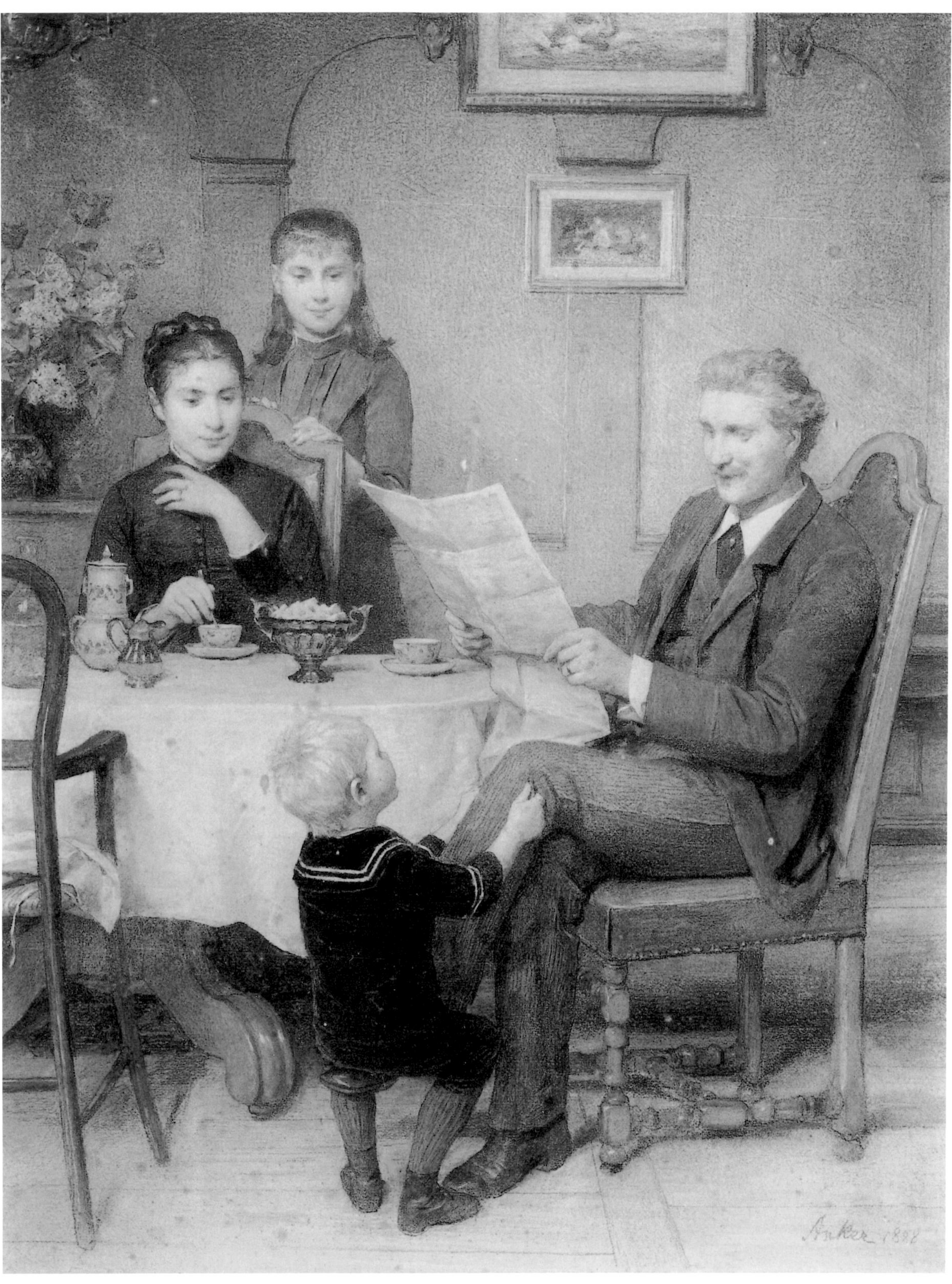

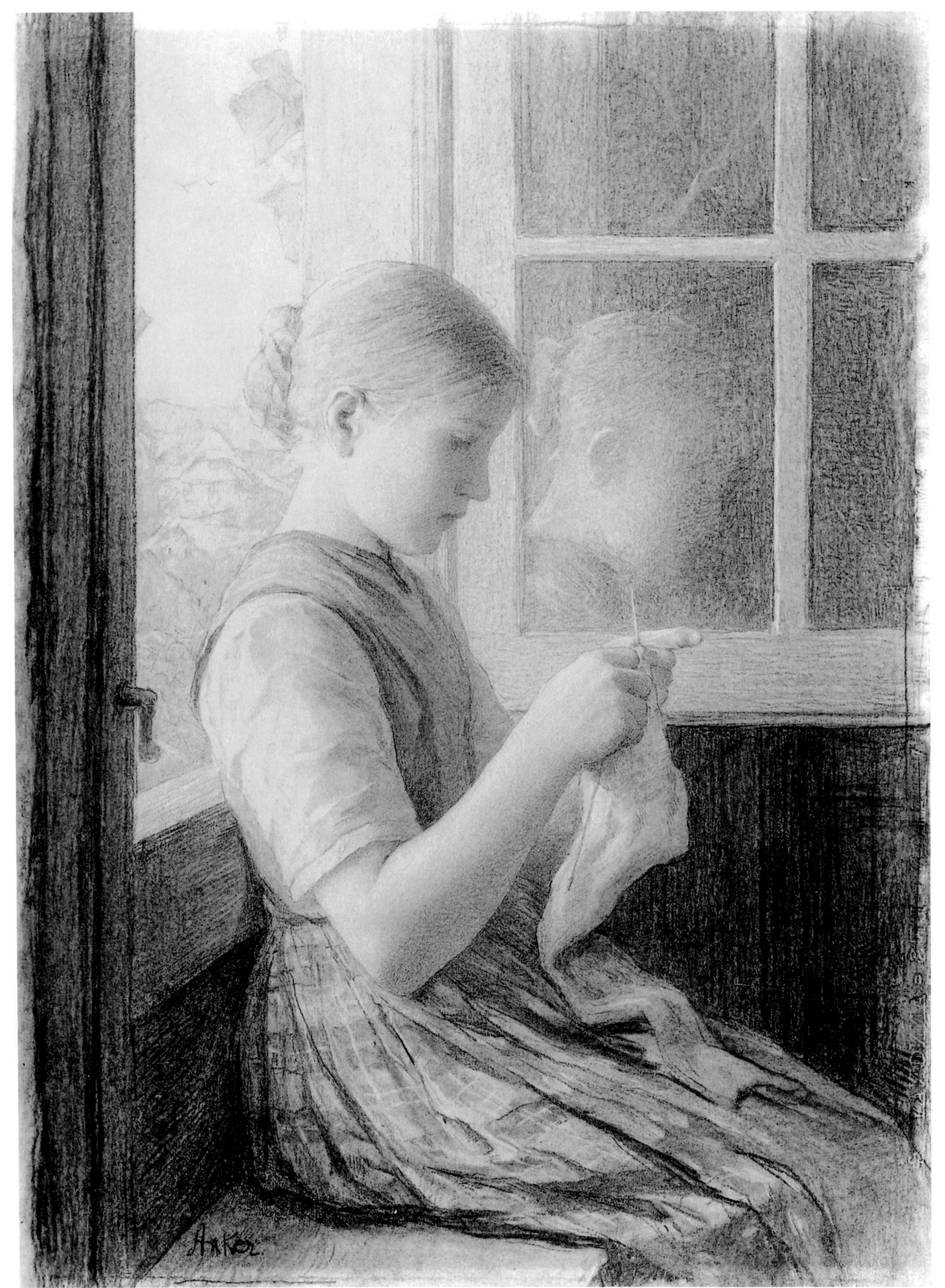

95
Fillette tricotant
à la fenêtre ouverte
Strickendes Mädchen
am offenen Fenster
sans date / *ohne Datum*
Charbon
Kohle
54,5×39,5 cm
Collection
Christoph Blocher

96
Fillette tricotant en profil
Strickendes Mädchen im Profil
sans date / *ohne Datum*
Aquarelle
Aquarell
34×24 cm
Collection
Fondation Pierre Gianadda,
Martigny

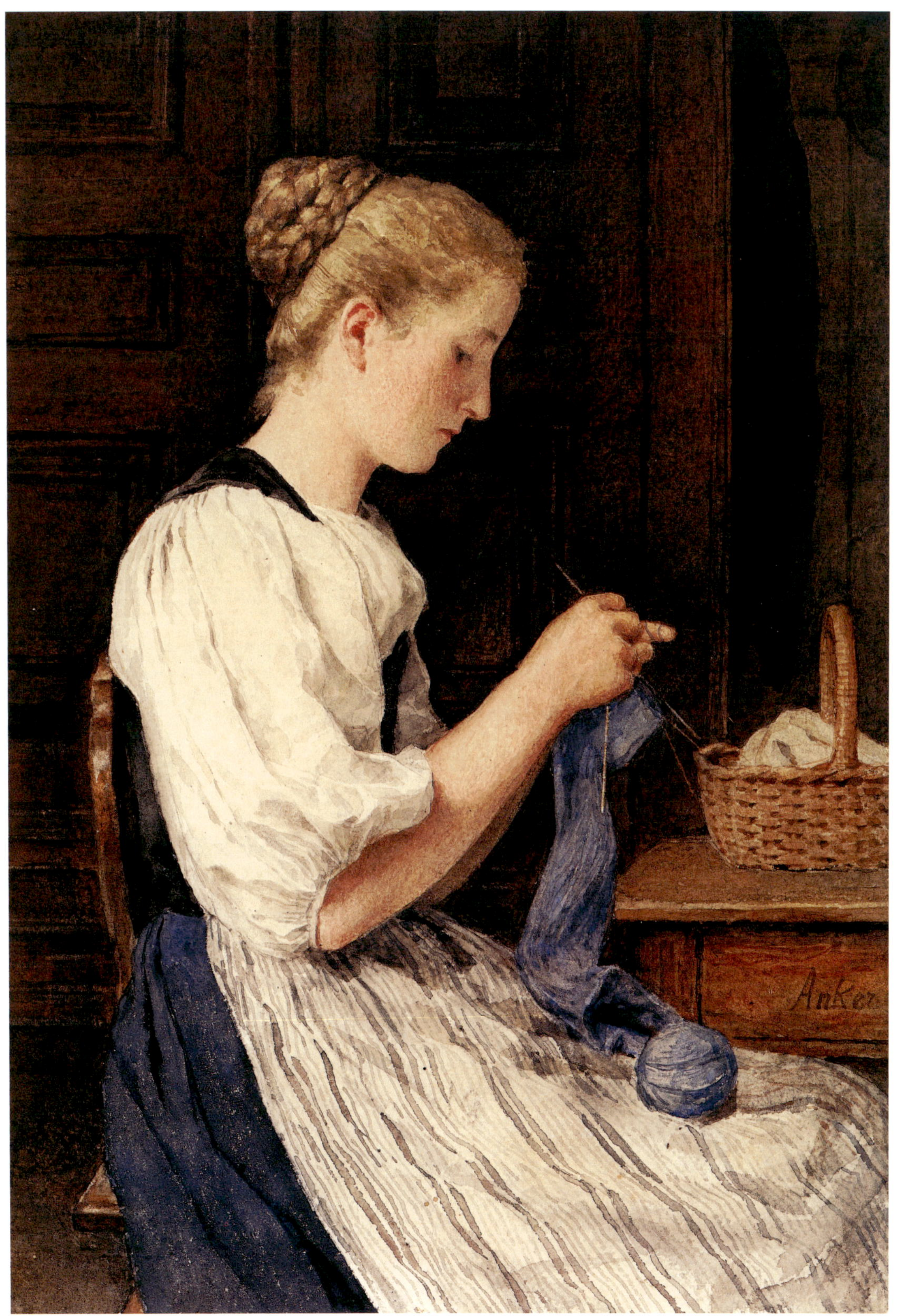

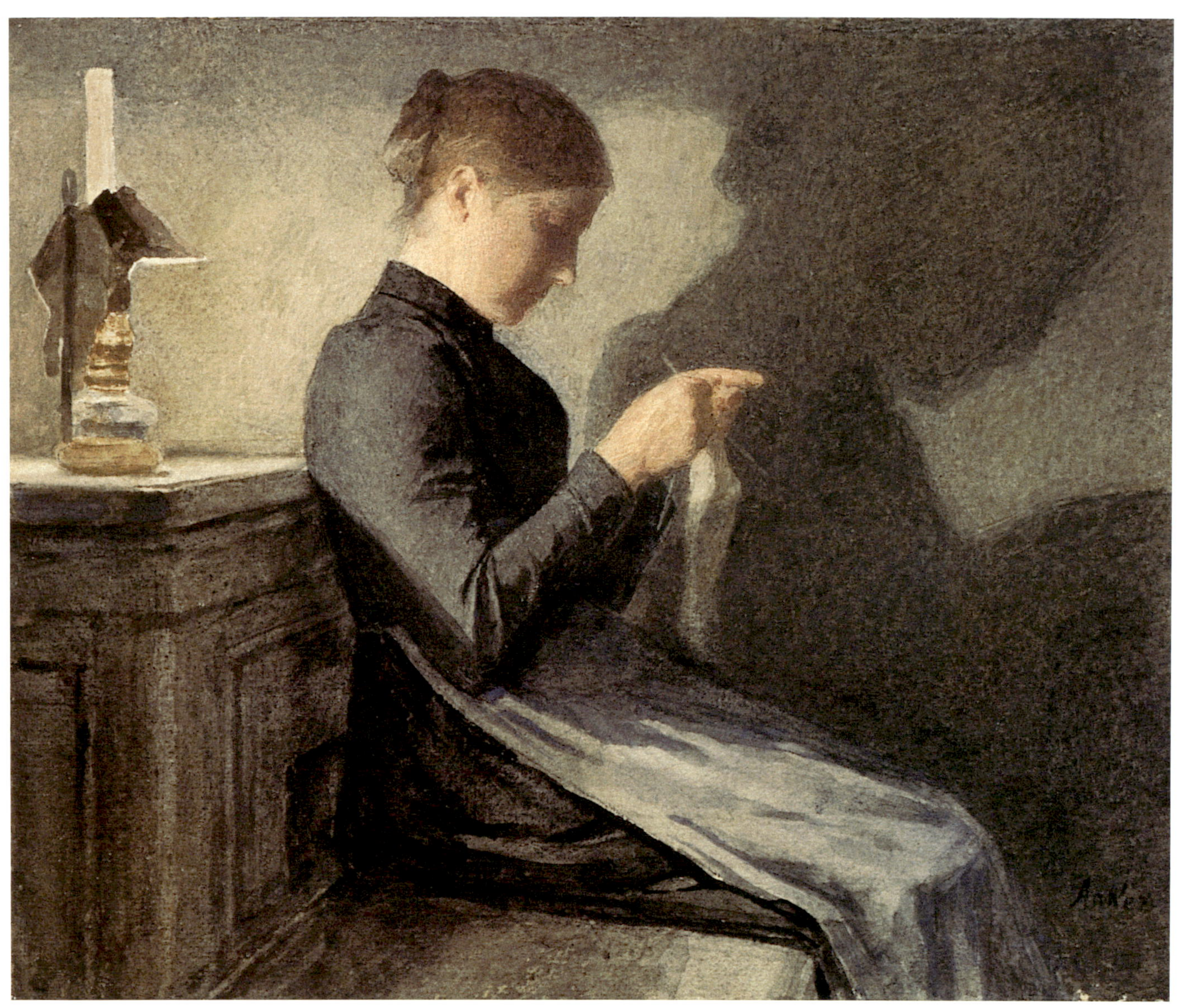

97
Fillette tricotant à la lueur d'une lampe à huile
Strickendes Mädchen im Schein einer Öllampe
sans date / *ohne Datum*
Aquarelle
Aquarell
23,2×28,7 cm
Collection Christoph Blocher

98 ▷
Fillette tricotant
Strickendes Mädchen
1906
Aquarelle
Aquarell
32,7×25,5 cm
Musée des Beaux-Arts de Berne,
Gottfried Keller-Stiftung,
legs M. et Mme Georges Bloch

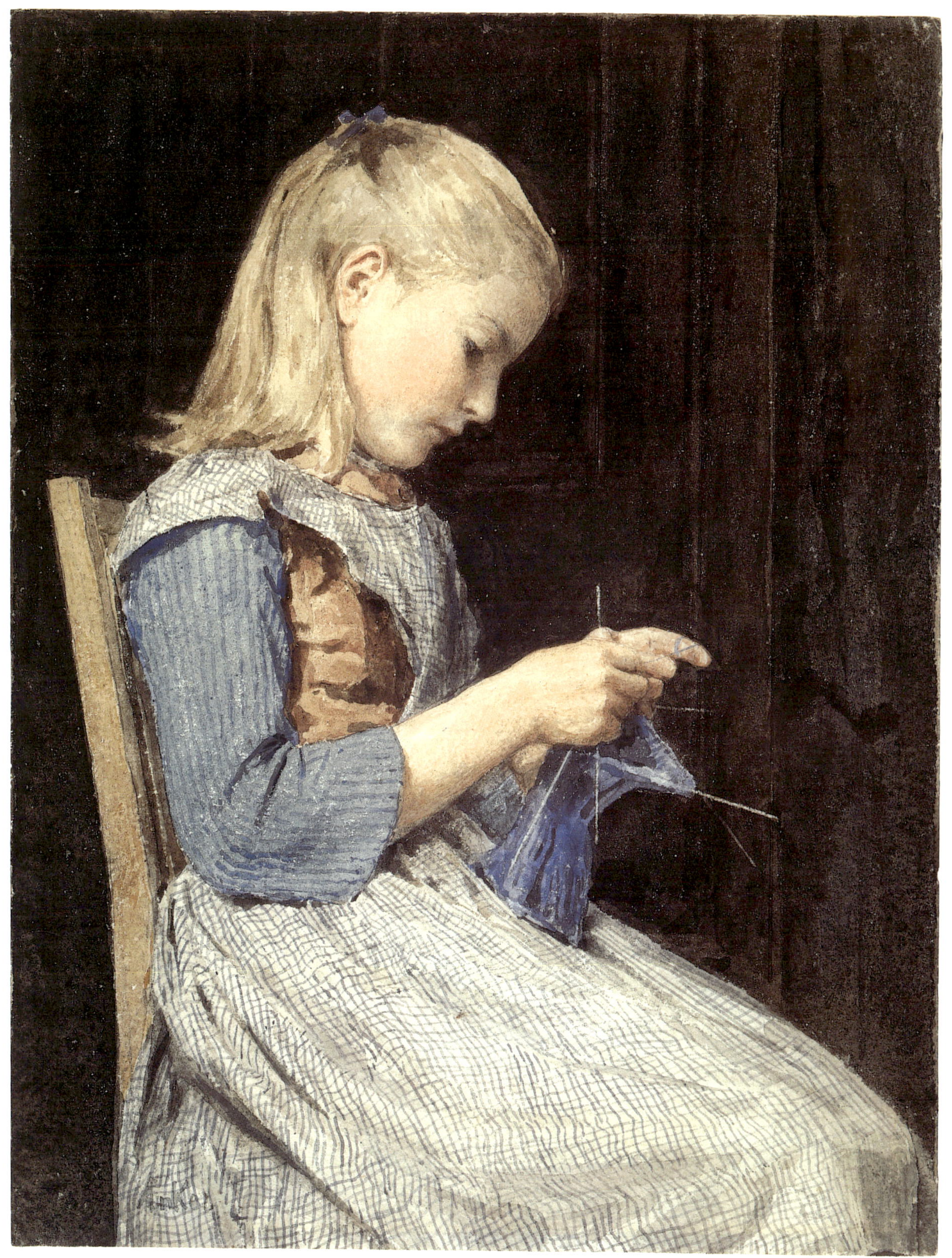

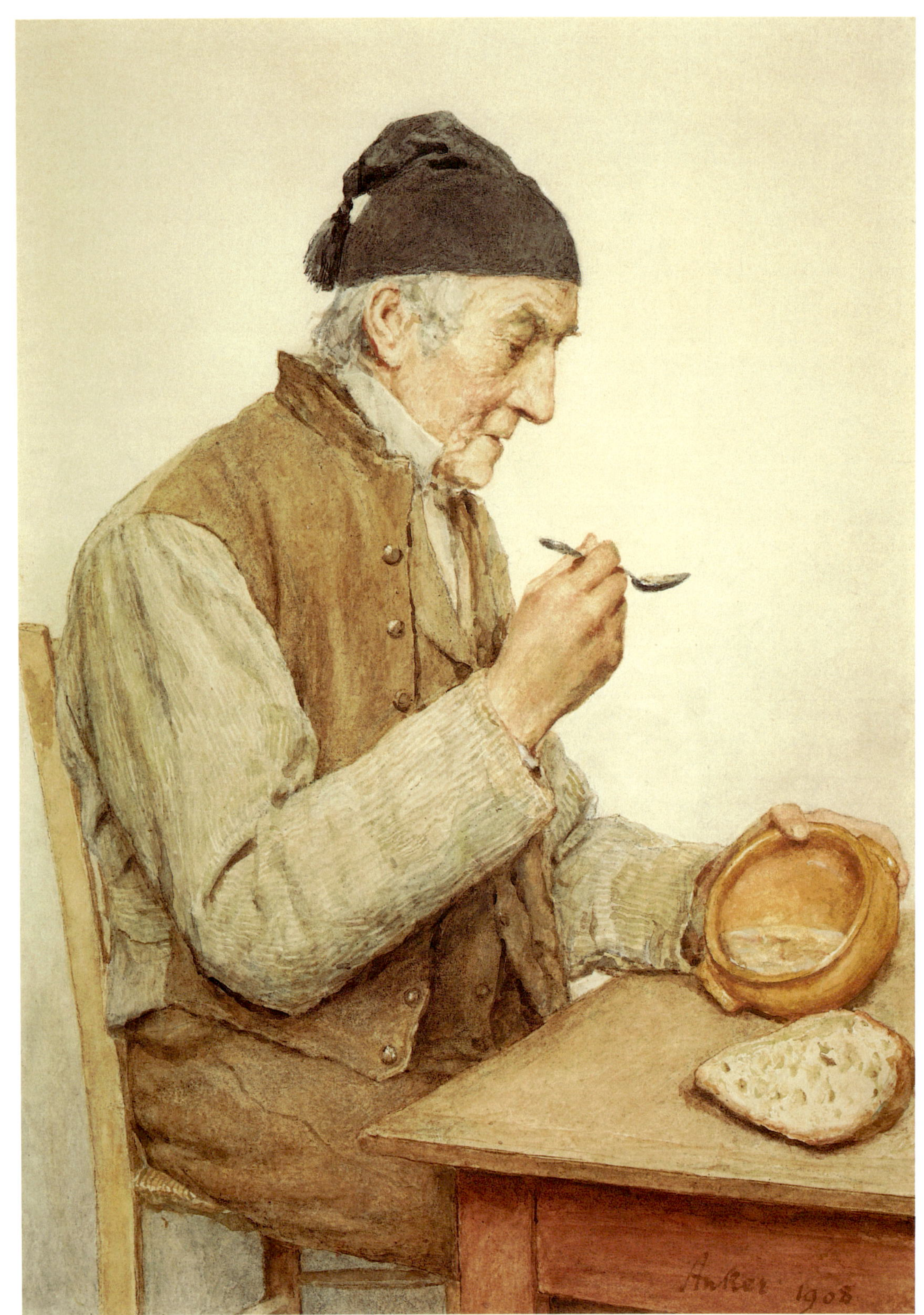

99
Vieux Paysan avec soupe
Alter Mann, Suppe löffelnd
1908
Aquarelle
Aquarell
34,6 × 25 cm
Collection particulière, Berne

100
Garçon avec carotte
Knabe mit grossem Rüebli
1907
Aquarelle
Aquarell
34,6×24,6 cm
Collection particulière,
Berne

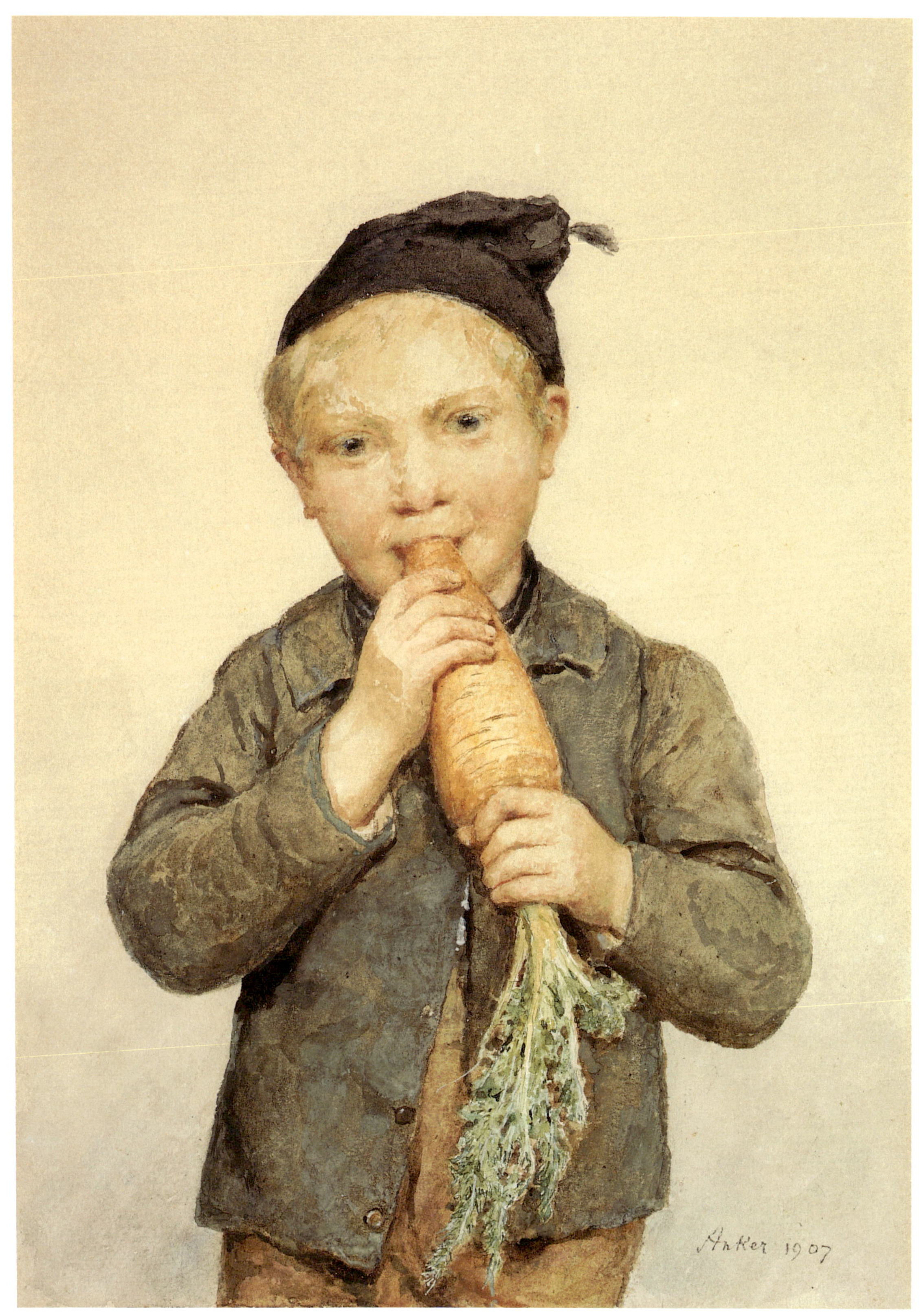

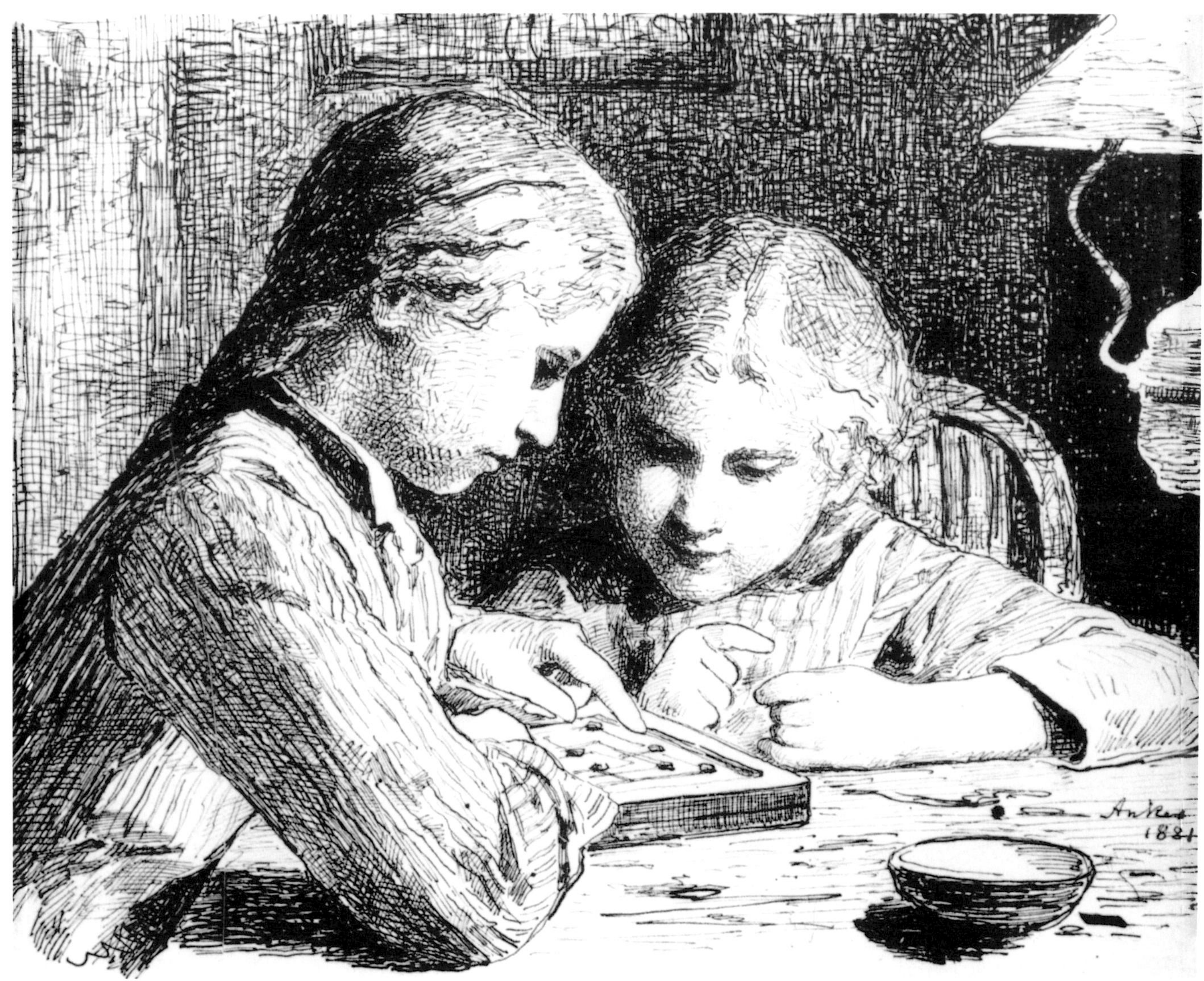

101
Louise et Marie Anker dans le salon
Louise und Marie Anker in der Stube
1881
Crayon et encre de Chine
Bleistift und Tusche auf Papier
19,3×24 cm LM
Stiftung Albert Anker-Haus, Ins

102 ▷
Un maître d'école
Ein Schulmeister
sans date / *ohne Datum*
Crayon
Bleistift
29×21,8 cm
Collection Fondation Pierre Gianadda, Martigny

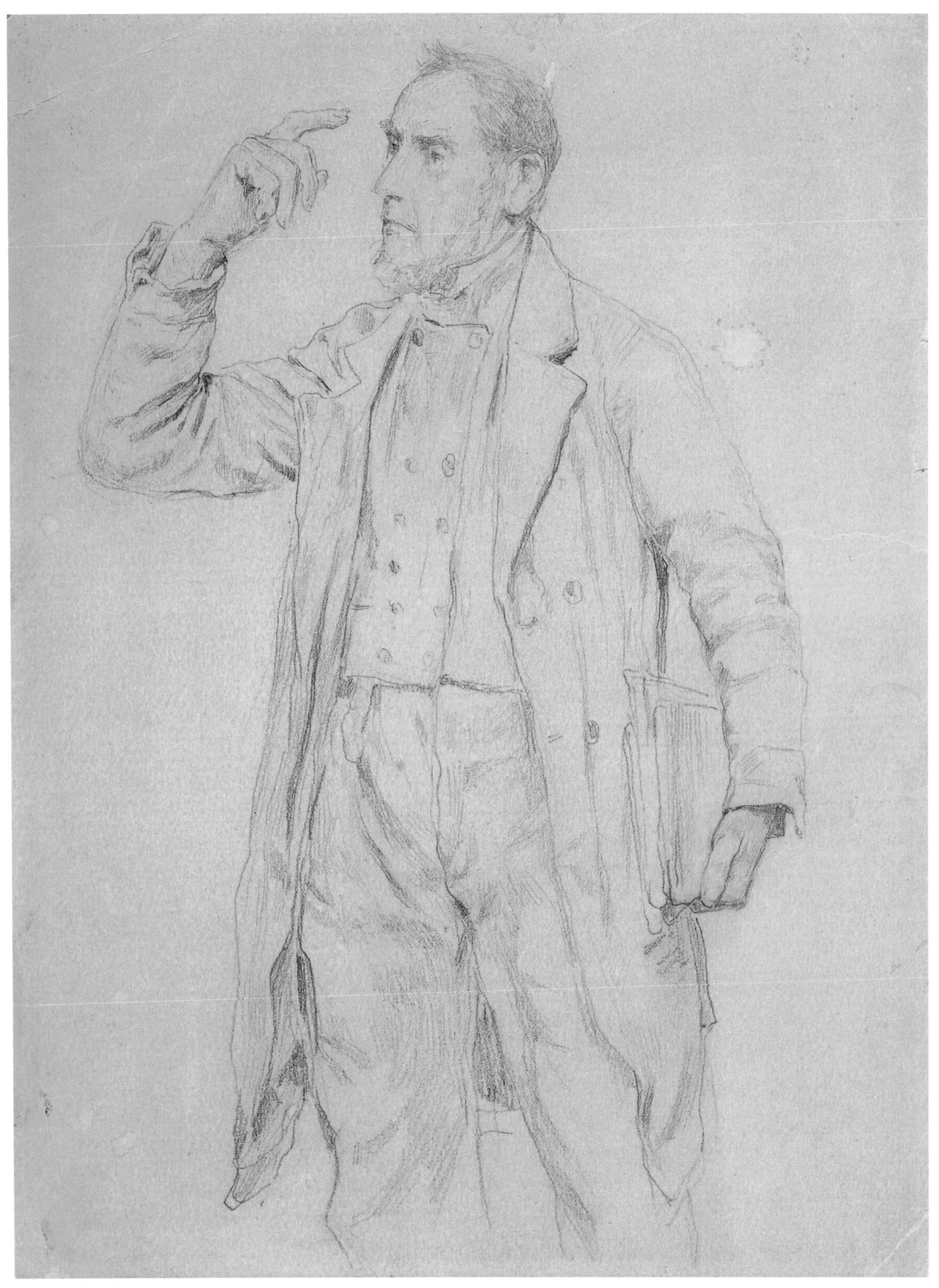

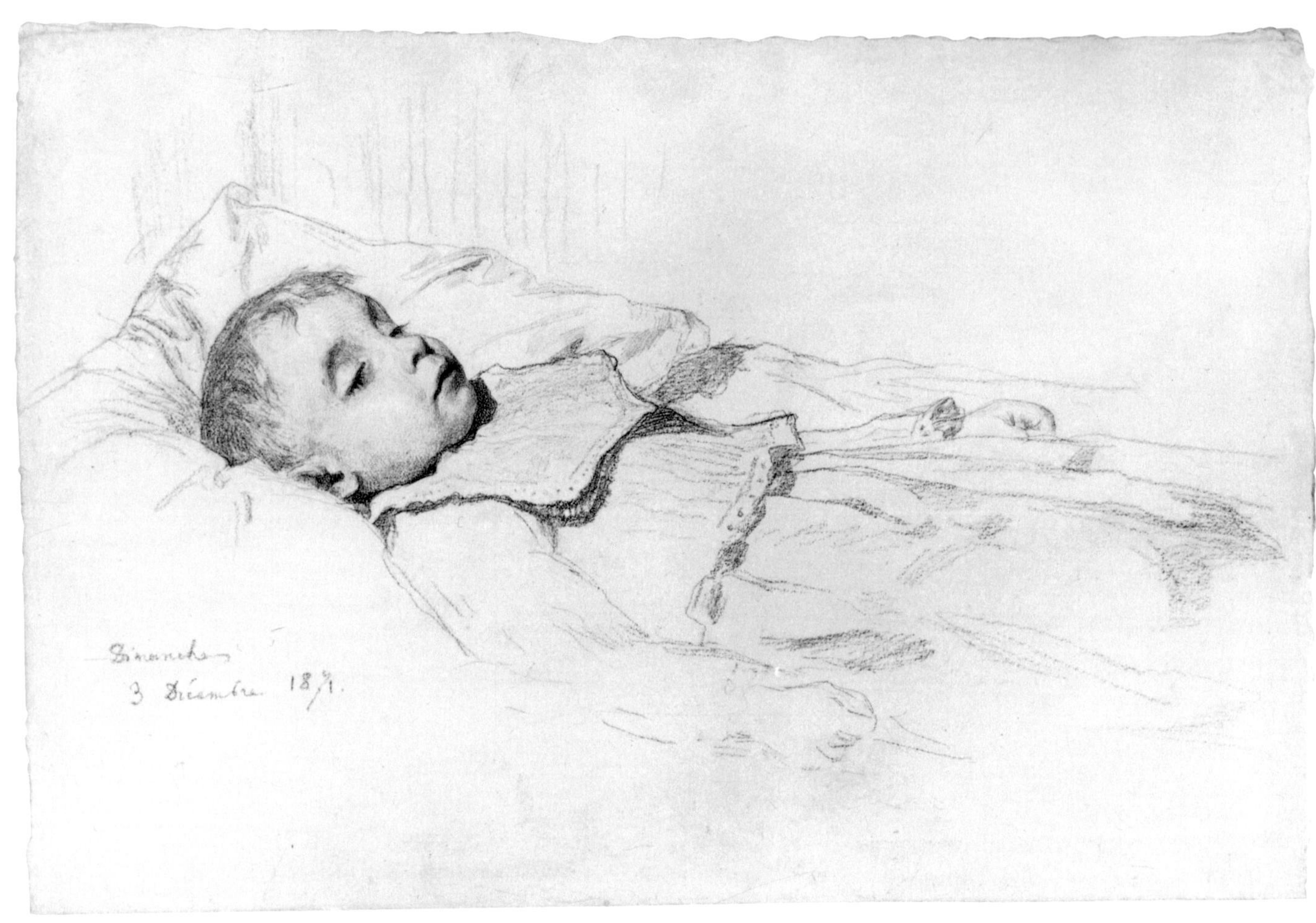

103
Emil Anker sur son lit de mort
Emil Anker auf dem Totenbett
3 Décembre 1871
Crayon
Bleistift
31×48 cm
Stiftung Albert Anker-Haus, Ins

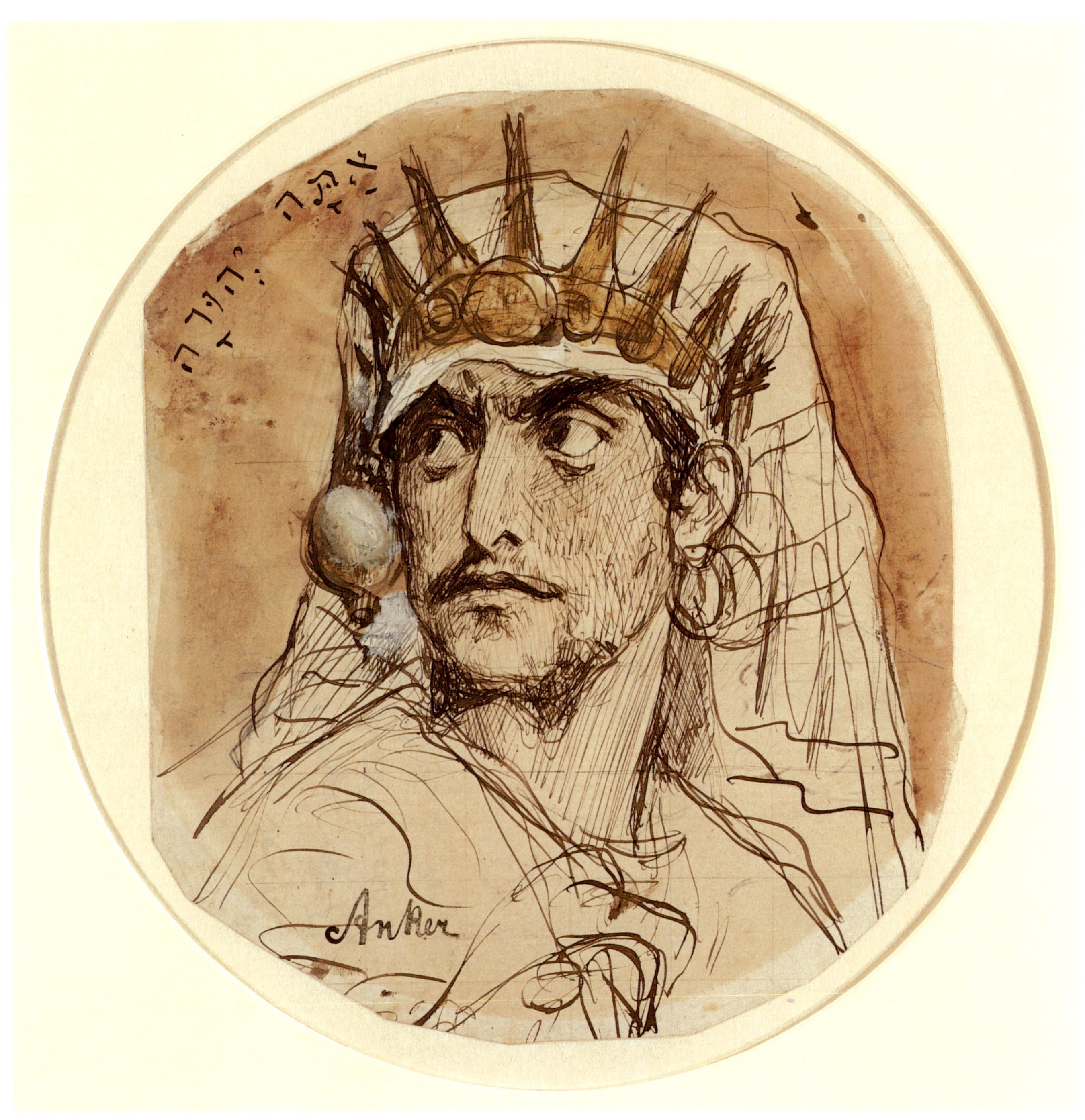

104
Tête d'un roi juif (David?)
Kopf eines jüdischen Königs *(David?)*
avant / *vor* 1872
Crayon, plume, aquarelle, gouache
Bleistift, Feder, Aquarell, Deckweiss
~ 19,3×17,1 cm
Öffentliche Kunstsammlung Basel, Kupferstichkabinett

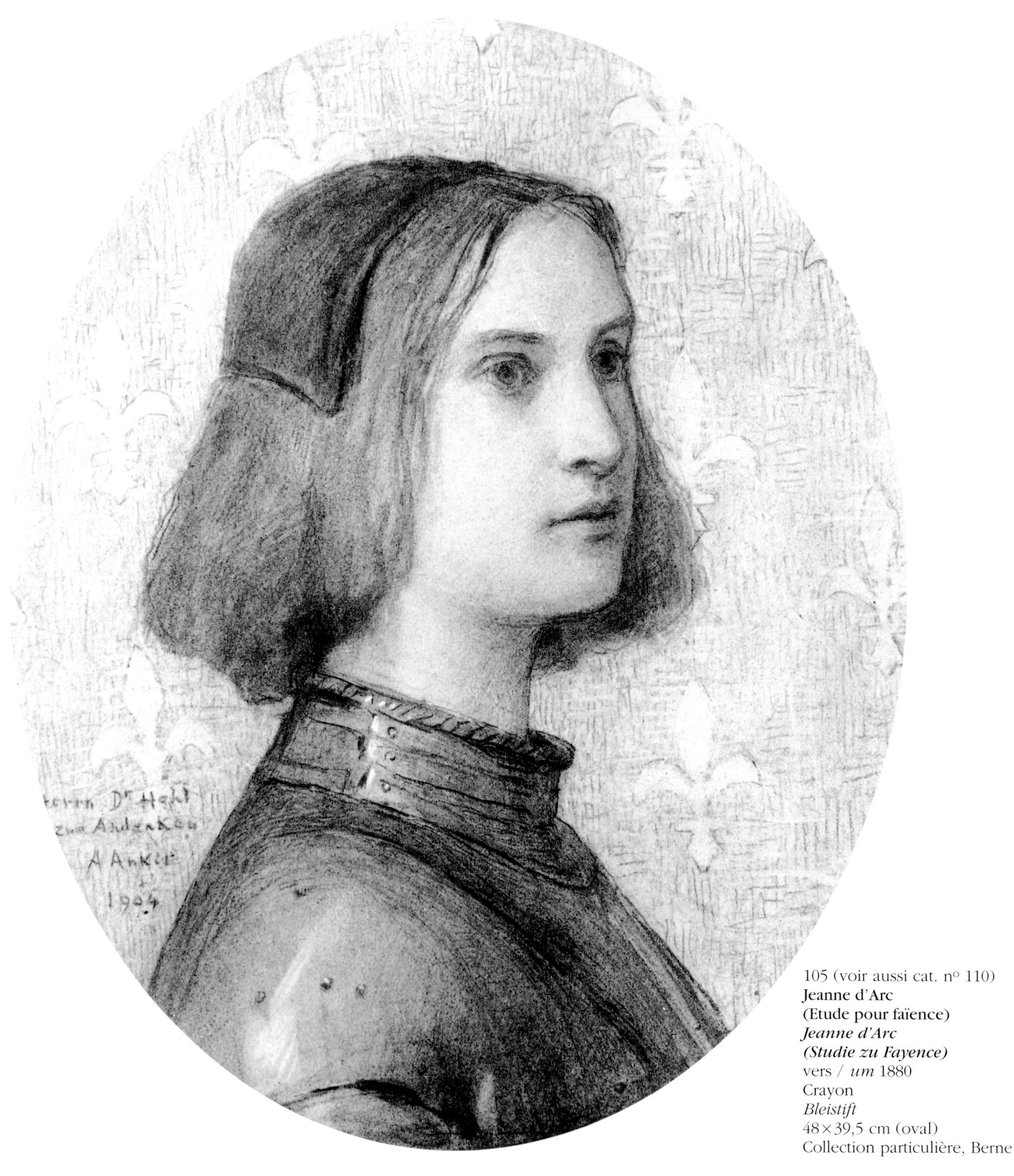

105 (voir aussi cat. nº 110)
Jeanne d'Arc
(Etude pour faïence)
Jeanne d'Arc
(Studie zu Fayence)
vers / *um* 1880
Crayon
Bleistift
48×39,5 cm (oval)
Collection particulière, Berne

Anker et la faïencerie Deck

par Marie-Madeleine Massé

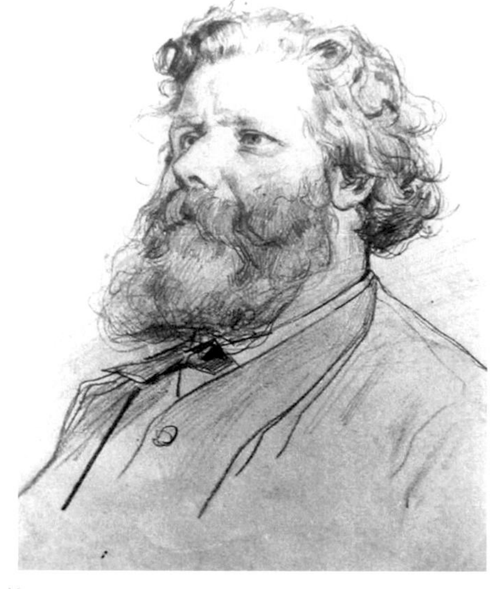

Ill. 1:
Albert Anker
Théodore Deck
1870
Crayon
Musée du Florival,
Guebwiller

La peinture sur faïence représente dans l'œuvre d'Anker une part équivalente à celle qu'il consacra à la peinture sur chevalet. L'existence de cette production et le succès qu'elle obtint sont liés à sa rencontre avec le céramiste français Théodore Deck. De 1866 à 1890, lors de ses séjours annuels à Paris, et plus tard en Suisse, jusqu'en 1892, Anker réalisa, en collaboration avec la faïencerie Deck, plus de 500 pièces, c'est-à-dire un nombre statistiquement égal à celui, présumé, de ses peintures à l'huile.[1] Cette activité contribua, également pour moitié, à une aisance financière avoisinant, selon l'historien d'art Sandor Kuthy, celle «d'un médecin établi dans un quartier bourgeois de la capitale».[2] C'est ce qu'écrit Anker à sa femme en 1874: «Malgré mon ardeur à la faïence, je commence à m'ennuyer, mais il faut être raisonnable et finir ces plats qui vont produire tant de petits sous.»[3]

Non seulement Anker fut un des plus prolifiques collaborateurs de Deck, mais il lui fut même souvent associé par les critiques comme étant un parfait représentant de ses créations, et nombre de ses œuvres illustrent les articles consacrés à la faïencerie: ainsi le *Falstaff* d'Anker, qui ouvre et ferme une biographie de Deck publiée en 1903 par André Girodie.[4] De même Anker figure-t-il par deux œuvres – le même plat décoratif, *Falstaff*, et un panneau, *Ambroise Paré* – parmi les artistes contemporains que choisit Théodore Deck pour illustrer son ouvrage sur *La Faïence* en 1887.[5] D'une collaboration professionnelle qui dura plus de vingt-cinq ans, de 1865 ou 1866, date de leur rencontre, à 1891, année de la mort de Deck – et ne semble pas, au vu des œuvres d'Anker, avoir été si «ennuyeuse»! – naquirent une amitié et une source d'émulation qui firent évoluer l'art d'Anker, lui permettant de révéler une face étonnante de sa créativité.

Un plat d'Anker représentant Théodore Deck et daté de 1870 témoigne de ces liens d'amitié et d'estime (cat. n° 106). Réalisé d'après un dessin (ill. 1) également conservé au Musée du Florival, à Guebwiller[6], ce portrait correspond à la description qu'Anker donne de son ami: «grand, plein de puissance et de force, avec un visage intelligent, ouvert et fin».[7] On y retrouve le personnage que Castagnary décrit «radieux, avec des yeux bleus, de longs cheveux flottants et du soleil plein la tête»[8], loin du portrait idéalisé qu'en fit Raphaël Collin vers 1880, peint également sur faïence et bien à propos auréolé d'un fond d'or.[9] Sur le pourtour de l'assiette, inscrite en relief sur le marli légèrement teinté du fameux «bleu Deck», court une légende dont la traduction est: «Th. Deck. Maître potier d'art à Paris. 1870». La même phrase figure sur une aquarelle préparatoire pour une variante de ce portrait où Deck est habillé en costume Renaissance.[10]

Toutes les faïences d'Anker ont été réalisées par la maison Deck et il ne semble pas qu'il ait travaillé avec une autre faïencerie. Cette partie de son œuvre, malgré les travaux pionniers de Sandor Kuthy sur lesquels cette étude est largement fondée, est encore étrangement méconnue. Les quelques pièces présentées à cette exposition tentent d'en donner un aperçu, qu'il s'agisse des techniques utilisées ou des sujets représentés.

[1] Kuthy 1985 II, p. 53.
[2] Kuthy 1985 II, p. 52.
[3] Cité par Kuthy 1985 II, p. 52.
[4] Girodie 1903, couverture du tiré à part et p. 16.
[5] Deck 1887, pp. 177 et 179.
[6] Guebwiller 1991, repr. p. 4 (la reproduction a été inversée gauche-droite).
[7] Rytz 1911, cité par Kuthy 1985 II, pp. 9-11.
[8] Cité par Girodie 1912, non paginé.
[9] Cologne 1974, n° 7, repr. p. 73.
[10] Kuthy 1985 II, p. 11.

«Théodore Deck. Maître potier d'art. Paris»

Albert Anker s'installe à Paris en 1854, afin d'apprendre le métier de peintre: il étudie à l'atelier de son compatriote Charles Gleyre et suit également les cours de l'Ecole des Beaux-Arts jusqu'en 1858. C'est par l'intermédiaire de son ami, le peintre François Ehrmann, originaire de Strasbourg et son condisciple à l'atelier Gleyre, qu'il fait, probablement en 1865 ou 1866[11], la connaissance de Théodore Deck (1825 Guebwiller - 1891 Paris). A cette époque, Anker gagne déjà sa vie en tant que peintre puisqu'il note, en mars 1864, un premier versement du marchand d'art Goupil, à Paris, avec lequel il restera longtemps en affaires[12]; cette même année, le 9 décembre, Anker s'était marié.

Mais qui était donc ce «Monsieur Deck», comme l'appelait Anker, capable de distraire de la peinture celui qui, pour s'y adonner, avait dû tant lutter et faire plier la volonté paternelle? Théodore Deck fut d'abord un industriel entreprenant, un passionné de recherches techniques dont les inventions et redécouvertes suscitèrent le renouveau de la céramique en France à la fin du Second Empire. Mais il fut surtout un commanditaire enthousiaste, capable de s'assurer la collaboration de jeunes artistes, peintres et sculpteurs, auxquels il fit découvrir les possibilités décoratives de la céramique en général, et des émaux peints sur faïence en particulier. En retour, ces créations originales et le renouveau décoratif qui s'ensuivit, joints à la qualité exceptionnelle de leur fabrication, procurèrent à la maison Deck la réussite commerciale en même temps que les récompenses officielles aux diverses manifestations industrielles auxquelles elle participa.

Théodore Deck naquit en Alsace, à Guebwiller, en 1823.[13] Après avoir tenté de reprendre l'entreprise familiale de teinture de soie, il fait son apprentissage chez le célèbre poêlier Huguelin à Strasbourg, puis achève sa formation par un tour de compagnonnage de trois années en Allemagne et en Autriche-Hongrie. Son voyage se termine à Paris, où il s'installe définitivement en 1851. La découverte des céramiques décorées anglaises à l'Exposition universelle de Paris de 1855 décide de sa vocation: rien de semblable n'existant en France, Théodore Deck fonde en 1856, avec l'aide de son frère Xavier, son propre atelier de «Faïences d'Art», situé boulevard Saint-Jacques. La maison se fixera ensuite 20, passage des Favorites, au 271, rue de Vaugirard. Parallèlement, grâce à une solide formation de chimiste, ses recherches techniques visent à retrouver les couleurs éclatantes des faïences «persanes», ces céramiques turques maintenant dénommées Iznik. Cette «idée fixe»[14] trouve son aboutissement à l'Exposition des Arts industriels de 1861, à Paris, où font sensation «ses faïences, dont les teintes éblouissantes semblent des reflets électriques. C'est la couleur dans toute sa puissance lumineuse.»[15] Pour sa première apparition en public, Théodore Deck reçoit une médaille d'argent. L'exposition lui apporte en outre diverses commandes prestigieuses, comme la décoration en céramique de la salle de bains de l'Hôtel de Païva, sur les Champs-Elysées.

Le fameux «bleu Deck» (cat. nos 85, 86) avait fait son apparition: «Il reconquit toutes les couleurs de la céramique persane. Son bleu couleur de turquoise, qui déjà est appelé bleu de Deck, a pris rang parmi les couleurs classées; il est profond, limpide, pur de ton, il ombre par accumulation; non seulement il ne perd pas à la lumière artificielle, mais il gagne en éclat, enfin il est transparent.»[16] L'essentiel des découvertes de Deck est en germe dans cette transparence des émaux: elle lui permettra de mettre en valeur un décor gravé sur une faïence et d'ombrer plus ou moins intensément une couleur en variant l'épaisseur de l'émail, ou encore de retrouver la teinte laiteuse des verts céladon chinois. Elle lui permettra surtout de fixer, en teintant leur éclat d'une nuance colorée, les célèbres fonds d'or qui seront présentés à l'Exposition universelle de Paris de 1878.

Parmi les pièces exposées en 1861 est vendu, à la surprise générale, un service à dessert décoré par les amis de Deck. Ce succès aura de grandes répercussions sur le développement de la faïencerie Deck comme sur les modalités de sa collaboration avec les artistes décorateurs. Le récit que donne Edouard Gerspach[17] de ces premiers essais de décoration appliquée, décrivant l'atmosphère chaleureuse et les relations de confiance qui s'installèrent entre Deck et «ses» artistes, vaut la peine d'être cité: «L'atelier du boulevard Saint-Jacques qui possédait un jardin [...] devint bientôt un cénacle d'artistes [...]. Une fois la semaine, on dînait fraternellement en pique-nique, chacun payait son modeste écot. Le patron n'était pas riche, il ne l'est pas maintenant [1883]; un chercheur en céramique n'arrive pas à la fortune, le feu est un gouffre toujours béant. Un jour l'idée fut émise que chacun des convives devait faire une assiette de dessert; le projet fut mis à exécution: les assiettes, décorées par les artistes au moyen des matières préparées par Deck, réussirent à la cuisson; au premier dîner après le défournement, les assiettes firent leur apparition, cha-

[11] Kuthy 1985 II, p. 9.

[12] Kuthy 1985 II, p. 52.

[13] Pour une biographie complète, voir Girodie 1903, pp. 45-60; Guebwiller 1991, pp. 5-13 et 55, et Bumpus 2000, pp. 7-31.

[14] Ménard 1876, p. 138.

[15] Paul Dalloz, *Moniteur universel*, 7 décembre 1861.

[16] Gerspach 1883, p. 292. Cette description des émaux transparents sera reprise par Deck en 1887 dans son ouvrage *La Faïence*, pp. 265-266.

[17] Critique d'art et compatriote de Deck.

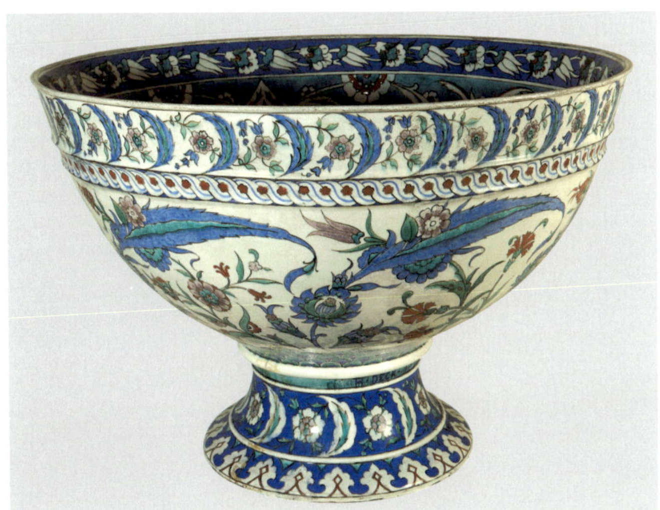

Ill. 2: E. Reiber/Th. Deck, **Coupe monumentale**, 1867, faïence, Musée du Louvre, Paris

cun produisit ses réflexions et ses amicales critiques, on s'amusa des originalités, surtout de celles des assiettes de Hamon. On mit le tout à l'exposition des Arts industriels de 1861 et on vendit à un bon prix, puis on délibéra pour savoir comment le produit de la vente devait être partagé; il fut décidé que l'argent serait divisé en deux parties égales: l'une pour l'artiste, l'autre pour le céramiste. Ce principe est resté la règle de la maison. Depuis lors, la fabrication eut un caractère d'art plus marqué et prit tous les genres de décoration, plantes d'après le naturel, fleurs ornemanisées, figures humaines, paysages, animaux, motifs d'ornement, etc., etc. Chaque artiste traite son sujet selon son tempérament et chaque pièce décorée, à l'exception des motifs persans, constitue une œuvre originale.»[18] Ce partenariat artistique et financier est confirmé par les factures conservées dans les archives Anker.[19] C'est d'ailleurs par les archives et la correspondance d'Anker qu'est connue la façon dont s'organisait le partenariat entre Deck et «ses» artistes, les études préparatoires en grand nombre permettant de reconstituer leur mode de travail.[20]

Les peintres Jean-Louis Hamon, Joseph Ranvier, Eugène Gluck, Félix Bracquemond et Eléonore Escallier furent les premiers à s'intéresser à la peinture sur faïence et à travailler avec Deck.[21] Celui-ci saura s'adjoindre la collaboration d'une quarantaine d'artistes, peintres, sculpteurs ou architectes, tels que Raphaël Collin, Paul Helleu, l'artiste suisse Sophie Schaeppi, Louis Carrier-Belleuse, Joseph Chéret, Edmond Lachenal ou Emile Reiber[22] (ill. 2). Ce sont eux qui, sous la direction avisée de Deck, apporteront à une production d'inspiration aussi éclectique que celle de ses confrères[23] le «charme, parure suprême» dont parle le rapporteur de l'Exposition universelle de 1878: «Le point culminant de la faïencerie française se trouve chez Deck. Il est le maître, le chef suprême de tous ses rivaux [...]. Mais c'est surtout en prenant un libre essor artistique que Deck a développé la peinture sous émail, si parfaite au point de vue de l'art.»[24]

«Je suis à la mode en ce moment dans le bazar»

C'est dans ce contexte d'émulation artistique que commence, vers 1865-1866, la collaboration d'Anker avec la maison Deck: le 6 avril 1866, Anker note le premier paiement de la faïencerie Deck.[25]

A l'Exposition universelle de 1867, la présentation de M. Deck est, selon le rapport de la délégation des peintres sur céramique, «la plus haute expression de l'art céramique».[26] Après avoir remercié Th. Deck de continuer «la loyale habitude que nous lui connaissions déjà, de faire figurer le nom de ceux qui concourent par leur collaboration à la beauté attractive de son exposition», ils expliquent le succès de Deck auprès des artistes également par des raisons techniques: «A l'aide d'une pâte particulièrement souple à tous les genres de productions et d'un émail qui rend les peintures profondes, le titulaire de cette exposition magnifique a vu se réunir librement à son appel les artistes jaloux de leur originalité.» Ils distinguent parmi les œuvres exposées «les panneaux de M. Anker», qui sont peut-être *Un bourgmestre* et *La Femme du bourgmestre*, actuellement conservés au Musée du Florival à Guebwiller.

Une autre œuvre d'Anker remporte un immense succès: *La Convalescente* (ill. 3), exécutée en 1866 ou 1867, dont le style est très proche de ses peintures; un petit tableau, intitulé *Convalescence*, avait été exposé au Salon de 1861 à Paris. Quatre répliques sont immédiatement vendues de juin à octobre 1867, et ce modèle ne cessera d'être réclamé: un exemplaire trouve encore preneur le 26 septembre 1891.[27] Sandor Kuthy a recensé au moins treize répliques de cette œuvre. Un des acheteurs de l'Exposition universelle est Colin Minton Campbell, le directeur de l'importante fabrique de céramiques Minton, dont l'exemplaire est conservé maintenant au Victoria

[18] Gerspach 1883, pp. 295-296.
[19] Localisation des archives: voir Kuthy 1985 II, p. 29.
[20] Kuthy 1985 I, pp. 85-86, et Kuthy II, p. 29.
[21] Ménard 1876, p. 139.

[22] Voir la liste établie par Kuthy II, 1985, p. 23.
[23] Voir Bernard Jacqué, «Théodore Deck ou l'éclectisme maîtrisé» *in*: Guebwiller 1991, pp. 10-13.
[24] Rapports 1878, pp. 125-126.
[25] Kuthy 1985 II, p. 55.
[26] Rapports 1867, p. 29.
[27] Archives Anker, Musée des Beaux-Arts, Berne.

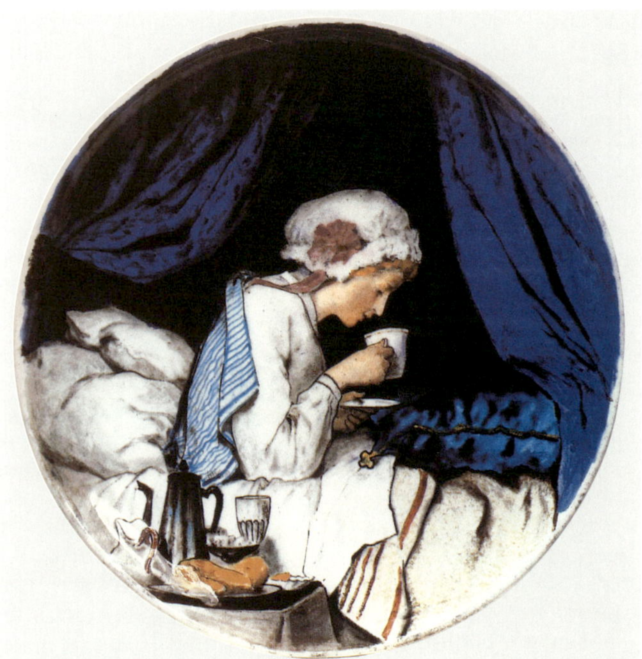

Ill. 3: Albert Anker, **La Convalescente**, 1866 ou 1867, faïence, diam. 30 cm, Victoria and Albert Museum, Londres

and Albert Museum à Londres.[28] Le succès ne se démentira plus et les travaux d'Albert Anker figureront désormais à toutes les expositions de la maison Deck; il recevra une médaille d'or, au titre de collaborateur, à l'Exposition universelle de Vienne de 1873. Après son retour définitif à Anet en 1890, il peindra des faïences jusqu'en 1892, les envoyant à cuire à Paris par le train. Il enregistrera des paiements de la maison Deck jusqu'en 1894, le décompte final intervenant en 1905 lors de la fermeture de la faïencerie.

Fort du succès de l'Exposition universelle de 1867, Anker présente, sous son propre nom, au Salon de 1868 à Paris, deux panneaux de faïence: *Un bourgmestre, costume de 1520; faïence* et *La Femme du bourgmestre; faïence*[29], actuellement à Guebwiller. Anker est également présent au Salon en tant que peintre avec deux sujets plus intimistes, *La Sœur aînée* et *Le Hochet*[30]: dès le début, peinture sur faïence et peinture sur chevalet ont une inspiration radicalement différente et l'influence de Deck n'y est sans doute pas étrangère. Ce sera l'unique exposition des faïences d'Anker en solitaire; désormais, elles ne devaient plus être présentées publiquement que dans le cadre de la maison Deck.[31] Celle-ci en assure la commercialisation: «Mlle Deck demande des assiettes et ce ne serait pas sot d'en faire; elles se vendent bien, comme je suis à la mode en ce moment dans le bazar», écrit Anker à sa femme en 1875.[32]

Un des panneaux de faïence les plus célèbres d'Anker, réalisé en 1869 et intitulé *L'Ecole en promenade*[33], également conservé au Victoria and Albert Museum (ill. 4), participe, comme *La Convalescente*, des sujets de la vie rurale en Suisse habituellement peints par l'artiste; une œuvre sur toile, reprenant le même motif, ne sera peinte qu'en 1872.[34] Ainsi Anker dessine-t-il spécialement les motifs créés pour orner des céramiques de Deck, sans les extraire de son œuvre de peintre. Il fera sa spécialité des assiettes et des plats décoratifs, avec pour sujets de prédilection des «têtes», portraits rétrospectifs de femmes ou d'hommes célèbres, ou portraits «de fantaisie», à la Fragonard, en costumes historiques. Si ces derniers évoquent parfois l'Antiquité classique ou le Moyen Age, la plupart sont traités dans un style néo-Renaissance alors fort à la mode: c'est transposé à cette époque que Steinheil représente la faïencerie Deck dans un projet de vitrail conservé au Musée d'Unterlinden à Colmar.[35] L'orfèvrerie religieuse y prend modèle et le style troubadour inspire encore les bijoux de Froment-Meurice.

Le succès venant, Anker fera preuve d'une grande inventivité pour varier les répliques de ses modèles en modifiant soit le sujet central, soit la décoration de la bordure, recréant chaque fois une nouvelle expression artistique de la même thématique. Il existe ainsi au moins trois variantes – combinant tour à tour sujet central et bordure – d'un de ses portraits de fantaisie les plus appréciés, la *Dame aux quatre Ages de la Vie sur le Bord*, titre donné à l'exposition de la Société des Arts de Mulhouse de 1876. Deux reprises, récemment passées sur le marché de l'art[36], sont ornées d'un buste de femme coiffée d'un bonnet. Les âges de la vie sont symbolisés, d'une part, par des médaillons renfermant des bustes de femmes en costumes historiques, séparés par des motifs d'architecture, et, d'autre part, par des personnages en pied, du jeune enfant à la femme âgée, reliés par des rinceaux de fleurs. Sur un troisième exemplaire, une bordure semblablement composée de rinceaux et de petits personnages entoure le portrait d'une jeune femme en costume Renaissance.[37] Le même principe a été appliqué concernant une assiette intitulée *Portrait de dame en costume du XVIIe siècle*.[38] Dans l'une des reprises, le marli est revêtu d'un émail couleur jaune safran intense, sur lequel éclate la blancheur de cinq colombes, posées sur une branche de

[28] Bumpus 2000, p. 13.
[29] Paris, 1868, Salon des Artistes français, catalogue n°s 2602 et 2603.
[30] Paris, 1868, Salon des Artistes français, catalogue n°s 37 et 38.
[31] Kuthy 1985 II, p. 49.
[32] Kuthy 1985 II, p. 31.
[33] Kuthy 1985 II, repr. p. 44 et coul. p. 69.
[34] Kuthy 1985 II, repr. p. 45, et Kuthy/Lüthy 1980, repr. coul. p. 72.
[35] Kuthy 1985 II, p. 12.
[36] Londres, 2000, lot n° 13, et Berne, 1993, lot n° 170.
[37] Zurich, 1985, cat. n° 9, repr.

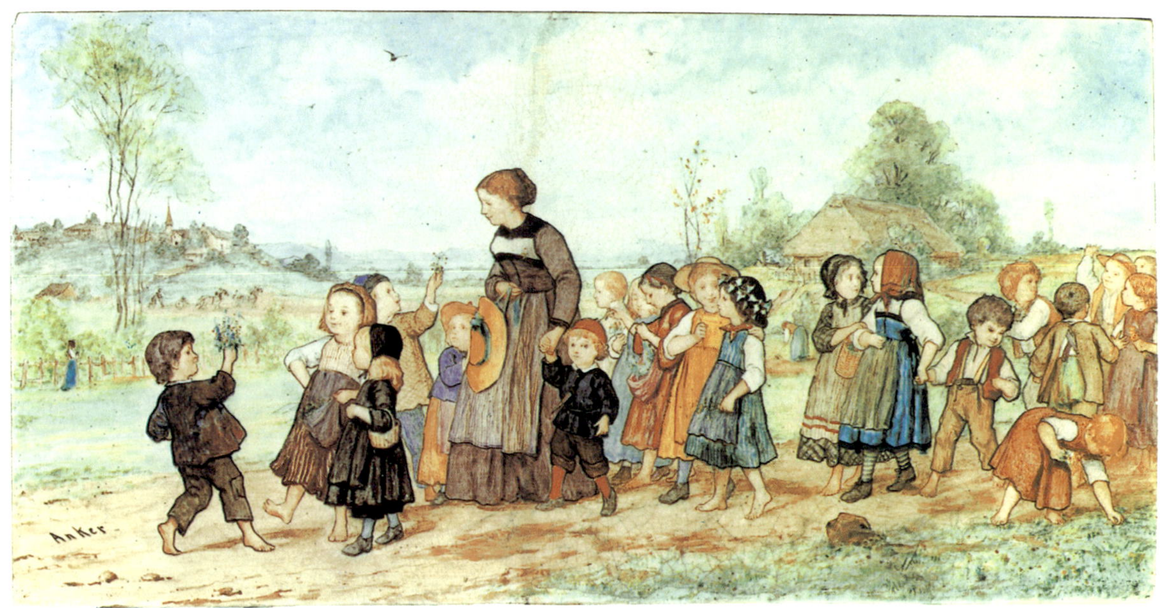

Ill. 4:
Albert Anker
L'Ecole en promenade
1869
Faïence
40×80 cm
Victoria and Albert Museum, Londres

lierre (cat. nº 108). Cette même bordure a été peinte sur une autre assiette représentant une *Jeune Femme en costume du XVIe siècle*[39] dont le portrait, tourné vers la gauche, semble faire pendant à la *Dame en costume du XVIIe siècle*. Ces deux assiettes font-elles partie de séries que Deck, en industriel avisé, demande à Anker de réaliser? Ainsi l'assiette intitulée *Décembre*[40] annoncerait-elle une série sur les mois. Plutôt que de séries, on serait tenté, en se référant à l'œuvre peint d'Anker, de rechercher les pièces à mettre en pendant comme le *Conseil de commune* de 1857 et *Une école de village dans la Forêt-Noire* de 1858, et surtout comme ses natures mortes. Parmi les assiettes décoratives, on peut reconstituer des paires aux décors semblables et dans lesquelles les protagonistes, appartenant à la même catégorie de personnages, semblent se faire face.

Se répondent ainsi les profils d'une déesse égyptienne[41] et d'un dieu assyrien (cat. nº 107) composés sur le même schéma: tête de profil et large marli compartimenté, orné d'une épigraphie sur fond jaune. Les deux assiettes furent réalisées au tout début de la production d'Anker pour Deck: une «Egyptienne» a été vendue 200 francs par la maison Deck, le 4 juin 1867, lors de l'Exposition universelle[42] et le *Plat à décor assyrien* est daté 1870. L'épigraphie assyrienne est de pure fantaisie[43] et la «savoureuse restitution» d'un dieu barbu, le front ceint d'un lambeau de tissu à carreaux bleus arraché à la robe de la petite Louise Anker[44], semble sortie de la joyeuse bande des protagonistes de *La Belle Hélène*, créée par Offenbach en 1864! Est-ce l'atmosphère détendue qui régnait chez Deck qui a inspiré au sérieux Anker cette peinture décorative si gaie, aux couleurs éclatantes, ces portraits vivants, spontanés et souriants comme l'*Etudiant vers 1200*[45] (cat. nº 111) sous sa toque brun foncé ou le rebondi *Falstaff* (ill. 8, p. 236), par ailleurs tours de force techniques lorsqu'on sait combien la peinture sur faïence est un processus lent et qui ne permet pas le repentir? Peut-être n'était-il pas si austère le peintre des tranquilles scènes villageoises, capable de reprendre à son compte: «I wish I was a tea kettle. Why? Because I should have the bottom warm, the belly full and the cork handled by the maids.»[46]

«J'ai épuisé l'histoire, le théâtre et le mont Olympe»

Autre preuve de son humour, le jugement porté, en 1886, sur ses faïences peintes: «J'en ai beaucoup sur la conscience de ces têtes; quand je regarde les anciens calques, il me semble que j'en ai bien fait 150 différents. J'ai épuisé l'histoire, le théâtre et le mont Olympe pour

[38] Exposition-vente Hambourg, 1970, cat. nº 15, et ventes Zurich, 5.6.1996, nº 50, et même exemplaire Zurich, 11.12.1997, nº 13; Ménard 1876 repr. p. 134, et même exemplaire Girodie 1903, repr. p. 14.
[39] Limoges, Musée national Adrien-Dubouché, et Kuthy 1985 II, repr. p. 71.
[40] Vente Londres, 2000, nº 12, repr.
[41] Kuthy 1985 II, repr. p. 70.
[42] Berne, Musée des Beaux-Arts, Archives Anker.
[43] Marc Bascou, *48-14 La revue du Musée d'Orsay*, nº 13, automne 2001, p. 26.
[44] Winterthur, Museum Oskar Reinhart am Stadtgarten.
[45] Marseille, Musée Cantini; Kuthy 1985 II, repr. p. 78.
[46] «J'aimerais être une théière. Pourquoi? Pour avoir le cul au chaud, le ventre plein et le manche dans la main de la servante.» (Trad. L.G.) Cité par Therese Bhattacharya-Stettler, Bern 2003, p. 137.

en faire.»[47] Sandor Kuthy[48] évalue à plus de 300 les sujets traités par Anker, dont certains repris dans plusieurs variantes, portant ainsi sa production à plus de 500 pièces, la plupart étant des assiettes décoratives d'environ 33 cm de diamètre. Y figuraient aussi 35 panneaux et une cinquantaine de plats d'un diamètre de 50 ou de 60 cm. Kuthy a étudié avec précision, que ce soit du point de vue technique ou artistique comme de la stratégie commerciale, les modalités de la collaboration d'Anker avec les frères Deck, et principalement Théodore, jusqu'à ce que, nommé directeur de la Manufacture de Sèvres, il laisse, en 1887, la direction des «Faïences d'Art Th. Deck» à son frère Xavier.

Un des points étonnants est le degré stupéfiant de précision auquel sont poussées les études, généralement au fusain, qu'exécute Anker pour ses faïences peintes, comme le montrent deux dessins préparatoires, l'un au fusain et l'autre sur calque, représentant *Madame de Sévigné*.[49] Le panneau, d'un mètre de haut, fut présenté à l'Exposition universelle de Paris de 1889 (ill. 5, 6 et 7). Le calque à grandeur d'exécution servait à la préparation de la céramique. Suivant la technique des émaux «cloisonnés»[50], mise au point par Deck en 1874, un léger relief cernait les contours du dessin: il permettait d'appliquer l'émail en une couche plus ou moins importante et d'obtenir, par exemple, des moirures dans la texture d'un vêtement qu'on pouvait opposer au poli parfait d'une carnation. On moulait de la même façon les «ornements en épaisseur», ces motifs répétés en très faible relief animant l'arrière-plan uni des faïences, particulièrement les fameux fonds d'or exécutés après 1878.

La technique même de la peinture sur faïence rend nécessaire un dessin précis, indiquant parfois, comme pour une tapisserie, les couleurs à employer, car les émaux sont peints en «palette aveugle», les oxydes métalliques réduits en poudre ayant des tons sourds, parfois grisâtres, assez peu en rapport avec l'éclat de la pièce émaillée après cuisson. De plus, il n'y a quasiment pas de repentir possible, le biscuit, pas totalement imperméable, absorbant une partie de la peinture.[51] Enfin, ces calques facilitaient l'exécution des reprises et variantes d'un même modèle.

Sandor Kuthy[52] fait remarquer que c'est seulement dans sa peinture sur faïence qu'Anker fait preuve d'une étonnante liberté dans le maniement des couleurs, sans craindre des éclats et de forts contrastes d'autant plus surprenants chez un peintre formé par Gleyre à préférer

[47] Cité par Kuthy 1985 II, p. 29.
[48] Kuthy 1985 II, p. 29.
[49] Kuthy 1985 II, p. 33.
[50] Deck 1887, p. 266.
[51] Je remercie Mme Tamara Préaud de ses conseils.
[52] Kuthy 1985 I, p. 86.

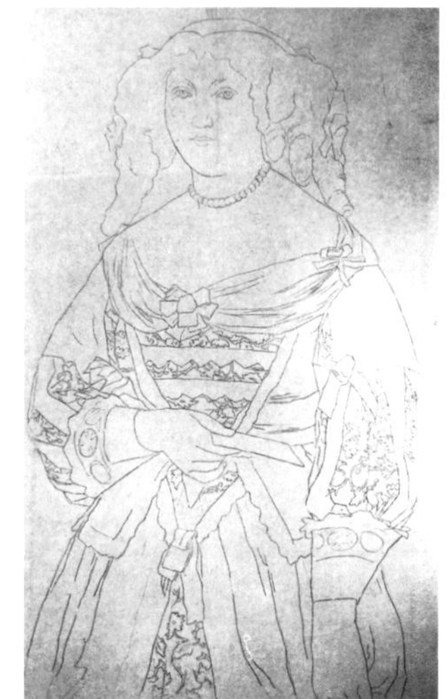
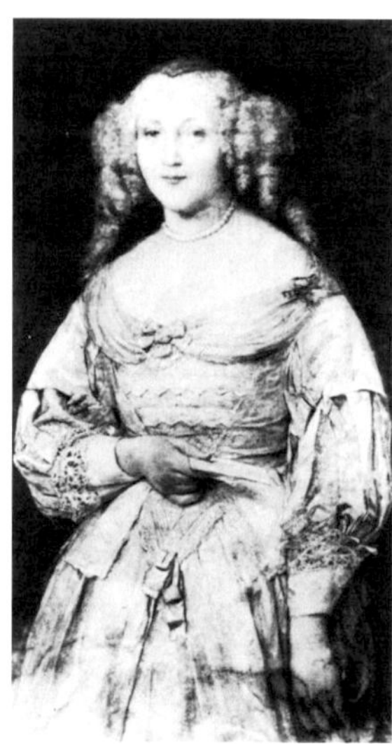

Ill. 5 et 6: Albert Anker, **Madame de Sévigné**, dessin préparatoire pour un plat en faïence, à gauche calque et à droite fusain

les harmonies ternes, excluant tout excès de couleur ou d'effets faciles. Théodore Deck, par le matériau qu'il mettait à sa disposition, a changé la manière de peindre d'Anker. «Il est inutile d'avoir un trop grand nombre de couleurs et de tons de chaque couleur. Ayons des couleurs franches et fières, et tâchons de les limiter le plus possible, la décoration céramique ne s'en trouvera que mieux et fera plus grand effet», écrivait-il dans son ouvrage sur *La Faïence*.[53] Les difficultés de la peinture sur faïence sont devenues facteurs de libération: dans l'obligation d'employer des couleurs primaires ou en tout cas peu rompues, Anker a éclairci sa palette et l'a rendue éclatante et joyeuse. De plus, la simplification du dessin qui, pour respecter les règles de l'art décoratif, doit s'affranchir du volume et procéder par aplats, rencontrait chez Anker une tendance naturelle: une peinture «à deux dimensions», qui ne cherche pas à rendre les effets de profondeur, mais prend plaisir à disposer les personnages en frise et plaqués sur un fond généralement uni.

Une touche personnelle inimitable rend les plats d'Anker immédiatement reconnaissables parmi les œuvres des autres décorateurs ayant travaillé pour Deck. C'est l'opposition entre le chatoiement des couleurs vibrantes, aux harmonies violemment contrastées, et la sérénité qui se dégage des modèles, aux poses calmes et tranquilles servies par la franchise de la composition. Celle-ci vient de sa formation chez Gleyre: il n'y a que la perfection du dessin qui puisse servir de fondement à la peinture; ainsi Anker prépare-t-il soigneusement par des dessins très aboutis, généralement exécutés au fusain, chacune des

[53] Deck 1887, p. 254.

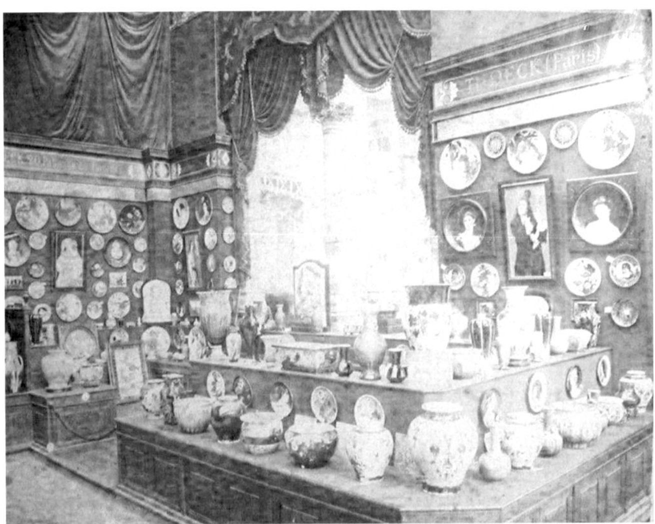

Ill. 7: A l'Exposition universelle de Paris 1889, sur la paroi à gauche, le panneau **Madame de Sévigné**, à droite le **Docteur Diafoirus père, médecin de Molière** d'Anker. Photo Musée du Florival, Guebwiller

œuvres réalisées sur faïence. Il manifeste une capacité remarquable à tirer le meilleur parti de la forme ronde de l'assiette par une composition géométrique impeccable, fonctionnant par grandes masses simples. Il inscrit le visage au centre de l'œuvre et équilibre soigneusement les aplats du fond, disposés de part et d'autre du triangle formé par la tête et les épaules. La construction est quasiment permanente: un portrait de trois quarts, la tête parfois légèrement tournée dans la direction opposée, dans une pose silencieuse et élégante; le décor du marli organisé symétriquement suivant un schéma cruciforme. L'art d'Anker atteint son sommet dans la disposition de ses «têtes» posées sur le fond unifié du plat, comme celles des saints magnifiées par une auréole. L'analogie est cultivée, sciemment ou non, par Anker: il n'est que de constater combien les fonds de couleur ocre, puis dorés sont parmi ses préférés.

Anker excelle à suggérer par ses émaux les différentes «matières». Dans le panneau représentant *Ambroise Paré*, peint en 1876[54], le velours uni sombre du pourpoint violet se détache sur un fond de cuir de Cordoue, orné de rinceaux animés aux tons adoucis tabac et vieil or. L'attention est attirée par le pâle visage, aux yeux perçants et à la barbe d'un blanc rosé, émergeant d'une fraise au blanc immaculé, ainsi que par la main du chirurgien, soulignée d'un revers blanc et posée sur la hanche à la façon de Bronzino. Anker a retenu l'éblouissante déclinaison des blancs que Manet prodigue dans l'*Olympia*, peinte en 1863, ainsi que l'utilisation du cerne noir pour délimiter les aplats de couleurs. Il sait aussi jouer des oppositions entre émaux opaques et transparents, ponctuant de trois touches du fameux «bleu Deck» transparent, pour le faire chanter, le noir mat du béret de la *Dame en costume du XVIIe siècle* et orner de turquoises ses boucles d'oreilles. Vingt ans plus tard, Grandhomme et Garnier reprendront ces procédés ainsi que le paillon d'or dans leurs peintures sur émail.

Le procédé du fond d'or, et singulièrement le fond d'or en relief tel qu'il a été mis au point par Deck, en s'accordant à l'atmosphère précieuse des portraits rétrospectifs dont il rehausse les couleurs profondes et les matières luxueuses, conduira Anker à réaliser ses plus belles œuvres. Une des premières est un portrait d'*Ambroise Paré*, cette fois sur assiette (cat. n° 109), dont seront tirées plusieurs répliques différentes. Celle-ci rend palpable le sable qui était saupoudré sur le fond émaillé et qui, enduit d'une décoction de pépins de coing, permettait d'appliquer la feuille d'or qui était ensuite fixée par une couche d'émail transparent, selon la recette donnée par Deck.[55] Le portrait d'*André Vésale*, peint en 1888 (cat. n° 112), reprend les formules mises au point pour le panneau d'Ambroise Paré, qu'il magnifie par le fond d'or travaillé en relief. Le regard pensif prêté au fondateur de l'anatomie moderne, médecin de Charles Quint, est une allusion à l'exil que son ouvrage sur la chirurgie, publié à Bâle en 1543, entraîna.

Aux côtés des grands scientifiques, l'ex-étudiant en théologie incorpore dans son panthéon personnel des penseurs et des philosophes: *Pic de La Mirandole*, *Michelet*, le *Prophète*, le *Réformateur*, l'*Anabaptiste*. L'Antiquité lui offre des sujets comme *Œdipe*, *Antigone*, *Théodora* et *Justinien*, ou encore *Absalon* ou *Débora*. C'est cependant l'histoire qui est la source majeure d'inspiration pour Anker. Celle de la Suisse bien sûr, avec ce plat représentant *Cinq bourgeois de Bâle*, selon l'inscription manuscrite portée au revers de la pièce[56], et les portraits de bourgmestres, soldats et autre *Bâloise en 1520*. Mais, travaillant à Paris, il illustre plus encore l'histoire de France: *Charlemagne*[57], *Charlotte Corday*, *Ambroise Paré*, *Madame de Sévigné*, *Louis XI*, *Bernard Palissy* bien évidemment, *d'Artagnan* et les deux figures féminines emblématiques de *Jeanne d'Arc* et *Sainte Geneviève*. Le dessin préparatoire (cat. n° 105) pour *Jeanne d'Arc* (cat. n° 110) a été dédicacé tardivement par Anker en 1904, mais l'assiette[58] fut réalisée avant 1883[59]. «Ste Geneviève» est représentée sur une plaque peinte vers 1888-

[54] Kuthy 1985 II, repr. p. 77.

[55] Deck 1887, p. 270.

[56] Vente Zurich, 1996, n° 51.

[57] Paris, Musée du Petit Palais, et autre version Kuthy 1985 II, repr. p. 42.

[58] Girodie 1903, repr. p. 14.

[59] Un «Plat Jeanne d'Arc sur fond or» a été vendu 1000 francs par la maison Deck le 7 mai 1883 (Berne, Musée des Beaux-Arts, Archives Anker).

1889, à décor émaillé sous couverte et rehaut d'or[60], la houlette de bergère à la main, faisant paître ses moutons dans un paysage ouvert caractéristique des œuvres de la fin de la carrière d'Anker et de Deck.

Quant à l'Alsace, Anker y eut des liens privilégiés, non seulement par le biais de Deck, mais aussi par son ami François Ehrmann. Sa participation aux expositions de la Société des Arts de Mulhouse en 1876, 1879, 1883 et 1890, soit comme peintre, soit en tant que collaborateur de Deck, est à l'origine de nombreuses commandes faites par des collectionneurs alsaciens. Parmi ceux-ci, le juriste et historien Armand Weiss, de Mulhouse, auquel le liera une longue amitié qui s'éteindra avec le décès de ce dernier en 1892, fera réaliser pour sa bibliothèque une série d'assiettes représentant des poètes et écrivains alsaciens. Y figurent les portraits rétrospectifs de *Geyler de Kaysersberg*, de *Sébastien Brant* au profil de médaille de la Renaissance italienne et de *Gottfried de Strasbourg* (cat. nº 114) au front ceint d'une couronne de fleurs inattendue et charmante, tous trois actuellement conservés au Musée du Florival à Guebwiller.

La littérature et le théâtre inspireront à Anker certaines de ses œuvres les mieux venues: *Falstaff* (ill. 8), qui reprend les traits de son tableau intitulé *Le Bon vivant* du Kunstmuseum de Lucerne, *Diafoirus le Vieux*, *Léandre* ou *Géronte*, *Clémence Isaure* ou *Le Petit Chaperon rouge*.

Cependant, ces œuvres, sous leurs apparences passéistes, se font souvent l'écho des préoccupations de l'époque, même si le lien ne nous est plus maintenant immédiatement perceptible. Il n'est que de lire dans cette optique, dans le *Grand dictionnaire universel du XIXe siècle*, paru de 1864 à 1884, le commentaire de Pierre Larousse sur les réformes de la médecine tentées par l'anatomiste flamand André Vésale: «Que pourrait-on dire aujourd'hui de plus fort et de plus sensé?»

Enfin, quelques portraits d'Anker sont ceux de contemporains, comme celui de *Blanche Berthoud* (cat. nº 113), jeune artiste suisse, symbolisant le type même de la Parisienne à la mode.

Ces œuvres d'Anker, décorées luxueusement de motifs et de sujets hérités du passé, sont un exemple parfait de l'attachement aux styles et à l'artisanat de luxe qui caractérisent la France dans les années 1860-1870. Portés par la vague des découvertes archéologiques, ce n'est plus seulement le «bazar», c'est toute l'Europe qui se passionne pour l'Antiquité et l'histoire, à la recherche des origines nationales. Les collectionneurs découvrent l'intérêt des pièces et des médailles, et Diehl présente à l'Exposition universelle de 1867 un médaillier, orné d'un relief représentant le triomphe du roi franc Mérovée![61] Les camées sont à nouveau portés en bijouterie et envahissent tous les champs des arts appliqués. Un médaillon en pâte d'application orne la panse d'un vase «Bijou», en porcelaine de Sèvres, daté de 1871.[62] Des médaillons peints sur fond d'or, têtes féminines symbolisant «La Nuit» et «Le Matin», agrémentent un lit sculpté en 1883[63] et d'autres, en émail peint sur cuivre, dessinent les profils de dieux grecs sur une porte monumentale de Fourdinois présentée à l'Exposition universelle de Paris de 1878.[64] Quant aux plats de céramique, ils foisonnent aux murs des intérieurs japonisants à la mode. Par ces médaillons peints que constituent ses plats et assiettes décorés, Albert Anker a su fédérer ces divers courants et s'y faire une place privilégiée par la grâce si particulière de ses portraits imaginaires dont la capacité à suggérer l'ailleurs et l'au-delà parle aujourd'hui encore à notre sensibilité.

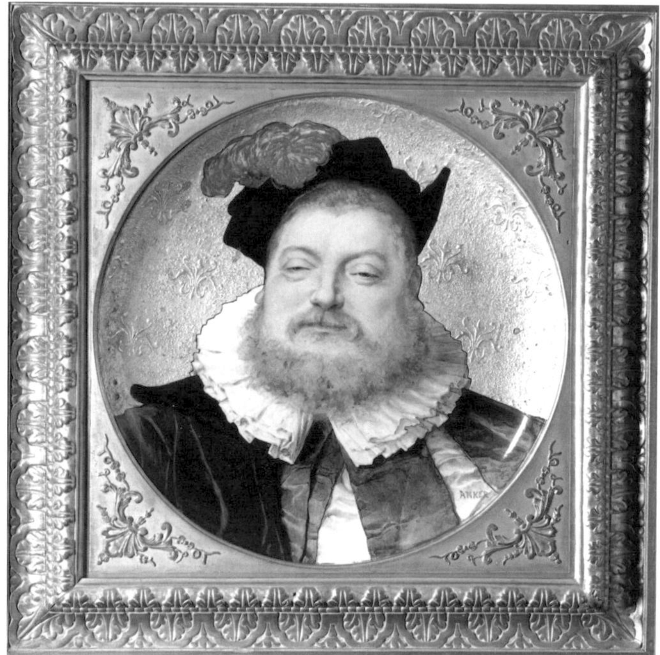
Ill. 8: Albert Anker, **Falstaff**, vers 1880, faïence, diam. 60 cm, collection particulière

L'auteur exprime ses remerciements les plus chaleureux à Madame Therese Bhattacharya-Stettler et Messieurs Dominique Lobstein et Julien Schweizer pour leur aide généreuse et leurs conseils éclairés.

M.-M. M.

[60] Ventes Paris, 16.11.1988, repr. p. 90; New York, 23.5.1996, nº 165 repr.; Paris, 26.6.1997, nº 62 repr.

[61] Paris, Musée d'Orsay.

[62] Paris, Musée d'Orsay.

[63] Collection Mrs Casper Heeg Hamilton et 1986, New York, fig. 1.4 et 1.5, repr. pp. 34 et 35.

[64] Paris, Musée d'Orsay.

Œuvres exposées
Ausgestellte Werke

Faïences
Fayencen

Toutes les faïences présentées dans ce catalogue sont décrites selon les normes suivantes:
- titre de l'œuvre
- année d'exécution
- technique
- dimensions: hauteur, largeur (D: diamètre / *Durchmesser*)
- mention de la collection

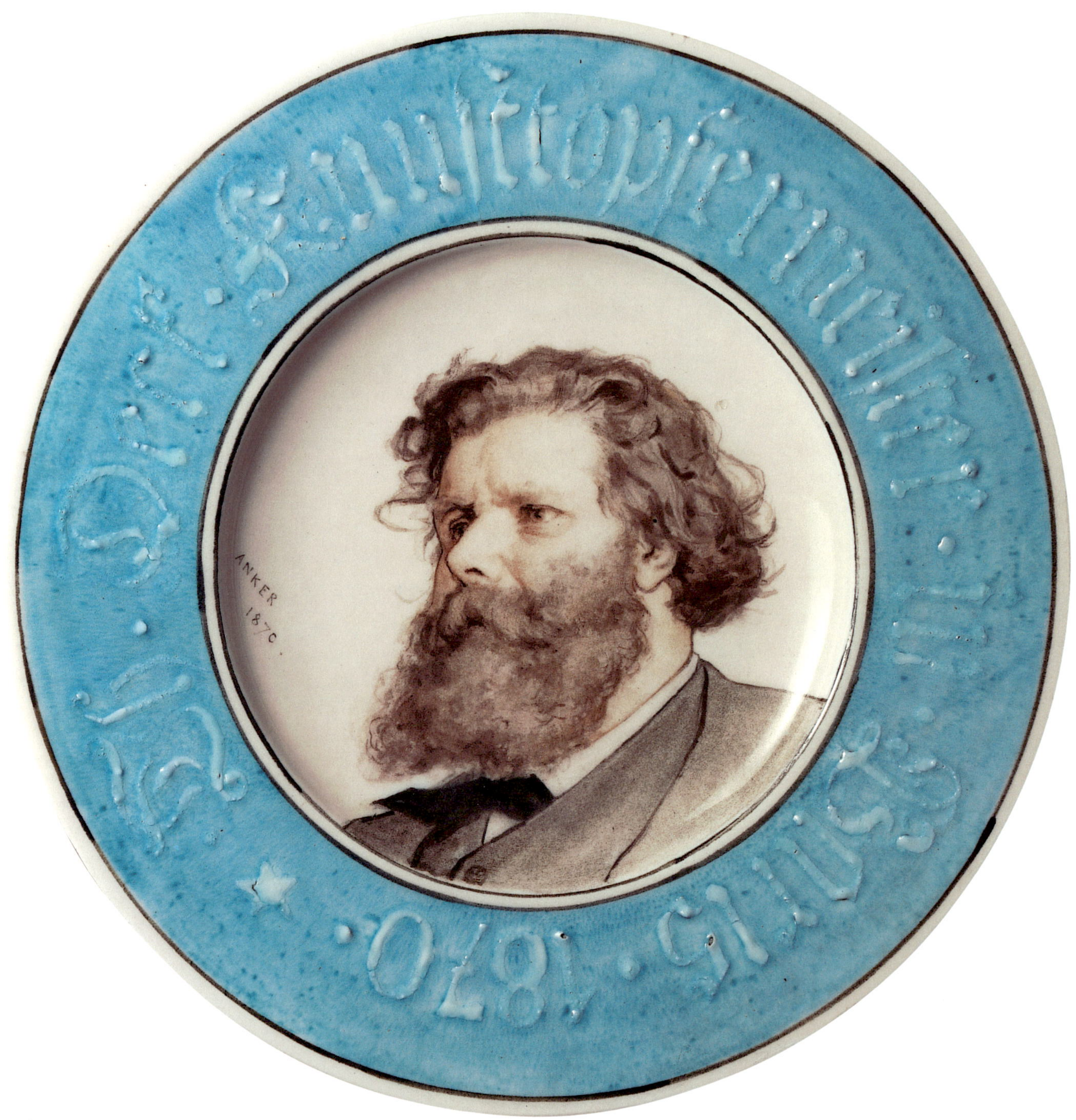

106
Albert Anker en collaboration avec Théodore Deck
Portrait de Théodore Deck
1870
Faïence, inscription en relief
Fayence, Inschrift als Relief
D 30 cm
Musée du Florival, Guebwiller

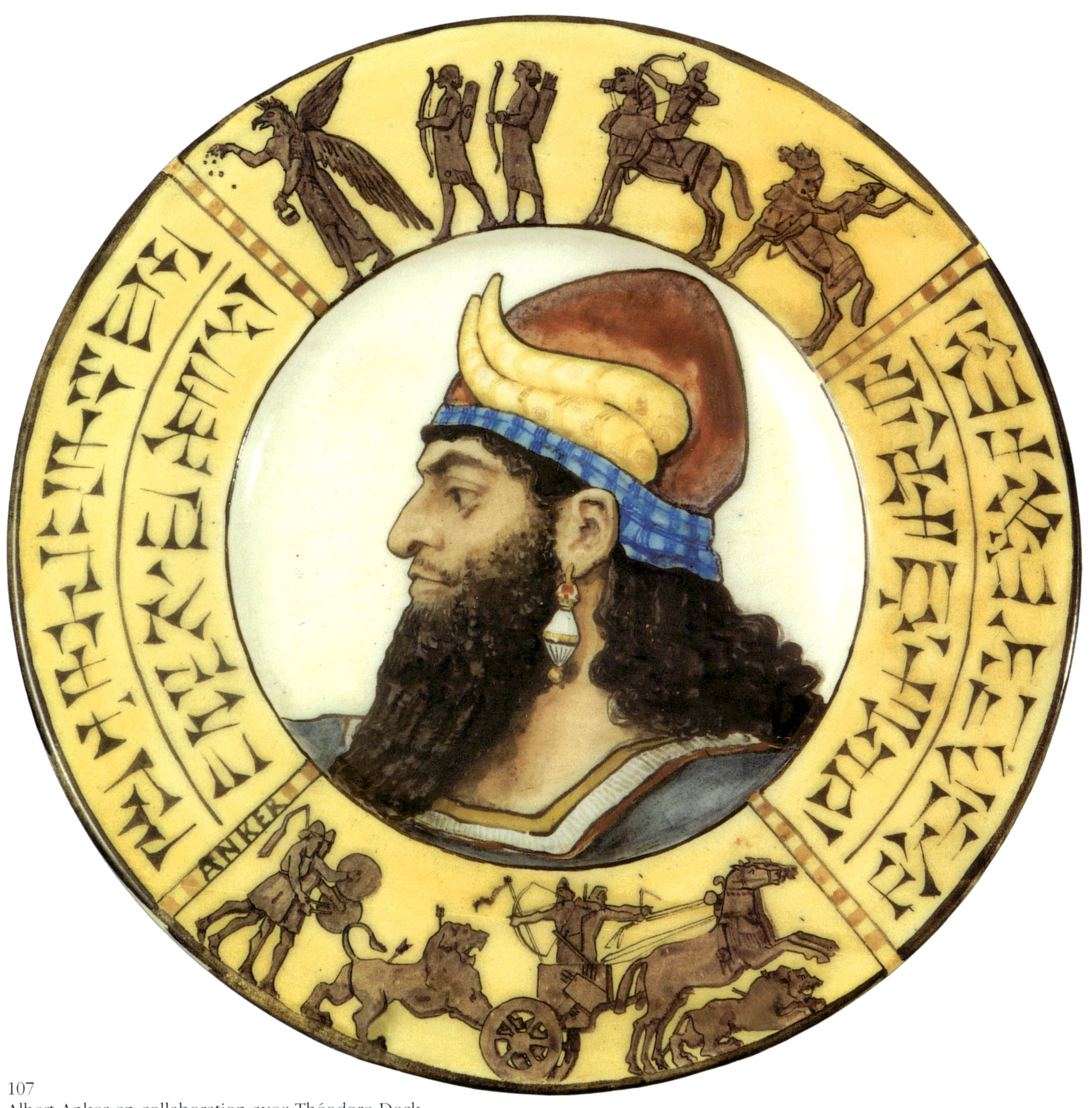

107
Albert Anker en collaboration avec Théodore Deck
Plat à décor assyrien
Platte mit assyrischem Dekor
1870
Faïence à décor polychrome
Fayence mit polychromem Dekor
D 53 cm
Musée d'Orsay, Paris
(Don de M. Jean-Marie Rossi)

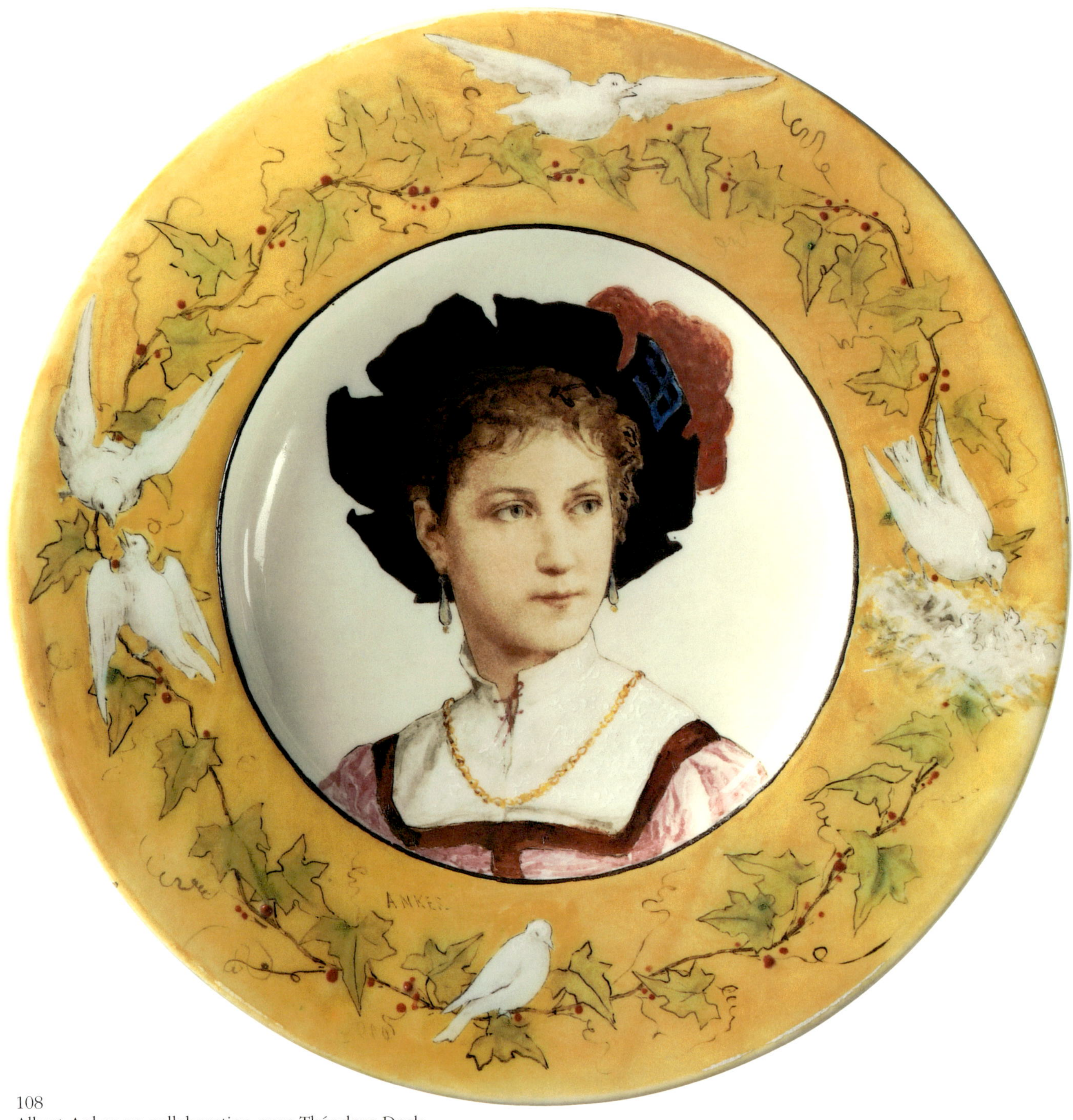

108
Albert Anker en collaboration avec Théodore Deck
Portrait de dame en costume du XVIIe siècle
Damenbildnis in Kostüm des 17. Jahrhunderts
1873
Faïence / *Fayence*
D 33 cm
Collection particulière
Courtesy Sotheby's, Zurich

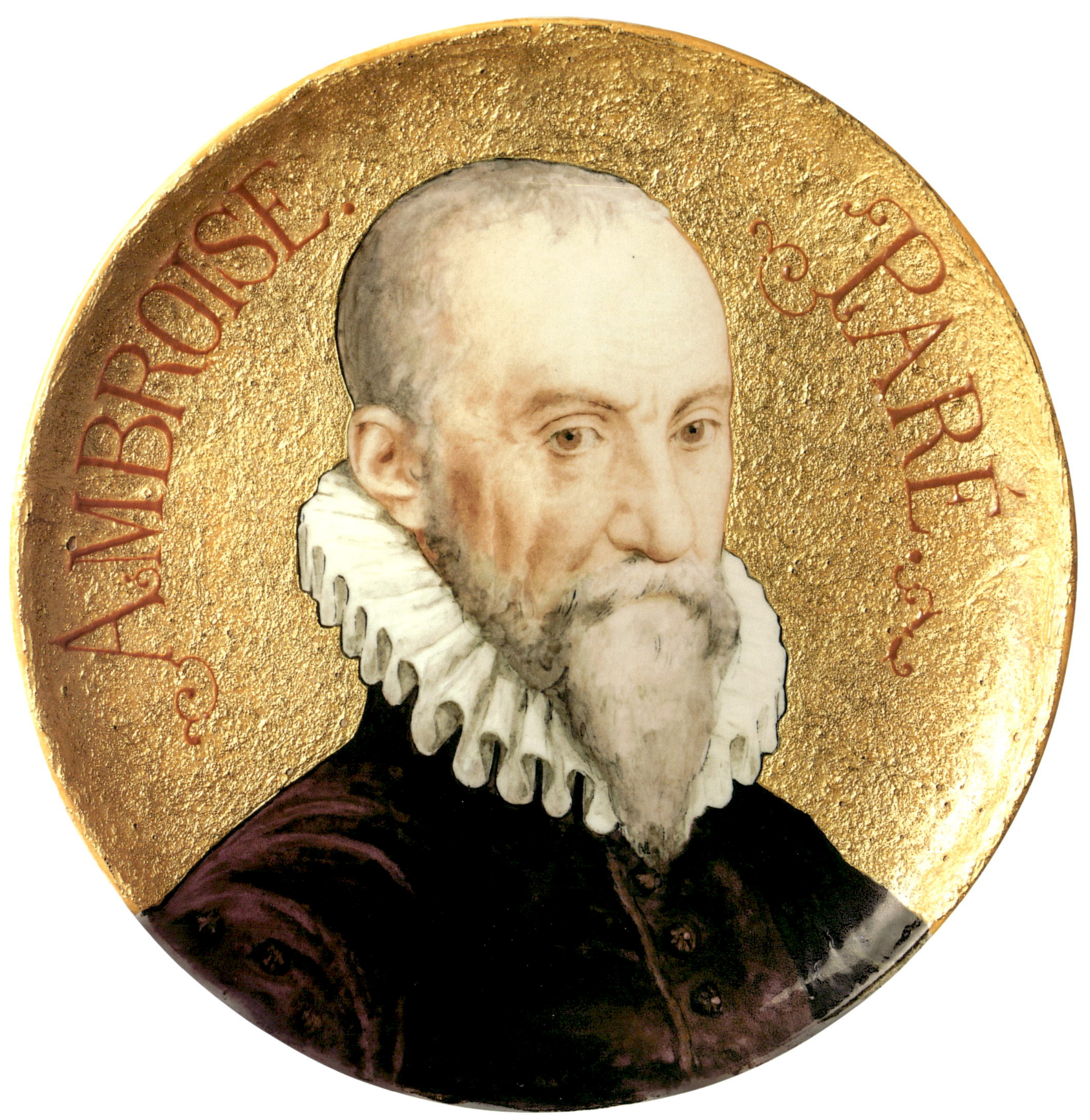

109
Albert Anker en collaboration avec Théodore Deck
Ambroise Paré
vers / *um* 1879
Faïence, fond d'or
Fayence auf Goldgrund
D 30 cm
Musée du Florival, Guebwiller

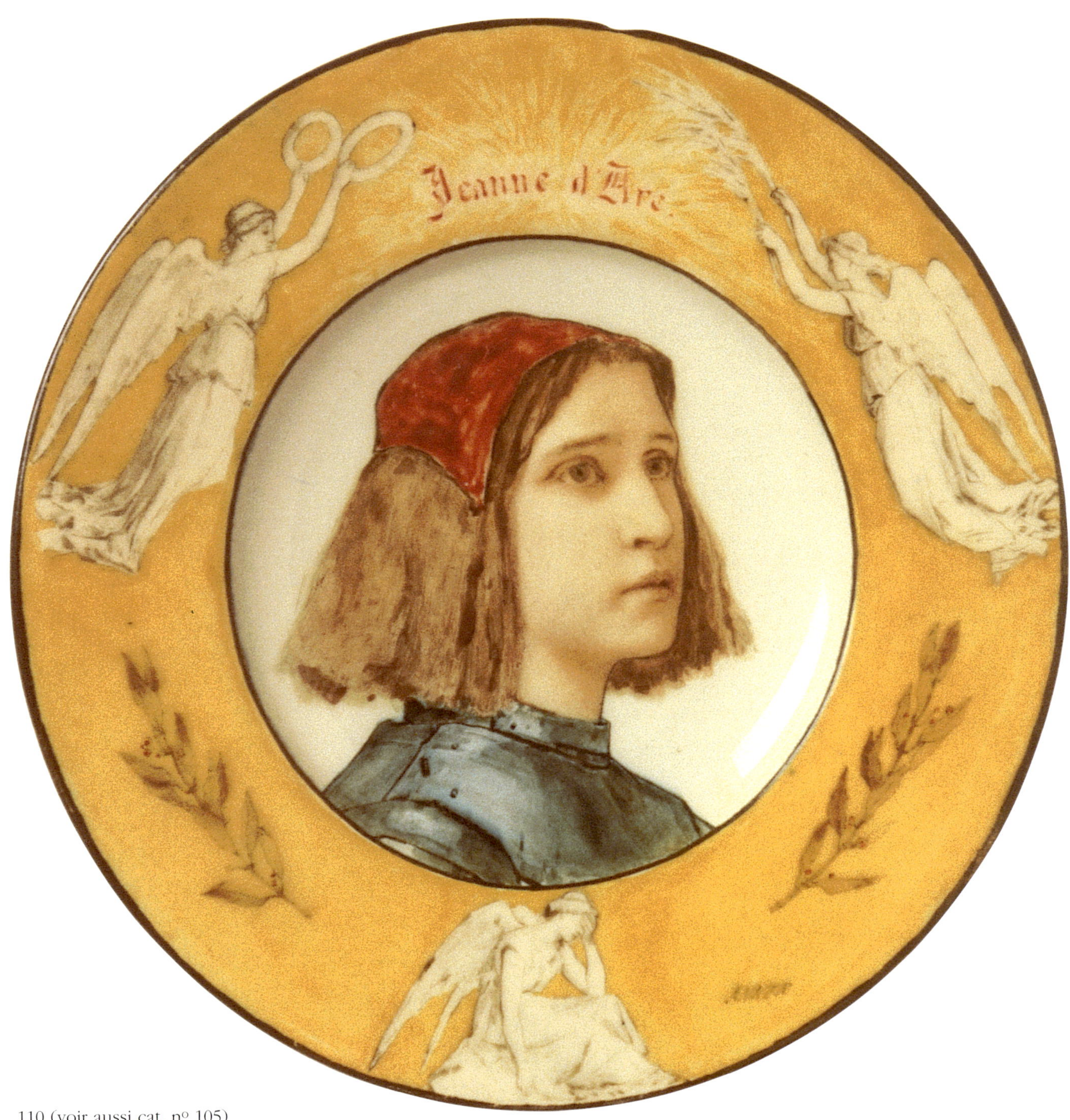

110 (voir aussi cat. nº 105)
Albert Anker en collaboration avec Théodore Deck
Jeanne d'Arc
vers / *um* 1880
Faïence
Fayence
D 33,5 cm
Collection Christoph Blocher

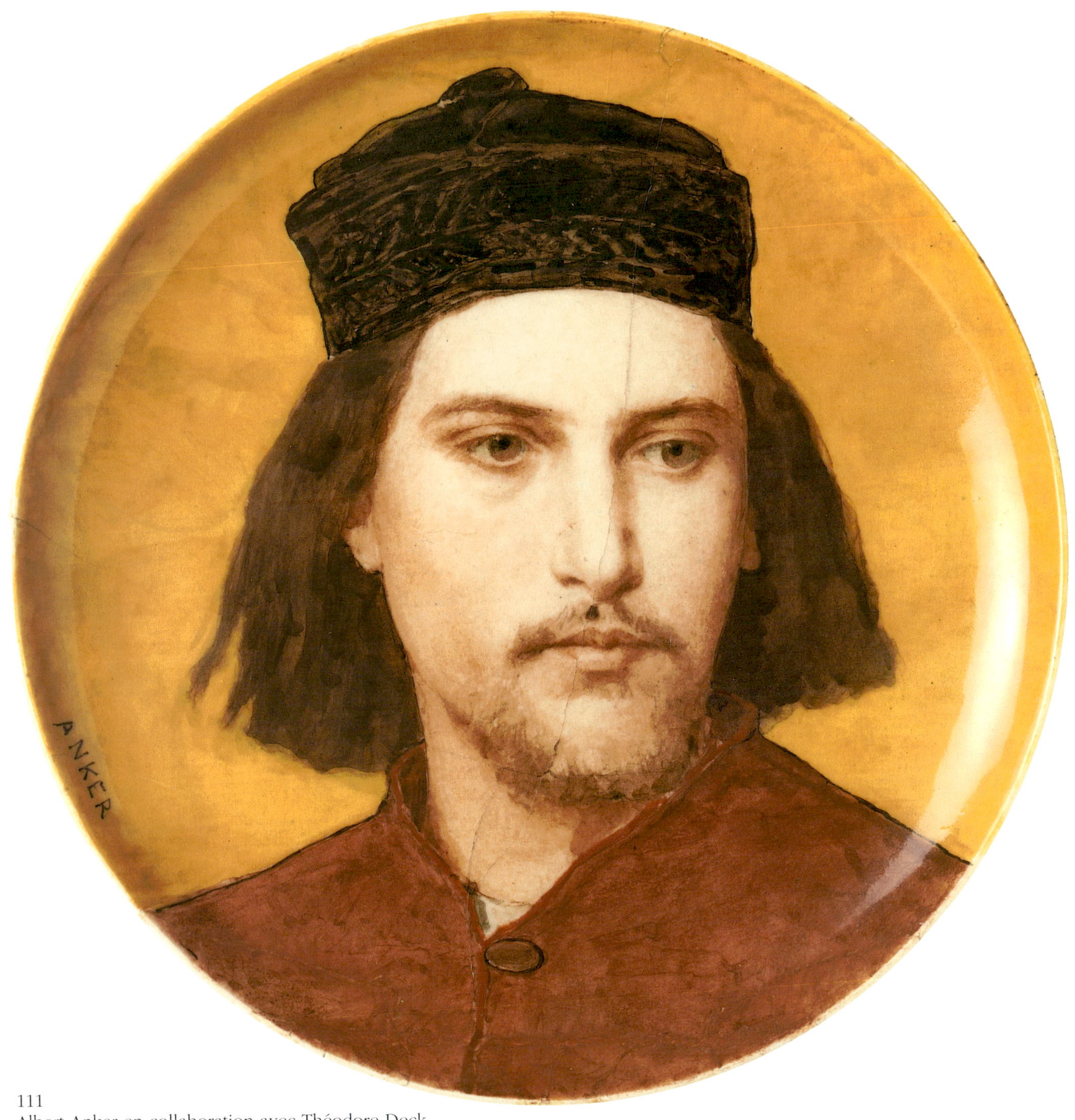

111
Albert Anker en collaboration avec Théodore Deck
Etudiant vers 1200
Student um 1200
1883
Faïence
Fayence
D 31 cm
Collection particulière

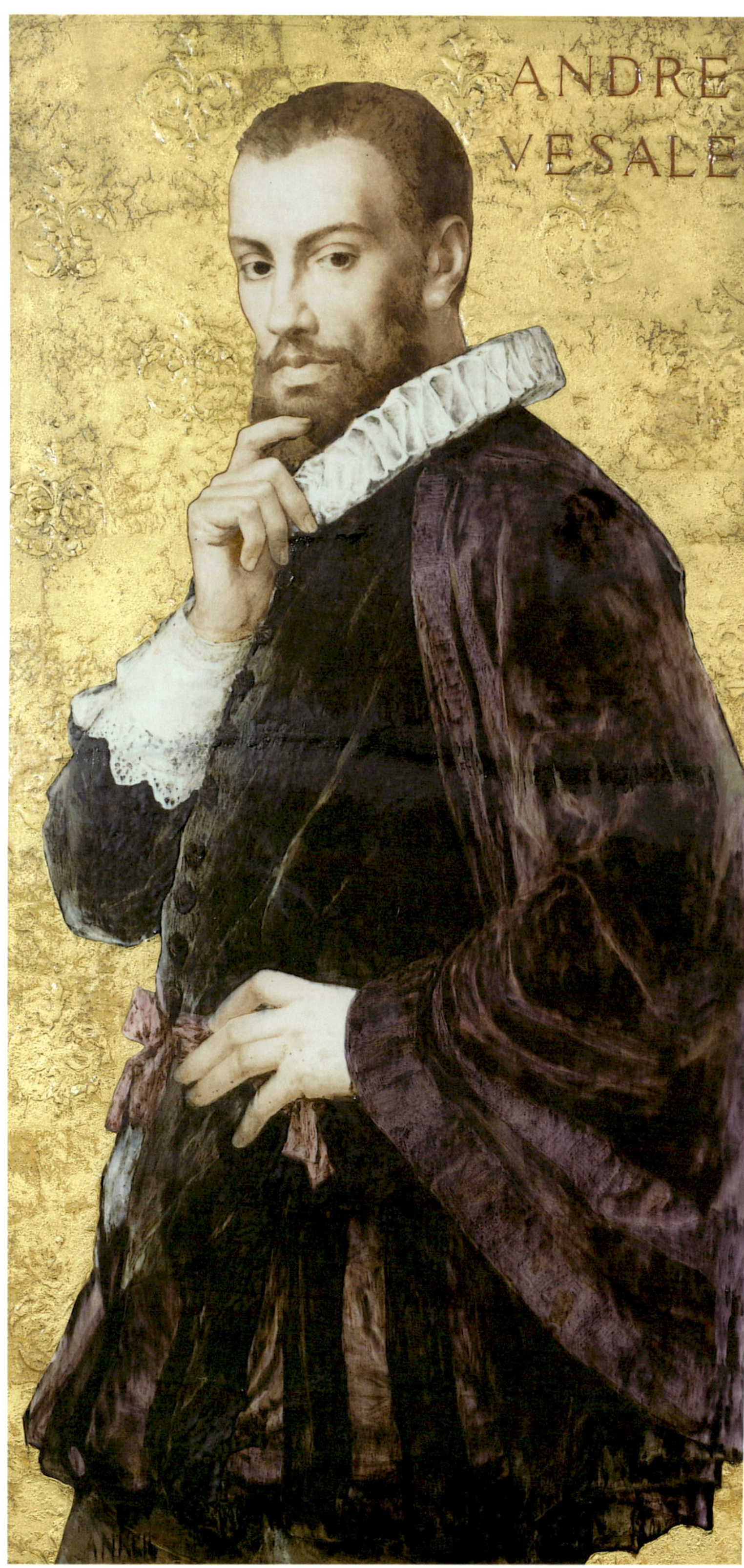

112
Albert Anker en collaboration avec Théodore Deck
Portrait d'André Vésale,
fondateur de l'anatomie moderne
Porträt von André Vésale,
Begründer der modernen Anatomie
1888
Faïence, fond d'or
Fayence auf Goldgrund
100×50 cm
Prêt Université de Bâle

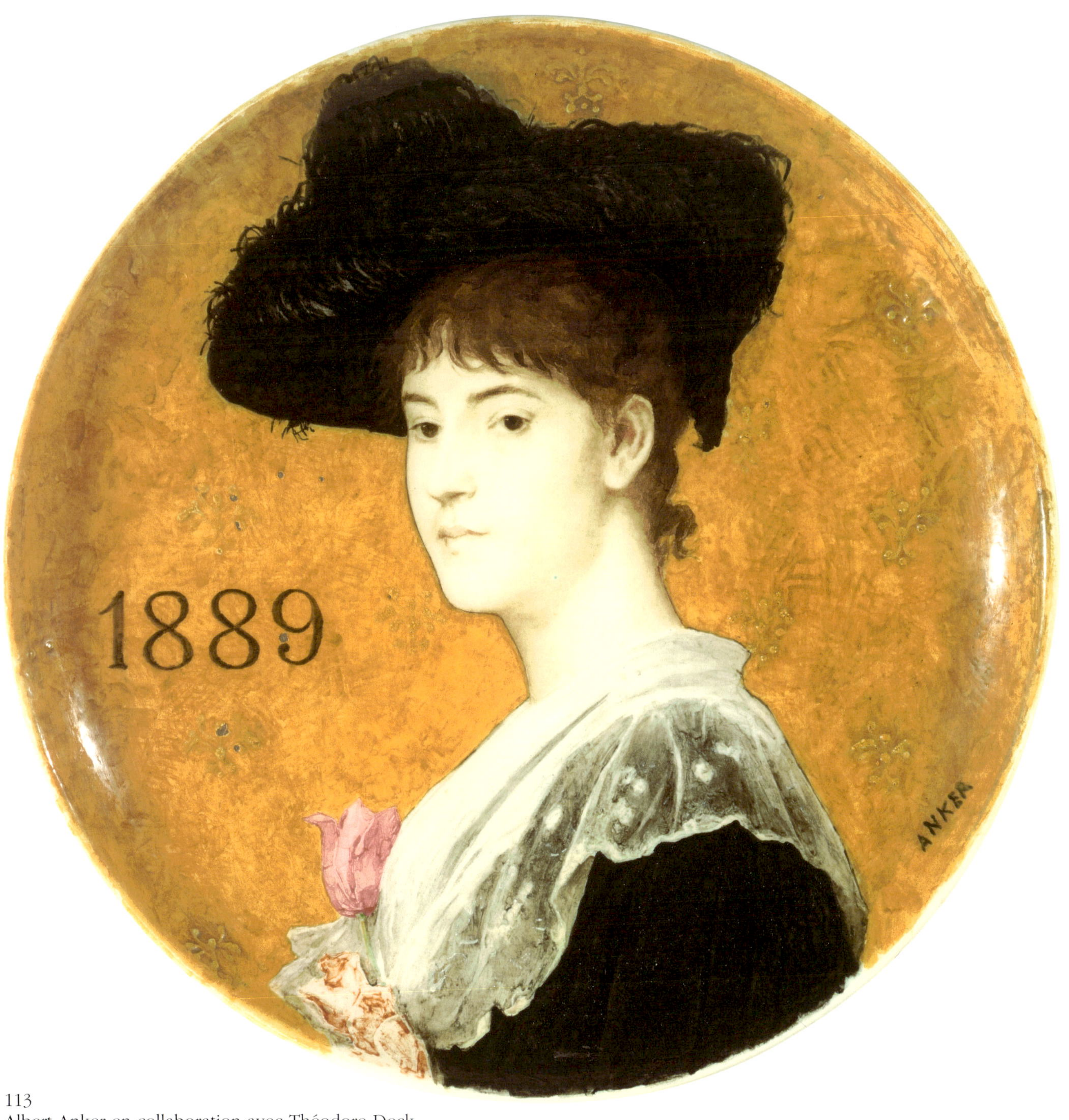

113
Albert Anker en collaboration avec Théodore Deck
Blanche Berthoud, artiste peintre
Blanche Berthoud, Malerin
1889
Faïence
Fayence
D 61 cm
Musée des Beaux-Arts de Berne, Stiftung Gemäldesammlung Emil Bretschger

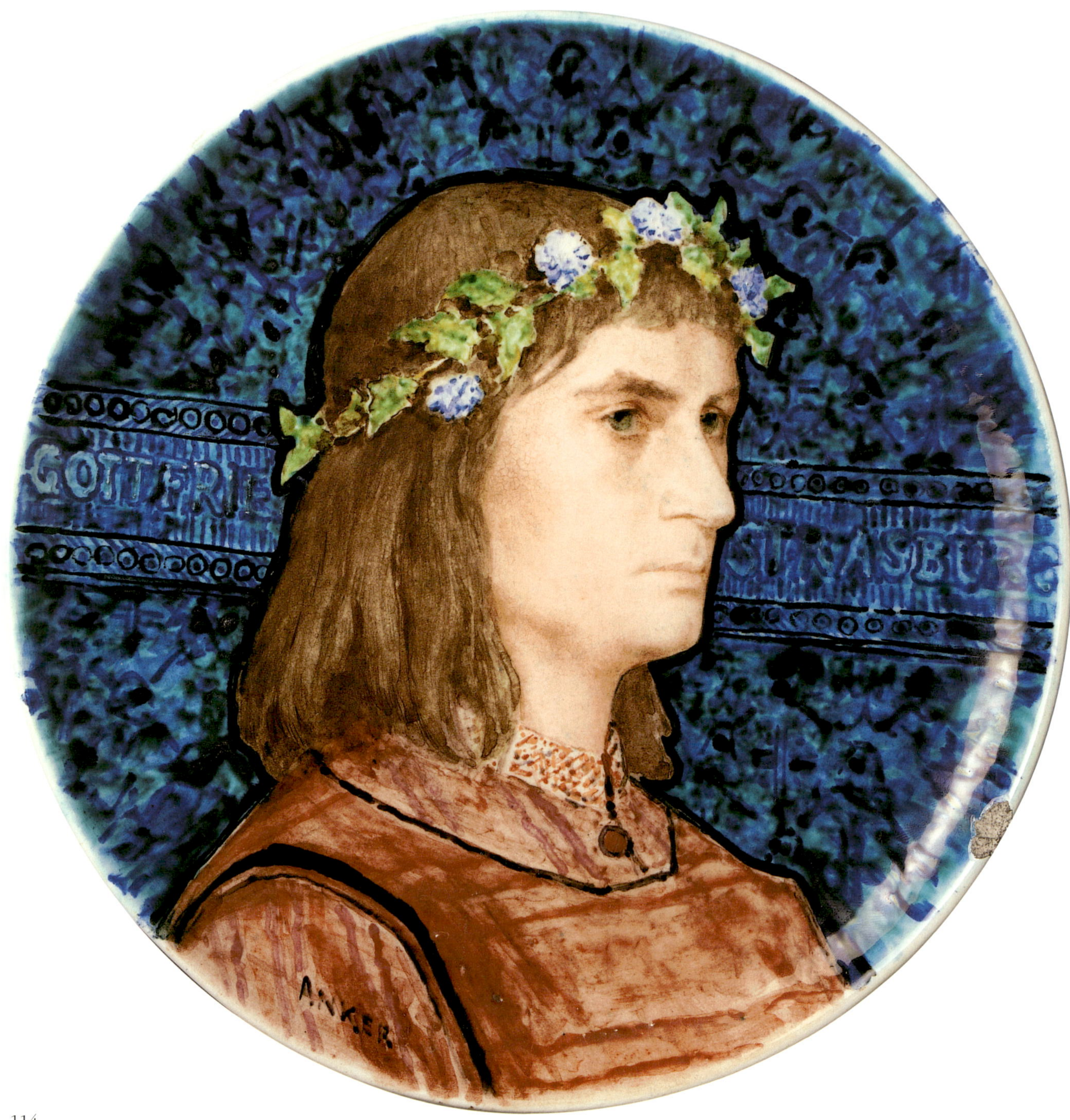

114
Albert Anker en collaboration avec Théodore Deck
Gottfried de Strasbourg
1892
Faïence
Fayence
D 30 cm
Société industrielle de Mulhouse, dépôt Musée du Florival, Guebwiller

Chronologie d'Albert Anker
Chronologie Albert Anker

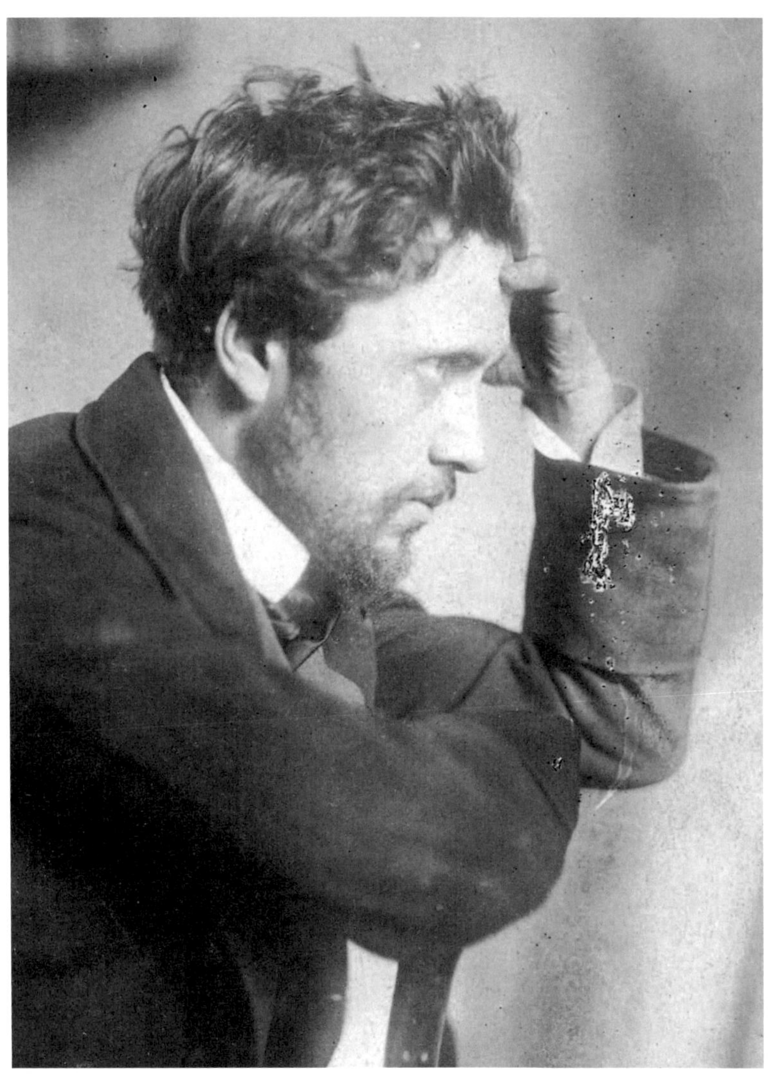

1831
Cadet d'une famille de trois enfants, Samuel Albrecht Anker est né à Anet le 1er avril (il y fut baptisé le 24 avril) de l'union de Samuel Anker (baptisé à Anet le 23 janvier 1791 et décédé le 25 mai 1860) et de Marianne Elisabeth Gatschet (baptisée le 2 août 1802 à Anet et décédée le 15 août 1847 à Neuchâtel). Son père était vétérinaire et, à cette époque, membre de la nouvelle Assemblée constituante bernoise. Son grand-père paternel, Rudolf Anker, était également vétérinaire. Son grand-père maternel, quant à lui, était métayer et préfet de district à Anet.

1836
La famille Anker s'installe à Neuchâtel où elle vivra jusqu'en 1852, le père de l'artiste y exerçant les fonctions de vétérinaire cantonal. Albert – c'est ainsi qu'on l'appelle désormais dans cette ville francophone – y poursuit sa scolarité. Parmi ses condisciples, signalons en particulier Auguste Bachelin (1830-1890), qui deviendra peintre lui aussi.

1842
Au collège, Albert a pour professeur de dessin Frédéric Wilhelm Moritz (1783-1855), probablement un cousin du peintre Gabriel Lory fils. Anker et Bachelin redoublent deux classes (deuxième et troisième année).

1845-1848
Anker suit avec Bachelin des cours particuliers de dessin auprès de Louis Wallinger (1819-1886). Le 5 avril 1847, son frère Friedrich Rudolf (né en 1828) meurt et sa mère décède également, le 15 août de la même année.

1849
Anker fait ses études secondaires à Berne. Il habite chez son oncle vétérinaire, le professeur Matthias Anker

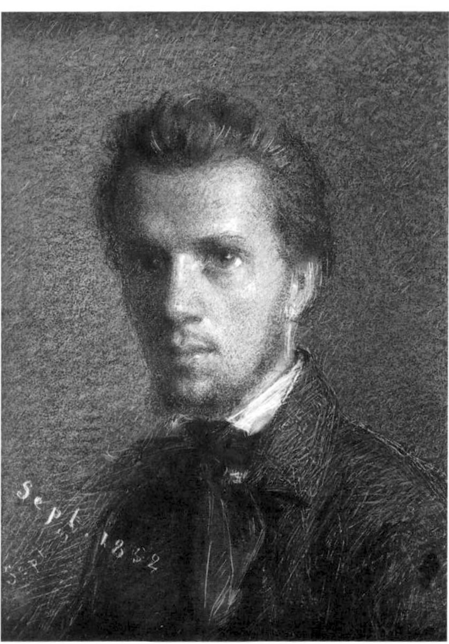

Albert Anker, **Autoportrait** / ***Selbstbildnis***, Sept. 1852, fusain gouaché / *Kohle mit Gouache*, 6×7,8 cm, Gemeinde Ins

(1788-1863). Dans une lettre adressée le 9 juin à son ami Bachelin, Anker s'exprime longuement sur la peinture. Le 11 mai, il s'inscrit à l'association estudiantine Zofingia, dont il restera membre jusqu'à l'été 1854.

1851
Anker est reçu à l'examen de maturité. Il commence des études de théologie à l'Université de Berne. En septembre, il effectue son premier voyage à Paris; il ne cache pas son admiration pour Eustache Le Sueur et surtout pour Poussin. Il rend compte de ses impressions dans la *Gazette des Zofingiens.*

1852-1853
Luise Emilie, l'unique sœur d'Anker, meurt le 4 juin 1852 (elle avait été baptisée le 6 août 1837). De l'automne 1852 au printemps 1854, Anker poursuit ses études de théologie à l'Université de Halle. Il fait plusieurs excursions à Weimar (hiver 1852-1853), Dresde et Munich (fin 1853), Iéna (hiver 1853-1854), Berlin. Le 25 décembre 1853, Anker écrit à son père qu'il a l'intention d'abandonner ses études de théologie pour devenir peintre.

1854
Anker rentre à Berne au printemps et y poursuit, dans un premier temps, ses études de théologie. Ce n'est qu'au cours de l'été que son père consentira enfin qu'il se consacrât à la peinture. Il participe pour la première fois à une exposition du Turnus, organisée à Berne par la Société suisse des Beaux-Arts; il y présente un dessin à la craie: *Vieillard fumant.* Il déménage pour Paris à l'automne, loue une chambre au 53 de la rue Notre-Dame-des-Champs. Son père lui remet 250 francs et continuera de le soutenir financièrement au cours des années suivantes. Pour subvenir à ses besoins, Anker réalise des copies sur commande et donne des cours de dessin. En novembre, il devient l'élève du peintre vaudois Charles Gleyre (1806-1874), qui a repris l'ancien atelier de Paul Delaroche, rue de l'Ouest. Parmi les amis d'Anker, on

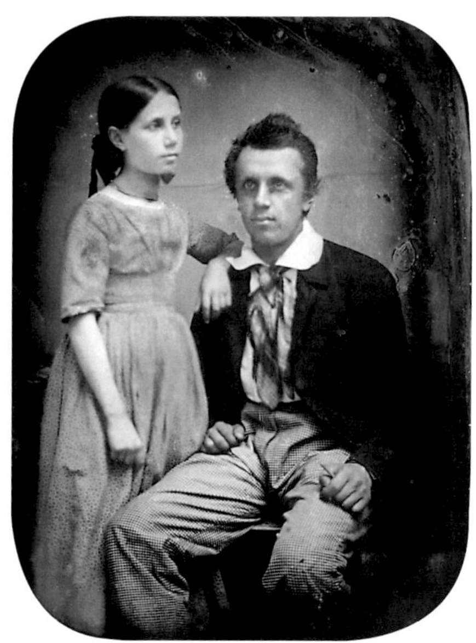

Albert Anker avec sa sœur Luise Emilie / ***Albert Anker mit seiner Schwester Luise Emilie***, vers / *um* 1850, daguerréotypie / *Daguerreotypie*, collection particulière

1831
Samuel Albrecht Anker wurde am 1. April in Ins geboren (getauft 24. April) als zweites von drei Kindern des Tierarztes Samuel Anker (getauft Ins, 23. Januar 1791, †25. Mai 1860) und der Marianne Elisabeth Gatschet (getauft Ins, 2. August 1802, Neuenburg, †15. August 1847). Zur Zeit von Ankers Geburt war sein Vater Mitglied der neuen bernischen Verfassungsgebenden Versammlung. Der Grossvater des Malers väterlicherseits, Rudolf Anker, war ebenfalls Tierarzt, der Grossvater mütterlicherseits Meier und Amtstatthalter in Ins.

1836
Die Familie Anker lebt nunmehr bis 1852 in Neuenburg, wo der Vater Kantonstierarzt ist. Albert – wie er im französischen Sprachgebiet genannt wird – besucht hier die Schule. Von den Schulfreunden ist insbesondere Auguste Bachelin (1830-1890), später auch Maler, zu nennen.

1842
Alberts Zeichenlehrer am Collège ist Frédéric Wilhelm Moritz (1783-1855), vermutlich ein Vetter des Malers Gabriel Lory d.J. Sowohl in der zweiten wie in der dritten Klasse werden Anker wie auch Bachelin nicht befördert.

1845-1848
Anker nimmt gemeinsam mit Bachelin Privatunterricht im Zeichnen bei Louis Wallinger (1819-1886). Am 5. April 1847 stirbt Ankers Bruder Friedrich Rudolf (geboren 1828), am 15. August desselben Jahres seine Mutter.

1849
Anker besucht das Gymnasium in Bern. Er wohnt bei seinem Onkel Matthias Anker (1788-1863). In einem Brief vom 9. Juni an seinen Freund Bachelin äussert sich Anker ausführlich über die Malerei. Ab 11. Mai ist er Mitglied der Zofinger Studentenverbindung (bis Sommer 1854).

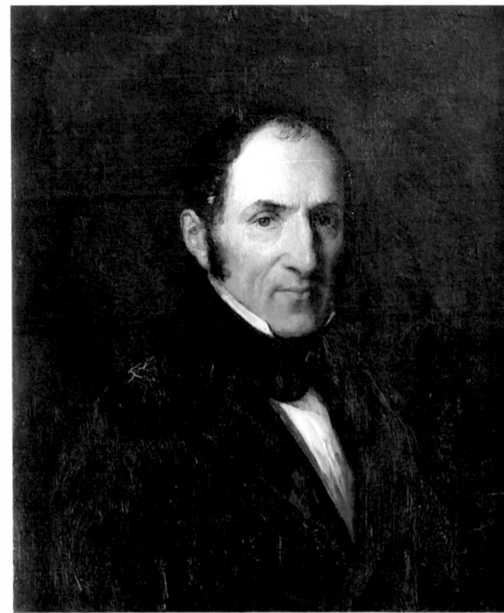

Albert Anker, **Portrait du Professeur Matthias Anker** / ***Bildnis Professor Matthias Anker***, 1863, huile sur toile / *Öl auf Leinwand*, Veterinärmedizinische Fakultät der Universität Bern

1851
Maturität. Beginn des Theologiestudiums an der Universität Bern. Im September erste Reise nach Paris; Bewunderung für Eustache Le Sueur und vor allem Poussin. Seine Erlebnisse beschreibt er im Zofinger Blatt.

1852-1853
Am 4. Juni 1852 stirbt seine Schwester Luise Emilie (getauft 6. August 1837). Vom Herbst 1852 bis Frühling 1854 setzt Anker sein Theologiestudium an der Universität Halle fort. Ausflüge nach Weimar (Winter 1852/53), Dresden und München (Ende 1853), Jena (Winter 1853/54), Berlin. Am 25. Dezember 1853 schreibt er seinem Vater, er wolle das Studium der Theologie aufgeben und Maler werden.

1854
Im Frühling kehrt Anker nach Bern zurück und setzt zunächst die theologischen Studien fort. Im Sommer erhält er vom Vater endlich die Einwilligung, Maler zu werden. Er beteiligt sich zum ersten Mal – mit einer Kreidezeichnung Rauchender Alter *– an der Turnus-Ausstellung des Schweizerischen Kunstvereins in Bern. Im Herbst zieht er nach Paris und mietet ein Zimmer, Rue Notre-Dame-des-Champs 53. Sein Vater gibt ihm 250 Francs mit und unterstützt ihn auch in den kommenden Jahren mit bescheidenen Mitteln; für seinen Lebensunterhalt kopiert Anker zudem Bilder auf Bestellung und gibt Zeichenstunden. Im November wird er Schüler des Waadtländer Malers Charles Gleyre (1806-1874), der in der Rue de l'Ouest das ehemalige Atelier von Paul Delaroche weiterführt. Zu Ankers Freundeskreis gehören u.a. die Maler François Ehrmann (1833-1910), Alexandre Auguste Hirsch (1833-1912), Albert de Meuron (1823-1897) und Léon Berthoud (1822-1892).*

1855
Anker immatrikuliert sich am 11. Oktober an der Ecole Impériale et Spéciale des Beaux-Arts, wo er wahrscheinlich bis 1860 verbleibt. Der Vater wird Mitglied des Bernischen Kantonal-Kunstvereins.

1856
Anker erhält an der Ecole des Beaux-Arts Auszeichnungen im Figurenzeichnen: Am 25. Januar und 21. Juni je eine 3. Medaille (am 30. Januar 1858 folgt eine 2. Medaille). Er beteiligt sich an der Turnus-Ausstellung des Schweizerischen Kunstvereins in Bern mit dem Bild Hiob und seine Freunde *(Kat. Nr. 4). Bis 1902 nimmt er – mit wenigen Ausnahmen – an dieser Ausstellungsreihe regelmässig teil. Im Sommer Aufenthalt in der Bretagne.*

1858
Im Herbst verbringt Anker einige Wochen in Biberach im Schwarzwald.

retrouve notamment les peintres François Ehrmann (1833-1910), Alexandre Auguste Hirsch (1833-1912), Albert de Meuron (1823-1897) et Léon Berthoud (1822-1892).

1855
Anker s'inscrit le 11 octobre à l'Ecole Impériale et Spéciale des Beaux-Arts. Il y restera probablement jusqu'en 1860. Son père devient membre de la Société cantonale des Beaux-Arts de Berne.

1856
Anker reçoit plusieurs distinctions à l'Ecole des Beaux-Arts pour ses dessins de personnages: le 25 janvier et le 21 juin, il reçoit une médaille de troisième classe (le 30 janvier 1858 lui sera décernée une médaille de deuxième classe). Il participe à Berne à l'exposition du Turnus, organisée par la Société suisse des Beaux-Arts: il y envoie sa toile *Job et ses amis* (cat. n° 4); il participera régulièrement à ces manifestations jusqu'en 1902, à quelques exceptions près. En été, il séjourne en Bretagne.

1858
A l'automne, Anker passe quelques semaines à Biberach, en Forêt-Noire.

1859
Il est admis au Salon de Paris avec *Une école de village dans la Forêt-Noire.* Il participera à cette manifestation jusqu'en 1885, le plus souvent représenté par une ou deux toiles. De l'été 1859 à la fin de l'année 1860, il partage son temps entre Anet et Berne à cause de la maladie de son père. Il installe un atelier dans les combles de la maison paternelle à Anet.

1860
Son père décède le 25 mai. Anker participe pour la première fois, avec quatre œuvres, à l'exposition de la Société des Amis des Arts à Neuchâtel. Il prendra désormais régulièrement part à ces expositions jusqu'en 1905.

1861
En avril, Anker séjourne quelques semaines à Herblay (Val-d'Oise). Il passe l'été à Anet. A l'automne, il se rend pour la première fois en Italie en compagnie de François Ehrmann: ils visitent Milan, Venise, Mantoue, Parme, Modène, Bologne et Florence, où Anker contracte le typhus. Le voyage de retour se fera début 1862 via Marseille jusqu'à Saint-Blaise (NE), où le peintre séjournera chez sa tante Charlotte Anker. En Italie, il avait essentiellement copié des œuvres de maîtres anciens.

1863
Anker s'installe à Paris dans une autre mansarde dont l'adresse nous est inconnue. En avril, il fait un nouveau séjour à Herblay. Il obtient une mention honorable au Salon de Paris pour *La Sortie d'église* (cat. n° 6). Pour la première fois se tient à Paris, parallèlement au Salon officiel, le Salon des refusés, où *Le Déjeuner sur l'herbe* de Manet suscite un vif intérêt.

1864
Anker passe une partie de l'été dans la région de la Bernina en compagnie d'Albert de Meuron. Le 6 décembre, à Douanne, il épouse Anna Ruefli (1835-1917), fille de Sigmund Ruefli, maître boucher originaire de Lengnau et installé à Bienne. Anna, qui fut une camarade d'école de Luise, la sœur défunte d'Anker, venait de passer plusieurs années en Russie comme gouvernante.

1865
En août, Anker fait un court séjour à Stans avec le peintre Alfred Dumont (1828-1894); ils y fréquentent le peintre Edouard Hunziker (1827-1901). La première fille d'Anker, Anna Louise (baptisée le 22 septembre 1865, décédée en 1954), vient au monde; elle épousera Maximilian Oser de Bâle.

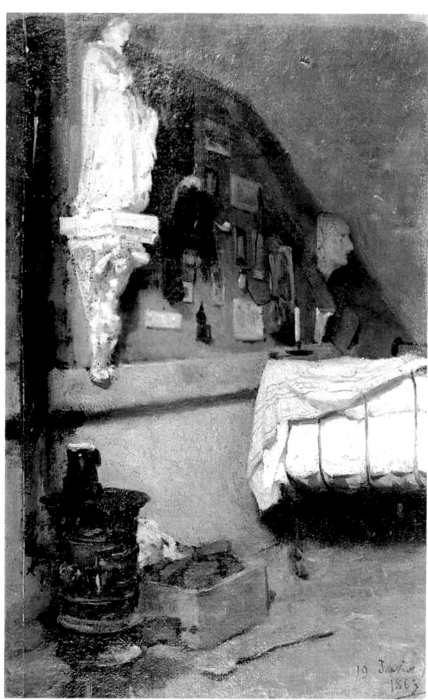
Albert Anker, **La Mansarde de l'artiste à Paris** / ***Die Mansarde des Künstlers in Paris***, 1863, huile sur toile, *Öl auf Leinwand*, Musée des Beaux-Arts de Berne

1866
Anker obtient une médaille d'or au Salon de Paris; il y avait exposé *Dans les bois* (cat. n° 34) et *La Leçon d'écriture.* Pour la première fois, le 6 avril, il fait état d'un règlement provenant de la manufacture «Faïences d'Art» des frères Deck, sise à Paris. Anker pratiquera la peinture sur faïence jusqu'en 1892. Il consignera régulièrement les paiements jusqu'en 1894 et recevra un décompte final en 1905, lors de la fermeture de la manufacture.

1867
Grâce à une subvention de la Confédération, la Société suisse des Beaux-Arts achète *Le Conseil de commune* de 1865. Un premier fils, Franz Adolf Rudolf, vient au

1859
Am Pariser Salon wird Anker mit Dorfschule im Schwarzwald *zugelassen; bis 1885 ist er dort meistens mit einem oder zwei Bildern vertreten. Vom Sommer 1859 bis Ende 1860 weilt er während der Krankheit des Vaters in Ins und Bern. Im elterlichen Haus in Ins richtet er sich im Dachgeschoss ein Atelier ein.*

1860
Am 25. Mai stirbt der Vater. Von nun an – bis 1890 – verbringt Anker den Sommer meistens in Ins, den Winter in Paris. Er beteiligt sich mit vier Werken erstmals an der Ausstellung der Société des Amis des Arts in Neuenburg, an deren Veranstaltungen er fortan bis 1905 regelmässig mit mehreren Arbeiten teilnimmt.

1861
Im April hält er sich einige Wochen in Herblay (Val-d'Oise) auf. Im Sommer in Ins. Im Herbst begibt er sich mit François Ehrmann erstmals nach Italien: Sie besuchen Mailand, Venedig, Mantua, Parma, Modena, Bologna und Florenz, wo Anker an Typhus erkrankt. Er kehrt Anfang 1862 über Marseille zu seiner Tante Charlotte Anker nach Saint-Blaise (NE) zurück. In Italien hatte er Werke alter Meister kopiert.

1863
Am 19. Januar zieht er in Paris in ein anderes Mansardenzimmer um. Im April erneuter Aufenthalt in Herblay. Am Pariser Salon erhält er eine «mention honorable» für Nach dem Gottesdienst *(Kat. Nr. 6). Zum ersten Mal findet in Paris – parallel zum offiziellen Salon – der Salon des refusés (Salon der Abgelehnten) statt, wo Manets* Déjeuner sur l'herbe *grosses Aufsehen erregt.*

1864
Im Sommer weilt er mit Albert de Meuron im Bernina-Gebiet. Am 6. Dezember heiratet Anker in Twann Anna Ruefli (1835-1917), Tochter des Metzgermeisters Sigmund Gottlieb Ruefli von Lengnau, ansässig in Biel. Anna hatte zuvor mehrere Jahre in Russland als Gouvernante gearbeitet, sie war eine Schulfreundin von Ankers verstorbener Schwester Luise.

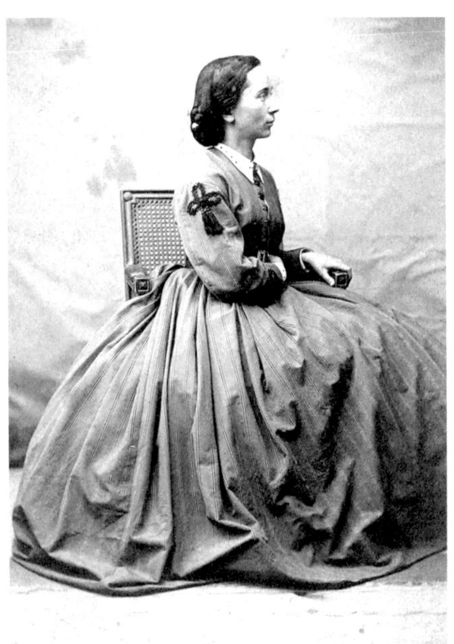

Anna Ruefli. Fotografie: Stiftung Albert Anker-Haus, Ins

1865
Im August kurzer Aufenthalt in Stans mit dem Malerkollegen Alfred Dumont (1828-1894); die beiden Künstler sind viel mit dem Maler Edouard Hunziker (1827-1901) zusammen. Geburt der Tochter Anna Louise (getauft 22. September 1865, †1954), die 1884 Maximilian Oser von Basel heiraten wird.

1866
Am Pariser Salon erhält Anker eine Goldmedaille; er hat die Bilder Schlafendes Mädchen im Wald *(Kat. Nr. 34) und* Schreibunterricht *ausgestellt. Am 6. April notiert er erstmals den Erhalt einer Zahlung der Pariser Fayence-Firma Gebrüder Deck. Die Fayence-Malerei betreibt Anker bis 1892. Zahlungen verzeichnet er regelmässig bis 1894, die Schlussabrechnung erfolgt 1905 (anlässlich der Auflösung der Firma).*

1867
Der Schweizerische Kunstverein erwirbt mit einer Subvention des Bundes Die Gemeindeversammlung *von 1865. Geburt des Sohnes Franz Adolf Rudolf (getauft 28. Juli 1867), der am 25. August 1869 in Ins stirbt. Den Winter 1867/68 verbringt Anker mit seiner Familie in Ins.*

1868
Am 29. Februar wird Anker Präsident des neu gegründeten Inser Männerchors. Er wird Mitglied der Gesellschaft Schweizerischer Maler und Bildhauer (er amtet 1869/70 als Vizepräsident des Zentralbüros, 1887 als Rechnungsrevisor, 1898 als Präsident). Anker bezieht (bis 1873) ein gemeinsames Atelier mit dem Malerfreund Alexandre Auguste Hirsch (Rue Notre-Dame-des-Champs 73).

1870
Vom Sommer 1870 bis 8. November 1871 bleibt Anker in Ins – wegen des Deutsch-Französischen Kriegs und des darauf folgenden Regimewechsels und der Commune. Geburt des zweiten Sohnes Emil (getauft 20. Oktober 1870), der am 3. Dezember 1871 in Paris stirbt. 1870 bis 1874 ist Anker Mitglied des Grossen Rates des Kantons Bern und setzt sich als Vorsitzender der vorberatenden Kommission für den Bau des Berner Kunstmuseums ein. Die Bernische Kunstgesellschaft wählt ihn einstimmig zum Ehrenmitglied. 1874 lehnt er eine Wiederwahl in den Grossen Rat ab. Er bleibt Mitglied der Schulkommission und des Kirchgemeinderates in Ins.

1871
Im April versucht die Bernische Kunstgesellschaft vergeblich, Anker zur «Betheiligung [als Lehrer] an der Kunstschule zu bewegen».

monde (il est baptisé le 28 juillet 1867); il mourra deux ans plus tard, le 25 août 1869. Anker passe l'hiver 1867-1868 avec sa famille à Anet.

1868
Anker est nommé le 29 février président du Chœur d'hommes d'Anet, nouvellement fondé. Il devient membre de la Société des peintres et sculpteurs suisses (il y exercera les fonctions de vice-président du bureau central en 1869-1870, de vérificateur aux comptes en 1887 et de président en 1898). Anker partage (jusqu'en 1873) un atelier avec le peintre Alexandre Auguste Hirsch au 73, rue Notre-Dame-des-Champs.

1870
Anker séjourne à Anet durant l'été 1870 et jusqu'au 8 novembre 1871 à cause de la guerre franco-allemande, du changement de régime qui s'ensuivit et de la Commune. Son deuxième fils, Emil (baptisé le 20 octobre 1870), vient au monde; il décédera à Paris le 3 décembre 1871. Anker est membre du Grand Conseil du canton de Berne de 1870 à 1874. En tant que président de la Commission consultative, il s'engage nettement en faveur de la construction du Musée des Beaux-Arts. La Société d'Art bernoise l'élit membre d'honneur à l'unanimité. En 1874, il renonce à se faire réélire au Grand Conseil, mais reste, à Anet, membre de la Commission scolaire et du Conseil paroissial.

1871
La Société d'Art bernoise essaie en vain d'obtenir d'Anker qu'il enseigne à l'Ecole des Beaux-Arts.

1872
Du 25 mars au 28 avril, en compagnie d'Alexandre Auguste Hirsch, Anker entreprend un voyage dans le sud de la France (notamment aux Baux-de-Provence). Il obtient une médaille de bronze à l'International Exhibition de Londres pour le tableau *Les Marionnettes*. Sa fille Sophie Marie (décédée en 1950) naît le 3 juin; elle épousera en 1892 Albert Quinche, originaire de Neuchâtel et professeur de musique.

1873
En mai ou juin survient le décès de sa tante Charlotte Anker qui, depuis la mort de la mère de l'artiste, en 1847, vivait avec la famille à Anet. Il abandonne l'atelier qu'il avait loué avec Hirsch et s'installe seul au 101, boulevard Montparnasse. A l'Exposition universelle de Vienne, il obtient une médaille pour sa peinture sur faïence. Il devient alors correspondant étranger de la revue *Le Magasin pittoresque* – il le restera jusqu'en 1883; il y publie sous le pseudonyme de Berger un article sur Lavater.

1874
Il rentre à Anet le 5 mai. A Paris s'ouvre la première exposition des impressionnistes. Son fils Paul Moritz naît le 6 août (il mourra en 1931 à Ontario, Californie, USA).

1877
Sa fille Fanny Cécile (décédée en 1957) voit le jour le 30 janvier; elle épousera en 1901 le Dr Charles Du Bois, originaire de La Chaux-de-Fonds.

1878
Anker organise avec Albert de Meuron et Friedrich Weber la Section suisse de l'Exposition universelle de Paris, ce qui lui vaudra d'être élevé au rang de chevalier de la Légion d'honneur. Il séjourne sur les bords du Walensee du 3 au 13 août.

1879
Le 9 août, il prend part à l'inauguration du tout nouveau Musée des Beaux-Arts de Berne, dont la collection présente au public trois de ses œuvres: deux tableaux (*L'Examen*, cat. n° 13, *La Petite Amie*) et une aquarelle.

1880
En avril, il entreprend un voyage qui le conduit à Gien et à Nevers; en mai, il se rend en Alsace, puis rentre à Paris afin de visiter le Salon. Il regagne Anet le 12 juin, séjourne à Lörrach du 16 août au 2 septembre, à Sion du 21 septembre au 3 octobre.

1881
Anker séjourne en Alsace, à Thann, du 9 juillet au 13 août.

1882
Il se rend en Belgique au mois de juin, visite Bruxelles, Anvers, Gand et Lille.

1883
Du 30 juillet au 9 août, il séjourne à Zurich et au Tessin. Pendant l'hiver 1883-1884, Anker peint de nombreuses aquarelles à l'Académie Colarossi (dirigée par le peintre Nicola Rossi), réalisant des études de nus le soir et de costumes le dimanche.

1886
Il se rend à Paris du 10 au 26 juin afin de libérer son atelier.

1887
Il effectue un deuxième voyage en Italie du 1er mars au 31 mai, visite Milan, Pavie, Gênes, Pise, Arezzo, Rome, Anticoli, Naples, Pérouse, Sienne et Florence. Théodore Deck est nommé directeur de la Manufacture nationale de porcelaine de Sèvres; son frère Xavier prend la direction de la manufacture «Faïences d'Art», qui fermera en 1905.

1889
Anker passe l'été comme d'habitude à Anet. Il entreprend un troisième voyage en Italie et séjourne notamment à Florence. Il obtient une médaille de bronze à l'Exposition universelle de Paris. Avec, entre autres, Frank Buchser, Arnold Böcklin et François Bocion, il est élu au

1872
Vom 25. März bis 28. April Reise mit Hirsch nach Südfrankreich (u. a. Les Baux-de-Provence). An der International Exhibition in London erhält Anker für das Bild Die Marionetten *eine Bronzemedaille. Am 3. Juni Geburt der Tochter Sophie Marie (†1950), die 1892 Albert Quinche von Neuenburg, Musikprofessor, heiraten wird.*

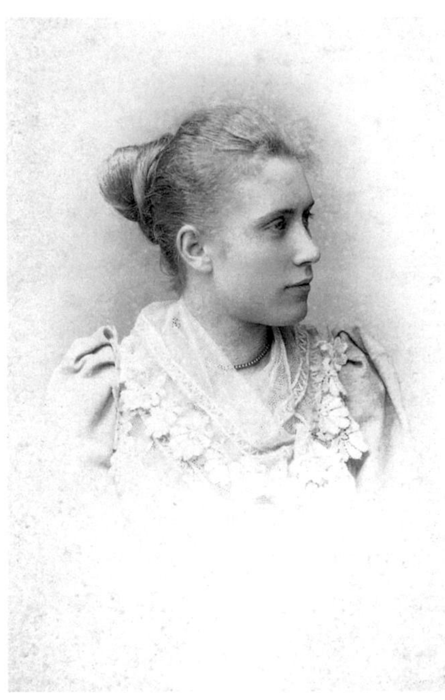

Marie Quinche-Anker. Fotografie: Stiftung Albert Anker-Haus, Ins

1873
Im Mai oder Juni Tod der Tante Charlotte Anker, die seit dem Verlust der Mutter 1847 bei der Familie in Ins gelebt hatte. Anker verlässt das mit Hirsch gemeinsam gemietete Atelier und richtet sich am Boulevard Montparnasse 101 ein eigenes ein. An der Weltausstellung in Wien gewinnt er eine Medaille für Fayence-Malerei. Er gehört von nun an bis 1883 zu den auswärtigen Mitarbeitern der Zeitschrift Le Magasin pittoresque, *in der er unter einem Pseudonym einen Artikel über Lavater publiziert.*

1874
Ab 5. Mai in Ins. In Paris findet die erste Ausstellung der Impressionisten statt. Am 6. August Geburt des Sohnes Paul Moritz (†1931 in Ontario, Kalifornien, USA).

1877
Am 30. Januar Geburt der Tochter Fanny Cécile (†1957), die 1901 den Arzt Charles Du Bois von La Chaux-de-Fonds heiraten wird.

1878
Gemeinsam mit Albert de Meuron und Friedrich Weber organisiert Anker die Schweizerische Abteilung der Pariser Weltausstellung, weshalb er zum Ritter der Ehrenlegion ernannt wird. Vom 3. bis 13. August Aufenthalt am Walensee.

1879
*Am 9. August nimmt er an der Eröffnung des neu erbauten Berner Kunstmuseums teil, wo zwei seiner Gemälde (*Das Schulexamen, *Kat. Nr. 13,* Die kleine Freundin*) und ein Aquarell in der Sammlungsausstellung hängen.*

1880
Im April Reise nach Gien und Nevers; im Mai im Elsass; anschliessend noch in Paris, um den Salon zu besuchen. Ab 12. Juni in Ins. Vom 16. August bis 2. September Aufenthalt in Lörrach, vom 21. September bis 3. Oktober in Sion.

1881
Vom 9. Juli bis 13. August in Thann im Elsass.

1882
Im Juni Reise nach Brüssel, Antwerpen, Gent und Lille.

1883
Vom 30. Juli bis 9. August in Zürich und im Tessin. Während der Wintermonate 1883/84 aquarelliert Anker an der Académie Colarossi (des Malers Nicola Rossi): abends Akte und sonntags Kostümstudien.

1886
Vom 10. bis 26. Juni in Paris, um sein Atelier aufzulösen.

1887
Vom 1. März bis 31. Mai unternimmt er seine zweite Italienreise. Er besucht Mailand, Pavia, Genua, Pisa, Arezzo, Rom, Anticoli, Neapel, Perugia, Siena und Florenz. – Théodore Deck wird zum Direktor der staatlichen Porzellanmanufaktur in Sèvres ernannt; sein Bruder Xavier übernimmt die Leitung der Fayence-Fabrik.

1889
Den Sommer verbringt Anker in Ins. Er unternimmt eine dritte Italienreise mit Aufenthalt vor allem in Florenz. An der Pariser Weltausstellung erhält Anker eine Bronzemedaille. Er wird zudem gemeinsam mit Frank Buchser, Arnold Böcklin, François Bocion u.a. in die Eidgenössische Kunstkommission gewählt, der Anker bis 1893 und erneut 1895 bis 1898 angehört.

1890
Anker wird Mitglied der Aufnahme-Jury der 1. Nationalen Kunstausstellung der Schweiz im Kunstmuseum Bern (auch bei der Organisation der 2., 3., 4. und 5. «Nationalen», im Zweijahresrhythmus, wirkt er später mit). Im Mai gibt er auch seinen Wohnsitz in Paris auf und zieht nach Ins, richtet sich aber in Neuenburg ein Absteigequartier ein. Um diese Zeit beginnt er im Auftrag des Verlegers Frédéric Zahn aus La Chaux-de-Fonds mit den Illustrationen zu dessen Gotthelf-Ausgabe, einer Arbeit, die ihn während mehrerer Jahre beansprucht und wiederholte Studienreisen ins Emmental erfordert.

1891
Vierte Italienreise: Mailand, Pavia, Mantua, Ravenna. – Anker wird Mitglied der Eidgenössischen Kommission der Gottfried Keller-Stiftung (bis 1901).

sein de la Commission fédérale des Beaux-Arts: Anker en sera membre jusqu'en 1893, puis de nouveau de 1895 à 1898.

1890
Anker est membre du jury d'admission de la première Exposition nationale suisse au Musée des Beaux-Arts de Berne. Il collaborera par la suite à l'organisation des deuxième, troisième, quatrième et cinquième expositions, qui auront lieu tous les deux ans. Il abandonne en mai son domicile parisien et s'établit à Anet, en gardant néanmoins un pied-à-terre à Neuchâtel. Débute alors une période marquée par les illustrations pour l'édition des œuvres de Gotthelf, sur ordre de l'éditeur chaux-de-fonnier Frédéric Zahn; Anker consacrera plusieurs années à ce travail et se rendra à plusieurs reprises dans l'Emmental pour y réaliser des études.

1891
Anker entreprend un quatrième voyage en Italie, faisant halte à Milan, Pavie, Mantoue, Ravenne. Il devient membre de la Commission fédérale de la Fondation Gottfried-Keller et le restera jusqu'en 1901.

1893
Anker devient secrétaire de la Commission scolaire d'Anet, fonction qu'il occupera au moins jusqu'en 1899.

1894
Du 1er au 18 mai, il part pour un voyage qui le conduit de Constance à Biberach en passant par Munich, Augsbourg, Ulm, Strasbourg et Stuttgart. Dans le courant de l'automne, il passe douze jours à Paris et à Dunkerque.

1895
Du 26 avril au 1er mai, il séjourne à Milan, où il est chargé d'acheter la *Madonna in trono* (vers 1500) de Francesco Napolitano pour la Fondation Gottfried-Keller.

1896
En juin, il passe quelques jours à Berlin en qualité de membre du jury de la Section suisse de l'Exposition internationale d'art. Il y fait notamment la connaissance d'Adolf Menzel. Sur le trajet du retour, il visite Halle, Kassel, Francfort-sur-le-Main et Worms.

1897
Toujours au titre de membre du jury de la Section suisse de l'Exposition internationale d'art, Anker séjourne à Munich du 16 au 24 mai et du 15 au 27 juillet. Il fait la connaissance de Franz von Lenbach.

1898
Anker assume la charge de président du Comité d'organisation de la cinquième Exposition nationale suisse à la Kunsthalle de Bâle. La revue *La Suisse libérale* publie sa causerie, «Le premier développement de l'enfant».

1899
Au début du mois d'avril, il entreprend son dernier voyage pour Paris. Il redit à son ami Ehrmann combien il admire les dessins d'Ingres exposés au Louvre.

1900
L'Université de Berne lui décerne le titre de docteur honoris causa. La revue *La Suisse* publie un numéro consacré à Anker, avec 24 illustrations accompagnées d'un texte d'Albert Gessler; il s'agit de la première présentation détaillée de l'évolution artistique du peintre. Un *Album Anker* présentant des héliogravures, reproductions de 40 de ses œuvres, paraît à La Chaux-de-Fonds, chez Zahn.

1901
A l'occasion de leur 70e anniversaire, Anker et Ernst Stückelberg sont nommés membres d'honneur de la Société des peintres et sculpteurs suisses. Le Conseil fédéral leur adresse une lettre de félicitations. Fin septembre, Anker est victime d'une attaque d'apoplexie qui laisse temporairement sa main droite paralysée. Si l'on en croit son *Livre de vente*, Anker ne réalisera plus que deux tableaux à l'huile «peints de la main gauche» durant les dix dernières années de sa vie. En revanche, il exécutera environ 100 aquarelles par an, toutes d'un format identique lui permettant d'appuyer la main, et dessinera au fusain, d'un trait parfois mal assuré, les mêmes sujets.

1910
Anker meurt le 16 juillet à Anet.
Le Musée d'art et d'histoire de Neuchâtel organise du 1er au 30 novembre 1910 la première exposition rétrospective consacrée à l'artiste: elle compte 291 numéros provenant pour la plupart de la succession Anker. Du 15 janvier au 12 février 1911, le Musée des Beaux-Arts de Berne présente à son tour une deuxième exposition de 243 numéros émanant de diverses collections. La même année paraît la première monographie consacrée à l'artiste rédigée par son ami de jeunesse, le pasteur Albrecht Rytz.

Tiré de Kuthy/Bhattacharya 1995

1893
Anker wird Sekretär der Schulkommission in Ins, ein Amt, das er mindestens bis 1899 bekleidet.

1894
Vom 1. bis 18. Mai Reise nach Konstanz, München, Augsburg, Ulm, Strassburg, Stuttgart und Biberach. Im Herbst weilt er für 12 Tage in Paris und Dünkirchen.

1895
Vom 26. April bis 1. Mai in Mailand, um für die Gottfried Keller-Stiftung die Madonna in trono *(um 1500) von Francesco Napolitano anzukaufen.*

1896
Im Juni hält sich Anker als Mitglied der Jury der Schweizerischen Abteilung der Internationalen Kunstausstellung einige Tage in Berlin auf, wo er u.a. Adolf Menzel kennen lernt. Auf der Rückreise besucht er Halle, Kassel, Frankfurt a.M. und Worms.

1897
Vom 16. bis 24. Mai und vom 15. bis 27. Juli weilt er in München als Mitglied der Jury für die Schweizerische Abteilung der Internationalen Kunstausstellung; er lernt Franz von Lenbach kennen.

1898
Anker amtet als Präsident des Organisationskomitees der 5. Nationalen Kunstausstellung der Schweiz (Kunsthalle Basel). Die Zeitschrift La Suisse libérale *veröffentlicht seinen Artikel «Le premier développement de l'enfant» («Aus des Kindes ersten Tagen»).*

1899
Anfang April unternimmt er seine letzte Reise nach Paris; er berichtet Ehrmann über seine immer noch grosse Bewunderung für die Ingres-Zeichnungen im Louvre.

1900
Die Universität Bern verleiht Anker den Doktor honoris causa. Die Zeitschrift Die Schweiz *gibt eine Anker-Nummer mit 24 Illustrationen und einem Textbeitrag von Albert Gessler heraus. Es ist die erste ausführliche Schilderung von Ankers künstlerischem Werdegang. Bei Zahn, La Chaux-de-Fonds, erscheint ein* Album Anker *mit Heliogravüren, Reproduktionen von 40 Werken.*

1901
Die Gesellschaft Schweizerischer Maler und Bildhauer ernennt Anker sowie Ernst Stückelberg anlässlich ihres 70. Geburtstages zu Ehrenmitgliedern; der Bundesrat richtet an beide Künstler ein Gratulationsschreiben. – Gegen Ende September erleidet Anker einen Schlaganfall, der seine rechte Hand vorübergehend lähmt. Im letzten Jahrzehnt seines Lebens entstehen laut Verkaufsbüchlein (Livre de vente) *nur noch zwei Ölbilder (teilweise «mit der Linken gemalt»); dagegen malt er jährlich rund 100 Aquarelle; alle sind gleich gross, von einem Format, das ihm das Anlehnen der Hand erlaubt, und er zeichnet – mit teilweise unsicheren Strichen – dieselben Themen in Kohle.*

1910
Anker stirbt am 16. Juli in Ins.
Vom 1. bis 30. November 1910 findet im Musée d'art et d'histoire in Neuenburg die erste Anker-Gedächtnisausstellung statt mit 291 Nummern, vornehmlich aus dem Nachlass des Künstlers stammend. Das Kunstmuseum Bern veranstaltet vom 15. Januar bis 12. Februar 1911 eine zweite Ausstellung (mit 243 Nummern aus verschiedenen Sammlungen); im gleichen Jahr erscheint eine erste monografische Studie: Der Berner Maler Albrecht Anker. Ein Lebensbild, *verfasst von seinem Jugendfreund, Pfarrer Albrecht Rytz.*

Auszug aus Kuthy/Bhattacharya 1995

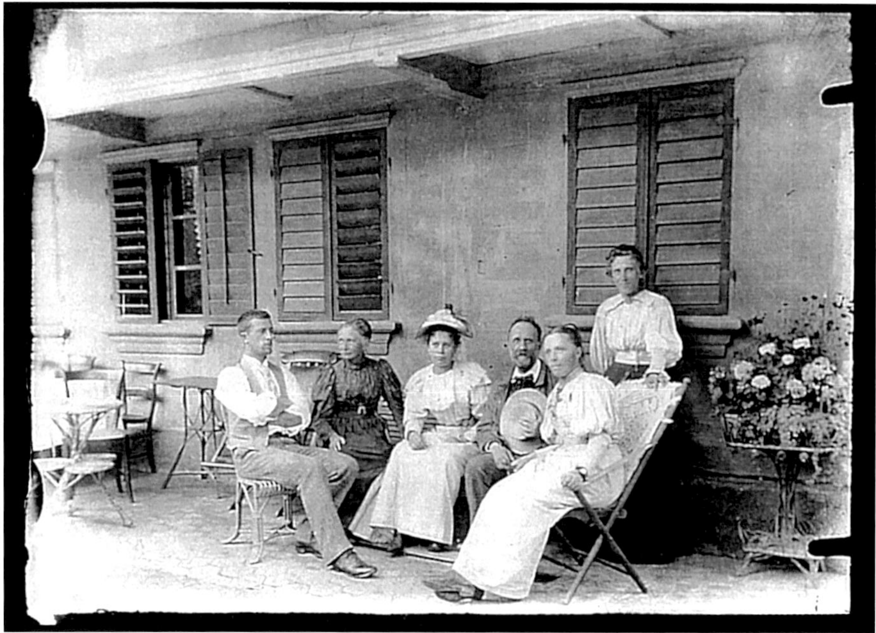

De gauche à droite / *von links nach rechts*: Maurice Anker, Anna Anker-Ruefli, Cécile Du Bois-Anker, Albert Anker, Louise Oser-Anker, Marie Quinche-Anker, vers / *um* 1904, Stiftung Albert Anker-Haus, Ins

Bibliographie sélective
Ausgewählte Bibliografie

Adhémar 1976
Jean Adhémar, «Les Lithographies de paysage en France à l'époque Romantique» *in*: *Archives de l'art français*, XIX, Paris 1976.

Anker 1851
Albr.[echt] Anker, théol. «Des Vetters Irrfahrten» *in*: *Zofinger Blatt*, nº 3, Bâle 29 décembre 1851, pp. 29-31.

Bachelin 1889
Auguste Bachelin, «Frédéric Simon» *in*: *Bibliothèque universelle et Revue suisse*, vol. XLIII, 1889, pp. 543-544.

Bâle 2001
Marie-Therese Bätschmann, *Schweizer Zeichnungen 1850-1900 aus dem Kupferstichkabinett*, catalogue d'exposition Öffentliche Kunstsammlung Basel, Bâle 2001.

Bätschmann 1989
Oskar Bätschmann, *Malerei der Neuzeit (La peinture de l'époque moderne)* (ARS HELVETICA VI. Die visuelle Kultur der Schweiz), Disentis 1989.

Baudelaire 1986
Charles Baudelaire, *Ecrits esthétiques*, Paris 1986.

Baumgartner 1984
Marcel Baumgartner, *L'Art pour l'Aare, Bernische Kunst im 20. Jahrhundert*, Berne 1984.

Beaufort 1978
Pieter de Beaufort, *Der pädagogische Bezug in den Gruppenbildern Albert Ankers*, mémoire de licence, Université de Bâle, manuscrit juillet 1978.

Bellinzone 1989
Albert Anker (1831-1910), catalogue d'exposition, Civica Galleria d'Arte, Villa dei Cedri (Ed. Matteo Bianchi/Maria Will. Introduction Rosanna Bossaglia), Bellinzone 1989.

Bendix 1997
Regina Bendix, *In Search of Authenticity: The Formation of Folklore Studies*, Madison 1997.

Berlin 1993
Von Caspar David Friedrich bis Ferdinand Hodler. Meisterwerke aus dem Museum Stiftung Oskar Reinhart Winterthur (Ed. Peter Wegmann, contributions de Lothar Brauner, Franz Zelger et Matthias Wolgemuth). Une exposition de la Nationalgalerie Staatliche Museen zu Berlin, Francfort/Leipzig 1993.

Berne 1911
Dr. Albert Anker Ausstellung, catalogue d'exposition, Musée des Beaux-Arts de Berne, Berne 1911.

Berne 1928
Albert Anker 1831-1910, Kunsthalle Bern, septembre-octobre 1928, catalogue d'exposition (Avant-propos: Robert Kieser), Berne 1928.

Berne 1931
Albert Anker (1831-1910). Jahrhundertausstellung, catalogue d'exposition, Musée des Beaux-Arts de Berne, seconde édition augmentée (Avant-propos: Conrad von Mandach), Berne 1931.

Berne 1960
Albert Anker, catalogue d'exposition, Musée des Beaux-Arts de Berne (Avant-propos: Hugo Wagner), Berne 1960.

Berne 1981 II
Albert Anker und das Buch, Bibliothèque nationale suisse, Berne, avril/mai 1981.

Berne 1991
Zeichen der Freiheit. Das Bild der Republik in der Kunst des 16. bis 20. Jahrhunderts (Ed. Dario Gamboni et Georg Germann, en collaboration avec François de Capitani), Europäische Kunstausstellung 21, Musée des Beaux-Arts de Berne/Bernisches Historisches Museum, Berne 1991.

Berne 1993
Berne, Galerie Kornfeld, vente aux enchères, *Moderne Kunst des neunzehnten und zwanzigsten Jahrhunderts*, 23-24 juin 1993.

Berne 1999
Albert Anker – Adolf Wölfli. Parallele Welten (textes: Therese Bhattacharya-Stettler, Daniel Baumann, Renate Böschenstein), Musée des Beaux-Arts de Berne (Schriftenreihe Nr. 1), Berne 1999.

Berne/Winterthur 1981-1982
Anker in seiner Zeit, texte et choix des images: Sandor Kuthy, Musée des Beaux-Arts de Berne 1981/Kunstmuseum Winterthur 1982, Berne 1981.

Berne 2003
Albert Anker und Paris, Ed. Matthias Frehner, Therese Bhattacharya-Stettler, Marc Fehlmann, catalogue d'exposition, Musée des Beaux-Arts de Berne, Berne 2003.

Bhattacharya 1993
Therese Bhattacharya-Stettler, «*So tüchtig und fein empfunden*. Der Schweizer Maler Albert Anker» *in*: *Weltkunst*, 63e année, no 7, 1, Munich, avril 1993, pp. 864-867.

Bhattacharya 1994
Therese Bhattacharya-Stettler, «Ich machte was ich konnte, aber die Flügel eines Spatzes sind nicht die eines Adlers. Albert Anker als Genremaler» *in*: *Kunst und Architektur in der Schweiz* (Ed. Gesellschaft für Schweizerische Kunstgeschichte), cahier 4, 1994, pp. 361-367.

Billeter 1990
Erika Billeter, *Schweizer Malerei. Hundert Meisterwerke aus Schweizer Museen vom 15. bis zum 20. Jahrhundert*, Berne 1990.

Blanc 1866
Charles Blanc, «Salon de 1866» *in*: *Gazette des Beaux-Arts*, 1866, II, pp. 28-71.

Boime 1971
Albert Boime, *The Academy and French Painting in the Nineteenth Century*, Londres 1971.

Bordeaux/New York/Pittsburgh 2000-2001
Gérôme & Goupil. Art et entreprise, catalogue d'exposition, Musée Goupil, Bordeaux 2000-2001/Dahesh Museum of Art, New York 2001/The Frick Art and Historical Center, Pittsburgh 2001, Paris 2000.

Bourdieu 1987
Pierre Bourdieu, «L'Institutionnalisation de l'anomie» *in*: *Les Cahiers du Musée national d'art moderne*, 19-20, 1987, pp. 6-19.

Bumpus 2000
Bernard Bumpus, *Théodore Deck: Céramiste*, catalogue de l'exposition-vente *Théodore Deck Céramiste*, Londres, Blairman & Sons, 22 mars - 5 avril 2000, pp. 7-31.

Burmeister/Heilmann/Zimmermann 1999
Andreas Burmeister, Christoph Heilmann, Michael Zimmermann, *Barbizon: Malerei der Natur – Natur der Malerei*, Munich 1999.

Clark 1990
Timothy J. Clark, *The Painting of Modern Life, Paris in the Art of Manet and his Followers*, Londres 1990.

Claudon 1986
Francis Claudon, *Le Voyage Romantique: Des itinéraires pour aujourd'hui*, Paris 1986.

Clément 1878
Charles Clément, *Gleyre. Etude biographique et critique avec le catalogue raisonné de l'œuvre du maître*, Genève, Neuchâtel, Paris 1878.

Cologne 1974
Französische Keramik zwischen 1850 und 1910, collection Marie et Hans-Jörgen Heuser, Hambourg, Cologne, Kunstgewerbemuseum – Hanovre, Kestner-Museum – Darmstadt, Hessisches Landesmuseum, 1975.

Curti 1902
Theodor Curti, *Geschichte der Schweiz im XIX. Jahrhundert*, ouvrage richement illustré par A. Anker, H. Bachmann, E. Bille, L. Dünki, A. Hoffmann, J. Moray, P. Robert, H. Scherrer, La Chaux-de-Fonds, F. Zahn [1902].

Deck 1887
Théodore Deck, *La Faïence*, Paris 1887.

Delaborde 1865
Henri Delaborde, *Lettres et pensées d'Hippolyte Flandrin accompagnées de notes et précédées d'une notice biographique et d'un catalogue des œuvres du maître par le Vte Henri Delaborde*, Paris 1865.

Dettwiler 1994
Isabelle Dettwiler, *Inventaire de l'atelier d'Albert Anker*, travail de diplôme, Schule für Gestaltung Bern, Fachklasse für Konservierung und Restaurierung HFG, manuscrit Berne 1994.

Develey 1991
Robert Develey, *Albert Anker als Zofinger* (Ed. Schweizerische Vereinigung für Studentengeschichte. Studentica Helvetica. Documenta et Commentarii), no 11, Berne 1991.

Donnier 1999
Annette Donnier-Troehler, *Images de la Suisse: les paysans dans l'œuvre d'Albert Anker (1831-1910). Le monde paysan comme modèle patriotique*, Ethnoscope 5, Neuchâtel 1999.

Fehlmann 2001
Marc Fehlmann, «Hat Carl Durheim Albert Anker auf eine Daguerreotypie gebannt?» *in*: *Der kleine Bund*, 10 novembre 2001, p. 2.

Friedli 1914
Emanuel Friedli, «Ins» *in*: *Bärndütsch als Spiegel bernischen Volkstums*, vol. 4, Berne 1914.

Gaehtgens 1994
Thomas W. Gaehtgens (Ed.), *Künstlerischer Austausch. Akten des XXVIII. Internationalen Kongresses für Kunstgeschichte, Berlin, 15.-20. Juli 1992*, Berlin 1994.

Gamboni 1987
Dario Gamboni, *Kunstgeographie (La géographie artistique)* (ARS HELVETICA I. Die visuelle Kultur der Schweiz), Disentis 1987.

Gautier 1992
Théophile Gautier, *Exposition de 1859. Texte établi pour la première fois d'après les feuilletons du «Moniteur Universel»* (Ed. Wolfgang Drost et Ulrike Henninges), Reihe Siegen; Editionen vol. 5, Romanistische Abteilung, Heidelberg 1992.

Gerspach 1882-1883
Edouard Gerspach, «Les maîtres de l'industrie française au XIXe siècle. Théodore Deck» *in*: *Revue des Arts décoratifs*, 1882-1883, III (20 avril 1883), pp. 289-298, et planche hors texte.

Girodie 1903
André Girodie, «Biographies alsaciennes. XII. Théodore Deck», extrait de *La Revue alsacienne illustrée*, vol. V, n° II (1903), Strasbourg, pp. 45-60.

Girodie 1912
André Girodie, «Un Céramiste Alsacien. Théodore Deck» *in*: *Art et Industrie*, janvier 1912, Paris, non paginé.

Gloor 1986
Lukas Gloor, *Von Böcklin zu Cézanne: Die Rezeption der französischen Impressionisten in der deutschen Schweiz*, Berne 1986.

Godet 1893
Philippe Godet, *Art et patrie. Auguste Bachelin d'après son œuvre et sa correspondance*, Neuchâtel 1893.

Gogh 1965
Vincent Van Gogh, *Sämtliche Briefe* (vol. 1-6), in der Neuübersetzung von Eva Schumann (Ed. F. Erpel), Zurich 1965.

Goldstein 1996
Carl Goldstein, *Teaching Art. Academies and Schools from Vasari to Albers*, Cambridge 1996.

Goncourt 1863
Edmond et Jules de Goncourt, «Chardin» *in*: *Gazette des Beaux-Arts*, 1863, II, pp. 514 ff.

Goncourt 1864
Edmond et Jules de Goncourt, «Chardin» *in*: *Gazette des Beaux-Arts*, 1864, I, pp. 144 ff.

Gotthelf 1893
Jeremias Gotthelf, *Œuvres choisies* (Série I). Traduites par P. Buchenel. Illustrations d'A. Anker, H. Bachmann, W. Vigier. 4 vol., La Chaux-de-Fonds, F. Zahn (1893-1895). (Vol. 1): *Heurs et malheurs d'un maître d'école*. Traduction de P. Buchenel. Illustrations d'A. Anker (1893).

Gotthelf 1901-1902
Jeremias Gotthelf, *Œuvres choisies* (Série II). Traduites par B. Robert de Rutté, P. Buchenel, A. Bourquin, J. Sandoz. Préface de R. Comtesse. Illustrations d'A. Anker, H. Bachmann, K. Gehri, P. Robert, B. Vautier, E. Burnand. 5 vol., La Chaux-de-Fonds, F. Zahn (1901-1902).

Greyerz 1932
Otto von Greyerz, «Drei Briefe Albert Ankers aus seinen letzten Theologen- und ersten Künstlerjahren (1854-56)» *in*: *Der kleine Bund*, Supplément littéraire du *Bund*, 13e année, n° 35, 28 août, Berne 1932, pp. 273-277.

Grunchec 1983
Philipp Grunchec, *Le prix de peinture. Les concours des Prix de Rome de 1797 à 1863*, Paris 1983.

Guebwiller 1991
Il arracha le feu au ciel, Th. Deck 1823-1891, Musée du Florival, Guebwiller, 15 juin - 15 septembre 1991.

Hambourg 1970
Dr. Heuzer & Co, *Miscellanea 2*, avril 1970.

Hauptman 1985
William Hauptman, «Delaroche's and Gleyre's Teaching Ateliers and Their Group Portraits» *in*: *Studies in the History of Art*, National Gallery of Washington, vol. 18, 1985, pp. 79-119.

Hauptman 1986
William Hauptman, «Charles Gleyre and the Swiss Fine Arts Section of the Exposition Universelle of 1867» *in: Zeitschrift für Schweizerische Archäologie und Kunstgeschichte* (ZAK), vol. 43, 1986, cahier 4, pp. 368 ff.

Hauptman 1996
William Hauptman, *Charles Gleyre 1806-1874. Life and Works (Biography) and Catalogue Raisonné* (Ed. Schweizerisches Institut für Kunstwissenschaft, Zurich), 2 vol., Bâle/Princeton 1996.

Honour 1979
Hugh Honour, *Romanticism*, New York 1979.

Huber 1984 I
Jörg Huber, *Zwischen Harmonie und Aufbruch. Das 19. Jahrhundert. Schweizer Malerei von den Anfängen bis ins 20. Jahrhundert*, II, Glattbrugg 1984.

Huber 1984 II
Jörg Huber, *Albert Anker (1831-1910). 32 ausgewählte Bilder* (introduction à la vie et l'œuvre, description des toiles), 2e série, Glattbrugg (Beobachter-Galerie) 1984 (1re série, voir: **Zelger 1980**).

Huggler 1962
Albert Anker. Katalog der Gemälde und Ölstudien, introduction: Max Huggler, préparation: Hugo Wagner, Katalin von Walterskirchen (Ed. Musée des Beaux-Arts de Berne/Verlag Berner Tagblatt), Berne 1962.

Hütt 1984
Wolfgang Hütt, *Die Düsseldorfer Malerschule, 1819-1869*, Leipzig 1984.

Ins (Anet) 1948
Albert Anker, exposition mise sur pied par l'Office du tourisme Anet 1948, Salle de gymnastique Anet, catalogue d'exposition (Avant-propos: Carl Albert Loosli), Berne 1948.

Ins (Anet) 2000
Albert Anker – Wege zum Werk / Le chemin de la création, catalogue d'exposition, Anet 2000.

Köhler/Rucki 2002-2003
Bettina Köhler/Isabelle Rucki, «Atelierhäuser im 19. Jahrhundert» *in: Kunst und Architektur in der Schweiz / Art et Architecture en Suisse*, Gesellschaft für Schweiz. Kunstgeschichte GSK, cahier 53, 2002-2003, pp. 6-16.

Kuthy 1985 I
Sandor Kuthy, *Albert Anker, collaborateur artistique de Théodore Deck*, Annuaire de la Société d'histoire des régions de Thann-Guebwiller, tome XV (1983-1984), Guebwiller 1985, pp. 85-88.

Kuthy 1985 II
Sandor Kuthy, *Albert Anker. Faïences en collaboration avec Théodore Deck*, Lausanne 1985. [Edition allemande: *Albert Anker. Fayencen in Zusammenarbeit mit Théodore Deck*, Zürich/Schwäbisch Hall 1985.]

Kuthy 1988
Verzeichnis der Zeichnungen und der Druckgraphik von Albert Anker im Kunstmuseum Bern / Liste des dessins et des gravures d'Albert Anker au Musée des Beaux-Arts de Berne. Einleitung / Introduction: Sandor Kuthy. Berne, Musée des Beaux-Arts 1988 (la même *in: Berner Kunstmitteilungen*, no 260/261, févr./avril 1988).

Kuthy 1991
Sandor Kuthy, *Albert Ankers Antlitz. Selbstbildnisse, Bildnisse, Photographien*, Seedamm-Kulturzentrum Pfäffikon SZ 1991 (voir aussi: **Pfäffikon 1991**).

Kuthy/Bhattacharya 1995
Sandor Kuthy, Therese Bhattacharya-Stettler, *Albert Anker (1831-1910). Werkkatalog der Gemälde und Ölstudien / Catalogue raisonné des peintures et des études à l'huile* (Ed. Musée des Beaux-Arts de Berne), Bâle 1995.

Kuthy/Lüthy 1980
Sandor Kuthy, Hans A. Lüthy, *Albert Anker: Zwei Autoren über einen Maler*, Zurich 1980. [Edition française: *Albert Anker. Deux portraits d'un artiste*, Lausanne 1980.]

Lausanne 1987
Bernard Wyder, *Anker. Chroniques intemporelles. Catalogue raisonné des œuvres d'Albert Anker au Musée cantonal des Beaux-Arts de Lausanne*, Lausanne 1987.

Lépinois 1859
Eugène de Buchère de Lépinois, *L'Art dans la rue et l'art au Salon*, Paris 1859.

Londres 2000
Théodore Deck Céramiste, Londres, Blairman & Sons, 22 mars - 5 avril 2000.

Lucas 1979
The Diary of George A. Lucas: An American Art Agent in Paris 1857-1909, vol. I + II, Ed. William M. C. Randall, Princeton 1979.

Zbinden 1961
Hans Zbinden, *Anker in neuer Sicht* (avec des lettres inédites), Berne 1961 (Berner Heimatbücher n°s 81/82/83).

Zelger 1973
Franz Zelger, *Heldenstreit und Heldentod. Schweizerische Historienmalerei im 19. Jahrhundert*, Zurich 1973.

Zelger 1977
Franz Zelger, *Stiftung Oskar Reinhart Winterthur*, vol. 1: *Schweizer Maler des 18. und 19. Jahrhunderts*, catalogues musées et collections suisses 3/I (Ed. Stiftung Oskar Reinhart Winterthur, en collaboration avec le Schweizerisches Institut für Kunstwissenschaft, Zurich), Zurich 1977.

Zelger 1980
Franz Zelger (introduction et interprétation des toiles), *Albert Anker 1831-1910. 32 ausgewählte Bilder zum 150. Geburtstag des Malers*, Glattbrugg 1980.

Zurich 1911
Albert Anker, exposition Kunsthaus Zürich, Zurich 1911.

Zurich 1971
Albert Anker. Ein bedeutendes Gemälde, Zeichnungen und Aquarelle aus seinen Skizzenbüchern, catalogue d'exposition Galerie Kurt Meissner, Zurich 1971.

Zurich 1985
Albert Anker 1831-1910, Fayencen in Zusammenarbeit mit Théodore Deck, Haus zum Rechberg, Zurich – Musée des Beaux-Arts de Berne – Musée du Florival, Guebwiller, 1985.

Zurich 1996
Zurich, Sotheby's, vente aux enchères, *Schweizer Kunst Helvetica*, 5 juin 1996.

Zurich 1997
Zurich, Sotheby's, vente aux enchères, *Schweizer Kunst / Art suisse*, 11 décembre 1997.

Zurich/Genève 1998
Von Anker bis Zünd: Die Kunst im jungen Bundesstaat 1848-1900 (Ed. Christian Klemm), catalogue d'exposition, Kunsthaus Zürich 1998 / en français: *La peinture suisse entre réalisme et idéal (1848-1906)*, catalogue d'exposition, Musée Rath, Genève 1998.

Liste des œuvres
Verzeichnis der Werke

1
Portrait d'un vieillard,
copie d'après Rembrandt
Bildnis eines Greises,
Kopie nach Rembrandt
1851
Huile sur papier sur carton
Öl auf Papier auf Karton
25,4×23,1 cm
Collection Christoph Blocher
Page / *Seite* 77 haut / *oben*

2
Saint Sébastien, copie d'après Titien
***Heiliger Sebastian**, Kopie nach Tizian*
1861
Huile sur toile
Öl auf Leinwand
30,9×16 cm
Stiftung Albert Anker-Haus, Ins
Page / *Seite* 77 bas / *unten*

3
Les Joueurs d'osselets
Das Knöchelspiel
1864
Huile sur toile
Öl auf Leinwand
80,5×65,5 cm
Musée gruérien, Bulle
Page / *Seite* 79

4
Job et ses amis
Hiob und seine Freunde
1856
Huile sur toile
Öl auf Leinwand
65,5×82 cm
Collection particulière
Page / *Seite* 81

5
L'Enfant prodigue
Der verlorene Sohn
1858
Huile sur toile
Öl auf Leinwand
81×61 cm
Collection Christoph Blocher
Page / *Seite* 83

6
La Sortie d'église
Nach dem Gottesdienst
1863
Huile sur toile
Öl auf Leinwand
100×172 cm
Musée d'art et d'archéologie
de Laon, Aisne (France),
dépôt de l'Etat (1863)
Page / *Seite* 84

7
Le Baptême
Die Taufe
1864
Huile sur toile
Öl auf Leinwand
85,5×129 cm
Collection particulière
Page / *Seite* 85

8
Les Pèlerins de Gléresse
Pilgerzug bei Ligerz
1889
Huile sur toile
Öl auf Leinwand
91×180 cm
Musée d'art et d'histoire, Neuchâtel
(Don James et Frédéric de Pury)
Page / *Seite* 87

9
Dimanche après-midi
Sonntag nachmittag
1862
Huile sur toile
Öl auf Leinwand
82×65 cm
Musée d'art et d'histoire, Neuchâtel
Page / *Seite* 89

10
Les Polonais en exil
Die polnischen Verbannten
1868
Huile sur toile
Öl auf Leinwand
62×50 cm
Stiftung für Kunst,
Kultur und Geschichte, Winterthur
Page / *Seite* 91

11
Le Soldat de 1830 revenant au pays
Die Heimkehr des Soldaten von 1830
1872
Huile sur toile
Öl auf Leinwand
60×87 cm
Musée des Beaux-Arts,
La Chaux-de-Fonds (1899)
Page / *Seite* 93

12
Pestalozzi et les orphelins de Stans
Heinrich Pestalozzi und
die Waisenkinder in Stans
1870
Huile sur toile
Öl auf Leinwand
95×73 cm
Kunsthaus Zürich
Page / *Seite* 95

13
L'Examen
Das Schulexamen
1862
Huile sur toile
Öl auf Leinwand
103×175 cm
Musée des Beaux-Arts de Berne,
Etat de Berne
Page / *Seite* 97

14
Gamin allant à l'école
Schulknabe mit Schiefertafel in Schneelandschaft
1875
Huile sur toile
Öl auf Leinwand
43×33 cm
Kunsthaus Zürich,
legs H. Schulthess-v. Meiss, 1898
Page / *Seite* 98

15
Ecolier
Schulknabe mit Schiefertafel
1877
Huile sur toile
Öl auf Leinwand
60×39,4 cm
Stiftung für Kunst,
Kultur und Geschichte, Winterthur
Page / *Seite* 99

16
Les Enfants à leur tâche
Kinder bei den Hausaufgaben
vers / *um* 1900
Huile sur toile
Öl auf Leinwand
50×63 cm
Collection particulière
Page / *Seite* 100

17
Fillette écrivant
Schreibendes Mädchen
vers / *um* 1900
Huile sur toile
Öl auf Leinwand
35×51,5 cm
Collection particulière
Page / *Seite* 101

18
L'Ecole en promenade
Der Schulspaziergang
1872
Huile sur toile
Öl auf Leinwand
90×150 cm
Collection Christoph Blocher
Page / *Seite* 103

19
La Crèche II
Die Kinderkrippe II
1894
Huile sur toile
Öl auf Leinwand
61×112 cm
Collection particulière
Page / *Seite* 105

20
La Crèche en promenade
Kleinkinderschule auf der Kirchenfeldbrücke
1900
Huile sur toile
Öl auf Leinwand
76×127 cm
Gottfried Keller-Stiftung,
Musée des Beaux-Arts de Berne
Page / *Seite* 107

21
La Gymnastique
Turnstunde in Ins
1879
Huile sur toile
Öl auf Leinwand
96×147,5 cm
Collection particulière
Page / *Seite* 109

22
Les Catéchumènes de Müntschemier
Die Konfirmandinnen von Müntschemier
1901
Huile sur toile
Öl auf Leinwand
86×131 cm
Commune d'Anet / *Gemeinde Ins*
Page / *Seite* 111

23
Pas exposé
Nicht ausgestellt
Fillette tricotant
Strickendes Mädchen
1881
Huile sur toile
Öl auf Leinwand
46×38 cm
Collection particulière
Page / *Seite* 113

24
Les Sœurs Gugger tricotant
Rosa und Bertha Gugger beim Stricken
vers / *um* 1885
Huile sur toile
Öl auf Leinwand
51,5×63 cm
Stiftung für Kunst,
Kultur und Geschichte, Winterthur
Page / *Seite* 114

25 (voir aussi cat. nº 90)
Rosa et Bertha Gugger
Rosa und Bertha Gugger
1883
Huile sur toile
Öl auf Leinwand
65,5×54,5 cm
Collection Christoph Blocher
Page / *Seite* 115

26
Jeune fille se coiffant
Mädchen, die Haare flechtend
1887
Huile sur toile
Öl auf Leinwand
70,5×54 cm
Stiftung für Kunst,
Kultur und Geschichte, Winterthur
Page / *Seite* 117

27
La Mariette aux fraises
Erdbeerimareili
1884
Huile sur toile
Öl auf Leinwand
82×60 cm
Musée cantonal des Beaux-Arts, Lausanne
(Don de Mme Bovon
selon le désir de Mlle E. Spühler, 1939)
Page / *Seite* 118

28
Le Petit Chaperon rouge
Rotkäppchen
vers / *um* 1883
Huile sur toile
Öl auf Leinwand
85,5×62 cm
Stiftung für Kunst,
Kultur und Geschichte, Winterthur
Page / *Seite* 119

29
Amitié
Freundschaft
1879
Huile sur toile
Öl auf Leinwand
22×28,5 cm
Collection Cymbalista
Page / *Seite* 120 haut / *oben*

30
Fillette mangeant sa soupe
Suppe essendes Mädchen
1898
Huile sur toile
Öl auf Leinwand
36×47 cm
Collection particulière
Page / *Seite* 120 bas / *unten*

31
Fillette buvant du café
Mädchen,
Kaffee trinkend
1870
Huile sur métal
Öl auf Blech
42×31,5 cm
Collection particulière
Page / *Seite* 121

32
Jeune Fille tenant deux chats
Mädchen mit zwei Katzen
1888
Huile sur toile
Öl auf Leinwand
66×43 cm
Collection particulière
Page / *Seite* 123

33
Portrait d'un garçon
Knabenbildnis
non daté / *undatiert*
Huile sur toile
Öl auf Leinwand
40,5×32,5 cm
Collection particulière
Page / *Seite* 124

34
Dans les bois
Schlafendes Mädchen im Wald
1865
Huile sur toile
Öl auf Leinwand
62,5×49,5 cm
Palais des Beaux-Arts de Lille
Page / *Seite* 125

35
La Convalescente
Genesung
1879
Huile sur toile
Öl auf Leinwand
59,5×70 cm
Collection Christoph Blocher
Page / *Seite* 126

36
La Convalescente I
Die Genesende I
1878
Huile sur toile
Öl auf Leinwand
59×85 cm
Collection Christoph Blocher
Page / *Seite* 127

37
Ruedi Anker sur son lit de mort
Ruedi Anker auf dem Totenbett
1869
Huile sur toile
Öl auf Leinwand
34×64 cm
Collection Christoph Blocher
Page / *Seite* 129

38
Le Nouveau-Né
Der Neugeborene
1867
Huile sur toile
Öl auf Leinwand
104×115 cm
Musée cantonal des Beaux-Arts, Lausanne
Page / *Seite* 130

39
Grand-mère tricotant avec sa petite-fille
Strickende Grossmutter mit Enkelin
1875
Huile sur toile
Öl auf Leinwand
58,5×40,5 cm
Collection particulière
Page / *Seite* 131

40
Une vieille
et une petite fille
enfilant une aiguille
Alte Frau und Mädchen beim Nähen
1887
Huile sur toile
Öl auf Leinwand
63,5×97 cm
Collection particulière
Page / *Seite* 132

41
La Sieste
Grossvater mit schlafender Enkelin
1880-1881
Huile sur toile
Öl auf Leinwand
54×70 cm
Collection particulière
Page / *Seite* 133
Une autre version de la toile (1879)
est exposée / *Eine andere Version des*
Gemäldes (1879) wird ausgestellt

42
Paysan aux haricots
Bauer, Bohnen rüstend
1901
Huile sur toile
Öl auf Leinwand
46,2×61,1 cm
Collection particulière
Page / *Seite* 134

43
Vieillard et deux enfants
Grossvater mit Enkelkindern
1881
Huile sur toile
Öl auf Leinwand
100×75 cm
Collection Christoph Blocher
Page / *Seite* 135

44
Le Vieux Lecteur
Zeitungsleser
1878
Huile sur toile
Öl auf Leinwand
61×48 cm
Musée d'art et d'histoire, Neuchâtel
(Don Alfred Borel, Bâle)
Page / *Seite* 137

45
Le Pauvre Homme
Der Trinker
1869
Huile sur toile
Öl auf Leinwand
69×52 cm
Musée des Beaux-Arts de Berne,
legs Hermann Bürki, Berne/Sierre
Page / *Seite* 139

46
Intérieur avec mère et enfants
Bauernstube mit Mutter und Kindern
1876-1877
Huile sur toile
Öl auf Leinwand
30,5×49 cm
Collection Christoph Blocher
Page / *Seite* 140

47
Intérieur paysan avec tricoteuse
Bauernstube mit strickender Frau
vers / *um* 1898
Huile sur toile
Öl auf Leinwand
30,5×49 cm
Collection Christoph Blocher
Page / *Seite* 141

48
Trois jeunes filles tressant des couronnes
Drei Mädchen beim Kränzewinden
1868
Huile sur toile
Öl auf Leinwand
65,5×51 cm
Collection particulière
Page / *Seite* 142

49
Les Poules
Die Hühner
1868
Huile sur toile
Öl auf Leinwand
66×51 cm
Collection particulière
Page / *Seite* 143

50
Jeune Fille donnant du grain aux poules
Mädchen, Hühner fütternd
1865
Huile sur toile
Öl auf Leinwand
66×51 cm
Musée d'art et d'histoire, Neuchâtel
(Don Frédéric de Pury)
Page / *Seite* 145

51
Sous la pluie
Im Regen
1884
Huile sur toile
Öl auf Leinwand
60,5×45 cm
Collection particulière
Page / *Seite* 146

52
Décembre
Dezember
1888
Huile sur toile
Öl auf Leinwand
85,5×63,5 cm
Stiftung für Kunst,
Kultur und Geschichte, Winterthur
Page / *Seite* 147

53
Le Paiement de l'intérêt
Der Zinstag
1871
Huile sur toile
Öl auf Leinwand
80,5×117 cm
Collection particulière
Page / *Seite* 149

54
Le Mège II
Der Quacksalber II
1881
Huile sur toile
Öl auf Leinwand
72×87,5 cm
Collection Christoph Blocher
Page / *Seite* 151

55
Le Secrétaire de commune II
Der Gemeindeschreiber II
1875
Huile sur toile
Öl auf Leinwand
64,5×52 cm
Musée cantonal des Beaux-Arts, Lausanne
(Achat avec l'aide de M. A. Brandenburg,
1908)
Page / *Seite* 153

56
Portrait des fils Chrétien
Bildnis der Söhne Chrétien
1880
Huile sur toile
Öl auf Leinwand
91×64 cm
Collection particulière
Page / *Seite* 155

57
Portrait de Marie Anker
Bildnis Marie Anker
1881
Huile sur toile
Öl auf Leinwand
81,2×65 cm
Musée des Beaux-Arts de Berne,
legs Charlotte Quinche, Neuchâtel
Page / *Seite* 157

58
Portrait de Franz Anton Zetter
Bildnis Franz Anton Zetter
1894
Huile sur toile
Öl auf Leinwand
58,5×44 cm
Kunstmuseum Solothurn
Page / *Seite* 159

59
Les Enfants de Bary
Die Kinder de Bary
1880
Huile sur toile
Öl auf Leinwand
85×64 cm
Collection particulière, Berne
Page / *Seite* 161

60
Louise Anker tenant sa poupée
Louise Anker mit Puppe
1867
Huile sur toile
Öl auf Leinwand
42×31,5 cm
Collection Christoph Blocher
Page / *Seite* 162

61
François Ehrmann dans sa chaise d'enfant
François Ehrmann im Kinderstuhl
1870
Huile sur bois
Öl auf Holz
21,5×16 cm
Collection particulière
Page / *Seite* 163

62
Portrait d'Alfred Zuber
Bildnis Alfred Zuber
1868
Huile sur toile
Öl auf Leinwand
58×40 cm
Collection particulière
Page / *Seite* 165

63
Nature morte au jambon
Stilleben mit Schinken
1896
Huile sur toile
Öl auf Leinwand
40×48 cm
Collection Christoph Blocher
Page / *Seite* 167

64
Nature morte: café et pommes de terre
Stilleben: Kaffee und Kartoffeln
1897
Huile sur toile
Öl auf Leinwand
51×42 cm
Collection Christoph Blocher
Page / *Seite* 168

65
Nature morte: thé élégant
Stilleben: Gediegener Tee
1897
Huile sur toile
Öl auf Leinwand
51×42 cm
Collection Christoph Blocher
Page / *Seite* 169

66
Nature morte: vin nouveau
Stilleben: Neuer Wein
1897
Huile sur toile
Öl auf Leinwand
39×45 cm
Musée des Beaux-Arts de Berne, Stiftung Gemäldesammlung Emil Bretschger
Page / *Seite* 170

67
Nature morte: vin vieux
Stilleben: Alter Wein
1897
Huile sur toile
Öl auf Leinwand
39×45 cm
Musée des Beaux-Arts de Berne, Stiftung Gemäldesammlung Emil Bretschger
Page / *Seite* 171

68
Nature morte: langouste II
Stilleben: Languste II
1882-1883
Huile sur toile
Öl auf Leinwand
45×54 cm
Collection particulière
Page / *Seite* 172

69
Jeune Paysan
Junger Bauernknabe
sans date
ohne Datum
Crayon
Bleistift
28×20,7 cm
Stadtbibliothek Zofingen
Page / *Seite* 188

70
Fillette à l'école
Mädchen in der Schule
1858
Crayon
Bleistift
26,7×23,5 cm
Kunsthaus Zürich, Grafische Sammlung
Page / *Seite* 189

Livre d'esquisses
3 de 50 pages (ornements, études de costumes, objets, etc., copiés au Louvre)
Skizzenbuch
3 von 50 Seiten (Ornamente, Kostümstudien, Objekte u.a. im Louvre kopiert)
1870-1875
Crayon
Bleistift
11,7×17 cm
Musée des Beaux-Arts de Berne, Stiftung Gemäldesammlung Emil Bretschger
Page / *Seite* 190

Livre d'esquisses
Skizzenbuch
avec 14 pages / *mit 14 Seiten*
1897-1898
Diverses techniques
Verschiedene Techniken
18,4×12 cm
Gottfried Keller-Stiftung, Musée des Beaux-Arts de Berne
Page / *Seite* 191

71
Le Voleur
Der Dieb
(Illustrationsvorlage zu *Leiden und Freuden eines Schulmeisters* von J. Gotthelf)
après / *nach* 1890
Sepia
Sepia-Aquarell
45×59 cm
Collection Christoph Blocher
Page / *Seite* 192

72
Le Buveur
Illustration pour Jeremias Gotthelf
(«Dy herrgotsdonner Schnaps het di wyt bracht»)
Illustration zu Jeremias Gotthelf,
Dursli, der Branntwein-Säufer
1884
Charbon et crayon sur carton
Kohle und Bleistift auf Karton
59,2×74,4 cm
Musée des Beaux-Arts de Berne,
Etat de Berne
Page / *Seite* 193

73
Etude pour *La Signature du contrat de mariage*
***Studie zur* Ziviltrauung**
avant / *vor* 1887
Encre, aquarelle et lavis, charbon ou craie
Tusche und Aquarell, laviert uber Kohle oder Kreide
55,5×98,5 cm LM
Kunsthaus Zürich, Grafische Sammlung
Page / *Seite* 195

74
Louise Anker au piano,
avec Marie et Maurice
Louise Anker am Klavier,
mit Marie und Maurice
1882
Craie et crayon
Kreide und Bleistift
25,4×32,9 cm
Collection particulière
Page / *Seite* 196

75
Intérieur avec lampe
Interieur mit Lampe
avant / *vor* 1887
Aquarelle sur crayon
Aquarell über Bleistift
18,5×33,8 cm
Kunsthaus Zürich, Grafische Sammlung
Page / *Seite* 197

76
Fillette dans la cuisine
Mädchen in der Küche
avant / *vor* 1886
Aquarelle et encre
(dans un livre de comptes de la famille)
Aquarell und Tusche
(in einem Rechnungs- und Notizbuch der Familie)
21×17 cm
Collection particulière
Page / *Seite* 199

77
Derrière la maison Anker
Hinter dem Anker-Haus
sans date / *ohne Datum*
Aquarelle
Aquarell
9×23,8 cm LM
Collection particulière, Berne
Page / *Seite* 200

78
Devant la maison Anker:
Cécile Anker avec chat
Vor dem Anker-Haus:
Cécile Anker mit Katze
sans date / *ohne Datum*
Aquarelle
Aquarell
23,5×31 cm
Collection particulière, Berne
Page / *Seite* 201

79
Mantova,
Lac Supérieur et Eglise des Anges
1891
Aquarelle
Aquarell
9,2×14 cm
Collection particulière
Page / *Seite* 202

80
Mantova
1891
Aquarelle
Aquarell
14×8,5 cm
Collection particulière
Page / *Seite* 203

81
S. Apollinare in Classe, Ravenna
1891
Aquarelle
Aquarell
10,2×15 cm
Collection particulière
Page / *Seite* 204

82
Eglise de St. Blaise, Ravenna
Kirche von St. Blasius, Ravenna
1891
Aquarelle
Aquarell
10×15,5 cm
Collection particulière
Page / *Seite* 205

83
Marignano
1891
Aquarelle
Aquarell
15×8 cm
Collection particulière
Page / *Seite* 206

84
Perugia
1887
Aquarelle
Aquarell
15×10,2 cm
Collection particulière
Page / *Seite* 207

85
Fillette lisant à la table (Marie)
Lesendes Mädchen am Tisch (Marie)
12 oct. 1885
Couleur bleu faïence
Fayencefarbe blau
~ 17×23 cm
Collection particulière
Page / *Seite* 208

86
Mère avec enfant lisant
Mutter mit Kind, lesend
vers / *um* 1885
Couleur bleu faïence
Fayencefarbe blau
16,5×23,2 cm LM
Collection particulière, Berne
Page / *Seite* 209

87
Portrait d'une fille en costume historique
Bildnis eines Mädchens in historischem Kostüm
sans date / *ohne Datum*
Aquarelle
Aquarell
32,5×23,5 cm (Papier)
Collection Christoph Blocher
Page / *Seite* 210

88
Convalescence
Genesung
vers / *um* 1880
Aquarelle
Aquarell
24,2×34 cm LM
Collection particulière, Berne
Page / *Seite* 211

89
Les Sœurs Gugger
Rosa und Bertha Gugger
1883
Encre et aquarelle
Tusche und Aquarell
38×36,5 cm
Collection Christoph Blocher
Page / *Seite* 212

90 (voir aussi cat. n° 25)
Les Sœurs Gugger
Rosa und Bertha Gugger
1883
Charbon sur carton
Kohle auf Karton
62,5×46,5 cm
Collection Christoph Blocher
Page / *Seite* 213

91
Le Petit Papa
Der kleine Vater
vers / *um* 1883
Charbon et encre, lavis
Kohle und Tusche, laviert
67,7×49,7 cm
Collection Christoph Blocher
Page / *Seite* 214

92
Fillette assise avec chat
Sitzendes Mädchen mit Katze
1882
Charbon et encre, lavis
Kohle und Tusche, laviert
73,4×58,4 cm
Collection Christoph Blocher
Page / *Seite* 215

93
Famille endeuillée
Trauernde Familie
vers / *um* 1888
Charbon
Kohle
64,5×51 cm
Musée des Beaux-Arts de Berne, Stiftung Gemäldesammlung Emil Bretschger
Page / *Seite* 216

94
Famille heureuse
Glückliche Familie
1888
Charbon
Kohle
64,5×51 cm
Musée des Beaux-Arts de Berne, Stiftung Gemäldesammlung Emil Bretschger
Page / *Seite* 217

95
Fillette tricotant à la fenêtre ouverte
Strickendes Mädchen am offenen Fenster
sans date / *ohne Datum*
Charbon
Kohle
54,5×39,5 cm
Collection Christoph Blocher
Page / *Seite* 218

96
Fillette tricotant en profil
Strickendes Mädchen im Profil
sans date / *ohne Datum*
Aquarelle
Aquarell
34×24 cm
Collection Fondation Pierre Gianadda, Martigny
Page / *Seite* 219

97
Fillette tricotant à la lueur d'une lampe à huile
Strickendes Mädchen im Schein einer Öllampe
sans date / *ohne Datum*
Aquarelle
Aquarell
23,2×28,7 cm
Collection Christoph Blocher
Page / *Seite* 220

98
Fillette tricotant
Strickendes Mädchen
1906
Aquarelle
Aquarell
32,7×25,5 cm
Musée des Beaux-Arts de Berne, Gottfried Keller-Stiftung, legs M. et Mme Georges Bloch
Page / *Seite* 221

99
Vieux Paysan avec soupe
Alter Mann, Suppe löffelnd
1908
Aquarelle
Aquarell
34,6×25 cm
Collection particulière, Berne
Page / *Seite* 222

100
Garçon avec carotte
Knabe mit grossem Rüebli
1907
Aquarelle
Aquarell
34,6×24,6 cm
Collection particulière, Berne
Page / *Seite* 223

101
Louise et Marie Anker dans le salon
Louise und Marie Anker in der Stube
1881
Crayon et encre de Chine
Bleistift und Tusche auf Papier
19,3×24 cm LM
Stiftung Albert Anker-Haus, Ins
Page / *Seite* 224

102
Un maître d'école
Ein Schulmeister
sans date / *ohne Datum*
Crayon
Bleistift
29×21,8 cm
Collection Fondation Pierre Gianadda, Martigny
Page / *Seite* 225

103
Emil Anker sur son lit de mort
Emil Anker auf dem Totenbett
3 Décembre 1871
Crayon
Bleistift
31×48 cm
Stiftung Albert Anker-Haus, Ins
Page / *Seite* 226

104
Tête d'un roi juif (David?)
Kopf eines jüdischen Königs *(David?)*
avant / *vor* 1872
Crayon, plume, aquarelle, gouache
Bleistift, Feder, Aquarell, Deckweiss
~ 19,3×17,1 cm
Öffentliche Kunstsammlung Basel, Kupferstichkabinett
Page / *Seite* 227

105 (voir aussi cat. n° 110)
Jeanne d'Arc (Etude pour faïence)
Jeanne d'Arc (Studie zu Fayence)
vers / *um* 1880
Crayon
Bleistift
48×39,5 cm (oval)
Collection particulière, Berne
Page / *Seite* 228

106
Albert Anker en collaboration avec Théodore Deck
Portrait de Théodore Deck
1870
Faïence, inscription en relief
Fayence, Inschrift als Relief
D 30 cm
Musée du Florival, Guebwiller
Page / *Seite* 238

107
Albert Anker en collaboration
avec Théodore Deck
Plat à décor assyrien
Platte mit assyrischem Dekor
1870
Faïence à décor polychrome
Fayence mit polychromem Dekor
D 53 cm
Musée d'Orsay, Paris
(Don de M. Jean-Marie Rossi)
Page / *Seite* 239

108
Albert Anker en collaboration
avec Théodore Deck
Portrait de dame en costume du XVIIe siècle
Damenbildnis in Kostüm des 17. Jahrhunderts
1873
Faïence / *Fayence*
D 33 cm
Collection particulière
Courtesy Sotheby's, Zurich
Page / *Seite* 240

109
Albert Anker en collaboration
avec Théodore Deck
Ambroise Paré
vers / *um* 1879
Faïence, fond d'or
Fayence auf Goldgrund
D 30 cm
Musée du Florival, Guebwiller
Page / *Seite* 241

110 (voir aussi cat. n° 105)
Albert Anker en collaboration
avec Théodore Deck
Jeanne d'Arc
vers / *um* 1880
Faïence
Fayence
D 33,5 cm
Collection Christoph Blocher
Page / *Seite* 242

111
Albert Anker en collaboration
avec Théodore Deck
Etudiant vers 1200
Student um 1200
1883
Faïence
Fayence
D 31 cm
Collection particulière
Page / *Seite* 243

112
Albert Anker en collaboration
avec Théodore Deck
Portrait d'André Vésale, fondateur de l'anatomie moderne
Porträt von André Vésale, Begründer der modernen Anatomie
1888
Faïence, fond d'or
Fayence auf Goldgrund
100 × 50 cm
Prêt Université de Bâle
Page / *Seite* 244

113
Albert Anker en collaboration
avec Théodore Deck
Blanche Berthoud, artiste peintre
Blanche Berthoud, Malerin
1889
Faïence
Fayence
D 61 cm
Musée des Beaux-Arts de Berne,
Stiftung Gemäldesammlung
Emil Bretschger
Page / *Seite* 245

114
Albert Anker en collaboration
avec Théodore Deck
Gottfried de Strasbourg
1892
Faïence
Fayence
D 30 cm
Société industrielle de Mulhouse,
dépôt Musée du Florival, Guebwiller
Page / *Seite* 246

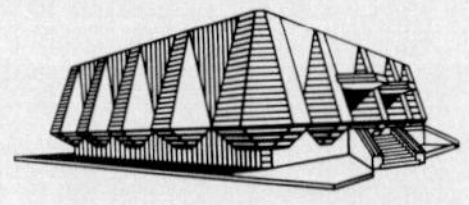

Nous tenons à témoigner notre gratitude aux Amis de la Fondation et aux généreux donateurs qui, par leur contribution, nous permettent la mise sur pied de notre programme de concerts et d'expositions.

Nous remercions tout particulièrement:

La Commune de Martigny
L'Etat du Valais

Banque Cantonale du Valais
Banque Julius Bär & Cie SA
Caves Orsat-Rouvinez Vins
Champagne Moët & Chandon
Les Chemins de fer fédéraux suisses
Christie's Suisse, J.-L. R.
Conseil de la culture, Etat du Valais
Credit Suisse Private Banking
EFG Private Bank SA
Genevoise Assurances, Genève
Groupe Mutuel, Martigny
Hôtel La Porte d'Octodure, Martigny-Croix
Imprimeries Réunies Lausanne s.a.
Loterie Romande
Les Fils de Charles Favre SA, Sion
Le Gourmet, Hôtel du Forum, Martigny
La Mobilière, assurances et prévoyance
M. John Magnier
M. Dan Mayer, Zoug
Mme H. M.-B., Berne
M. J. J. et Mme A. La B., Belgique
Journal Le Temps
Mme Brigitte Mavromichalis, Martigny
Nestlé SA, Vevey
Le Nouvelliste et Feuille d'Avis du Valais
Rentenanstalt Swiss Life
Société de développement de Martigny
Swiss Air Lines
Touring Club Suisse Valais
Le Tunnel du Grand-Saint-Bernard
Valmont

ainsi que:

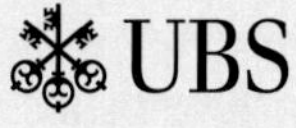

La Fondation Pierre Gianadda

Temple de platine à Fr. 5000.–

Alpina Versicherung, Beat W. Meier, Zurich
Alpwater, eau minérale naturelle, Saxon
Assunta Sommella Peluso,
Ada Peluso and Romano I. Peluso
in memory of Ignazio Peluso, New York
AXA Art Assurances SA, Zurich
Bugnon Gérald, Verbier
Burrus Charles et Bernadette, Boncourt
Caves Orsat SA, Martigny
Distillerie Louis Morand et Cie, Martigny
Dyke James T., Little Rock, Arkansas, USA
Expositions Natural Le Coultre SA, Genève
Henniez SA, eaux minérales, Henniez
Hôtel des Bains de Saillon
Hôtel du Parc SA, Martigny
Hôtel La Porte d'Octodure, Martigny-Croix
Imprimeries Réunies Lausanne s.a., Renens
Kuhn & Bülow, Versicherungsmakler, Zurich
La Mobilière, Assurances & prévoyance, Martigny
Magnier John, Verbier
Mayer Dan, Zoug
Nardin Pierre-Antoine, Le Locle
Office du Tourisme, Martigny
Paul Marti Matériaux SA, Martigny
Pictet & Cie, Genève
Pour-cent culturel MIGROS
Rouvinez Vins SA
SGA, Bernard Develey, Sion
Thea Pharma, Schaffhouse
Veuthey & Cie SA, Martigny

Chapiteau d'or à Fr. 1000.–

Allianz Assurances, Martigny
Anonyme, Genève
Anonyme, Paris
Association culturelle, Les Amis de Daisy Bacca, Les Fontaines/Ollon
Association des Résidents de la Vallée de Chamonix
AXO - P.S.I., espaces publicitaires, Jean-François Simond, Meythet/Annecy, France
Barbier Marie-Christine, Villars
Basler Versicherungs-Gesellschaft, Abt. Transportversicherung, Bâle
Bauknecht SA, appareils ménagers, Crissier
Berrut G. et J., Hôtel Bedford, Paris
Betondrance SA, Martigny
Bétrisey Edouard, gypserie-peinture-vitrerie, Martigny
Bloemsma Marco P., Lausanne
Bonhôte Anne, journaliste, Anières
BSI SA, Lausanne, Genève
Café «Les Platanes», Etienne Subilia, Martigny
Cappi-Marcoz SA, agence en douane, Martigny
Centre Rhodanien d'Impression SA, Martigny
Charles Lucienne, Epalinges
Classe Matu 1954-1955, Saint-Maurice
Conforti Monique, Erval SA, Martigny
Conforti Roger SA, Martigny
Constantin Martial, Vernayaz
Coop Valais, Châteauneuf-Conthey
Corboud Gérard, Blonay
Couchepin Jean-Jules, Martigny
De Kalbermatten Bruno, Jouxtens-Mézery
D'Ormesson André, Paris
Dumas-Hermes Thierry et Odile, Neuilly-sur-Seine, France
Favre SA, transports internationaux, Martigny
Fidag SA, fiduciaire, Martigny
Fondation du Grand-Théâtre de Genève, Guy Demole, Genève
Fournier Daniel, agencements d'intérieurs, Martigny
Gagnebin Yvonne et Georges, Echandens
Galerie Latour, Martigny
Gandur Jean-Claude, Tannay
Generali Assurances, inauguration des bureaux, Joseph Bron, Martigny
Gianadda François et Sakkas Yannis, avocats et notaires, Martigny
Gianadda Mariella, Martigny
Givel Jean-Claude, Lonay
Givel Roger, Lonay
Glassey SA, matériel industriel électrotechnique, Martigny
Goulandris Constance, Lausanne
Grande Dixence SA, Sion
Grieu Maryvonne, Bussigny
Gross Christophe, Allianz Assurances, Martigny
Hôtel-restaurant Transalpin, Martigny
Huber Jean-Claude, Martigny
Imprimerie Montfort, Jean-Jacques Pahud, Monthey
Kohler Max, Zurich
La Plâtrière SA, Granges
La Poste Suisse, Car postal Valais Romand - Haut-Léman, Anne-Marie de Andrea, Sion
Lagonico Carmela, Cully
Lagonico Pierre, Cully
Lambrecht Barbara, Clarens
Le Gourmet, Hôtel du Forum, Martigny
Le Gourmet, Hôtel du Forum, Martigny
Les Fils de Charles Favre SA, Sion
Les Fils de Charles Favre SA, Sion
Levy James et Mireille, Lausanne
Leyvraz Jacques, Agence Michaud & Burkhard, Lausanne
Lonfat Raymond et Amely, Crans-sur-Sierre
Lorenz Paul, architecte, Sion
Losinger Holding SA, Jacky Gillmann, Berne
Luxit Isolations SA - Vaparoid SA, Châtel-Saint-Denis
Lüscher Michel, Chardonne
Luyet Michel, électricité, Martigny
M. K. G., Suisse
Mannheimer Versicherung AG, Zurich
Manor AG, Bâle
Marcie-Rivière Jean-Pierre, Paris
Marmoran SA, Bernard Berra, Martigny
Massimi-Darbellay Jacques et Lilette, Martigny
Matériaux Buser & Cie SA, Martigny
Morand Mireille, Martigny
Morand Mireille, Martigny
Moret Serge & Fils, primeurs, Martigny
Municipalité de Salvan
Murisier Enseignes, Martigny
Nehama Albert, Saint-Prex
Noetzli Rodolphe, Neuchâtel
Nordmann Monique, Vandœuvres
Nouvelles Imprimeries Pillet - Saint-Augustin SA, M. Schwéry, Martigny
Oberson Marguerite, Verbier
Odier Patrick, Lombard Odier & Cie, Genève
Odier Patrick, Lombard Odier & Cie, Genève
Orgamol SA, fabrication de produits chimiques, Evionnaz
PAM SA, Martigny, Sion, Eyholz
Pharmacies de la Gare, Centrale, de la Poste, Lauber, Vouilloz et Zurcher, Martigny
Pot Philippe et Janine, Mollie-Margot
Publicitas Valais
Reinshagen Maria, Zurich
Reliures Schumacher, Raoul Philipona, Schmitten
Restaurant «Les Touristes», Maria et Fred Faibella, Martigny
Resto-bar «Le Loup Blanc», Maria et Fred Faibella, Martigny
Reynard Jacques et Consorts, stores, Savièse
Rochat Papiers, Nyon
Rossa Jean-Michel, chauffage et sanitaire, Martigny
Rykiel Sonia, Paris

Sanval SA, Jean-Pierre Bringhen, Martigny
Saudan Les Boutiques, Martigny
Sauval Alain près l'Ambassade de France, Berne
Schaller Roland, Lutry
Stantzos Loraine, Morges
Téléverbier SA, Verbier
Tetra Laval International SA, Pully
Torrione Jean-Pierre, Rizerie du Simplon, Martigny
Tunnel du Grand-Saint-Bernard
UBS SA, François Gay, Sion
Varnoux Gisèle, La Tour-de-Peilz
Vocat Olivier, avocat-notaire, Martigny
Vouillon Giselle, docteur médecin, Belleville, France
VS Etanchéité 2000 SA, étanchéité-asphaltage, Sion
Winterthur Assurances, Philippe Vouilloz, Martigny
Yerlès Fernande, Martigny
Zschokke Construction SA, Martigny
Zurcher Jean-Marc, dentiste, Martigny
Zurich Compagnie d'Assurances, Pierre Voutaz, Martigny

Stèle d'argent à Fr. 500.–

Adiman Affichage SA, Vuisternens-devant-Romont
AGF / PHENIX, Jean-Bernard Pitteloud, Sion
Air-Confort, Olivier Buchard, Martigny
Alvarez de Miranda Hélène, Chêne-Bougeries
Ambassade de la Principauté de Monaco, Berne
Amon Albert, Lausanne
Arcusi Jacques, Vacqueyras, France
Arsidi Victor, Ruvigliana
Artedition R. + E. Reiter, Hinwil
Association du Personnel Enseignant Primaire et Enfantine de Martigny (APEM)
Auberge du Vieux-Stand, Helmut Schneider, Martigny
Auzan Elizabeth, Fribourg
B. A., Riehen
Bachmann Roger, Cheseaux-Noréaz
Bâloise Assurances, Jean-Michel Boulnoix, Agence de Martigny
Barras Nicolas, Sion
Bender Emmanuel SA, paysagistes et Garden-Center, Martigny
Berger Peter, Pully
Bernard Sottas SA, constructions métalliques, Bulle
Bernheim Catherine, Genève
Bernheim Claude et André, Paris
Bestazzoni Umberto, Martigny
Bobst SA, Lausanne
Bonardelli Christian, Chêne-Bougeries
Boreux Gaston, Genève
Bossy Jacqueline, Sion
Boucherie de la Place, José Riesco, Martigny-Bourg
Boucherie Peter Nessier, Münster
Boucherie Valésia, Michel Pysarevitch, Martigny
Bourcart J.-P., IDEAC SA, Ecublens
Bourgeoisie de Martigny
Boutique «Les Mariés de Cédrine», Martigny
BP (Switzerland) AG, Claude Pernet, Lausanne
Buhler-Zurcher Dominique et Jean-Pierre, médecins dentistes, Martigny
Burgener Emmanuel, médecin dentiste, Martigny
Cabinet des Courtiers en Assurances, Stéphane Vannay, Martigny
Café Moccador SA, Louis Chabbey, Martigny
Castino Silvia et Marco, Turin, Italie
Cellier du Manoir, vinothèque, Martigny
Chambovey André, menuiserie, Martigny
Chaudet Marianne, Chexbres
Chavaz Denis, architecte, Sion
Chevron Jean-Jacques, Bogis-Bossey
Christen Catherine, La Conversion
Claivaz Willy, Haute-Nendaz
Classe 1935, Martigny
Classe Matu 1954-1955, Saint-Maurice
Clément Joëlle et Pierre, Galerie Clément, Brent
Cohen Luciano Pietro, Genève
Couchepin Bernard, avocat et notaire, Martigny
Crans-Montana Tourisme, Crans-Montana
D. A. (Mme), Martigny
D. G., Neuilly-sur-Seine, France
De Haller Yves E., Pully
De Saint Blanquat Evelyne, Villars
De Traz Cécile, Martigny
Debiopharm SA, Rolland-Yves Mauvernay, Lausanne
Debio R. P., Martigny
Del Don Gemma, Gorduno
De la Béraudière Pilar, Genève
Delaloye Gaby & Fils SA, Jean-Pierre Delaloye, Ardon
Delamuraz-Reymond Catherine, Lausanne
Derveloy Gérald, Martigny
Ducrey Guy, Martigny
Dufour Marcel, Lausanne
Edipresse SA, direction générale, Lausanne
Egger Heinz, Zurich
En souvenir d'Edouard et de Berthe Anderhub-Zimmermann, Krienz/Lucerne
Entreprise Dénériaz SA, génie civil, béton armé, charpentes, Sion
Etrasa, entreprise de travaux SA, Martigny
Fardel, spécialités alimentaires, Martigny
Feldschlösschen AG, Kilian Furrer, Sion
Ferreira Antonio José, Lausanne
Ferretti-Bocquillon Marina, historienne d'art, Paris
Fischer Christine et Jan, professeur docteur, Zollikon
Fischer Edouard-Henri, Rolle
François Madelyne, Lyon, France
Friedli Anne, Fully
Fumeaux Gabriel, Martigny
Gastaldo Yvan, boulangerie, Martigny
Georg Waechter Memorial Foundation, Genève
Gerber Pierre et Bernadette, La Claie-aux-Moines
Gétaz Romang SA, Vevey
Gisling Pierre, Chamby
Givel Edouard et Jacqueline, Anières
Goldschmidt Léo et Anne-Marie, Val-d'Illiez
Grand Gabriel et Chantal, Vernayaz
Grandchamp Claude, Martigny
Grandguillaume Pierre et Cécile, Grandson
Guex-Crosier Jean, Martigny
Hagelberg-Rouxel Reinhild, Meyrin
Hahnloser Bernhard et Mania, Berne
Héritier & Cie, bâtiments et travaux publics, Sion
Hoffmann Ida, Freudenberg Stiftung, Weinheim, Allemagne
Hopkins Waring, Paris
Hôtel-Club Sunways, Marie-Christine et Marc Laurant, Champex
Huber Suzanne, Genève
Hug Hans-Jürg, Küsnacht
IDIAP, Institut de recherche, Martigny
IMD, Richard Tille, Saint-Prex
Imfeld Gérald, Martigny
Inoxa Perolo et Cie, Centre Magro, Uvrier
Isidor Jack, Le Mont-Pèlerin
Jacquérioz Alexis, vins du Valais, Martigny
Jacquillet Thierry et Marie Annick, Piccadilly, Londres
Jaques Paul-André et Madeleine, Haute-Nendaz
Jotterand François, Saxon
Kaufman Karen, Annecy, France
Kearney-Stevens Kevin et Shirley, Charmey
Klein Gérard, Gstaad

Kwong Ming, restaurants chinois, Martigny et Lausanne
Lacchini Luigi, Lafin Spa, Crémone, Italie
Lacroix-Losey Marie-Juliette, Versoix
Lacrouts Roger et Monica, Genève
Lafarge-Cretton Patricia et Roland, Saint-Maurice
Lambercy Jean-Luc, appareils ménagers, Martigny
Le Gourmet, Hôtel du Forum, Martigny
Les Fils de Charles Favre SA, Sion
Levet Jacqueline, Paris
Levy Evelyn, Jouxtens-Mézery
Lion's Club Sion, Valais romand
Lüscher Monique, Clarens
Luy Hannelore, médecin, Martigny
Lyceum Club International, Neuchâtel
Magnin Gabriel et Maryvonne, Sion
Maillard Alain, Lausanne
Masson Louis et Nicolette, Pully
Maus Bertrand, Genève
Metzler Georges, Rolle
Michellod Gilbert et Fils, Monthey
Möbel-Transport AG, Zurich
Mohamed Hajji, Bordeaux, France
Monnet Bernard, Martigny
Morard Jacques-Antoine, Genève
Moreillon Marie-Rose, Genève
Moretti Anne, Pully
Neuwerth & Cie SA, ascenseurs, monte-charge, Ardon
Noir Dominique, Monthey
Nordmann Serge et Annick, Vésenaz
Nydegger Simone-Hélène, Lausanne
Odier Patrick, Lombard Odier & Cie, Genève
Pache Jean-Michel, Vernayaz
Pain Josiane, Londres
Peppler Wilhelm, Montagnola
Perolo Raymond, Restorex, Uvrier-Sion
Perrig Antoine, Sion
Perrin Simone, Martigny
Pfister Paul, Bülach
Piota SA, combustibles, Martigny
Pivarski Georges et Liouba, Paris
Pradervand & Cie, Martigny
Pradervand Mooser Michèle, Chesières
Pralong Jean, bureau d'ingénieurs civils, Saint-Martin
Primatrust SA, Philippe Reiser, Genève
Puech-Hermès Nicolas Philippe, Orsières
Putallaz Mizette, Martigny
Ramoni Raymond, Cossonay
Restaurant «Le Pont de Brent», Gérard Rabaey, Brent
Restaurant «Sur-le-Scex», Marie-France Ammann-Gallay, Martigny-Croix
Rethoret Michel, Genève
Rhône-Color SA, Sion
Ribet André, professeur en médecine, Verbier
Ribordy Guido, Martigny
Roggli Helga et Georges, Brent
Romerio Arnaldo, Verbier
Rosat Anne, Les Moulins
Rossenwasser Andrei, Avry-sur-Matran/Fribourg
Rügländer Elsbeth et Pierre, Lucerne
Salvi Serge, Muri
Schenk Francis, Genève
Schroder & Co. Banque SA, Luc Denis, Genève
Sellerie Grandchamp, Claude Grandchamp, Martigny
Société des Cafetiers de la Ville de Martigny
Société des Vieux-Stelliens Vaudois, Lausanne
SOS Surveillance, Glassey SA, Martigny
Tarica, Paris
Taverne de la Tour, Martigny
TCM Accessoires, Tullio Cavada, Martigny
Tissières Bernard, Martigny
Trèves François, Paris
Trèves Martine, Coppet
Tripet-Ruchti Jacqueline, Hauterive
Van Meel Peter, Champoussin
Varrin SA, plâtrerie-peinture, Prilly
Vasserot Lucienne, architecte, Pully
Vêtement Monsieur, Martigny
Visentini Nato et Angelo, Martigny
Vocat Colette, Martigny
Von Ro - Echafaudages, Charrat
von Tscharner Catharina, Gryon
Vouilloz Liliane et Raymond, Fully
Vouilloz Raymond et Liliane, Fully
Vuilloud Pierre-Maurice, médecin dentiste, Monthey
Wartmann Karl, Thônex
Wenger Fredy, Ecublens
Zuchuat & Raymond SNC, carrelages, Martigny
Zurcher Jean-Marie et Danièle, médecin dentiste, Martigny
Zwahlen & Mayr SA, charpente métallique, Aigle

Colonne de bronze à Fr. 250.–

Aboudaram Gilbert, Martigny
A. Varone SA, vitrerie, Martigny
Abriel Aline, Martigny
Accompanied Ski Jours, Les Carroz, France
Adoc Nettoyage Entretien S.à r.l., C.-G. Jaquemet, Neuchâtel
Aebischer Jean-Pierre, Bienne
Aepli André & Fils, tableaux électriques, Dorénaz
Agid Michelle, Chamonix, France
Air-Glaciers SA, transports aériens, Sion
Akselrod Victor, Genève
Alcor SA, Jacques Dubouchet, Vernier
Alesia SA, atelier de précision pour l'industrie automobile, Martigny
Alksnis Karlis, Genève
Allary Jacques et Marie-Claude, Saint-Priest, France
Allemann-Krieger A., Saint-Légier
Allisson Jean-Jacques, Yverdon-les-Bains
Alpatec SA, ingénieurs civils, Martigny
Alvarez-Rojo Gabriela, Coppet
Amherd Jean, Mase
Amrein Franz, Genève
Amy-Bossard Christiane, Zinal
Andenmatten Arthur, Genève
Andenmatten Michel, Sion
André Busuioc SA, Genève
Anonyme, Commugny
Anonyme, Lausanne
Anonyme, Sierre
Anonyme, Versailles, France
Antonioli Claude-A., médecin dentiste, Genève
Applitec-Omron Systèmes de caisses enregistreuses, J.-D. Schaltegger, Lausanne
Ardin-Scheibli Maria-Pia, Siviriez
Argi Maurice, commerçant, Pully
Arlettaz Albert, Vouvry
Arlettaz Daniel, Martigny
Arnodin Martine et Antoine, Montrouge
Arts et Vie, résidence de loisirs, Samoens, France
Assal Patrick, médecin dentiste, Lausanne
Atib SA, bureau technique, Martigny
Aubry Jean-Michel, médecin, Chêne-Bougeries
Augsbourger Françoise, Vevey
Auto-Electricité, Missiliez SA, Martigny
Avilor S.à r.l., Benoît Henriet, Schiltigheim, France
Avoyer Pierre-Alain, Martigny
Axima Romandie SA, Lausanne
Bachelard Jocelyne, Nyon
Badoux Jean-René, Martigny
Baier Nelly, Sierre
Ballenegger Marcel, Lausanne
Balmer André et Frieda, Küsnacht
Bamberger Béatrice, Neuchâtel
Banderet Georges, revêtements de sols, nettoyages, Martigny
Barbey Daniel, Genève

Barbier-Reusen André et Carla,
Saint-Pierre-de-Clages
Bartholdi Paul et Irène, Nyon
Baruh Micheline, Cologny
Baudry Gérard, Grand-Lancy
Baumgartner Pierre et Marguerite,
Ostermundigen
Baur François et Martine, Rillieux, France
Belet Louis-Ph., Vendlincourt
Belgrand Jacques, Belmont
Bellicoso Michel Antonio, Martigny-Croix
Benczi Françoise, Zurich
Bender Yvon, serrurerie, Martigny
Beney Jean-Michel, Venthône
Benoit Michel F., Genève
Benveniste-Schuler Edouard, Milan, Italie
Berclaz Simone, Orsières
Berdat Françoise, Chamoson
Berguerand Anne, Martigny
Berlie Jacques, Miex
Bernasconi Giancarlo, Agno
Bernasconi Sylvie, Troinex
Berne Jacques et Annick, Le Havre, France
Berthoud Jackie, Genève
Berti Nicole, Villars-sur-Ollon
Bertrand Catherine, Genève
Bessèche Alain, Echichens
Bessero Marianne, Martigny
Betschard Isabelle, Thônex
Bezençon Michel, Erde
Bezinge Albert, Sion
BFF & Associés, Marcel Pilet, Lausanne
Biaggi André, directeur UBS SA, Crans
Bich Sabine, Nyon
Bideaux Alain, Foucherans, France
Billaud Sophie, Yverdon-les-Bains
Bille Geneviève et René-Pierre,
La Comballaz
Binz Urban, Saint-Sulpice
Bircher Carole, Verbier
Bischof Louis et Jeannette, Muntelier
Bischofberger Irmgard, Chêne-Bourg
Blanc Jacky, Monthey
Blank Sanford, Fishers Island, USA
Blaser André et Marie-Jeanne, Prangins
Bloch Raymond C. et Monique,
médecin dentiste, Berne
Blum Jean et Tatiana, Gstaad
Boers Ettie, Borex
Boiseaux Christian, Annecy, France
Boissier Marie-Françoise, Verbier
Boissonnas Jacques et Sonia, Thônex
Bollin Dorothée, Martigny
Bolomey Marianne, Trimbach
Bonvin Louis, Crans-sur-Sierre
Bonvin Roger, architecte, Martigny
Bonvin Rosemary, Monthey
Bonvin Venance, Lens
Bordet Gaston, Besançon, France
Boucherie de Châtelaine,
Bernard et Chantal Menuz, Châtelaine
Boucheron Alain, Prangins
Bourban Narcisse, ingénieur,
Haute-Nendaz
Bourban Pierre-Olivier, Haute-Nendaz
Bourgeois Huguette, Genève
Bourges Pierre, Chamonix, France
Bourlard Hervé, Martigny
Bovier Josiane, Clarens
Bretz Carlo et Roberta, Martigny
Bridel Frank, Blonay
Broekman - van der Linden Queenie,
Hilversum, Pays-Bas
Brossy Liliane et Claude, Echandens
Bruchez Jean-Louis, Martigny
Brun Francis, Saint-Etienne, France
Brun Jacques, Megève, France
Brünisholz Lynda, Vevey
Buchs Jean-Gérard, Haute-Nendaz
Bucofi SA, Saint-Maurice
Buholzer Marie-José, Genève
Burdet Michèle, Chesières
Bureau d'architecture, Philippe Brochellaz,
Martigny
Bureau Technique Moret SA, Martigny
Buriat Jean-Louis, Paris
Burki Marcel, Lausanne
Burri-Dumrauf Irma et Pierre,
Croix-de-Rozon
Burrus Yvane, Crans
Buser Niklaus et Michelle, Le Bry
Butler Angela, Genève
Café-restaurant de Plan-Cerisier,
Roger Terrettaz, Martigny-Croix
Caillat Claude, Lausanne
Caille Suzanne, Prangins
Calandra Micheline et Pierre-Marie,
Peseux
Campanini Claude, cabinet médical FMH,
La Chaux-de-Fonds
Campion Jean-Claude, Gampel
Camporini Yolande, Bossey, France
Cand Jean-François, Yverdon-les-Bains
Canonica Margrit, Horw
Cardana Cristiano, Verbania-Pallanza, Italie
Carenini Plinio, Bellinzone
Carron Anita, Coutellerie Carron, Martigny
Carron Josiane, Fully
Carruzzo Georges, Pully
Cart Madeleine, Besançon, France
Cartier Jacqueline, Genève
Castella Pascal et Eliette,
Saint-Pierre-de-Clages
Cavallero Yolande, Vandœuvres
Cavé Jacques, Martigny
Caveau des Ursulines, Gérard Dorsaz,
Martigny-Bourg
Ceffa-Payne Gilbert, Veyrier
Cerez Jean-Pierre et Gisèle, Chancy
Cert SA, Martigny
Cesaris Filippo, Milan, Italie
Chable Daniel et Laurence, Chexbres
Chalvignac Philippe, Paris
Chanton Josef-Marie et Marlis, Viège
Chapatte Francis, Grandvaux
Chapon Jean, médecin, Triors, France
Chappaz Claude, avocat et notaire, Martigny
Chappot SA, solutions informatiques,
Martigny
Chassot Anne-Marie, Chamoson
Chatillon Françoise, Laconnex
Chaussures Alpina SA, Martigny
Chavan Bernadette et Jean-François, Pully
Chevalier Jouvray Christiane,
La Mure, France
Chevalley-Vouilloz Annette, Onex
Cidel SA, Jean-Pierre Girard, Lutry
Citroen Olga, Villars-sur-Ollon
Clair M.-Charlotte, Paris
Claustres Monique, Paris
Clerc Jean-Michel, Martigny
Clivaz Fabienne, Genève
Closuit Jean-Marie, avocat et notaire,
Martigny
Closuit Léonard, Martigny
Closuit Marie-Thérèse, Martigny
CMD Hôtels et Restaurants SA, Lausanne
Collège de Bagnes, Le Châble
Collin Robert, Les Rousses, France
Collombin Gabriel, Les Granges
Colomb Geneviève et Gérard, Bex
Comba Ina, Nyon
Commune de Bagnes, Le Châble
Commune de Martigny-Combe
Compagnies de Chemins de Fer,
Martigny-Châtelard, Martigny-Orsières
Comptoir Suisse, Lausanne
Computerlove SA, Gilbert Darbellay,
Martigny
Comte Geneviève et Hervé,
Pharmacie de la Gare, Martigny
Comte Philippe, entrepreneur, Genève
Constantin Jean-Claude, pépinière et
jardinerie, Martigny
Constantin Nadia, Montana
Coppey Charles-Albert et Christian,
bureau d'architecture, Martigny
Copt Aloys, Martigny
Copt Marius-Pascal, avocat et notaire,
Martigny
Cottier Denis et Annette, Morges

Couchepin François, Lausanne
Cousin Bernard, Fleurier
Cravino Luigi, Frassinello, Italie
Crettaz Arsène, Assurances, Martigny
Crettenand Dominique, vitrerie-encadrements, Riddes
Crettex Bernard, droguerie-herboristerie, Martigny
Crettex Germaine, Petit-Lancy
Cretton Bernard, Monthey
Crot Eric, médecin dentiste, Yverdon-les-Bains
Cuendet J.-F., professeur honoraire FMH ophtalmologie, Pully
Cuennet Marina, Echallens
Cuenod & Payot SA, entreprise de génie civil et bâtiment, Lausanne
Cunningham-Reid Helene, Gstaad
Curinga Félix, Pully
Cusani Josy, Martigny
Dallèves Anaïs, Salins
Damoiseau Philippe, Blonay
Dapples-Chable Françoise, Boudry
Darbellay Jean-Paul, architecte, Martigny
Darbellay Michel, atelier photo, Martigny
Darbellay Paule, Martigny
Darbellay Willy, Martigny
D'Arcis Yves, Pomy
d'Auriol Olivier, Pully
de Buman Jean-Luc et Marie-Danièle, Epalinges
De Gunzburg Fournier, Genève
De Haller Emmanuel B., Thalwil
de Kalbermatten Anne-Marie et Jean-Pierre
De Kalbermatten Isabelle, Salvan
De Lavallaz Christiane, Sion
de Montmollin Violaine, Neuchâtel
De Peyer Béatrice, Onex
de Preux Marie-Madeleine, Verbier
de Rambures Francis, Verbier
De Torrenté Bernard, Sion
Debrunner SA, Philippe Darbellay, Martigny
Décaillet Charles-Henri, Troistorrents
Defago Daniel, Veyras
Delacretaz Bernard, Lausanne
Délez Charly, Martigny
Delgado Francisco, Vandœuvres
Della Torre Carla, Arzo
Dely Isabelle et Olivier, Martigny
Denis Paulette, Genève
Desbois Gérard, Saint-Louis, France
Devaux Julien, Bienne
Devaux Marc, Sallanches, France
Diacon Philippe, La Tour-de-Peilz
Didierjean Liliane, Genève
Diener-Carton Robert, Montreux
Diethelm Roger, Carbona SA, Sion
Dietsch Jean-Eric, Paris
Dirac Georges-Albert, Martigny
Djokitch Christine et Alexandre, Genève
Dolder Denise et Pierre, ancien président de l'OSR, Morgins
Donatella Rosa-Doudin, Lincoln, USA
Donette Levillayer Monique, Orléans, France
Dorsaz François, bureau technique, Martigny
Dorsaz Michel, Martigny
Dorsaz Pierre, architecte, Verbier
Dovat Viviane, Cointrin
Doy Jacques et Nella, Anières
Driancourt Catherine, Hermance
Droz Marthe, Sion
Dubach Hermine-Hélène, Grand-Lancy
Duclos Anne et Michel, Chambésy
Ducrey Jacques, médecin, Martigny
Ducrey Paul, Martigny
Ducry Alexandre et Ott Alexandra, Martigny
Dunant Yves, Chexbres
Duperrex Elisabeth, Monthey
Duplirex, L'Espace Bureautique SA, Martigny
Dura Daniel, Bougy-Villars
Durand Benoît, Lausanne
Durand Dominique, Paris
Durandin Marie-Gabrielle, Monthey
Duriaux André, Genève
Duruaz Anne, Cologny
Dutoit Bernard, Lausanne
Duvernay Françoise, Genève
Eberhard Michael et Gunda, Chamoson
Echaudemaison Max, Maisons-Alfort, France
Eckert Jean-François, Les Marécottes
Ecol'Arts, Nicole Giroud, Martigny
Edholm Per, Lausanne
Egger Erwin, Allianz - Suisse, Fribourg
Ehrbar Ernest, Lausanne
Ehrsam Jean-Pierre, Aigle
Eicher Peter, Paderborn, Allemagne
Eisenhardt Christoph et Anne, Baar
Electricité d'Emosson SA, Martigny
Elettricità Cavalli SA
Emonet Joseph SA, commerce de fers, Martigny
Emonet Philippe, médecin, Martigny
Entreprise Gay SA, Gérard Gay, Choëx
Etienne Régis, Dardilly, France
Evreinow Alexandra, Sion
Faessler Georges, Pully
Falciola Jean-Claude, Genève
Falkenburger Paul, Grimisuat
Fallou Pierre-Marie, Artenay, France
Famé Charles, Corseaux
Fanchamps Nadine, Zermatt
Farage Vincent, Fribourg
Farine Françoise, Thônex
Fauquex Arlette, Genève
Faure Isabelle, Minusio
Favre Myriam, Genève
Favre Olivier, Lavey-Village
Favre Roland R., Stallikon
Favre-Bulle Eric-J., Martigny-Croix
Favre-Crettaz Luciana, Riddes
Favre-Emonet Jean-Bernard et Michelle, Sion
Febex SA, Paul Brunner, Bex
Feiereisen Josette, Bulle
Fellay-Pellouchoud Michèle, Martigny
Feron Patrice, Verbier
Ferrari Pierre, Martigny
Ficasion, matériel incendie, Anne-Brigitte Balet Nicolas, Riddes
Fiduciaire Duc-Sarrasin & Cie SA, Martigny
Fiduciaire Laurent et Benoît Bender SA, Martigny
Fiduciaire Rhodanienne SA, Sion
Fiechter Michèle, Conches
Fillet Jean, pasteur, Thônex
Filliez Bernard, Martigny
Fischer Alain, Cortaillod
Fischer Hans-Jürgen, médecin-chef, Alle
Fischer Sonia, Thônex
Fixap SA, entretien d'immeubles, Monthey
Fleisch Maria Pia, Pully
Flipo Jérôme, Tourcoing, France
Foire du Valais, Martigny
Folly Jannick, Fribourg
Fondazione Orchidea, Mauro Regazzoni, Riazzino
Forclaz Geneviève et Roger, Berne
Forestier-Chométy Anne-Marie, Besançon, France
Frachebourg Jean-Louis, Sion
Fraissinet Marguerite, Saint-Sulpice
Franc Robert, Martigny
Francillon Roger, Lausanne
Franzetti Fabrice, architecte, Martigny
Franzetti Joseph, architecte, membre de la SIA, Martigny
Frass Antoine, Sion
Frehner & Fils SA, Martigny
Frey Joan, Genolier
Froidevaux Anne-Claude, Onex
Fulchiron Roland et Bernadette, Ecully, France
Fumex Bernard, Evian, France
Furrer Jean-François, Chêne-Bougeries
Fustinoni Andrea, Ecublens
G. F. M., Genève

Gagneux Eliane, Bâle
Gaillard Herrera Pérez María et Christophe, Martigny
Galerie du Rhône SA, Pierre-Alain Crettenand, Sion
Galerie Mereterra Artes, Eeklo, Belgique
Galland Christiane, Romainmôtier
Galletti Charles-Henri, Monthey
Ganzoni Blandine et Philippe, Genève
Garage Auto Bob, Philippe Buthey, Martigny
Garage Check-point, Martigny
Garage de Verdan, Fully
Garage Olympic, A. Antille, Martigny
Garance Gabriel, Meyrin
Garavatti Louise, Vevey
Gardaz Jacques, Vevey
Gaspoz Pierre, Ostermundigen
Gaudin Georges, médecin spécialiste FMH, Sion
Gault John, Orsières
Gauthier Paul, Ecully, France
Gautier Jacques, avocat, Genève
Gay-Crosier François, Verbier
Gebhard Charles, Küsnacht
Gebruers Frédéric, Carouge
Gedon Jacques, Martigny
Geiser Clinton E., Blonay
Geissbuhler Frédéric, Auvernier
Gemünd Danièle, Castelveccana/Varese, Italie
Genoud Antoine, Sion
Genton Etienne, Monthey
Georg Jean-William, Grandson
Georges André, Chêne-Bougeries
Gianadda Géraldine, Martigny
Gianadda Gilberte, Martigny
Gianadda Laurent, No Comment, Martigny
Giclo S.à r.l., peinture, Martigny
Gilliard Jeannine, Saint-Sulpice
Gilliéron Michel, Corcelles
Gilson Jacqueline, Crans
Gips-Union SA, Martigny
Girod Dominique, Genève
Girod Erika et Charles, Zurich
Giroud Lucienne, transports et terrassements, Martigny
Giroud Pierre, Martigny
Glinne Pascale, Belmont-sur-Lausanne
Gloor Mario, Genève
Golaz Edmond, Genève
Gontard-Delvermoz Anne-Marie, Saint-Didier-au-Mont-d'Or, France
Gonvers Serge, Vétroz
González Manuel, Villars-sur-Glâne
Gorgemans André, Verbier
Goyon-Segura Danièle, Evian, France
Graf-Amsler Hermina et Alfred, Clarens
Gram SA, René Beck, Villeneuve
Grandjean Claude, Le Mont-sur-Lausanne
Granges Jean-Claude, Tea-room «Les Arcades», Fully
Grasso Carlo, peintre, Calizzano, Italie
Grimler Pierre, Fonds de prévoyance, Chêne-Bourg
Grisoni Michel, Vevey
Gudefin Philippe, Verbier
Guelat Laurent, Fully
Guex Pascal, Martigny
Guex-Crosier Jean-Pierre, Martigny
Guggenheim Josi, Zurich
Guigoz Françoise, Vex
Guillemin Pierre, Bernex
Guinnard Fabienne, Lausanne
Günther Alfred, Filisur
Gurtner Gisèle, Chamby
Haenny Rodolphe, Lausanne
Halperin Noemi, Genève
Hart-Albertini Karen, Verbier
Hatam Valborg, Chêne-Bougeries
Hauser Aude, Versoix
Heintz Bertha, Monthey
Held Roland, La Tour-de-Peilz
Henchoz Michel, Aïre
Henneberger Christiane, Lausanne
Héritier Josiane, Savièse
Hersart de la Villemarque Jean, Auxy, France
Hervé Jacques et Evelyne, Maurecourt, France
Heyd Pascale, Chexbres
Hintermeister James, Lutry
Histoire & Voyages, Philippe André, Lausanne
Holmes Inez, Ferney-Voltaire, France
Horisberger Eliane, La Chaux-de-Fonds
Hôtel Alpes & Rhône, Martigny
Hôtel de Ravoire, Ravoire
Hôtel du Rhône, Otto Kuonen, Martigny
Hôtel Eden, Patrick Barras, Crans-sur-Sierre
Hôtel Faucigny, Chamonix, France
Hôtel Mont-Rouge, Jean-Jacques Lathion, Haute-Nendaz
Hôtel-restaurant du Catogne, Famille Favez, La Douay, Orsières
Hottelier Jacqueline, Plan-les-Ouates
Huber André, Martigny
Hubin Colette, Lausanne
Hübscher Manuela, Collex
Huet Marika, La Rippe
Hug Pierre, Birmensdorf
Hugon Renée, La Tour-de-Peilz
Huguenin Rose-Marie, Neuchâtel
Hummel Charles, ancien ambassadeur, Saxon
Hunziker Ruth, Veyrier
Hurni Bettina S., Genève
Imhof Anton, La Tour-de-Peilz
Imhof Charlotte, Vichères
Impresa di Pittura, Attilio Cossi, Ascona
Imprimerie Commerciale de Martigny SA
Imprimerie Schmid SA, Sion
INGESCO SA, Air Center, Vernier
Invernizzi Fausto, Quartino
Iori Ressorts SA, Charrat
Irisarri Marie-Elisabeth, Genève
Iso-Dog, J.-J. Tharin, Cossonay
Jaccard Francis, physiothérapie, Martigny
Jaccard Jacqueline, Chêne-Bougeries
Jaccard Marc, Morges
Jackson Marie-Christine, Lausanne
Jacquérioz Michel, architecte, Martigny
Jagstaidt Véronique, psychologue-psychothérapeute, Evian, France
Jallut SA, peinture et vernis, Bussigny
James Roundell Ltd, Jocelyne Keller, Genève
Jan Gloria, Lutry
Jaquet Albert, Clarens
Jarrett Stéphanie, Mont-sur-Rolle
Jawlensky Angelica, Minusio
Jeanneret Claude, Fiduciaire de Malagnou SA, Genève
Jeanrenaud Ingrid, Montana
Jenoure Paulette et Peter, Oberwil
Joehr Jean-Pierre, Ardon
JohnsonDiversey, Münchwilen
Joliat Jérôme, Genève
Joly Marie-Laure, Küsnacht
Joris Françoise, Agence du Lac, Champex
Jotterand Michèle, Vessy
Jouvenat François, Bex
Jovanovic Jovan et Vukica, Genève
Juda Henri, Dexi Banque privée SA, Lausanne
Jules Rey SA, Crans
Kaba Gilgen SA, Sion
Kaiser Peter et Erica, Saint-Légier
Karl Meyer SA, Le Mont-sur-Lausanne
Kaspar SA, Philippe Bender, Martigny
Kaufmann Peter G., Lausanne
Kegel Sabine, Genève
Keller Annette et Gibbs Sandra, Nyon
Kerstin Karbe, Petit-Lancy
Kessler Didier, Genève
Kilp Winfried et Angelika
Kindler Philippe et Anne-Marie, La Conversion
King Lina, Vésenaz

Kirchhof Sylvia, Genève
Klaus Gabrielle, Arweg SA, Epalinges
Kleiner Max, Staufen
Kohler Catherine et Robert, Yverdon-les-Bains
Krafft Pierre, Lutry
Krayenbühl Thomas, Jona
Krüger Otto, Sion
Krumwieh Dorothée, Genève
Kuonen Claude, Success Europe SA, Pully
Kurmann Jean-Paul, Monthey
La Griffe Ausoni SA, Lausanne, Montreux, Villars
La Semeuse, Marc Bloch, La Chaux-de-Fonds
Lacombe François, Chambéry
Lacroix Alain, Villars-sur-Ollon
Lak Willem et Caroline, Les Granges/Salvan
Lambelet Charles-Edouard, Glion
Langenberger Christiane, Conseillère aux Etats, Romanel-sur-Morges
Langraf Madeleine, Vevey
Lanzoni Rinaldo, Genève
Latour Claude, La Conversion
Lauber Joseph, Martigny
Laubhus AG, Rüfenach
Laumonier François, Consul général de France, Genève
Ledin Michel, Conches
Lehner et Tonossi SA, aciers-quincaillerie-mazout, Sierre
Lejeune Jean-François, Bellevaux, France
Lendi Beat, cabinet médical, Prilly
Léonard Gary, Ravoire
Léonard Patrick, Etagnères
Leonardon Dominique, Zurich
Lévy Guy, médecin directeur de la CRS, Fribourg
Lewis-Einhorn Rose N., Begnins
Lieber Anne et Yves, Saint-Sulpice
Lilla Marcelle, Genève
Limacher Florence et Stern Richard, Eysins
Lindstrand Kai, Torgon
Linsig-Marti Elsa, Val-d'Illiez
Locher-Frey Anna Vera, Muri bei Bern
Locht Jean-Louis, Veyras
Lombardi Christiane, Minusio
Lonero Pimpi, Rome
Lonfat Juliane, Martigny
Lorenz Claudine et Musso Florian, Munich, Allemagne
Loretan Barthélemy, L'Atelier de Saillon, Saillon
Lucchesi Fabienne, Neuchâtel
Lucchesi Serenella, Monaco
Lucchini & Fils, fabrique de peinture, Genève
Luce Fabrice, Galmiz
Lugon Bernard, médecin dentiste, Martigny
Lugon Moulin Elisabeth, Grimisuat
Luisier Adeline, Berne
Lüscher Bernhard et Marianne, Winterthur
Lustenberger-Zumbühl Werner et Annelies, Littau
Lux Frédéric, Genève
Lux Frédéric, Genève
M. F., Sion
M. M., Paris
Mabilon Frédérique, Genève
Machado Alvaro, Lausanne
Maetzler Anne-Marie, La Fouly
Maier Walter, Roche
Maillard Gaston-François, Lausanne
Maillefer Michel, La Conversion
Malard Raoul et Brigitte, Martigny
Mamon Delia, Verbier
Marchand Yves-Olivier, Onex
Marin Bernard, Martigny
Marré Richard et Vanna, Ascona
Martin Isabelle, artisane, Apples
Martin Nicole, Paris
Martin Suzanne, Bottmingen
Massard Rita, Martigny
Masson André, avocat et notaire, Martigny
Massot Dominique, Genève
Maurer Willy et Jacqueline, Riehen
Maurer Yolande, Martigny
Mauris Bernard, Plan-les-Ouates
Méga SA, traitement de béton et sols sans joints, Martigny
Mendes de Leon Luis, Champéry
Menétrey-Henchoz Jacques et Christiane, Porsel
Mercier Michèle, Vich
Méribé, service d'entretien d'ascenseurs et monte-charge, Riddes
Merz Otto, pasteur, Uitikon
Mestdjian Marie Amahid, Genève
Métrailler Mario, Martigny
Métrailler Pierrot et Eléonore, Sion
Métrailler Sonia, Martigny
Métral Raymond, Ravoire
Mettler Elisabeth et Alfred, Möhlin
Meunier Gérard, Achères-la-Forêt, France
Meyer Daniel, La Tour-de-Peilz
Meyer Urs, Founex
Miauton Pierre-Alex, ingénieur agronome, Bassins
Michel Thierry, Le Grand-Saconnex
Michelet Freddy, Sion
Michellod Guy, chauffage et sanitaire, Martigny
Michellod-Rossier Marie-Thérèse, Leytron
Miglioli-Chenevard Magali, Pully
Mittelheisser Marguerite, Illzach, France
Mivelaz Olivier, Ovronnaz
Moillen Marcel, médecin, Martigny
Moillen Monique, Martigny
Mol Jan, Les Marécottes
Mollard André, Genève
Mommeja Bernard, Genève
Monard Anne, Belmont
Monnard Christian et Gabrielle, Martigny-Croix
Monnet Gertrude, Genève
Monnet André, Sion
Montfort Evelyne, Hauterive
Morand Mathilde, Genève
Moret Georges, Martigny
Moser Jean-Pierre, Lutry
Motel des Sports, Jean-Marc Hebersaat, Martigny
Mottiez Michel, Saint-Maurice
Mouthon Anne-Marie, Neuchâtel
Müller Christophe et Anne-Rose, Berne
Murith Renée, Fribourg
Nagovsky Tatiana, Genève
Nahon Philippe, Courbevoie, France
Nanchen Josiane, Martigny
Nanchen Véronique, Genève
Nejad Ruth G., Chailly-Montreux
Nickel-Darbellay Liliane, Vernayaz
Nicolazzi René, Genève
Nicolet Olivier, Martigny
Nicollerat Combustibles, Martigny
Noisard Marie-Thérèse, Moutier
Noordenbos-Huber Marianne, Eindhoven, Pays-Bas
Nosetti Orlando, Gudo
Novarina Catherine, Thonon, France
Nuñes Eduardo et Isabel, Martigny
Oberson Catherine, Genève
Obrist Reto, médecin, Sierre
Oertli Barbara, Genève
Oetterli Anita, Lommiswil
OLF SA, Corminbœuf
Oliva Olivia, Lausanne
Olsburgh Nelly et John, Pully
Ott Pierre-Alain, médecin dentiste, Genève
Otten J. D., Waalre, Pays-Bas
P. Y. G., anonyme, Genève
Pabsch Elisabeth, Bonn, Allemagne
Paccolat Fabienne, Martigny
Panigas Magda, Hôtel-restaurant-pizzeria de la Douane, Martigny
Panizza Giovanni, San Michele, Italie
Papilloud Jean-Claude, CREACTIF, Martigny
Parchet Maria, Clarens

Pâris-Hamelin Annette, Boulogne, France
Parise Georges, Chambéry, France
Pasquier André, médecin, Saxon
Pasquier Jean et Bernadette, Martigny
Pauzé Mariette, Sierre
Pefferkorn Jean-Paul et Michèle, Limoges, France
Pegurri Simone, Lausanne
Pellaud Charly, Restaurant La Boveyre, Epinassey
Pellaud René, Martigny
Pellouchoud Janine, Martigny
Pépinières Bollin, arbres fruitiers et d'ornement, Martigny
Perito Patrizia, Chavannes-de-Bogis
Perraudin Georges, Martigny
Perréard Patrick, Genève
Perren André, Bluche-Randogne
Perret Alain, Vercorin
Perrier Jean-Louis, Neuchâtel
Perrin Catherine, Montreux
Perrin Charly, relieur-encadreur, Martigny
Perthuis Gwilherm, Amancy, France
Pesant Virginie, Conches
Petch Anna, Verbier
Petek Dubravka et Antonino, Préverenges
Peten Evelyne, Lauenen
Petersen Yvette, Saint-Maurice
Petite Jacques et Marie-Françoise, Martigny
Petit-Tahier Jacqueline, Beaune, France
Petroff Michel et Claire, Le Grand-Saconnex
Pfister Germaine, Weesen SG
Pfyffer Marie-Christine, Neuchâtel
Phenix Assurances, Lausanne
Philippin Bernard, Attractions du Châtelard, Le Châtelard
Phillips Monique, Lausanne
Piatti Jean-Jacques, Sion
Picard-Billi Bianca, Chevreuse, France
Pignat Daniel, Plan-Cerisier, Martigny-Croix
Piguet Sylviane, Le Sentier
Pilet Jean-Marie, historien d'art, Lausanne
Pillet Françoise et Jacques, Martigny
Pillet Liline, Martigny
Pillonel André, Genève
Pillonel Bernard, Kuala Lumpur, Malaysia
Pilloud Adelaïde, Marchissy
Pitteloud Anne-Lise, Sion
Piubellini Gérard, Lausanne
Plaut Anita, Genève
Poinssot Marie-Cécile, Garches, France
Poirrier Yves, Saint-Cloud, France
Polli et Cie SA, Martigny
Pomari Alessandra, Minusio
Pommery Philippe, Verbier
Pont René-Pierre, Granges
Portianucha Alex, photographe, Genève
Praz Bernadette, Sion
Preisig Heinz, Photo Studio, Sion
Préperier Michel, Le Châble
Probst Elena, Lisbonne
Progin Roland, Peseux
Pufke Siegfried, médecin, Menden
Puhl Lore, Champex
Puippe Janine, Ostermundigen
R. M. + N. M. Thurau Dafflon, Widen
Raboud Jean-Joseph, Köniz
Radvila Andreas, Mollens
Raemy Michel, Bulle
Raggenbass-Couchepin René et Florence, Martigny
Ramseyer Jean-Pierre, Grimisuat
Rattray Bernard et Noémie, Grimentz
Rausing Birgit, Tetra Pak
Rausis Maurice, Martigny
Raymond Jean, Chernex
Reber Guy et Edith, Collonge-Bellerive
Rebord Mario, Martigny
Rebord Philippe, Sullens
Rebstein Gioia et François, La Conversion
Redalié Tatiana, Genève
Régie Bersier & Cie, Philippe et Wiebke, Les Acacias
Reichenbach Myriam, secrétaire, Sion
Reicke Ingalisa, Bâle
Renck Yvette, Monthey
Renout Marie-Thérèse et Pierre, Murist
Restaurant «Le Bourg-Ville», Martigny
Reverdin Claude, Genève
Reymond-Rivier Berthe, Jouxtens-Mézery
Richard Hubert, Paris
Richard Jean-Luc, Puteaux, France
Ricklefs Dorthe, Crans-sur-Sierre
Rieder Systems SA, Lutry
Righini Charles et Robert, serrurerie, Martigny
Rinaldi Roselyne, Vouvry
Ritter Ernest et Albina, Lausanne
Rissone Gatti Silvia, Viganello-Lugano
Rivier Françoise, Aïre
Rivier-Aviragnet Sylvaine, Genève
Roberts Ian, Pully
Robinet André et Henry Daniel, Fontaine-lès-Dijon, France
Robinson-Svoboda Madeleine, Montreux
Rochat Michèle, Lausanne
Rodin Stratégies SA, Villars-sur-Ollon
Roduit et Michellod, appareils ménagers, Martigny
Roduit Georges, fournitures industrielles, Martigny
Rollason Michèle, Genthod
Romero Jean-Paul, Lutry
Rondi-Schnydrig Marie-Thérèse, Pfäffikon
Roos Susy, médecin, Gerzensee
Rossati Ernesto, Verbier
Rossetti Etienne, ingénieur EPFL, La Tour-de-Peilz
Rouiller Bernard, Praz-de-Fort
Rouiller Jean-Marie, Martigny
Roulin Charles, Genève
Roux Roland, Pully
Ruchat René Armand Louis, Versoix
Rudaz Roger et Hertha, Monthey
Rybicki Jean-Noël, luthier, Sion
S. I. P. Sécurité SA, Vernayaz
S. J., Genolier
Sables & Graviers Schiffenen SA, Villars-sur-Glâne
Saint-Denis Marc, Vandœuvre-lès-Nancy, France
Salamin Electricité, Martigny
Salvadori Giovanna, Bergame, Italie
Salvan Paul et Franziska, Avully
Sarrasin Monique, Bovernier
Sarrasin Olivier, Saint-Maurice
Saudan Georges, Martigny
Saudan Pierre, Martigny
Saunier Jacques, Genève
Saur Christoph, Heidenheim, Allemagne
Sauret Huguette, Tassin, France
Sauthier Edmond et Michèle, Martigny
Sauthier Marie-Claude, Riddes
Sauty Marie, Denens
Savioz Gilbert, Veyras
Schaeffer Pierre, docteur, Genève
Schaller Julie et Dominique, Onex
Scheidegger Frédéric, Martigny
Schelker Markus, Oberwil
Schellenberg Marie-Claire, Sion
Schenker Erna, Corsier
Scheurer Gérard, Meyrin
Schiller Hans, neurologue FMH, Zurich
Schlup Hansrudolf et Juliette, Môtier
Schmid Bernard, MOM Consulting SA, Martigny
Schmid Monique, Saconnex-d'Arve
Schmidt Jürgen, Wiesbaden, Allemagne
Schmutz Aloys, Conthey
Schmutz Doris, Brione
Schneider Marianne, Genève
Scholer Urs, Blonay
Schulthess Maschinen SA, Lausanne et Chalais
Schwartz Jean-Pierre et Pascale, Sallanches, France
Schwarz René-Marcel, Le Mont-sur-Lausanne
Schweiger Ian, Founex
Secretan Arnaud et Marie-Pierre, Paudex
Secretan Didier, Pully

Séris Geneviève et Jean-François,
Chamonix, France
Sibilla Christiane, Crans
Sieber Hans-Peter, Mörigen
Siegenthaler Marie-Claude, Tavannes
Simonetta Anne-Lise, Ravoire
Simonin Josiane, Hauts-Geneveys
Sitbon Diana, Vessy
Sleator Donald, Lausanne
Smith Hector, Montreux
Société d'Electricité, Martigny-Bourg
Sola-Didact, Martigny
Solot Liliane, Crans-sur-Sierre
Soulier Alain, Crans-sur-Sierre
Soulier Jacqueline, Vésenaz
Sousi Gérard, président d'Art et Droit,
Lyon, France
Spira Jean, Porrentruy
Stahli Georges, Collonge-Bellerive
Stähli Regula, Nidau
Stalder Louise, Chancy
Stalder Mireille, Meyrin
Stamm Roger, Oberwil
Station Combustia, Martigny
Steeg François, Crans-sur-Sierre
Stefanini Giuliana, Bernex
Stelling Nicolas, médecin dentiste,
Estavayer-le-Lac
Stephan SA, constructions métalliques,
Givisiez
Stettler Martine, Martigny
Stricker Marie-Claude, Vevey
Strohhecker Pierre, Gland
Strub To et Irina, Filmstudio 2S, Thoune
Strübin Peter, Viège
Stucky de Quay Jacqueline, Verbier
Suchet Dominique et Emmanuel,
Toussieux, France
Sun Chemical AG, Geroldswil
Suter Ernest, Staufen
Suter Madeleine, Au Grizzly,
Le Grand-Saconnex
Suys Jean-François, Chardonne
Tabin Marie-Claire, Sierre
Taillandier René, Paris
Tartrifuge SA, A. Calderari, Ecublens
Thaulaz Gérald, Villeneuve
Theumann Jacques, Saint-Sulpice
Thiébaud Alain, Peseux
Thiebaud Fred, Verbier
Thomas Aldo, Saxon
Thompson Gerry, Verbier
Tiemstra Johanna et Gabriel,
Mayens-de-Riddes
Tissières André, médecin dentiste, Martigny
Tonascia Pompeo, Ascona
Töndury-Diebold Claudia, Wollerau
Tonossi Michel, Sierre
Tornay Paul-René, Le Bioley-Salvan
Torosantucci Sandra, La Chaux-de-Fonds
Torrione Joseph, Sion
Touw Danny, Brent
Touzet Dominique, Verbier
Trachsel Ernst et Liselotte,
Münchenbuchsee
Trento Longaretti, Bergame, Italie
Triebold Pierre, médecin dentiste, Martigny
Troillet Jacques, institut de physiothérapie,
Martigny
Tschan Therese, médecin, Laufen
Tscholl Heinz-Peter, Zurich
Türler A. W., Genève
Tyco Système SA, technique de sécurité,
Préveranges, France
Ucova, Sion
Udressy Ginette, Monthey
Vallotton Electricité, Martigny
Valorisations Foncières SA, Genève
Van Schelle Charles, Haute-Nendaz
Vegezzi Aleksandra, Genthod
Venetz Annie-Moria, psychologue,
Hérémence
Vernaz Nathalie, Monthey
Viansone SA, R. + G. Dafflon et J. Noverraz,
Meyrin
Videsa SA, Sion
Vilchien Ingrid, Chêne-Bourg
Vion Josette, Thörishaus
Viotto-Sorenti M.-Cristina,
Courmayeur, Italie
Vogel Pierre et Liline, Saint-Légier
Voillat François, Eaunes, France
Voirol Denis, Val-d'Illiez
Vollenweider Ursula, Genolier
Von Allmen Elfie, Verbier
Von der Weid Hélène, Villars-sur-Glâne
von Mandach Claire, Habstetten
Von Muralt F. Peter, Zurich
Von Orelli Jacques et Barbara,
Château-d'Œx
Vouga Anne-Françoise, Morges
Vuignier Claire et Jacques, Martigny
Vuillaume R. SA, Robert Vuillaume,
Genève-Châtelaine
Vuilleumier Denise, Genève
Wachsmuth Anne-Marie, Genève
Wadsworth Clare, Condom, France
Waegeli Gilbert et Pierrette, Meinier
Waldvogel Guy, Prangins
Walewski Alexandre, Verbier
Walewski-Colonna Marguerite, Verbier
Walker Catherine, Genthod
Walz Elke et Gerhard, Epalinges
Wasem Marie-Carmen, Sion
Welton Brigitte, Nyon
Wey Heidi, Monthey
Widmer Karl, Killwangen
Wild Anne-Marie, Les Mosses
Winkelmann Ingrid, Dünsen, Allemagne
Wolfs Peter J., Haute-Nendaz
Wurfbain Elisabeth, Haute-Nendaz
Wyss Anne-Cécile et Gérald,
Chêne-Bougeries
Wyssbrod Susann, Kehrsatz
Zanetti-Minikus Guido, Füllinsdorf
Zanzi Luigi, professeur, Varese, Italie
Zbinden Michelle, Crans
Zbinden Yves et Corinne, Collonges
Zeender Martine, Founex
Zehnder Margrit, Beat et David,
Hinterkappelen
Zehner Hugo, Sion
Zeller Jean-Pierre, Verbier
Zermatten Agnès, Sion
Ziegler-Suter Marianne, Küsnacht
Zumstein Monique, Aigle
Zürcher Manfred, médecin, Hilterfingen
Zurlinden Brigitte Franziska, Niederbipp
Zwingli Jürg, Le Grand-Saconnex

Crédits photographiques
Bildnachweis

© Fondation Maison Albert Anker, Anet / *Stiftung Albert Anker-Haus, Ins*
© Musée des Beaux-Arts de Berne / *Kunstmuseum Bern*
© Musée du Louvre, Paris
© Musée d'Orsay, Paris
© Musée du Petit Palais, Paris
© Musée Fabre, Montpellier
© Musée gruérien, Bulle
© Preisig Heinz, Sion

Illustrations dans le catalogue:
© Arnot Art Museum, Elmira, NY (USA): ill. 4, p. 46
© Auktionen Dobiaschofsky AG, Berne: cat. n° 52
© Baur Christian, Bâle: cat. n° 19
© Bosshard Primula, Fribourg: cat. n° 3
© Christie's, Zurich: cat. n° 7
© Darbellay Michel, Martigny: cat. n° 96
© Foto-Studio Wolf AG, Olten: cat. nos 40, 48
© Fülscher Charly, Stammheim: cat. nos 10, 24
© Galerie Kornfeld, Berne: cat. nos 28, 91, 92
© Goetelen Patrick, Genève: cat. n° 29
© Hesse Martin, Berne: cat. n° 105
© Joslyn Art Museum, Omaha, NE (USA), Bequest of Jessie Barton Christiancy: ill. 3, p. 22
© Kunsthaus Aarau: ill. 2, p. 19
© Kunsthaus Zürich: cat. nos 12, 14, 70, 73, 75; p. 194
© Kunstmuseum Solothurn: cat. n° 58; p. 158
© Musée d'art et d'archéologie de Laon (France), photo Gérard Dufrênelbert, Paris: cat. n° 6
© Musée d'art et d'histoire, Neuchâtel (Suisse): cat. nos 8, 9, 44, 50
© Musée des Beaux-Arts de Berne / *Kunstmuseum Bern* (Peter Lauri, Berne): cat. nos 4, 13, 20, 21, 22, 30, 37, 42, 45, 51, 53, 57, 59, 60, 66, 68, 72, 77, 78, 79, 80, 81, 82, 83, 84, 85, 86, 88, 93, 94, 98, 99, 100, 102, 103, 113; ill. 1, p. 18; ill. 1, p. 44; pp. 122, 190-191
© Musée des Beaux-Arts, La Chaux-de-Fonds: cat. n° 11
© Musée cantonal des Beaux-Arts, Lausanne (J.-C. Ducret): cat. nos 27, 38, 55; ill. 8, p. 39
© Musée du Florival, Guebwiller: cat. nos 106, 109, 114; ill. 1, p. 229; ill. 7, p. 235
© Musée du Louvre/© Photo RMN - M. Beck Coppola: ill. 2, p. 231
© Musée d'Orsay/© Photo RMN - Michèle Bellot: cat. n° 107
© Museum Oskar Reinhart am Stadtgarten, Winterthur: ill. pp. 105 et 156
© Öffentliche Kunstsammlung Basel (Martin Bühler): cat. n° 104; ill. 7, p. 52
© Palais des Beaux-Arts de Lille/© Photo RMN - P. Bernard: cat. n° 34
© Photo Courbet, Besançon (France): cat. n° 62
© Pedrini Reto Rodolfo, Zurich: cat. n° 17
© Reiter Kunstverlag: cat. n° 49

© Réunion des Musées Nationaux, Paris / Art Resource, NY (USA): ill. 2 et 3, p. 45; ill. 5, p. 47; ill. 6, p. 51; ill. 8, p. 53
© Schälchli Peter, Zurich: cat. nos 64, 65
© Schmidt Patrice, Rueil-Malmaison (France): cat. no 61
© Studio fotografico Erminio Bottura, Milan: cat. no 56
© Schweizerisches Institut für Kunstwissenschaft, Zurich (Jean-Pierre Kuhn): cat. nos 1, 2, 5, 15, 16, 18, 23, 25, 26, 35, 41, 43, 46, 47, 54, 63, 71, 74, 76, 87, 89, 90, 95, 97, 110, 111; pp. 138 et 198
© Sotheby's, Zurich: cat. no 108
© Stadtbibliothek Zofingen: cat. no 69
© Uebelhart Urban, Gstaad: ill. 6, p. 26
© Université de Bâle: cat. no 112
© Victoria and Albert Museum, Londres: ill. 3, p. 232; ill. 4, p. 233

Table des matières
Inhaltsverzeichnis

Edités et coédités par la Fondation Pierre Gianadda

Paul Klee, 1980, par André Kuenzi (épuisé)
Picasso, estampes 1904-1972, 1981, par André Kuenzi (épuisé)
Art japonais dans les collections suisses, 1982, par E. Kondo et J.-M. Gard (épuisé)
Goya dans les collections suisses, 1982, par Pierre Gassier (épuisé)
Manguin parmi les Fauves, 1983, par Pierre Gassier (épuisé)
La Fondation Pierre Gianadda, 1983, par C. de Ceballos et F. Wiblé
Ferdinand Hodler, élève de Ferdinand Sommer, 1983, par Jura Brüschweiler (épuisé)
Rodin, 1984, par Pierre Gassier
Bernard Cathelin, 1985, par Sylvio Acatos (épuisé)
Paul Klee, 1985, par André Kuenzi
Isabelle Tabin-Darbellay, 1985 (épuisé)
Gaston Chaissac, 1986 (épuisé)
Alberto Giacometti, 1986, par André Kuenzi
Alberto Giacometti, 1986, photos Marcel Imsand, texte Pierre Schneider (épuisé)
Egon Schiele, 1986, par Serge Sabarsky (épuisé)
Gustav Klimt, 1986, par Serge Sabarsky (épuisé)
Serge Poliakoff, 1987, par Dora Vallier (épuisé)
Toulouse-Lautrec, 1987, par Pierre Gassier
Paul Delvaux, 1987
Picasso linograveur, 1988, par Danièle Giraudy
Trésors du Musée de São Paulo, 1988:
  Ire partie: *de Raphaël à Corot*, par Ettore Camesasca
  IIe partie: *de Manet à Picasso*, par Ettore Camesasca
Le Musée de l'automobile de la Fondation P. Gianadda, 1988, par E. Schmid (épuisé)
Jules Bissier, 1989, par André Kuenzi
Hans Erni, Vie et mythologie, 1989
Henry Moore, 1989, par David Mitchinson
Le peintre et l'affiche, 1989, par Jean-Louis Capitaine (épuisé)
Louis Soutter, 1990, par André Kuenzi et Annette Ferrari (épuisé)
Fernando Botero, 1990
Modigliani, 1990, par Daniel Marchesseau
Camille Claudel, 1990, par Nicole Barbier
Calima, Colombie précolombienne, 1991, par Marie-Claude Morand (épuisé)
Chagall en Russie, 1991, par Christina Burrus
Sculpture suisse en plein air, 1991, par André Kuenzi, Annette Ferrari et Marcel Joray
Hodler, peintre de l'histoire suisse, 1991, par Jura Brüschweiler
Mizette Putallaz, 1991
Franco Franchi, 1991 (épuisé)
De Goya à Matisse, estampes du Fonds Jacques Doucet, 1992, par Pierre Gassier
Georges Braque, 1992, par Jean-Louis Prat
Ben Nicholson, 1992, par Jeremy Lewison

Georges Borgeaud, 1993
Jean Dubuffet, 1993, par Daniel Marchesseau
Edgar Degas, 1993, par Ronald Pickvance
Marie Laurencin, 1993, par Daniel Marchesseau
Albert Chavaz, 1994, par Marie-Claude Morand
Rodin, dessins et aquarelles, 1994, par Claudie Judrin
De Matisse à Picasso, Collection Jacques et Natasha Gelman, 1994
Egon Schiele, 1995, par Serge Sabarsky
Larionov-Gontcharova, 1995, par Jessica Boissel
Nicolas de Staël, 1995, par Jean-Louis Prat
Suzanne Valadon, 1996, par Daniel Marchesseau
Edouard Manet, 1996, par Ronald Pickvance
Michel Favre, 1996
Les Amusés de l'Automobile, 1996, par Pef
Raoul Dufy, 1997, par Didier Schulmann
Joan Miró, 1997, par Jean-Louis Prat
Icônes russes, Galerie nationale Tretiakov, Moscou, 1997, par Ekaterina L. Selezneva
Diego Rivera et Frida Kahlo, 1998, par Christina Burrus
Collection Louis et Evelyn Franck, 1998
Gauguin, 1998, par Ronald Pickvance
Hans Erni, rétrospective, 1998, par Andres Furger
Turner et les Alpes, 1999, par David Blayney Brown
Pierre Bonnard, 1999, par Jean-Louis Prat
Sam Szafran, 1999, par Jean Clair
Kandinsky et la Russie, 2000, par Lidia Romachkova
Bicentenaire du passage des Alpes par Bonaparte 1800-2000, par Frédéric Künzi
Vincent Van Gogh, 2000, par Ronald Pickvance
Icônes russes. Les saints. Galerie nationale Tretiakov, Moscou, 2000, par Lidia I. Iovleva
Picasso. Sous le soleil de Mithra, 2001, par Jean Clair
Marius Borgeaud, 2001, par Jacques Dominique Rouiller
Les coups de cœur de Léonard Gianadda, 2001 (CD Universal et Philips)
Kees van Dongen, 2002, par Daniel Marchesseau
Léonard de Vinci – L'inventeur, 2002, par Otto Letze
Berthe Morisot, 2002, par Hugues Wilhelm et Sylvie Patry
Jean Lecoultre, 2002, par Michel Thévoz
De Picasso à Barceló. Les artistes espagnols, 2003, par María Antonia de Castro
Paul Signac, 2003, par Françoise Cachin et Marina Ferretti-Bocquillon
Albert Anker, 2003, par Therese Bhattacharya-Stettler

A paraître

Chefs-d'œuvre de la Phillips Collection, Washington, 2004, par Jay Gates
Jean Fautrier, 2004, par Daniel Marchesseau
Félix Vallotton. Les couchers de soleil, 2005, par Rudolf Koella

Commissaire de l'exposition
Therese Bhattacharya-Stettler

Organisation de l'exposition
Therese Bhattacharya-Stettler
Léonard Gianadda

Secrétariat
Gaëlle Olini

Catalogue
Therese Bhattacharya-Stettler

Editeur: Fondation Pierre Gianadda, 1920 Martigny, Suisse
Tél. +41 027 722 39 78
Fax +41 027 722 31 63
http://www.gianadda.ch
e-mail: info@gianadda.ch

Maquette: Nelly Hofmann, IRL

Composition, photolitho et impression: Imprimeries Réunies Lausanne s.a., 2003
sur papier couché Satimat 150 gm^2

Couverture: *Fillette mangeant sa soupe*, 1898,
huile sur toile, 36×47 cm, collection particulière

ISBN broché 2-88443-079-2